◆ 21世纪高等院校特色财经专业规划教材

政府预算与管理

主　编 ◎ 陈庆海

副主编 ◎ 施锦明　宋生瑛

厦门大学出版社
XIAMEN UNIVERSITY PRESS

国家一级出版社
全国百佳图书出版单位

前　言

　　政府预算是政府一定时期的具有一定法律形式和制度保障的货币资金收支计划。政府预算管理是指政府依据法律、法规，采用一定的管理方法和程序，对政府预算资金的筹集、分配、使用所进行的计划、组织、控制、协调和监督等活动。它是政府经济管理的重要组成部分，是财政管理的核心环节。随着我国社会主义市场经济的深入发展，政府预算与管理从理论到实践都有了重大的变化，社会对政府预算与管理的效率要求越来越高。

　　本教材以社会主义市场经济理论为指导，广泛吸收政府预算与管理方面的最新理论研究成果，以《中华人民共和国预算法》、《〈中华人民共和国预算法〉实施条例》和《政府预算收支分类科目》等法规为依据，充分展示我国政府预算与管理的实践内容。内容安排上，具有理论性与实践性相结合、现实性与前瞻性相结合、定性阐述与定量分析相结合的特点。考虑到绩效预算理念在政府预算实践中的广泛深入发展，信息技术在政府预算与管理中的广泛应用，本教材单独安排了政府预算绩效评价与政府预算管理信息系统两章内容。同时每一章均配备相应的案例分析，以加强对知识的深入理解。

　　本教材由编者根据多年的教学实践，对讲义的反复修改编写而成，共由十三章内容构成。第一章"政府预算与管理概述"；第二章"政府预算理论"；第三章"政府预算收支分类"；第四章"政府预算编制与管理"；第五章"政府预算的审批与管理"；第六章"政府预算执行与管理"；第七章"政府决算与管理"；第八章"政府预算绩效评价"；第九章"政府预算管理体制"；第十章"国库制度与管理"；第十一章"政府采购与管理"；第十二章"政府预算监督与管理"；第十三章"政府预算管理信息系统"。

　　本教材由陈庆海负责总纂，施锦明、宋生瑛共同参与完成。具体分工为：

　　陈庆海：第一章、第二章、第四章、第五章、第六章、第七章、第八章和第九章。

施锦明:第三章、第十章和第十一章。

宋生瑛:第十二章和第十三章。

本教材PPT由财经学院研究生刘卓、周攀、何金凤、范玉良和袁源共同完成,同时他们还负责本书稿的部分校对工作。

本教材作为21世纪特色财经专业教材,适用于财经院校研究生、本科生的教学用书,也可以作为各级财政部门的培训教材,以及政府各级经济管理部门和科研机构研究政府预算与管理问题的参考书。本书的出版,得到了集美大学财经学院各位领导的大力支持。

本教材在编写过程中,参考并借鉴了国内外有关政府预算与管理方面的著作、教材、学术论文等研究成果,特此说明,并表示感谢。

在本书出版之际,衷心感谢厦门大学出版社许红兵女士及其他相关工作人员为本书的出版所付出的辛勤工作。

鉴于作者理论水平、实践经验和编写时间有限,教材中难免存在不足和疏漏之处,恳请读者批评、指正。

编者

2014 年 2 月

目　录

第1章 政府预算与管理概述

本章导读

本章介绍政府预算的起源与发展、政府预算的概念及特征、政府预算政策与有效管理原则、政府预算分类与政府预算体系、政府预算职能与作用、政府预算过程和政府预算管理及管理职权划分等七方面内容。通过学习本章，要求了解政府预算的起源与发展过程，掌握政府预算的概念及特征、政府预算政策与有效管理原则、政府预算分类与政府预算体系、政府预算职能与作用，理解政府预算过程、政府预算管理及管理职权划分，对政府预算与管理全貌形成基本认识。

第一节 政府预算的起源与发展

政府预算是财政体系的重要组成部分，属于财政范畴，是一国政府监督管理财政资金的重要工具。政府预算和财政一样，都是人类发展到一定历史阶段的产物。从财政收支的内容上看，政府预算是财政的核心；但从起源的具体时间看，政府预算不但晚于财政，而且比同属财政范畴的税收和公债还要晚。财政是随国家的产生而产生的，而政府预算则是在社会发展到封建社会末期和资本主义社会初期，作为新兴资产阶级与封建统治阶级进行斗争的一种经济手段而最早产生于17世纪的英国，是财政发展到一定阶段的产物。严格说来，资本主义社会以前只是有简单的政府预算活动而已，尚未形成现代意义上的政府预算制度，财政范畴中还没有包括政府预算。只在当财政要求制定统一的年度收支计划，而且要求经过一定的立法程序审查批准时才出现政府预算。

一、早期的政府预算活动

有了政府及政府活动，便有了政府财政收支。安排、规划政府财政收支就是政府预算。我国最早的政府预算活动可追溯到夏禹时代的一些传说。如禹王会集诸侯于江南"计功"，留下"会稽者，会计也"的记载。无论当时禹王会集诸侯是计议财政会计，还是计议诸侯贡纳,商议规划国家财政收支事宜则是基本肯定的。早期的政府预算活动大多限于对政府财政收支的粗略估计或记账,我国大约出现在西周时期,西方大约出现在古罗马时代。当时的政府预算主要是针对国家财政收支活动,设置有关财政机构,进行财政管理。如我国周朝就设置了专管收入的"地官司徒"和专管支出的"天官家宰"等财政机构和官职,罗马帝国设有出纳官主司国库等。在奴隶制和封建制社会,政府预算活动至多只是一种政府财政收支的规划或编制技术,并未形成比较系统完整的财政预算管理方式和一般性、规范化的政府预算制度。

此时的政府预算活动之所以主要表现为对国家财政收支的粗略估计或记账,还不能称之为政府预算,原因主要有以下几方面:

(1)王室个人财产、生活开支与国家财政未严格区分。因为相当部分生产资料归国王或皇帝所有,尽管秦朝就创设少府,但专制皇权支配下的财政收支,最终以服从君愿为目标。"朕即是国家",我国《诗经·小雅·北山》中写道:"溥天之下,莫非王土;率土之滨,莫非王臣",这种历史背景下不可能有系统完整的国家财政管理制度来规范皇室财产、生活开支及国家财政收支活动。

(2)生产力落后。在自然经济条件下,商品货币关系不发达,生产力落后,价值核算和价值管理手段尚未发挥作用,财政收支的形式直接表现为实物和劳动力,缺乏统一的价值尺度,不可能对国家财政收支进行事先的详细计算,也没有明确的财政收支划分,很难制订规范的国家财政收支计划。

(3)缺乏法治。封建社会以前的国王或皇帝享有至高无上的权力,可以无节制地任意支配全部国家资财,国家行政制度尚未系统完善,缺乏司法机构和法规,政府财政收支安排没有健全的法律程序和手续,更没有财政收支审批、监督机关,也就不可能有规范的政府预算制度。

二、现代政府预算的产生与发展

(一)英国政府预算的产生

"预算"的英语表述为 budget,该词的最初含义是政府收付钱款的"皮袋子"即"公共钱包"。用以描述财政大臣携带到议会,向议会陈述政府开支需求及其来源的皮包。后演变为指该皮包所装的政府收支文件,即政府提交立法机构审批的财政收支计划。政府预算制度就是由此形成并演绎出来的一整套法律制度体系,即政府预算活动的一般性、规范化行为方式。

现代政府预算最初产生于英国,以 1215 年《大宪章》的签署为标志。其形成过程是以代表新兴资产阶级和民众的议会与代表统治者的封建君主争夺政府财政收入和财政支出控制权的斗争过程,并最终以代表新兴资产阶级和民众的议会获胜而形成。这种争夺战,在世界各国仍在进行,并将长期存在下去。

英国现代政府预算的形成过程主要包括以下阶段:

第一阶段,直接税及军事支出的控制。1215 年英王约翰被迫签署了一份宪法性文件——《大宪章》(Great Charter),其宗旨是保障封建贵族的政治独立与经济权益,不利于加强王权。这张书写在羊皮纸卷上的文件在历史上第一次限制了封建君主的权力,日后成为英国君主立宪制的法律基石。《大宪章》的签署,使后来的英国议会控制了兵役税、封建协助税和军事支出。它以法律形式正式肯定议会对国王课税权的限制,确认了"非赞同毋纳税"原则。

第二阶段,间接税及民用支出的控制。1640年资产阶级革命后,英国议会完全控制了包括关税等间接税在内的所有税收的课征权,同时将财政支出控制权逐步扩展到民用支出,并通过建立拨款制度实施控制。

第三阶段,所有财政收支的控制。1688年"光荣革命"之后,确立王室年俸制度,将财政收支控制权进一步扩展到君主的"非议会收入"(相当于非税收入)、"非议会支出"和政府债务。英国资产阶级议会进一步规定王室年俸由议会决定,国王的私人支出与政府的财政支出要区别开来,不得混淆。"非议会收入"主要形式有:(1)变卖王室地产的收入;(2)没收财产的收入;(3)卖官鬻爵的收入;(4)专卖权和垄断权的售卖收入;(5)王室的食物与重要产品征发权的收入;(6)战俘赎金;(7)外国政府的贡纳;(8)海外领地的售卖收入;(9)强制捐款。此外,君主似乎还有无限的手段去取得非议会收入。"非议会支出"包括君主支用从王室土地和世袭特权取得的收入以及"非拨款支出"。而所谓"非拨款支出",主要是公共收入的征集和管理的费用等。"光荣革命"之后,议会确立了王室年俸制度,开始将原先处于议会控制之外的君主私人收支,纳入议会的控制范围。这就将君主的"私人收支",变成了社会公众的"公共收支"。建立王室年俸制度,使得君主收入也必须经过议会批准才能取得。因此,它是议会控制财政权的重大进展,意味着整个君主收支都被置于议会的控制之下了。1689年通过了《权利法案》,重申不经议会批准王室政府不得强迫任何人纳税或作其他缴纳。1789年议会通过了《联合王国总基金法案》,规定了征税收入和使用预算支出都必须经过议会批准,并采用按年分配收支,在年前做出收支计划,提请议会审批和监督的办法。

第四阶段,政府举债权的控制。1688年后,议会完全控制了政府借款权,形成政府借款必须经过议会批准的制度。在英国的传统上,作为封建君主个人收不抵支而出现的借款,一直被认为是君主个人的私事。因此,议会在控制税收和君主私人收入,并进而控制政府所有支出的漫长过程中,长时期没有对君主的"借款"进行控制。这就形成了一个主要的漏洞,使得君主在很大程度上能够逃避议会对其收支的控制,从而迫使议会或迟或早必须将控制扩展到君主的借款上去。议会对君主举债的控制也是逐步推进的,并且非常缓慢与艰难。1680年,议会通过决议,规定"从今以后,无论君主以关税、货物税的收入,还是以取自家庭钱财的收入为担保进行借款,都被认为是在妨碍议会的活动,而必须对这些行为负责"。这一法令的有效执行,大大加强了议会对君主借款的控制。1688年后,逐步形成了政府借款必须经过议会批准的制度,议会也最终逐步完全控制了政府借款。

第五阶段,王室年俸的控制。1782年的《民用基本法案》,是拨款制度的转折点。在此之前,民用支出的拨款主要是用于政府事务,并且是通过对王室年俸的拨款来满足的。而该法案则将王室年俸划分为8个大类,开始了政府向议会提交详细民用预算的过程,是政府预算制度的一个重大进展。从此,对于已获得授权的终身王室年俸中的民用支出,君主及其政府再也无法任意决定其使用了,大量的民用支出改为按照军事支出的方式,以议会审批的拨款来满足。同时,议会为了控制王室年俸,逐步将君主的个人支出和政府的行政支出相区分,并将后者逐渐转移到"供应服务"项目,以后又转移到"统一基金"上去。从1830年开始,议会对于新登基的君主所需的支出款项,每年都要重新授权,而不是给予终身授权。同年,议会将君主私人支出与民用行政支出完全区分开来了,王室年俸被限制在王室家庭和宫廷的花费上,从而将王室年俸从政府其他财政支出中完全划分出来。1831年,所有的民用支出预算都从王室年俸中剔除,并进行了再分类,这就使得议会进一步加强了对政府支出的控制,并使这种控制具体化和详细化。到了1837年,旧的王室年俸制度实质上已被废除了。

第六阶段,审计制度的建立最终促成英国现代预算的建立。19世纪初,确立按年编制政府预算,同时规定设立国库审计部和审计官对议会负责,监督政府按指定用途使用经费。受托责任和审计制度的确立,是现代政府预算最直接的体现和最关键的内容之一,最终促成英国现代预算的建立。

"受托责任"(accountability)一词,狭义是指行政当局向议会,或对议会的调查提交关于公共支出的说明与解释;广义则是指行政当局就公共支出对议会的负责。广义的受托责任不仅要提交关于支出情况的说明以便于调查,而且还包括议会对于公共支出的批评,对于非经授权的支出或超额支出的制裁等。仅有对公共收入和公共支出的控制权,还谈不上议会对于政府财政进行详细和具体的控制。这是因为,财政的日常活动是通过政府具体的一收一支完成的,仅对政府提出的收支议案投票,还远不足以实现对财政具体活动的完全控制。正是由于对政府具体收支活动的控制需要,议会进一步要求政府详细报告支出的用途,详细汇报开征税收的理由,同时议会还对具体的日常财政活动进行审计,这就导致了议会控制财政权的进程,最终延伸到受托责任和审计方面,从而最终确保了议会对整个财政的根本控制权。对财政各个方面的活动提出预计数和受托责任,并相应地进行审计,就最终成就了"政府预算"这一特殊的财政范畴,相应地形成了政府预算制度。以公共账户委员会的成立为开端,1852年首次担任英国财政大臣的格莱斯顿(William Ewart Gladstone)开始了一系列财政改革。其中政府向议会递交各部门预算及审计后的账户的做法,也按照现代方式制度化了。尤其是"受托"制度,在格莱斯顿改革后的百余年间,改进是极为显著的。所有的财政资料都有规则地呈送议会,并由公共账户委员会在专家指导下进行详细审查。当格莱斯顿完成其改革后,现代意义上的政府预算逐步形成了。

英国的政府预算,从公元13世纪开始,经过几百年的时间,到19世纪初,才发展成为典型的资本主义政府预算。

(二)美国联邦政府预算的产生

美国联邦政府预算建立于1939年(联邦政府成立132年后)。1789年美国联邦政府成立财政部,部长亚力山大·汉密尔顿曾向国会建议估算公共开支,但因党派意见分歧,联邦政府开支不大,加之关税充足,因而无须权衡收支而未能施行。不过1800年还是规定财政部要向国会报告其财政收支汇总情况。

1865年南北战争后,国会成立了拨款委员会,主管财政收支。美国联邦预算制度的产生除欧洲移民因素影响外,几乎全部出自立宪制度。美国宪法要求"除了通过拨款之外,没有政府的钱款可取之于国库;公共钱款所有的收支,都应该定期做出陈述,这些陈述和公共账户都应加以公布"。据此,宪法要求所有的政府收入支出,都必须经由众议院的立法批准。在美国联邦预算制度形成的年代，汉密尔顿确保了对所有财政事务强有力的行政领导，并准备了所需的收支预算。华盛顿总统除给予财长支持外，几乎不插手其事务。与英国政府预算制度是数百年英国社会演变的结果不同，美国联邦预算制度基本上是汉密尔顿个人天才的产物。

1908—1909年，联邦政府作用剧增，开支上升，联邦财政收支连续出现赤字，促使联邦政府考虑建立联邦预算制度。1910年美国第27任总统威廉·霍华德·塔夫脱（William Howard Taft）责成研究建立联邦预算制度。1921年国会通过《预算和会计法令》，成立国家预算局，同时授权总统向国会提交联邦预算。1939年创建总统办公室，把预算局从财政部转到白宫总统办公室，形成"财政部管收入，预算局管支出"的格局。

（三）我国政府预算的产生与发展

1.旧中国政府预算的产生。

我国政府预算最早产生于清朝末年（1908年，清光绪三十四年），表现为清政府颁布的《清理财政章程》。

中国政府预算活动历史悠久，早在公元779年，唐朝宰相杨炎就提出了"量出制入"的财政原则，要求国家先计划支出数额，以支定收，但由于生产力落后，缺乏形成政府预算的政治经济基础。真正建立系统的政府预算制度则是在清朝末年。1896年康有为在其倡导的戊戌变法中，提出编制政府预算，每年的财政收支要分门别类，列为一表，按月报告。1898年光绪皇帝下诏变法，经济方面的主要内容是"改革财政，编制国家预算"。1908年清政府颁布我国第一部预算条例——《清理财政章程》。1910年起由清理财政局主持编制政府预算工作，开创了我国历史上第一次系统性的政府预算编制工作。当时的政府预算是先由各省汇报，后由度支部审核，资政院修正，奏请施行。对具体编制工作拟定《预算册式及例言》予以规范指导。如以每年正月初一到腊月底为预算年度；预算册先列岁入，后列岁出，各分"经常"与"临时"两门；门下设类，类下设款，款下设项，项下设目。

政府预算岁入主要包括：田赋、盐茶课税、洋关税、常关税、正杂各税等十类。政府预算岁出主要包括：行政费、财政费、军政费、交通费、民政费、司法费、教育费、各省应缴赔款、洋款等十九类。

中国第一部政府预算形似统一，但因清朝统治已摇摇欲坠，地方政府分权，各省割据，政府预算只是一种账面数字凑合。除此之外，缺乏立法机构的审批监督，缺乏反映、彰显民意的制度保障，也是中国第一部政府预算条例的特点。

旧中国预算制度的产生除一般性的社会、经济发展和文明进步因素外，政府债务规模庞大，特别是外债规模庞大是其重要原因。清朝末年列强频击国门，清廷屡遭惨败，战争赔款与日俱增，但皇室开支、百官俸禄、军费支出、洋务费用等财政支出却有增无减，国家财政濒临崩溃。列强不仅通过不平等条约强夺中国多项征税权，如盐税、常关税等自主权，还将战争赔款转为外债加收利息。同时要求清政府公开财政，编制财政收支计划，以确保其债务清偿。

2.1949年后我国政府预算的演进。

1949年新中国成立后，我国政府预算制度演进的过程，可分为四个阶段。

（1）政府预算制度的形成阶段：1949—1951年。1951年3月，政务院颁发《关于一九五一年度财政收支系统划分的决定》,将财政收支由高度集中、统一于中央人民政府,改为在中央的统一领导下,实行中央、大行政区、省(市)三级财政。随着财政体制的构建,较为系统的政府预算制度也逐步形成。1949年12月27日,政务院发出《关于1949年财政决算及1950年财政预算编制的指示》,要求各级政府和中央直属企业部门编制1949年的财政收支决算和1950年的预算,按规定时间编制上报,并明确规定政府预算实行历年制,即从公历1月1日起至12月31日止为一预算年度,同时规定了预算编制的具体方法和要求。1950年3月,政务院颁发《中央金库条例》,规定国库工作委托中国人民银行代理,国库机构的设置原则上是一级预算设立一级国库,国库工作实行垂直领导。1950年11月,政务院发布《中央人民政府财政部设置财政检查机构办法》,确立了财政监察机构的基本任务,并建立起全国性的财政监察网络体系。1950年12月财政部发布《各级人民政府暂行总会计制度》和《各级人民政府暂行单位预算会计制度》,以满足政府预算管理的实际需要。1951年8月,政务院颁布《预算决算暂行条例》,规定了国家预算的组织体系,各级人民政府的预算权,各级预算的编制、审查、核定、执行的程序,决算的编制与审定程序等。随着上述各种预算法规的颁布和实施,我国的政府预算制度初步建立起来。

(2)政府预算制度的长期稳定阶段:1952—1992年。在这40年间,尽管经济体制、财政体制发生多次变化,但政府预算制度从总体上而言则保持相对稳定。这是由于在这一阶段,中央与地方利益分配关系长期处于不断变化中(从这一时期财政体制的多次变化可以看出),中央与地方政府的关注点主要集中在彼此利益分割的多重博弈问题上,缺乏通过优化预算内部管理制度约束、降低管理成本、提高资金使用效益的激励机制,从而导致政府预算制度演进的长期滞后。这段时期,我国的政府预算制度具有典型的计划经济特征,主要表现为:在预算形式上采用单式预算;预算编制原则上贯彻国民经济综合平衡原则;预算编制方法上长期沿用基数法编制预算;预算编制程序上采用自下而上和自上而下,上下结合,逐级汇总的方法;预算管理总体上比较粗放,预算编制法制性不强、透明度不高,存在着非程序化和非规范化等问题。而具体到不同的部门、单位以及不同类别的支出,预算管理的方法也不尽相同。

(3)政府预算制度的初步改革阶段:1992—1998年。1992年,为适应社会主义市场经济发展的要求,强化预算管理,我国开始对传统的政府预算制度进行改革,实施了一系列改革措施。包括1992年实施《国家预算管理条例》、实行复式预算、自1995年实施《预算法》、1998年实施新的预算会计制度、1996年国务院发布《关于加强预算外资金管理的决定》、1994年部分地方政府开始实行零基预算改革。

(4)政府预算制度深化改革阶段:1998年以后。1998年以后,随着建立公共财政框架财政改革目标的确立,我国的政府预算制度改革速度开始加快,改革全面进入深化阶段。相继实施了以下预算改革措施:编制部门预算、深化"收支两条线"管理改革、改进政府收支科目分类、实施国库集中收付制度、推行政府采购制度、建设"金财工程"、预算公开和绩效预算改革等。通过近年来实施的各项预算改革措施,规范了预算资金范围界定、预算编制、预算执行等预算管理环节,初步建立起与公共财政相适应的政府预算制度框架,并在提高预算管理水平,加强预算约束方面取得了较好效果。

三、现代政府预算产生与发展的动因

政府预算之所以产生并不断向前发展,主要基于以下三方面原因:(1)生产力的发展,资本主义生产方式的出现,是政府预算产生的社会经济条件,也是政府预算和发展产生的根本动因。(2)加强财政管理,提高财政资金使用效率的要求,为政府预算产生和发展创造了必要性条件。(3)商品经济的发展,财政活动的货币化,为政府预算的产生创造了可能性条件。

第二节 政府预算的概念及特征

一、政府预算概念

政府预算是政府一定时期的具有一定法律形式和制度保障的货币资金收支计划,是集中和分配财政资金的重要工具,是维护统治阶级利益和实施财政监督管理的重要手段。其形式表现为,按一定标准,分门别类地填列有财政收入和支出的特定表格,即政府收支一览表。

首先,政府预算是政府的年度财政资金收支计划。它是对年度政府财政收支的规模和结构进行的预计和测算。其具体形式是按一定的标准将政府预算年度的财政收支分门别类地列入各种计划表格,通过这些表格可以反映一定时期政府财政收入的具体来源和支出方向。

其次,政府预算是具有法律效力的文件。表现为政府预算的级次划分、收支内容、管理职权划分、审批等都是以预算法的形式规定的;预算的编制、执行和决算的过程也是在预算法的规范下进行的。政府预算编制后要经过国家立法机构审查批准后方能公布并组织实施;预算的执行过程受法律的严格制约,不经法定程序,任何人无权改变预算规定的各项收支指标。这就使政府的财政行为通过预算的法制化管理被置于民众的监督之下。

再次,政府预算是国家和政府意志的体现。从政治性方面看,政府预算是重大的政治行为,其本质是国家和政府意志的体现,为维护统治阶级利益服务。

最后,政府预算是财政体系的重要组成部分,并同政府财政具有内在的联系。从财政收支的内容上看,政府预算是政府财政的核心,但从起源看,两者不具有一致性。财政随国家的产生而产生,而政府预算是社会发展到封建社会末期资本主义初期的产物,即是财政发展到一定阶段的产物。当财政要求制定统一的年度收支计划,而且要求经过一定的立法程序审查批准时才出现政府预算。

简而言之,政府预算就是具有法律效力的政府年度财政收支计划。

二、政府预算的基本特征

政府预算作为一个独立的财政范畴,在其发展演变过程中逐步形成了与税收、公债等财政范畴不同的以下基本特征:

1.计划预测性。政府预算的直接表现形式就是政府为下一年度财政收支编制的计划。而计划具有预测性,预测性是指政府通过编制预算可以对预算收支规模、收入来源和支出用途做出事前的设想和预计。各级政府及有关部门一般在本预算年度结束以前,需要对下一年度的预算收支做出预测,编制预算收支计划,进行收支对比,进而研究对策。政府预算的预测是经济预测的重要组成部分,它是正式编制政府预算的必要步骤。

2.综合完整性。政府预算是政府各项财政收支的汇集点和枢纽,综合反映政府财政收支活动的全貌,反映政府活动的范围和方向,是政府的基本财政收支计划。预算内容应完整,必须包括政府一切事务所形成的所有的政府收入和支出,除了某些例外,都应当纳入政府预算,都必须处于政府预算的约束和规范下,全面体现政府年度工作安排。在政府预算收支之外,不应该存在与政府有关的其他任何收入和支出。

3.公开透明性。即政府收支活动应是公开的、透明的,政府所有的收支计划和活动过程,除了某些例外,都必须向立法机构和社会公众公开,都必须接受立法机构、社会公众和社会舆论的监督。市场经济下政府的财政活动,其收入取自于纳税人,其支出必须为纳税人的利益服务。社会公众要能够真正决定政府的收支活动,就必须将政府的收支计划及活动全过程公开。预算作为公开性的法律文件,其内容必须明确,以便于全社会公众及其代表理解、审查。同时,政府预算收支计划的制定、执行以及决算的全过程也须向公众全面公开,不应该存在“暗箱”操作。政府预算公开所采用的形式是向社会公布其预、决算报告。

4.法律性。所谓政府预算的法律性,是指政府预算的形成和执行结果都要经过立法机关审查批准,经立法机关审批通过的政府预算就是一项法律,具有法律效力,违背政府预算就是违法行为,任何人违背政府预算都必须受到法律的追究和制裁。政府预算与一般的财政经济计划不同,它必须经过规定的合法程序,并最终成为一项法律性文件。各国的宪法和预算法都明确规定了立法机构在预算审批方面的权限和职责。如我国的《中华人民共和国宪法》和《中华人民共和国预算法》明确规定各级人民代表大会有审查批准本级预算的职权。各级预算确定的各项收支指标经国家权力机关审查、批准下达后,就具有法律强制性,各级政府、各部门、各单位都必须维护政府预算的严肃性、权威性,应严格贯彻执行,并保证预算收支任务的圆满实现。非经法定程序,任何部门、组织和个人均不得擅自改变批准的政府预算。法律性是政府预算区别于其他财政范畴的一个重要特征。

5.年度性。政府预算所规定的收支内容具有明确的时间界限,时间界限通常规定为一年,即预算具有年度特征。预算年度指预算收支的起讫时间,通常为一年。预算年度是各国政府编制和执行预算所依据的法定期限。预算年度有历年制和跨年制两种形式。

历年制是按公历年,即预算期限规定为自公历某年1月1日起至同年12月31日止,如中国、德国和法国的预算年度采用历年制。

跨年制是指预算期限规定为从当年某月日起至次年某月日止。跨年制起讫时间的确定主要考虑本国国会会期、税收与工农业经济的季节相关性等因素。跨年制大致可分为以下三种主要的形式:

(1)四月制。从当年4月1日起至次年的3月31日止,英国、加拿大和日本等国采用这一形式预算年度。

（2）七月制。从当年 7 月 1 日起至次年 6 月 30 日止，瑞典、澳大利亚等国采用这一形式预算年度。

（3）十月制。从当年 10 月 1 日起至次年 9 月 30 日止，泰国、美国等国采用这一形式预算年度。

第三节　政府预算政策与有效管理原则

一、政府预算政策

政府预算政策是政府为了实现一定的宏观经济目标，依据客观经济规律的要求而制定的指导政府预算工作和处理各种政府预算关系的基本方针和准则。政府预算政策主要包括年度平衡预算政策、功能财政预算政策、周期平衡预算政策、充分就业预算平衡政策、综合性预算政策等类型。

（一）年度平衡预算政策

年度平衡预算政策是指政府的预算收支应该每一年度都维持平衡，应当根据政府收入能力来安排政府的支出计划，不能发生赤字，并反对政府发行公债。政府年度预算平衡可以反映出政府必备的财政职责和行政的效率，可以控制政府部门的超额支出和防止公共部门的相对膨胀，维持经济资源在政府和非政府部门间的合理配置。这是在 20 世纪 30 年代世界经济大危机以前普遍采用的预算政策。

年度预算平衡政策是古典经济学派财政学者的一贯主张。古典学派的经济学家亚当·斯密、萨伊、李嘉图与米勒等人赞成自由放任的资本主义市场经济，反对国家对经济的干预。他们从个人主义立场出发，认为国家只是一个消费体，国家财政规模应该尽量小，政府消费应当节约，国家职能必须缩小到最低限度。他们竭力主张预算收支平衡，反对预算赤字，反对将预算作为国家干预经济的工具。都认为政府本质上并不是一个生产部门，公债的发行会对社会经济产生各种不良的影响。亚当·斯密在其《国民财富的性质和原因的研究》中提出：政府征税应遵循"公平、确定、简便、征收费用最小"四原则；财政支出应遵循厉行节约、"量入为出"的原则，不列赤字；"公债是当代人对下代人的犯罪"，政府应尽量减少发行公债。

古典学派强调政府预算收支平衡，反对赤字预算和以债养债的做法，这些主张称为健全财政（sound finance）。他们对政府年度预算应当保持平衡所持的理由如下：首先，政府通过发行公债从非政府部门取得资金，会造成非政府部门用于投资用途的资金发生短缺，从而阻碍了非政府部门的发展，尤其当政府发行公债将社会的生产资金转变成为政府的消费基金时，不但会影响生产资金的增加，而且会减少社会现有的资本；其次，政府实施财政赤字政策将使公共部门可利用的资源相对增加，国家为偿还旧债的本金与利息，一般需发行新债偿付旧债，这会使国家债务累积额增加，进而导致财政破产和引发通货膨胀。

（二）功能性预算政策

功能性预算政策是指预算政策应具有调节宏观经济运行，实现宏观经济总体目标的功能,而不是单纯强调对政府活动的控制,所以,称之为功能性预算政策。功能性预算政策强调,政府预算的平衡、盈余或赤字都只是手段,目标是追求无通胀的充分就业和经济的稳定增长。20 世纪 30 年代世界经济出现有史以来最大的经济危机,主要资本主义市场经济国家进入政府干预时期。倡导者如汉森、雷纳等人主张,政府预算不必年年都维持平衡,预算收支只是政府实现政策目标的特殊工具,并认为政府必要时还可采取赤字预算和盈余预算方式,来达到实现政府宏观经济政策目标的功能。当经济萧条时,政府的预算支出可以超过预算收入,以赤字预算的方式主动刺激经济的复苏。相反,当经济繁荣时,政府的预算支出可低于预算收入采取盈余预算方式,主动削减过度的有效需求,抑制通货膨胀的发生,以实现宏观经济平稳发展。

雷纳认为,功能性预算政策包括以下三个方面的含义。其一,政府预算应以达到充分就业和价格稳定为目标,不必强求年度收支的平衡。其二,只有在需要减少非政府部门货币使用量,以及需要增加其对政府公债的持有量时,政府才应当发行公债。在没有公债流通和市场利率水平偏低时,则社会投资压力过大有可能导致通货膨胀,此时政府发行公债最为恰当。其三,政府的预算支出大于预算收入时,如果这一差额不能用发行公债来弥补,则主张政府向中央银行借款或采取增加货币发行的方式来进行抵充;反之,若政府预算收入超过预算支出,此时的预算盈余应用于偿还以往的政府借款、销毁旧钞票,或以买入公债方式,将这些超额收入以货币方式重新流向社会其他部门。至于究竟应采取增发货币、销毁旧钞或让一般社会公众持有货币,其选择的前提主要是充分就业和价格稳定两大政策目标。

(三)周期性预算平衡政策

周期性预算平衡政策也称为循环性预算平衡政策。这一预算政策主张政府预算收支的平衡,应以整个经济周期为依据,无须强求每一个预算年度预算收支的平衡,也就是说只要求政府的预算收入与预算支出在一个经济周期内的平衡即可。在经济衰退时实行扩张政策,有意安排预算赤字;在繁荣时期实行紧缩政策,有意安排预算盈余;用繁荣时的盈余弥补衰退时的赤字,使整个经济周期的盈余和赤字相抵而实现在整个经济周期内的预算平衡。所以从单个预算年度来看,为了实现宏观经济政策目标,可能出现预算赤字或预算盈余,从这方面看,它具有弹性调节预算收支的功能性预算的基础。由于要求在整个经济周期内预算收支平衡,所以它具有在一个周期内实现对政府预算进行财政控制和调节资源配置的功能。因而周期性预算平衡政策同时兼顾了实现宏观经济政策目标与资源合理配置的双重目标。

周期性预算平衡政策具有以下两方面的优点:其一,具有功能性预算政策的特点,肯定预算收支对宏观经济产生积极正面的影响效果,同时深信谨慎的预算政策能够有效地实现宏观经济目标;其二,仍然保持了有效配置经济资源的预算控制机制,并与预算收支维持平衡的政策不相冲突。

周期性预算平衡政策在理论上似乎非常完整,但实行起来非常困难。这是因为在一个预算周期内,很难准确估计繁荣与衰退的时间与程度,两者更不会完全相等,因此连政府预算都难以事先确定,从而政府周期预算平衡也就更难以实现。各国政府在实施周期性预算平衡政策时产生了许多问题,主要包括以下几个方面:

第一，以一个经济周期为标准，在这期间内为了抑制通货膨胀而产生的预算盈余数，不太可能恰好等于为刺激经济复苏所发生的预算赤字数。因此，在一个经济周期内预算并不一定能维持平衡，只在极其偶然的情况下，盈余与赤字才会对称出现并正好相等，周期性预算平衡政策才可实行。因此周期性预算平衡政策缺乏现实必然的立论基础。

第二，在经济周期中各个小周期的顶峰点，并不必然会出现通货膨胀，一般即使经济处于繁荣时期，社会生产能力仍未得到充分发挥，因而也无法满足充分就业条件下所需的产出水平。此时立即采用盈余预算政策，反而会破坏经济的稳定状态，加剧经济周期波动的幅度。

第三，社会中存在的各种利益集团，常常会对各种预算立法施加相当程度的影响，为了维持他们所代表的团体的利益，均主张增加对他们自身有利的预算支出，减轻自身的税收负担。这种制度上存在的客观因素，导致政府赤字预算的数额普遍高于盈余预算的数额。因此即使在经济周期内，盈余预算与赤字预算呈对称状态，也会由于政治制度因素导致经常出现预算赤字，最终使周期性预算平衡政策无法真正得以实施。

(四)充分就业的预算政策

充分就业预算是指政府应当使支出保持在充分就业条件下所能达到的净税收水平。充分就业的预算政策是另外一种折中性质的预算政策，其目标是运用各种预算收支工具，来达到充分就业，并进而谋求物价的稳定。这一预算政策要求政府在确定税率时，除了应当维持预算收支的平衡目标外，还应创造充分的就业水平。当国民收入水平达到满意的标准时，税收就应促使预算保留少量的盈余，以作为偿还公债所需要的资金。一旦政府税率决定下来，除非国家社会经济情况发生了重大变化，一般不能轻易调整。

由上可知，充分就业的预算政策是建立在财政自动稳定因素(automatic fiscal stabilizer factors)的理论基础上的，从而避免了人为频繁地调整变动税率。从这一角度来说，充分就业的预算政策不同于周期性预算平衡政策，其实质就是自动稳定财政政策，它的预算收支属于自发性的调整变动，税收收入与国民收入水平保持正相关关系。

(五)综合性的预算政策

为了实现充分就业、价格稳定、经济增长以及国际收支平衡等宏观经济政策目标，必须设计一种兼具上述各种预算政策优点的综合性预算政策。综合性预算政策的内容除包括年度预算平衡政策与功能性预算政策的特点外，还应合理协调运用财政政策与货币政策，综合人为性政策措施与自发性经济稳定因素，形成一种折中性的预算政策。

二、政府预算有效管理原则

政府预算有效管理原则是指一国政府对预算编制、执行、决算及结果评价等环节组成的整个预算过程进行有效管理所必须遵循的准则。

一般认为，为确保政府预算有效管理，应遵循以下原则：全面性、年度性、法定程序性、公开性、绩效导向性和责任制原则。

(一)全面性原则

即政府预算管理的范围应全面反映政府活动的范围与方向。政府预算管理的全面性是实现有效预算管理的一个基本前提条件。作为一般规则,年度预算的范围应是全面的,其标准就是确保政府预算能够充分反映本级和下级政府合并的所有财政收支及管理状况。预算管理的过程应该全面,必须对包括预算编制、执行、决算及效果评估等构成的预算过程实施全程管理,不应该有遗漏。为此,在政府预算报告中,除了提供本级政府的直接收支信息外,还应尽可能包括下级政府在预算方面的相应信息,并合并这些信息。

(二)年度性原则

年度性原则指的是政府预算应按预算年度编制、执行和决算,预算收支的年度界限必须明确具体,不得含糊。年度性原则要求政府每年都向立法机关呈递预算和决算报告。违背年度性原则,即没有明确时间界限的政府预算是没有意义的。

设立预算年度的理由主要有两个。首先是明确立法责任。立法机关是按年度来审核政府预算的,而政府的预算收支只有经由立法机关的审核并获批准后,才具有法律效力。从立法角度讲,政府预算收支的法律效力需要有一个时间界限,并不是在任何时候都有效。其次是出于统计的需要。如果忽视时间因素,所有的统计数据就没有实际意义,也没有可比性。

(三)法定程序原则

政府预算管理应遵循法定程序原则,就是要求政府预算管理的各个环节都必须遵循法定程序,经立法机关批准,受立法机关约束。经法定程序审批后的政府预算,即成为具有法律效力的文件,行政部门必须无条件执行,不得随意更改。如遇特殊情况需要调整原定预算,同样必须遵循法定程序,不得在法律之外调整或变更预算。对违背经法定程序审批后的政府预算的行为应依法追究法律责任。

(四)公开性原则

政府预算管理应是公开的、透明的。公开透明原则是指政府预算应该是对全社会公开的文件,其内容能为全社会所了解,政府预算的整个运行过程要透明,整个流程即预算编制、审议、执行以及执行中的调整、决算与评估等都应保持一定的透明度,接受广大公民监督,充分体现预算的民主化和科学化。在美国,每年向公众公布的政府预算除了基本的预算报告外,还有若干个预算附件,包括预算报告的附录和分析预测方面的内容。

(五)绩效导向原则

绩效导向原则就是要求政府预算管理全过程要树立绩效理念,提高预算资金使用效率,减少浪费。绩效预算理论认为:公共政府部门不仅应对其预算资源的使用承担责任,同时也应对这些预算资源使用所产生的结果即产出和成果承担责任。在预算技术的选择、决策的作出、方案的筛选、资金的安排等方面均应充分考虑其产生的效果,以绩效为中心实施预算管理。

(六)责任制原则

责任制原则就是要求在政府预算管理过程中,要全面建立责任制,落实责任,明确责任,追究责任。政府预算管理者和决策者需要对其所从事或参与的预算活动承担责任。当公众对政府提供的公共产品数量、质量或其组合不满意时,政府应通过预算管理承担起改善公共产品供应的责任。对参与政府预算及其管理的组织和个人,在工作中失职、违法的单位和个人,应相应承担集体责任和个人责任,集体责任和个人责任必须明确划分,不能混淆,并以追究个人责任为主、集体责任为辅,不应该允许随意将个人责任转化为集体责任。只有按照集体负责制,在重大预算问题上,由全体组成人员集体讨论并且按照少数服从多数的原则作出的预算决定,责任由集体承担,其他责任均应该落实到个人,由个人承担责任。我国现行宪法第 27 条明确规定了国家机关实行工作责任制的原则。要求国家机关及其工作人员无论是行使职权,还是履行职务,都必须对其产生的后果负责。在我国,权力和责任紧密相连且相互统一,因此既不存在没有权力的责任,也不存在没有责任的权力。政府预算管理者和决策者在行使预算管理权力的同时必须明确承担相应的预算管理责任。只有这样,才能确保政府预算管理的有效性。

第四节 政府预算分类与政府预算体系

一、政府预算分类

按照不同的分类标准,政府预算有以下不同的分类。

(一)按照预算级次划分,政府预算分为中央预算和地方预算

一般来说,有一级政府就应有一级预算。在现代社会,大多数国家都实行多级预算。政府预算一般由中央预算和地方预算组成。

1.中央预算。中央预算是指中央政府预算,由中央各部门(含直属单位)的预算及地方向中央的上解收入、中央对地方的返还或补助数额组成。中央预算是中央政府履行职能的基本财力保证,主要表现为中央政府的预算收支活动,在政府预算管理体系中居于主导地位。

2.地方预算。地方预算是经法定程序批准的地方各级政府的财政收支计划的通称,包括省级及省级以下的预算。地方预算负有组织大部分预算收入和相当部分预算支出的重要任务,是保证地方政府职能实施的财力保证,并在预算管理体系中居于基础性地位。

地方预算由各省、自治区、直辖市总预算组成。地方各级总预算由本级政府预算和汇总的下一级总预算组成;下一级只有本级预算的,下一级总预算即指下一级的本级预算;没有下一级预算的,总预算即指本级预算。地方各级政府预算由本级各部门(含直属单位)的预算组成。地方各级政府预算包括下级政府向上级政府上缴的收入数额和上级政府对下级政府返还或者给予补助的数额。我国《预算法》规定我国实行一级政府一级预算,设立中央,省、自治区、直辖市政府预算,设区的市、自治州政府预算,县、自治县、不设区的市、市辖区政府预算,和乡、民族乡、镇政府预算,总共有五级预算构成。不具备设立预算条件的乡、民族乡、镇,经省、自治区、直辖市政府确定,可以暂不设立预算。

联邦制国家的政府预算通常由联邦政府预算、州政府预算和地方政府预算组成。

(二)按照政府预算收支管理范围大小划分,政府预算分为总预算、部门预算和单位预算

1.总预算:是指各级政府的预算,由汇总的本级政府预算和汇总的下一级政府的总预算汇编而成,不仅包括本级政府一般财政收支和特别预算,也包括下级政府的总预算。

2.部门预算:是编制政府预算的一种具体制度和方法,它是由各级政府的各个部门编

制的,反映各个政府部门所有的收入和支出的政府预算。各部门预算由本部门所属各单位预算组成。部门预算是政府预算的基础。

3.单位预算:是指列入部门预算的国家机关、社会团体和其他单位的收支预算。单位预算是由行政事业单位根据行政任务和事业发展计划编制的,并经过规定程序批准的年度财务收支计划,反映单位与财政之间的资金领拨缴销关系和事业计划、工作任务的规模和方向,它是各级总预算构成的基本单位。在我国根据经费领拨关系和行政隶属关系,单位预算可分为一级单位预算、二级单位预算和基层单位预算。单位预算管理对保证事业计划和行政任务的完成及财政预算的顺利执行都有重要意义。单位预算是部门预算的基础。

(三)按照政府预算收支内容的不同结构划分,政府预算可分为单式预算和复式预算

1.单式预算。单式预算是指将政府的全部预算收支汇集编入一个表格内,形成一个预算收支对照表。它是传统的预算组织形式,将预算年度内全部的预算收入与支出汇集编入单一的预算表内,而不去区分各项或各种财政收支的经济性质。其优点是把全部的预算收入与支出分列于一个统一的预算表上,简便易行,便于立法机关审议批准和社会公众的了解。但它的主要缺点是没有把全部的预算收入和支出按经济性质分列和汇集平衡,不便于经济分析和管理。

2.复式预算。复式预算是指在预算年度内,将全部的预算收入与支出按经济性质不同分别汇集编入两个或两个以上的收支对照表,从而编制成两个或两个以上的预算。它是从单一预算组织形式演变而来的。其典型的组成形式是把政府预算分成经常预算和资本预算两个部分。其中经常预算主要以税收为收入来源,以行政事业项目等经常性事务为支出对象;资本预算主要以国有资产收入、国债为收入来源,用于盈利性的经济建设支出。复式预算组织形式的主要特点是:首先,由于把政府在一般行政上的经常收支列为经常预算,而把政府的资本投资支出列为资本预算,这样就区分了各项收入和支出的经济性质和用途,便于政府权衡支出性质,分出轻重缓急,做到资金使用有序,能比较合理地安排使用各类资金,便于经济分析和管理。其次,把预算分成经常预算和资本预算两个部分,两个部分以各自来源应付各自的支出,各自平衡。最后,由于把国债收入作为资本预算的正常收入项目,这就使得资本预算总是平衡的,只有经常预算的收支才可能有差额。

目前我国各级政府预算按照复式预算编制,包括公共财政预算、国有资产经营预算、政府性基金预算和社会保障预算。

(四)按预算作用的有效期不同,政府预算可分为年度预算和中长期预算

1.年度预算。指有效期为一年的政府预算。即经过立法机关审批的预算收支必须在一年内执行才有效。

2.中长期预算。中长期预算也称为中长期财政规划,一般有效期在1年以上10年以下的计划称中期计划,市场经济国家通常是编制5年的中长期计划;10年以上的计划称长期财政规划。

(五)按照法律效力不同,政府预算可分为正式预算、临时预算和追加预算

1.正式预算。指政府编制的预算草案,经立法机关审批通过后成为政府预算。

2.临时预算。指为解决预算成立前的政府经费开支,作为在正式预算成立以前进行财政收支活动而事先编制的暂时性的预算。

3.追加(修正)预算。正式预算在执行过程中,由于情况的变化需要增减正式预算收支时,须再编制一种预算作为正式预算的补充,这就是追加预算或修正预算。把成立后的追加预算或修正预算与正式预算汇总执行的预算,称之为追加(修正)后预算。

(六)按照预算收支的平衡状况不同分类,政府预算可以分为平衡预算和差额预算

1.平衡预算。是指预算收入等于预算支出的预算。

2.差额预算。是指预算收入不等于预算支出的预算。预算收入大于预算支出的预算称为盈余预算;预算收入小于预算支出的预算称为赤字预算。

二、政府预算体系

(一)政府预算体系的含义

政府预算体系是指政府预算收支按一定组合方式组成的统一体。常见的是由政府预算内容体系和政府预算组织体系两种组合方式组成的政府预算体系。

(二)政府预算内容体系

政府预算内容体系是指依据政府预算内容的不同类别划分,采用复式预算编制方式而形成不同的预算共同组成的统一体。我国的政府预算内容体系是由公共财政预算、国有资产经营预算、政府性基金预算和社会保障预算共同组成的各有分工又功能互补的复式预算体系。

1.公共财政预算,又称为一般预算,是指政府凭借国家政治权力,以社会管理者身份筹集以税收为主体的财政收入,用于保障和改善民生、维持国家行政职能正常运转、保障国家安全等方面的收支预算。公共财政预算收入主要包括税收收入和非税收入。其中,税收收入包括增值税、消费税、营业税、企业所得税、个人所得税、资源税、城市维护建设税、房产税、印花税、城镇土地使用税、土地增值税、车船税、船舶吨税、车辆购置税、关税、耕地占用税、契税等。非税收入包括专项收入、行政事业性收费收入、罚没收入和其他收入等。公共财政预算支出,按支出功能分类包括一般公共服务、外交、国防、公共安全、教育、科学技术、文化体育与传媒、社会保障和就业、社会保障基金支出、医疗卫生、环境保护、城乡社区事务、农林水事务、交通运输、工业商业金融等事务、其他支出和转移性支出;按支出经济性质分类包括工资福利支出、商品和服务支出、对个人和家庭的补助、对企事业单位的补贴、转移性支出、赠与、债务利息支出、基本建设支出、其他资本性支出、贷款转贷及产权参股、其他支出。目前我国每年统计公报公布的财政收入、财政支出、财政赤字的数字,是就公共财政预算而言的。

2.国有资本经营预算,是指国家以所有者身份依法取得国有资本收益,并对所得收益进行分配而发生的各项收支预算。国有资本经营预算支出按照当年预算收入规模安排,不列赤字。国有资本经营预算制度的核心是调整国家和国有企业之间的分配关系,是实现国有资本经营管理战略目标的重要手段。国有资本经营预算的收入包括从国家出资企业取得的利润、股利、股息和国有产权(股权)转让收入、清算收入等;支出主要用于对重要企业补充资本金和弥补一些国有企业的改革成本等。国有资本经营预算的编制坚持以下原则:一是统筹兼顾、适度集中,即统筹兼顾企业自身积累、自身发展和国有经济结构调整及国民经济宏观调控的需要,合理确定国有资本收益分配比例。二是相对独立、相互衔

接,即既保持国有资本经营预算的完整性和相对独立性,又保持与政府公共预算的相互衔接。三是分级编制、逐步实施,即按照国有资产分级管理体制,国有资本经营预算分级编制,并根据条件逐步实施。从2010年开始,中央国有资本经营预算提交全国人大审查批准。

3. 政府性基金预算,是指国家通过向社会征收以及出让土地、发行彩票等方式取得收入,并专项用于支持特定基础设施建设和社会事业发展而发生的收支预算。政府性基金项目由财政部审批,重要的政府性基金项目须报国务院审批。所有政府性基金都纳入政府性基金预算管理,按法定程序接受人大审查和监督。政府性基金预算与公共财政预算的相同之处在于:同属政府预算的范畴。不同之处在于:资金的管理方式不同。政府性基金预算的收入具有指定用途、专款专用的特征;政府性基金支出主要是按照专款专用原则,与基金预算收入一一对应。政府性基金预算采用以收定支、专款专用、结余结转下年继续使用的管理原则。

4. 社会保障预算,是指政府通过社会保险缴费、政府公共预算安排等方式取得收入,专项用于社会保障支出的收支预算。社会保险基金预算按险种分别编制,包括企业职工基本养老保险基金、失业保险基金、城镇职工基本医疗保险基金、工伤保险基金、生育保险基金等。全国社会保险基金预算草案由人力资源社会保障部汇总编制,财政部审核后,由财政部和人力资源社会保障部联合向国务院报告。待条件成熟时,由国务院适时向全国人大报告。社会保险基金预算不得随意调整。在执行中因特殊情况需要增加支出或减少收入的,应编制社会保险基金预算调整方案。全国社会保险基金决算草案由人力资源社会保障部汇总编制,财政部审核后,由财政部和人力资源社会保障部联合向国务院报告。

(三)政府预算组织体系

政府预算组织体系是指根据国家政权结构、行政区划和财政管理体制的要求而确定的各级次预算、部门预算和单位预算,按组织方式构成的统一体。

根据《中华人民共和国预算法》的规定,我国政府预算组织体系是按照一级政权设立一级预算的原则建立的。我国宪法规定,国家机构由全国人民代表大会、国务院、地方各级人民代表大会和各级人民政府组成。与政权结构相适应,并同时结合我国行政区域的划分,政府预算由中央预算和地方预算组成,地方预算由省(直辖市、自治区、计划单列市)、市、县(市、自治县)和乡(镇)预算组成,因此,我国的政府预算组织体系由五级预算组成。具体见图1-1。

第五节 政府预算职能与作用

一、政府预算职能

政府预算职能是指政府预算所具有的内在功能。一般认为政府预算具有资源配置、稳定经济、反映、监督和控制五大职能。

```
                        ┌──────────┐
                        │  政府预算  │
                        └────┬─────┘
            ┌────────────────┴────────────────┐
            ↓                                  ↓
      ┌──────────┐                      ┌──────────┐
      │  中央预算  │                      │ 地方总预算 │
      └────┬─────┘                      └────┬─────┘
           ↓                                 │
      ┌──────────┐        ┌──────────────────┴──────────────┐
      │  部分预算  │        │     省、自治区、直辖市总预算        │
      └────┬─────┘        └──────┬───────────────────┬──────┘
           ↓                     │                   ↓
      ┌──────────┐               │        ┌──────────────────────┐
      │  单位预算  │               │        │ 省、自治区、直辖市本级预算 │
      └──────────┘               │        └──────────┬───────────┘
                                 │                   ↓
                                 │              ┌──────────┐
                                 │              │  部门预算  │
                                 │              └────┬─────┘
                                 │                   ↓
                                 │              ┌──────────┐
                                 │              │  单位预算  │
                                 │              └──────────┘
               ┌─────────────────┴──────────────┐
               │     省辖市、自治州总预算           │
               └──────┬───────────────────┬──────┘
                      │                   ↓
                      │        ┌──────────────────────┐
                      │        │  省辖市、自治州本级预算   │
                      │        └──────────┬───────────┘
        ┌─────────────┴───────────────┐  ↓
        │  不设区的市、区（县）总预算      │  ┌──────────┐
        └──┬──────────────────┬───────┘  │  部门预算  │
           ↓                  ↓          └────┬─────┘
     ┌──────────┐   ┌──────────────────┐      ↓
     │  乡镇预算  │   │ 不设区的市、区（县） │  ┌──────────┐
     └────┬─────┘   │    本级预算        │  │  单位预算  │
          ↓         └────────┬─────────┘  └──────────┘
     ┌──────────┐            ↓
     │  部门预算  │      ┌──────────┐
     └────┬─────┘      │  部门预算  │
          ↓            └────┬─────┘
     ┌──────────┐           ↓
     │  单位预算  │      ┌──────────┐
     └──────────┘      │  单位预算  │
                       └──────────┘
```

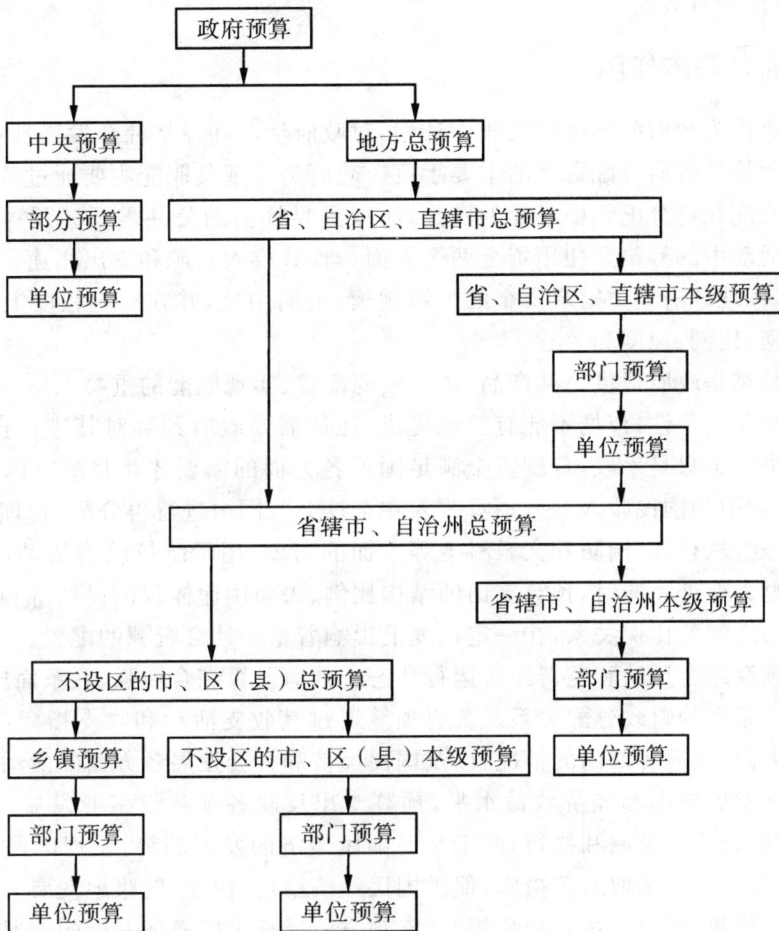

图 1-1　我国政府预算组织体系

1. 资源配置职能。即政府预算不仅是一部分社会资源的直接分配者，而且也是全社会资源配置的调节者。能在市场资源配置失灵的基础上，通过预算收支安排实现社会资源在政府部门和非政府部门之间、政府部门内部的配置资源，以及对非政府部门资源配置的调控，提高资源的配置效率，弥补市场失灵。

2. 稳定经济职能。自由市场经济容易出现波动，无法实现宏观经济的稳定运行。通过实施赤字、盈余或平衡预算政策，刺激、抑制或平衡社会总需求，进而实现社会总供给与总需求平衡，最终实现宏观经济稳定运行的目标。

3. 反映职能。即具有反映政府部门活动或工作状况的功能，作为财政收支安排的基本计划，政府预算反映和规定了政府在预算年度内的工作或活动范围、方向和重点。

4. 监督职能。即具有监督政府部门收支运作情况的功能。作为我国各级人民代表大会审议的重要文件，政府预算是人大代表和全体人民监督政府收支运作的途径和窗口。

5. 控制职能。即具有控制政府部门收入和支出的功能。由各级人民代表大会审议、批准的政府预算，实质是对政府收支规模的一种法定授权。只有在授权范围内的收入和支出,才是合法和有效的。

二、政府预算的作用

政府预算作为政府的年度财政收支计划,对政府活动和经济社会发展具有重要作用。

1.政府预算是政府分配资金的主要手段。政府为实现其职能主要通过政府预算参与国民收入的分配和再分配集中必要的资金,用以满足社会的公共需要。预算收支活动体现财政分配活动中的筹集和使用资金两个方面。预算收入来源和支出用途全面反映政府的经济活动,体现政府集中财政资金的来源规模、去向用途,并在一定程度上反映社会经济发展的规模、比例、速度和效益。

2.政府预算是政府提供公共产品、进行资源配置、实现职能的重要工具。公共产品具有非排他性和非竞争性,市场不能有效地提供,往往需要政府预算对其进行资源的配置。政府预算集中资金只是手段,分配资金满足国家各方面的需要才是目的。国家根据社会共同需要,将集中的国民收入——预算收入在全社会范围内进行再分配,合理安排各项支出,保证重点建设、行政、国防和文教科卫等方面的需要,用于维持政府活动,为公共产品提供必要的财力保证。同时,预算支出的结构比例、去向用途体现国民经济和社会发展以及政府各部门之间的比例关系,在一定程度上影响着整个社会资源的配置。

3.政府预算综合反映和监督经济运行状态。政府预算综合性强、联系面广,预算的一收一支涉及一系列的财政分配关系。政府预算通过其收支活动和收支指标,反映政府活动的范围和方向,政府各部门的情况,以及国民经济和社会发展各方面的活动。预算收入反映国民经济发展规模和经济效益水平,预算支出反映各项建设事业发展的基本情况。因此,通过政府预算的编制和执行,便于掌握国民经济的发展趋势,发现国民经济发展中存在的问题,从而及时采取对策措施,促进国民经济稳定、快速、健康地发展。预算部门运用信息灵通的优势,可以通过对比分析,从宏观方面反映国民经济发展的情况和存在的问题,为决策部门提供经济信息,不断提高宏观经济效益。

4.政府预算是以计划为基础进行宏观调控的重要杠杆。预算必须以国民经济和社会发展计划为基础。政府预算既是国民经济计划在财力上的主要反映,又是实现经济发展、社会进步以及进行宏观调控的财力保证。预算收入主要来源于国民经济各部门,预算支出主要用于各项经济和科技文教建设事业,并对国民经济和社会发展计划起积极的促进和制约作用。预算调控作用主要从三个方面实现:一是控制社会总供求。预算收支总规模可直接或间接影响社会总供求,其中主要通过预算支出控制社会总需求,用总需求制约总供给,使之保持基本平衡。二是调节结构。通过预算支出结构来调节国民经济结构,调节产业结构,协调国民经济的重大比例关系,促进生产要素的优化配置和经济效益的提高。三是公平分配关系。预算管理体制是划分预算收支范围和预算管理权责,处理中央和地方、地方之间、行业之间财政分配关系的根本制度,合理分配各地区的财力,可适当缩小地区间的经济差距。

第六节　政府预算过程

政府预算过程又称为政府预算周期、政府预算循环,包括政府预算编制、审批、执行、决算与绩效评价四个阶段。

1.预算草案的编制。是指各级政府、各部门、各预算单位遵照一定的原则、方法和程序,对预算年度的收入和支出进行测算,并将测算结果填入事先设定的预算表格中,同时附上必要的文字说明而形成预算草案的过程,是整个预算过程的起点。

2.预算审批。是指从政府行政部门及其主管官员向立法机关提交预算草案,接受立法机关对预算草案的审议和批准的过程。我国的政府预算草案只有经过同级人民代表大会审查和批准后,才能成为具有法律意义的正式预算。

3.预算的执行。是指各级政府、各部门、各预算单位将经过立法机关批准以后的正式预算付诸实施的过程。它是整个预算周期的重要环节,是组织预算收支任务实现的过程。包括组织预算收入、拨付预算支出、动用预备费等内容。在预算执行过程中,如遇特别情况变化,可能还会涉及政府预算调整工作。

4.决算与绩效评价。决算是对政府预算执行的总结,是年度政府预算收支执行情况的最终反映,也是政府经济活动结果在财政上的集中表现。绩效评价是指按照一定的程序和方法,政府预算管理部门对政府预算收支执行的结果实施检查、考核的过程。主要是考察某项预算及其执行主体部门、单位在怎样的程度上适当地履行了它们的职责。

第七节　政府预算管理及管理职权划分

一、政府预算管理

（一）政府预算管理的含义

政府预算管理是指政府依据法律、法规,采用一定的管理方法和程序,对政府预算资金的筹集、分配、使用所进行的计划、组织、控制、协调和监督等活动。政府预算管理是政府经济管理的重要组成部分,是财政管理的核心环节。

（二）政府预算管理的目的

实施政府预算管理主要是为实现以下目的:

1.确保政府预算收支任务的完成。政府预算经过立法机关审批以后的执行过程,会遇到各种复杂情况,不可能自动实现。如果不加强管理,则很难保证政府预算收支的完成。确保政府预算收支任务的完成是政府预算管理的直接目标。

2.提高政府预算效率。提高政府预算效率,减少政府预算资金浪费是政府预算管理的中心目标。通过科学管理,健全管理制度,可以使预算资金有序、高效地运行,实现预算资源使用的效率最大化。

3.控制预算风险。在政府预算活动过程中,可能会出现预算赤字、发行国债、提供担保等问题,这都可能给政府预算留下风险隐患。通过实施预算风险管理,可以将预算风险转移、减少或消除,确保政府预算安全有序。

二、政府预算管理职权划分

政府预算管理职权是指依法确定和支配国家预算的权力和对于国家预算的编制、审查、批准、执行、调整、监督权力的总称。为确保预算管理的有序进行,应在各预算管理主体之间对预算管理职责权限作出明确规定和划分。我国《预算法》对各级人民代表大会、人民政府和财政部门在预算管理中承担的职权有如下明确规定:

(一)全国人民代表大会及其常务委员会的预算管理职权

全国人民代表大会的预算管理职权包括:审查中央和地方预算草案及中央和地方预算执行情况的报告;批准中央预算和中央预算执行情况的报告;改变或者撤销全国人民代表大会常务委员会关于预算、决算的不适当的决议。

全国人民代表大会常务委员会的预算管理职权包括:监督中央和地方预算的执行;审查和批准中央预算的调整方案;审查和批准中央决算;撤销国务院制定的同宪法、法律相抵触的关于预算、决算的行政法规、决定和命令;撤销省、自治区、直辖市人民代表大会及其常务委员会制定的同宪法、法律和行政法规相抵触的关于预算、决算的地方性法规和决议。

(二)地方各级人民代表大会及其常务委员会的预算管理职权

县级以上地方各级人民代表大会的预算管理职权包括:审查本级总预算草案及本级总预算执行情况的报告;批准本级预算和本级预算执行情况的报告;改变或者撤销本级人民代表大会常务委员会关于预算、决算的不适当的决议;撤销本级政府关于预算、决算的不适当的决定和命令。

县级以上地方各级人民代表大会常务委员会的预算管理职权包括:监督本级总预算的执行;审查和批准本级预算的调整方案;审查和批准本级政府决算(以下简称本级决算);撤销本级政府和下一级人民代表大会及其常务委员会关于预算、决算的不适当的决定、命令和决议。

设立预算的乡、民族乡、镇的人民代表大会的预算管理职权包括:审查和批准本级预算和本级预算执行情况的报告;监督本级预算的执行;审查和批准本级预算的调整方案;审查和批准本级决算;撤销本级政府关于预算、决算的不适当的决定和命令。

(三)国务院及财政部的预算管理职权

国务院的预算管理职权包括:编制中央预算、决算草案;向全国人民代表大会作关于中央和地方预算草案的报告;将省、自治区、直辖市政府报送备案的预算汇总后报全国人民代表大会常务委员会备案;组织中央和地方预算的执行;决定中央预算预备费的动用;编制中央预算调整方案;监督中央各部门和地方政府的预算执行;改变或者撤销中央各部门和地方政府关于预算、决算的不适当的决定、命令;向全国人民代表大会、全国人民代表大会常务委员会报告中央和地方预算的执行情况。

财政部的预算管理职权包括:具体编制中央预算、决算草案;具体组织中央和地方预算的执行;提出中央预算预备费动用方案;具体编制中央预算调整方案;定期向国务院报告中央和地方预算的执行情况。

（四）地方各级人民政府及其财政部门的预算管理职权

地方各级人民政府拥有的预算管理职权是：编制本级预算、决算草案；向本级人民代表大会作关于本级总预算草案的报告；将下一级政府报送备案的预算汇总后报本级人民代表大会常务委员会备案；组织本级总预算的执行；决定本级预算预备费的动用；编制本级预算的调整方案；监督本级和下级政府各部门关于预算、决算的不适当的决定、命令；向本级人民代表大会及其常务委员会报告本级总预算的执行情况。

地方各级政府财政部门拥有的预算管理职权是：具体编制本级预算、决算草案；具体组织本级总预算的执行；提出本级预算预备费动用方案；具体编制本级预算的调整方案；定期向本级政府和上一级政府财政部门报告本级总预算的执行情况。

（五）政府各预算部门和单位的预算管理职权

政府各预算部门的预算管理职权是：负责编制本部门预算、决算草案的编制权。有组织和监督本部门预算的执行的组织和监督权，有向本级政府财政部门报告预算的执行情况的报告权。

各预算单位的预算管理职权是：编制本单位预算、决算草案；按照国家规定上缴预算收入，安排预算支出，并接受国家有关部门的监督。

（六）各级政府审计部门的预算管理职权

各级政府审计部门的预算管理职权是：对本级各部门、各单位和下级政府的预算执行、决算实行审计监督。

本章小结

政府预算是社会发展到封建社会末期和资本主义社会初期，作为新兴资产阶级与封建统治阶级进行斗争的一种经济手段而产生的，以《大宪章》的签署为标志，最早产生于17世纪的英国。我国政府预算最早产生于清朝末年（1908年，清光绪三十四年），表现为清政府颁布的《清理财政章程》。

政府预算是政府一定时期的具有一定法律形式和制度保障的货币资金收支计划，是集中和分配财政资金的重要工具，是维护统治阶级利益和实施财政监督管理的重要手段。其形式表现为，按一定标准，分门别类地填列有财政收入和支出的特定表格，即政府收支一览表。

政府预算具有计划预测性、综合完整性、公开透明性、法律性、年度性等基本特征。预算年度指预算收支的起讫时间，通常为一年。预算年度有历年制和跨年制两种形式。

政府预算政策是政府为了实现一定的宏观经济目标，依据客观经济规律的要求而制定的指导政府预算工作和处理各种政府预算关系的基本方针和准则。政府预算政策主要包括年度平衡预算政策、功能财政预算政策、周期平衡预算政策、充分就业预算平衡政策、综合性预算政策等类型。

为实现政府预算有效管理，应遵循全面性、年度性、未来导向性、法定程序性、公开性、绩效导向性和责任制原则。

政府预算按照预算级次划分,可分为中央预算和地方预算;按照政府预算收支管理范围大小划分,可分为总预算、部门预算和单位预算;按照政府预算收支内容的不同结构划分,可分为单式预算和复式预算;按照预算作用的有效期不同,可分为年度预算和中长期预算;按照法律效力不同,可分为正式预算、临时预算和追加预算;按照预算收支的平衡状况不同分类,可以分为平衡预算和差额预算。

政府预算体系是指政府预算收支按一定组合方式组成的统一体。常见的是由政府预算内容体系和政府预算组织体系两种组合方式组成的政府预算体系。我国的政府预算内容体系是由公共财政预算、国有资产经营预算、政府性基金预算和社会保障预算共同组成的各有分工又功能互补的复式预算体系。我国政府预算组织体系是按照一级政权设立一级预算的原则建立的。我国政府预算组织体系由中央预算和地方预算组成,地方预算由省(直辖市、自治区、计划单列市)、市、县(市、自治县)和乡(镇)预算组成,因此,我国的政府预算由五级预算组成。

政府预算职能是指政府预算所具有的内在功能。一般认为政府预算具有资源配置、稳定经济、反映、监督和控制五大职能。政府预算是政府分配资金的主要手段,是政府提供公共产品、进行资源配置、实现职能的重要工具,综合反映和监督经济运行状态,是进行宏观调控的重要杠杆。政府预算对政府活动和经济社会发展具有重要作用。

政府预算过程又称为政府预算周期、政府预算循环。包括政府预算编制、审批、执行、决算与绩效评价四个阶段。

政府预算管理是指政府依据法律、法规,采用一定的管理方法和程序,对政府预算资金的筹集、分配、使用所进行的计划、组织、控制、协调和监督等活动。政府预算管理是政府经济管理的重要组成部分,是财政管理的核心环节。政府预算管理的目的是确保政府预算收支任务的完成,提高政府预算效率,控制预算风险。

政府预算管理职权是指依法确定和支配国家预算的权力和对于国家预算的编制、审查、批准、执行、调整、监督权力的总称。为确保预算管理的有序进行,应在各预算管理主体之间对预算管理职责权限作出明确规定和划分。我国《预算法》对各级人民代表大会、人民政府及其财政部门、预算部门和单位在预算管理中承担的职权有明确规定。

案例

我国财政"省直管县"改革情况——政府预算组织体系的变革

"省直管县"预算体制改革是指:省、市、县预算管理关系由"省——市——县"三级管理转变为"省——市、省——县"二级管理,对县的管理由现在的"省管市、市管县"模式变为由省替代市,实行"省直管县"。实行省直管县改革的主要目的就是减少预算层级,提高预算管理效率,同时也有利于激发县域经济发展活力,进一步加快县域经济的发展步伐。

改革背景:

虽然《宪法》规定地方行政区划体系分为省、县、乡三级,而在实际中,在省县之间却存在着一级建制———地区或地级市,并逐渐形成了市管县的格局。市管县体制的发展延续有着非常复杂的原因,但随着市场经济特别是区域经济的发展、行政治理环境和手段的变化,因层级过多而导致的问题日益显现。

首先是影响预算管理高效运转。实行市管县体制后,地区一级预算管理权由过去的虚设变为实置,从而在省与县之间多出一个环节。凡是县向省请示的工作,无论是政策性的,还是业务性的,可以直接与省沟通的,要通过市里的审查和推荐,形成"效率漏斗",大大降低了预算管理效率。有些中央和省都已完全下放的审批权限却被市里截留,处在经济建设第一线的县域预算管理权力渐小,责任重大,责权利不对等。

其次是市县争利严重,影响了县域经济的发展。市管县后,县要接受市的领导。但市和县始终都分别是各自区域利益的主体代表,承担着不同的责任,享受着各自的经济利益。从各地情况来看,在预算管理工作上,市把县当作自己的管辖层级,要求县的预算安排从属于市的预算安排需要,从而引发两个利益主体的冲突。市里在预算收入分成、预算支出、项目安排等方面优先考虑市区。"市压县、市刮县、市吃县"的问题的确存在,有些市、县在争利中,市不惜运用行政手段强行解决,县只能服从。由于市区预算能力弱,市比较多地只顾自己的发展,把预算资源比较多地放在发展市区经济上,甚至从下面"抽血",从而无力扶持县域经济发展,更无力顾及到大部分农村的发展,使得区域经济发展失衡,"三农"问题难以解决。

改革可行性:

市场经济打破了传统体制下的政府预算管理模式,资源配置由政府主导型转向市场主导型,政府大量的微观经济管理职能转向宏观调控。这从根本上减轻了各级政府的工作量,尤其是中央和省级政府,这就为省直管县提供了可能。

技术进步和基础设施的改善创造了工具上的条件。随着电话、电视的普及,特别是计算机、远程通讯等现代技术手段的运用及提高,政府间传递信息的流程明显缩短,信息的时效性和准确性大大增强。铁路、高速公路、国道、省道等基础设施的改善,现代交通工具的发达,使得省与县之间的空间距离变得越来越短。公共管理创新需要政府预算实行扁平化改革。从国外政府管理创新的经验来看,政府预算逐渐扁平化管理也是大势所趋,最终有利于减少预算成本,提高预算工作效率。

指导文件:

2005 年 6 月,温家宝总理在全国农村税费改革试点工作会议上指出:"要改革县乡财政的管理方式,具备条件的地方,可以推进'省管县'的改革试点。"党的十六届五中全会提出要优化组织结构、减少行政层级,条件成熟的地区可以实行省直管县的财政体制。

《国家第十一个五年经济社会发展规划》提出要"理顺省级以下财政管理体制,有条件的地方可实行省级直接对县的管理体制"。

《国务院关于推进社会主义新农村建设的若干意见》中也提到"有条件的地方可加快推进'省直管县'财政管理体制改革"。

2009 年 2 月《中共中央国务院关于 2009 年促进农业稳定发展农民持续增收的若干意见》公布,文件提出要推进省直接管理县(市)财政体制改革,将粮食、油料、棉花和生猪生产大县全部纳入改革范围。

2009 年 6 月财政部发出《关于推进省直接管理县财政改革的意见》,要求到 2012 年底前,力争全国除民族自治地区外全面推进省直接管理县财政改革,近期首先将粮食、油料、棉花、生猪生产大县全部纳入改革范围。民族自治地区按照有关法律法规,加强对基层财政的扶持和指导,促进经济社会发展。

改革的主要内容:

财政部《关于推进省直接管理县财政改革的意见》明确了"省直管县"改革的主要内容:实行省直接管理县财政改革,就是在政府间收支划分、转移支付、资金往来、预决算、年终结算等方面,省财政与市、县财政直接联系,开展相关业务工作。

1.收支划分。在进一步理顺省与市、县支出责任的基础上,确定市、县财政各自的支出范围,市、县不得要求对方分担应属自身事权范围内的支出责任。按照规范的办法,合理划分省与市、县的收入范围。

2.转移支付。转移支付、税收返还、所得税返还等由省直接核定并补助到市、县;专项拨款补助,由各市、县直接向省级财政等有关部门申请,由省级财政部门直接下达市、县;市级财政可通过省级财政继续对县给予转移支付。

3.财政预决算。市、县统一按照省级财政部门有关要求,各自编制本级财政收支预算和年终决算。市级财政部门要按规定汇总市本级、所属各区及有关县预算,并报市人大常委会备案。

4.资金往来。建立省与市、县之间的财政资金直接往来关系,取消市与县之间日常的资金往来关系。省级财政直接确定各市、县的资金留解比例。各市、县金库按规定直接向省级金库报解财政库款。

5.财政结算。年终各类结算事项一律由省级财政与各市、县财政直接办理,市、县之间如有结算事项,必须通过省级财政办理。各市、县举借国际金融组织贷款、外国政府贷款、国债转贷资金等,直接向省级财政部门申请转贷及承诺偿还,未能按规定偿还的由省财政直接对市、县进行扣款。

省直接管理县财政改革涉及财政利益调整,政策性强,牵涉面广,各级财政部门要树立大局意识,加强组织领导,积极、主动、稳妥地推进改革,细化方案,精心实施。已经全面实行改革的地区,要密切跟踪改革进展,进一步规范和完善。正在进行试点的地区,要总结经验,加快推进。尚未开展试点的地区,除民族自治地区外,要尽快制订试点方案,积极推进改革。

案例分析:

"省直管县"预算体制改革是减少预算层级,提高预算管理效率的必然要求。各地进行了大量的试点改革和推广工作,并取得了很好的成效。但在一些地方依然存在省级预算管理权限下放不够,市县预算管理体制还不够规范等问题。如试点县有的预算项目仍要通过市再上报审批。有的权限虽下放到县里,资金分配等还是按原程序运作。实行"省直管县"预算体制后,存在省直部门人手紧张等问题。在改革的过程中出现一些问题是正常的,只要处理好这些问题,改革便可以顺利推进。

案例讨论:

①你认为"省直管县"预算体制改革对我国预算管理效率将产生怎样的影响?
②目前你所在的市县"省直管县"预算体制改革情况怎样?存在的问题主要有哪些?

你认为应如何完善？

思考题

1. 简述英国现代政府预算产生与形成的过程。
2. 简述现代政府预算产生与发展的动因。
3. 如何理解政府预算概念？
4. 简述政府预算的基本特征。
5. 什么叫预算年度？
6. 简述政府预算政策。
7. 简述政府预算有效管理原则。
8. 简述政府预算分类内容。
9. 简述政府预算体系内容。
10. 简述政府预算职能。
11. 简述政府预算的作用。
12. 简述政府预算过程。
13. 简述政府预算管理的含义和目的。
14. 简述我国各级人民代表大会及其常务委员会的政府预算管理职权。
15. 简述我国各级政府及其财政部门的政府预算管理职权。
16. 简述我国各级政府各预算部门、单位和审计部门的政府预算管理职权。

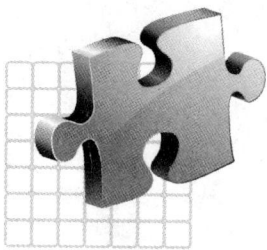

第2章 政府预算理论

本章导读

本章主要介绍政府预算与管理几个影响较大的理论。通过学习本章,要求掌握渐进预算理论、公共选择预算理论、政策过程理论、预算支出增长理论的基本观点,并联系我国预算实践开展学习。

预算资源配置领域有一个经典的"科依问题":"应该在什么基础上决定将资金 X 分配给活动 A 而不是活动 B?"也就是,政府预算规模、结构、支出项目等由谁作出决策,怎样决策,决策机制如何等问题是政府预算决策理论需要回答的问题。针对这一问题的回答不同而形成了不同的理论。目前影响较大的主要有渐进预算理论、公共选择预算理论、政策过程理论和预算支出增长理论。

第一节 渐进预算理论

渐进预算理论形成于 20 世纪 60 年代中期,其主要内容是由美国预算学者瓦尔达沃斯基(Aaron Wildavsky,1964)的著作《预算过程中的政治》和芬诺(Richard Fernno,1965)的著作《预算的力量》构成的。该理论从政治学视角,研究了政府预算运作程序和政府官员预算行为。其核心观点是认为政府预算的决定是渐进的,而不是全面的。预算支出机构决不会在每个预算年度里根据现有项目的价值和替代项目的价值来积极地评估所有的预算方案。相反,支出机构的预算要求都是建立在上一年的预算基础之上的,并特别关注边际上的增加和减少。该理论曾一度成为政府预算中占支配地位的主流理论。

一、基本观点

瓦尔达沃斯基是渐进预算理论的代表人物。渐进预算理论的基本观点主要体现于瓦尔达沃斯基的代表性著作——《预算过程中的政治》(*The Politics of the Budgetary*

Process)当中。渐进主义预算理论的基本含义是：(1)人的智力有限，时间也有限，无论对谁而言，政府预算规模都太大了，没有人能够考虑到整个预算，具体到预算的方方面面。因此，对政府预算的审核，主要是比较去年预算与今年预算建议数的异同。原因是基于今年建议数是在去年基数上渐进产生的。(2)人心思定，人们不喜欢政治角逐而力求避免之。这样，政客就避免对预算过程做出选择，某一年份预算的变化就很有限，由此而来的预算结果也很少发生变化，它们在很大程度上是可以预测的。

从《预算过程中的政治》一书中，可以总结出渐进预算理论的基本观点：

第一，预算具有政治性。自 20 世纪初，从美国"进步时代"开始的预算改革是以集权化、运用更为复杂和全面的预算技术为导向的。预算改革者将预算视为一个技术问题，试图将完全理性引入到政府预算决策当中。他们认为政治过程缺乏效率，因而都试图回避政治过程。但是，与预算改革者的观点不同，瓦尔达沃斯基认为，预算决策处于政治过程当中，因而具有政治性，"预算过程是政治框架中的人类行为"。他认为，如果不运用政治学理论的话，便无法回答科伊所提出的问题(即：究竟以什么为依据，决定将 X 美元分配给 A 活动，而不是分配给 B 活动)。在预算实践当中，美国的预算决策正是通过政治过程做出的，包括宪法、利益集团的压力、政治党派的立场、公众意见等在内的政治因素都将对预算决策产生影响。

第二，预算具有渐进性。渐进预算理论将预算过程看作是在原基数上递增的政治模型，认为政府预算具有渐进性。从一个预算周期到另一个预算周期，从预算过程的一个阶段到另一个阶段，预算拨款只是发生相对很小的变化。在预算过程当中，政治家、官僚、预算官员、立法者、利益集团和社会公众等预算参与者会运用多种预算策略去实现自身的预算目标。从世界各国的预算实例看，多数政府预算的编制，都是以上一年度的预算数或执行数为基数，再加以适当的递增比例计算而成的。

第三，预算参与者在预算过程中通常会采用"简化"策略。预算可以理解为决策制定的过程，这个过程非常复杂，而人类的决策能力却非常有限，因而，当预算参与者面对预算决策中的复杂情形时，会运用一些相应的策略使其简化。比如，在决策中只运用部分可以获得的信息，而不是全部的信息。

第四，预算参与者将会使用不同策略实现各自的预算目标。瓦尔达沃斯基认为，预算参与者基于以往的经验，会选择他们认为在不确定的条件下，最有可能获得成功的策略来实现各自的预算目标。瓦尔达沃斯基具体分析了各政府部门在确保本部门预算拨款时所运用的策略。与预算的技术问题相比，在争取预算拨款的过程当中，取得政治上的支持是更为重要的。为了取得政治上的支持，预算参与者往往会运用三类策略：(1)培养一个积极的委托人。这反映出在现行的政治体系中寻求支持的需要。(2)信任策略，即与其他预算参与者，尤其是预算委员会建立信任关系。预算委员会对一个政府部门越信任，对其待遇也就会越好。信任策略包括培养预算委员会对政府官员个人的信任和对该部门的实际工作成果的信任。(3)暂时性策略，即政府部门对某个预算项目进行解释，从而说服国会对其进行拨款。通过这一策略，政府部门可以维持拨款水平，从而确保其预算基数；或是获得更多的拨款，从而增加其预算基数。

第五，瓦尔达沃斯基将传统的"渐进预算"和预算改革者所提倡的"理性预算"进行比较后,得出结论——传统的"渐进预算"要明显优于"理性预算"。瓦尔达沃斯基列出了对传统的渐进预算的批评,并认为这些批评中所列出的传统的渐进预算的缺点,正是使其优于理性预算的优点所在。传统的预算方式是政治性预算,简化了预算决策过程,并有利于达成政治上一致。预算改革者所建议的更为理性的预算方法则会增加预算决策的难度,妨碍政治上一致的形成,因而是很难成功的。瓦尔达沃斯基认为,预算改革并不像预算改革者所称的那样,在政治上是中立的。预算改革不仅是预算技术的变化,而且,必然会包括政治系统的变化。预算改革只有通过改变政治过程,从而改变预算份额在不同预算项目之间的分配,才能真正对预算结果产生影响。

二、渐进预算理论的贡献

渐进预算理论最为重要的贡献就在于为未来的研究提供了统一的角度、共同的语言和一系列值得深入研究的问题。渐进主义预算理论是公共预算理论建构的最佳突破口。它在有限理性的前提假设之下,已经建立了很多有价值的假说,其很多研究结论都是开放性的,并已经被制度研究方法所借用。

首先,渐进预算理论提出政府预算位于政治程序的中心,并将政治理论、组织过程理论和经济理论运用到预算研究当中。渐进预算理论涉及各个政治组织以及与其相关联的政治程序。政治组织包括立法机构、行政机构、利益集团和政治党派。政治程序主要包括各政治主体对政治支持的争取,也包括党派之间利益的相互调整。同时,渐进预算理论在对预算决策制定进行分析时也非常倚重于经济分析方法的运用。这些都为预算研究提供了统一的视角。

其次,渐进预算理论也为解释和预测预算提供了共同的语言,比如:预算增量、政治策略、过程、结果、个人和社会团体的偏好、决策制定、政治环境的变化等。

最后,渐进预算理论和那些有建设性的批评为未来的预算研究提出了一系列尚待解决的问题。解释和预测增量是预算理论中最显而易见的一个问题。其他的问题包括对预算的作用、策略、谋划、竞争、冲突和预算标准的进一步解释。更深一层的研究工作是基于对渐进预算理论有建设性的批评。这些批评提出对政府预算的研究不应只仅仅局限于政府内部,还应该涉及利益集团的行为、选民的投票行为、行政首脑的行为以及立法过程对预算决策结果的影响。此外,预算研究的领域还应扩展到预算拨款之前和预算拨款之后的预算过程,比如预算编制、预算执行、审计和评估等,这些都远远超出了渐进预算理论研究的重点——预算拨款。

三、渐进预算理论的缺陷

尽管渐进预算理论的理论框架较为完整,但其缺陷也是明显的。

第一,渐进预算理论的定性描述部分认为预算是渐进的,每年的预算是稳定、全面的增长。但是预算实践并不完全这样。如法定支出和预算赤字的增长以及联邦预算行为模式的变化等因素使这种增长方式无法继续。

第二,渐进预算理论的实证理论存在缺陷。白利和寇勒(Bailey & O'Conor,1975)以及勒楼普(Leloup,1978)指出,渐进主义预算模型没有对预算数据进行正确的解释。白利和寇勒认为,渐进主义预算模型的曲解归根于对过程渐进主义和结果渐进主义两者的混淆。还有的研究者批评说,渐进主义预算理论并没有准确地描述预算决策的实际过程,因为,在预算过程中,出现了不少背离渐进预算模式的情况。

第三,希克(Shick,1969)指出渐进预算理论的分析理论存在着自相矛盾的一面。他认为,瓦尔达沃斯基的预算过程模型是模仿经济学的市场竞争模型,而经济学家已确认市场竞争模型是存在缺陷的,需要政府去矫正这些缺陷。瓦尔达沃斯基所提出的预算过程模型也存在同样的缺陷,因此,并不能产生正确的预算结果。

第四,渐进预算理论是总括性的。渐进主义下的政府预算平均变化情况,掩盖了具体收支结构的变化。有时,尽管一项收支总额长年看变化并不明显,但其内部却可能是此消彼长的。这样,政府预算就不易体现出政府职责的变化。同时,渐进主义理论也没有反映出预算政治的作用。这是因为,此时部门的预算策略就是千方百计地扩大基数,尽可能多地获得预算拨款;预算编制部门通常就要确定一个最高支出限额;而政府为了经济发展等目标,又总是倾向于多上项目。这样,预算政治的焦点并不一定集中于部门预算的变化量上,而是集中于其项目预算的变化量上。

第二节　公共选择预算理论

公共选择理论产生于20世纪40年代末,并于五六十年代形成了公共选择理论的基本原理和理论框架,60年代末以来,其学术影响迅速扩大。公共选择理论的领袖人物当推美国著名经济学家詹姆斯·布坎南,他于20世纪50年代开始从事公共选择理论研究,发表的第一篇专门研究公共选择的文章是《社会选择、民主政治与自由市场》。布坎南与戈登·塔洛克二人合著的《同意的计算——立宪民主的逻辑基础》被认为是公共选择理论的经典著作。布坎南因在公共选择理论方面的建树而获得1986年度诺贝尔经济学奖。公共选择理论着重于研究政治决策过程,从中探索其深层次的经济原因。政府预算行为是遵循一定的政治程序和规则,采取非市场方式配置资源的一种集体决策行为。因此,政府预算行为也属于公共选择理论研究的范围。公共选择学派的学者提出了两个重要的政府预算模型,即中间投票人模型和官僚预算最大化模型。这两个政府预算模型成为公共选择预算理论的主要内容。

一、中间投票人模型

中间投票人模型是一个关于公共产品需求的模型,同时也是政府预算决策机制模型,是由美国经济学家唐斯(A. Downs)在1957年出版的《民主的经济理论》中提出的。自20世纪60年代后期,该模型被广泛应用于预测和解释公共产品的需求、公共支出和政府预算决策过程。

(一)中间投票人模型的主要观点

中间投票人模型认为,在简单多数的规则之下,个人偏好都是单峰的,预算决策问题被转化为中间投票人的效用最大化问题,反映中间投票人意愿的那种政府预算政策会最终获胜,因为选择该政策会使一个团体的福利损失最小,从而决定了公共产品的均衡产出水平。

(二)中间投票人模型的假设条件

假设条件一:单峰偏好假设。所谓单峰偏好,是指个人在一组按某种标准(如数量大小)排列的备选方案中,对其中的一个方案偏好程度最高,对其他方案的偏好程度都低于对这个方案的偏好程度。

假设条件二:一维选择假设。所谓一维选择假设是指决策只涉及一个选择参数,比如只对支出数额的多少进行投票。这一假设也意味着中间投票人模型最为适合进行对全体公民投票的分析,以及直接民主制和委员会制度条件下的研究。

假设条件三:无议程设置假设。在投票议程中,可能实施议程设置,通过各种各样的投票策略行为——选票排序、策略性投票和选票交易,或是任何一种有意违反多数投票规则的行为——以达到影响投票结果的目的。无议程设置指的是投票中没有上述的各种投票策略行为。

假设条件四:中间投票人可以用中等收入居民替代假设。无论是全体公民投票,还是在市政会议上的投票,想要辨别出起决定作用的中间投票人都是很困难的。在很多有关政府支出的研究中,较为普遍的一个合理简化,是将中等收入的居民作为中间投票人。这样做的好处在于,有关中间投票人的收入由美国人口调查局定期公布,可以将其作为变量,计算出预算支出的收入弹性。

(三)中间投票人模型的主要内容

中间投票人模型认为,如果上述假设条件都得到满足的话,多数投票规则下的投票决策结果将反映出中间投票人的偏好。投票的结果会出现以下两种情况:

(1)如果投票人的偏好是离散和唯一的,那么在预算决策中,中间投票人之外的其他投票人,一半偏好较多的政府支出,一半偏好较少的政府支出,而中间投票人偏好中间支出。例如,假定7个投票人有以下不同的支出偏好:F_1偏好5美元,F_2偏好10美元,F_3偏好15美元,F_4偏好25美元,F_5偏好30美元,F_6偏好35美元,F_7偏好45美元。在简单多数投票规则下对预算支出进行投票选择,那么,最终获胜的会是25美元——F_4的偏好。其他的投票人中,三个偏好较多的支出,三个偏好较少的支出。

(2)如果投票人的偏好是连续、正态分布的,那么中间投票人指的是偏好位于中间位置的投票人团体,其人数并不是单一的。例如,假设一组投票人对一个特定的支出数量其偏好为:5%的投票者偏好5美元,10%的投票者偏好10美元,20%的投票者偏好15美元,30%的投票者偏好25美元,15%的投票者偏好30美元,15%的投票者偏好35美元,5%的投票者偏好45美元。在这样的情况下,中间投票人指的是偏好为25美元的那一组投票者。这样35%的投票者偏好更少一些的支出,35%的投票者偏好更多一些的支出,30%的投票者对投票结果完全满意。

(四)评价

中间投票人模型的最大优点在于将公共产品产出的均衡水平简化为中间投票者的偏好,预算决策被转化为中间投票人的效用最大化问题,仅仅分析中间投票人的收入、税收价格和偏好即可。这使预算支出的分析大大简化。此外,中间投票人模型所需的资料也易于获得和分析,这使得该模型非常适合于实证统计分析。

然而,中间投票人模型也存在着很多局限性:

1. 对中间投票人的界定较为模糊。中间投票人模型假定中等收入水平的人就是中间投票者,这种替代使得资料收集较为方便。如果投票人拥有一致的偏好,收入与期望的预算支出之间存在一种单调的函数关系,中间投票者就是拥有中等收入的个人。但是,假如预算支出的需求量与收入之间不是单调的函数关系,或者投票人的偏好差异大,我们就不能用这种方法来界定中间投票人。此外,运用中间收入者替代中间投票人,这是以收入分布和政策偏好相一致为假设基础的。收入可以作为政策偏好分类的一种依据,但是,还有其他显示偏好的指标,比如:年龄、教育程度等。虽然收入分布和政策偏好有着很多重合的地方,但二者并不完全一致。显然,在某些特定的地区,中间投票人并不是中间收入者,这大大限制了中间投票人模型的适用性。

2. 中间投票人模型只能用于解释和预测运用投票程序来进行预算决策时的预算结果,这就意味着作为一个预算模型,其解释范围比渐进主义模型狭窄得多。

3. 中间投票人模型对投票中的备选主题和表决程序做了极其严格的理论假设,只有满足这些假设条件时,投票才会有连续一致的结果。但是,在现实条件下,这些假设条件是很难满足的。(1)虽然预算支出决策具体表现为更多或更少的预算资金,但是这些资金往往是和各种各样的政府活动和项目联系在一起的。(2)尽管许多学者坚持认为,对于预算决策而言,投票人的偏好非常类似于单峰偏好,但当某些投票人采取"要么全有,要么全无"的策略时,这会影响到投票的传递性。比如,把公共教育支出分为高、中、低三个档次。有些人支持较高的公共教育支出,因为他们希望其子女受到良好的教育。但他们的第二个选择也许是送他们的孩子去私立学校(对应的是较低的公共教育支出),第三个选择才是中等公共教育支出。这种形式的偏好和多数投票规则结合在一起,会导致"循环投票"等问题。(3)在实际的公共决策投票当中,像投票议程设置、富有经验的投票、投票交易以及互投赞成票等现象普遍存在,而且和直接民主制相比,这些投票策略行为在代议民主制中发生的可能性更大。(4)该模型隐含的假设条件是所有投票人都参加了投票,而这也是很不现实的。

4. 中间投票人模型只考虑了中间投票人的收入、税收价格和偏好特征,而忽略了制度结构、政治决策程序、政治权力的分配、社会发展程度等因素,而这些变量对于政府预算的研究恰恰是十分重要的。有关投票人的其他一些因素,如年龄、住房、贫困状况、教育程度和选民对待投票的积极性等也会影响投票者的偏好,从而影响到中间投票人模型的适用性。

5. 中间投票人模型只考虑了公共服务的需求方,没有包含公共服务的供给方。而实际上政府预算决策受供给方——政府的影响很大。因此,其分析结果必然是不全面的。

二、官僚预算最大化模型

官僚预算最大化模型是一个关于公共产品供给的模型,由尼斯坎南(Niskanen)在1971年出版的《官僚与代议制政府》(*Bureau-cracy and Representative Government*)一书中提出。尼斯坎南的官僚预算最大化模型中的"官僚"是指负责提供公共产品和服务的各个政府部门。但在很大程度上,"官僚"指的是在政府部门中任职的高级官僚,掌握独立、可以确认的预算。官僚机构具有以下两个特征:一是作为一个非营利性的组织或机构,其资金主要来自预算拨款,而不是产出销售;二是官僚机构中的主管和雇员不会将预算拨款扣除支出费用后的余额占为己有。

(一)官僚预算最大化模型的主要观点

官僚预算最大化模型的主要观点是:现代社会普遍存在的一个现象是政府机构愈来愈臃肿,政府预算规模愈来愈大。导致这一现象的原因,尼斯坎南做出如下解释:官僚一直在争取预算最大化,而且由于官僚和政治家之间信息不对称现象的存在,官僚通常也能实现预算最大化。尼斯坎南的官僚预算最大化模型详细地描述了政治家和官僚在预算交易中的关系。

(二)官僚预算最大化模型的主要内容

第一,官僚一直在争取预算最大化。官僚的目标是什么?尼斯坎南在1971年的初级模型中认为,官僚追求的目标是在他的任期内获得最大化预算。并举例说,一个官僚追求的目标可能是薪水、奖金、公共声誉、权力、资助、产出、机构改革和官僚机构的易于管理性等。除了后两项外,其余目标都与政府预算规模有单调正相关关系。也就是说,预算规模越大,官僚效用越大。1991年,尼斯坎南对初级模型进行修正,认为官僚所要最大化的是自由支配预算,而不是预算总额。但同时指出,也不能把先前的官僚总预算最大化的假设完全抛弃掉。自由支配预算最大化是正常情况,而产出或预算最大化则是特殊情况。也就是说,原有模型中的官僚行为现在应该看作是一种特例。

第二,官僚通常能实现预算最大化。在尼斯坎南模型中,官僚和政治家之间的关系被看作是一种双边垄断,官僚机构通过提供产出来换取预算,官僚只把他的服务"卖给"政治家,而政治家只从官僚那里"购买"服务。因此,官僚的预算是由政治家确定的。而政治家主要根据官僚提供的产出量大小来决定他所偏好的预算额。

1991年,尼斯坎南又对初级模型进行修正:认为政治家是公共服务的垄断购买者,官僚机构是公共服务的垄断供应者,官僚和政治家之间是一种双边垄断的关系,官僚与政治家之间的交换不是按市场价格进行交换的,而是用承诺的产出和预算进行交换。在这种双边垄断的情况下,官僚和政治家之间不存在某种特定的预算—产出均衡,预算—产出的最终结果取决于官僚与政治家之间讨价还价的结果。但在讨价还价过程当中,政治家的作用因为两个原因而削弱:一是由于存在着信息不对称,官僚对政治家关于官僚机构产出需求的了解,要多于政治家对官僚机构产出成本的了解;二是政治家没有足够充分的动机去监控政府部门的活动,因为政治家和官僚机构主管都无法从政府部门所产生的预算盈余中获得金钱上的收益。因此,官僚通常能实现预算最大化。

(三)评价

从理论角度,对尼斯坎南官僚预算最大化模型既有赞同的,也有持批评态度的。赞同方认为该模型是对官僚作用进行分析的最为重要的模型,是第一个在公共选择框架下对官僚预算行为进行的系统性研究等。但也有学者对该模型提出批评,认为该模型的前提假设是不现实的,其中有关官僚同政治家之间关系的描述也都与现实不符。大多数的经验研究都没有为尼斯坎南模型提供经验支持等。

尼斯坎南的预算最大化模型虽然为从经济学角度研究官僚预算行为提供了一个重要的起点,但这一理论尚待进一步完善。在构建有关官僚预算行为的经济学理论的过程当中,还需要考虑如何将复杂的有关官僚预算行为的经验证据融入到经济学模型当中。该模型还是一个尚未完成的理论模型,需要在理论上进一步完善。

第三节　政策过程理论[①]

渐进预算理论和公共选择理论都存在一定的局限性。以美国学者爱伦·S.鲁宾(Irene S. Rubin)为代表的政策过程理论学派认为,尼斯坎南的预算模型过于简单,在预算最大化之外,官僚还有其他一些他们非常重视的价值,例如职业主义与公共利益。并且由于各种新的预算形式的出现,渐进主义预算模型变得不能很好地解释当代的预算过程与预算结果,从而宣布了渐进主义的终结。

因此,政策过程理论学派从政策过程角度提出了政策过程预算模型,其中具有代表性的是鲁宾的实时预算模型。鲁宾认为,政府预算是一个特别的、有众多预算参与者共同参与的政治决策过程。预算参与者的目标具有多样性,政府预算对经济和政治环境是开放的,必须能对外部环境的变化做出适当的反映。这些都决定了预算理论模型必须具备某种灵活性,从而能够将各种预算参与者的要求和正在变化的预算环境纳入其中。鲁宾认为,实时预算模型基本具备了这种灵活性,这个决策模式将五个截然不同、具有松散联系的预算决策束联结在一起,每一个决策束都有自己的决策制定者群以及自己特有的"预算政治"特征。

一、实时预算模型

在鲁宾的预算模型中,预算决策被分成收入束(revenue stream)、预算过程束(budget process stream)、支出束(expen diture stream)、平衡束(balance stream)和执行束(budget exe cution stream)这五个相互独立而又前后相继的决策束。每一个决策束吸引着具有不同特征的一组预算参与者参与其中。在每个决策束中,预算参与者的预算策略、预算环境等因素都会对预算结果产生影响。鲁宾将这种由五种预算决策束组成的预算决策模式称作"实时预算模型"。"实时"是指在上述五类预算决策束中,每一个预算决策束都需要根据其他决策束中的决策和信息以及政治和经济环境的变化,做出连续不断的调整。

(一)预算决策束的具体内容

1.收入束

收入束中的预算决策是以政治上的"说服"为特征的,主要是关于收入基数的技术预测,即对下一财政年度可获得的收入进行技术性估计。在鲁宾的模型中,收入束的主要决策涉及能否和怎样通过税收政策的变化来改变收入基数。这包括以下一系列的问题:税收将增加还是减少? 应该进行税收减免吗? 如果应该的话,应该给谁,为何目的? 应该注

---

① 彭健.政府预算理论演进与制度创新[M].北京:中国财政经济出版社,2006:52-61.

重哪些税源？将对不同地区、不同经济阶层和不同年龄群体产生什么影响？税收负担程度如何？预算环境、经济形势的变化都影响着收入水平,公众对税收的承受力也影响着政府官员增税、减税的意愿。此外,利益集团对收入束中的决策也有着较大影响。

2.预算过程束

预算过程束,是关于如何做出预算决策以及由谁做出预算决策的问题。预算过程束中涉及在相对独立的政府部门之间进行预算决策权力的均衡(行政部门和立法部门)以及在纳税人和决定资源配置的政府官员之间进行预算决策权力的均衡等问题。鲁宾认为,参与预算的个人和团体都会对预算结果产生影响。其中,行政机构和议会在预算过程中起着关键性的作用。有效的预算过程束应该能够使社会成员充分表达其对政府项目的相关评价。

3.支出束

支出束中的预算决策是以"选择"为其政治上的特征,涉及如何对各项预算支出进行预测,例如建立在一些公式上的补助金,取决于失业水平上的转移性支出等。但是,许多支出决策是与政策相关的,涉及将对哪些项目进行资助,在什么水平上进行资助,谁将从公共项目中获益,如何削减预算支出等问题。在支出束中,众多的各种各样的预算参与者都努力去影响预算资源的配置。这些预算参与者的目的在于重新排列预算支出的优先权,或保持目前预算优先权的次序。与收入束和过程束相比,政府机构的负责人在支出束中发挥着更大的作用。在支出决策束中,利益集团常常也很活跃。

4.平衡束

平衡束(是否平衡,如何平衡)涉及一个基本的预算问题,即:每一财政年度的预算支出和预算收入是否必须平衡？或者借债是否可以用于平衡预算？如果可以,能借多少债,多长时期,为何目的？平衡束是收入和支出预测之间一个相互作用的过程,但是从根本上来讲,它关系到有关政府的范围和作用的决策。因为赤字往往是政府为解决经济危机而对经济进行干预的结果,预算赤字是和缓解失业的政策联系在一起的。预算是否应该平衡,政府活动范围和税收水平是否适当,政府在缓解失业中应起的作用等,都是各政党、一般公众、利益集团所关心的问题。

5.预算执行束

预算执行束的决策制定本质上被视为技术性更强的工作,是以政治上的"责任"为特征的。在预算执行束中,比较重要的问题是如何准确地执行预算计划,哪些偏差是允许的,哪些政策限度是不能被违反的等。环境因素的改变常常引起预算执行的变化。但是,预算的重新调整取决于环境因素变化的大小,对预算的重新调整是需要慎重考虑的。因为,对预算的调整会引起政治上相当多的争论,预算的重大变化还会影响到下一财政年度的预算基数,这将同时影响到支出束和平衡束这两个预算决策束。行政部门在预算决策执行过程中起着主导的作用,而议会的作用则极为有限,利益集团在预算执行过程中基本不起作用。

(二)预算决策束之间的联系

1.各个预算决策束在一定程度上是相对独立的

预算决策制定不是直线性的和按时间顺序进行的,为了及时完成预算制定过程,部分决策束可以在其他决策束没有完成的情况下进行。按照理论上的决策模式,有的决策首先需要做出,并成为其他决策的框架,比如:有关预算平衡的决策和收入估算在决策开始前就应该完成;然后,再进行支出决策和执行决策。但是,在实际的预算过程中,实时预算编制并没有完全按照这种模式进行。这是因为:(1)整个预算过程处于变化的预算环境当中,会不时得到新的信息。(2)不同预算决策制定所花的时间各不相同,而且还需要在不可能预测或计划的时间间隔内,对其进行重新调整。(3)某个决策环节的行动者可能会进入另一个决策环节中,并在决策过程中促使其做出改变。因此,预算决策制定不是、也不可能是按时间顺序来进行的。对此,解决的方法就是五个主要的决策环节同时进行,在有必要信息的情况下,再将它们联结起来,这使得预算决策具有很好的适应性。

2.各预算决策束相互作用

在大多数情况下,各个决策部分都是相互独立的,但是有时需要来自不同环节的信息以完成各自的决策工作。在某一预算决策束中,当预算参与者做出决策时,会参考其他预算束中已做出或预期做出的决策。例如,制定支出决策时,必须考虑到收入总量。而关于如何减少赤字的决策,又有赖于对收入和开支的估计。来自其他预算决策环节的信息是一种约束力量,但这种约束不具有强制性。这是因为:(1)随着预算环境的改变,其他的决策束可能也会发生变化。比如,对经济环境的预测发生变化,那么支出决策束中的某个收入估计数就需要进行调整。(2)某个环节的预算参与者有时也会主动促使其他环节发生改变。比如那些想增加预算支出的预算参与者,可能会积极采取行动改变税收结构乃至收入估算,他们还可能试图改变对预算平衡的规定;而那些想减少收入的预算参与者可能会采取某些行动达到削减支出的目的。

3.各预算决策束具有非阻断性

在各个决策束中决策制定的时间是不同的,因此,某一个决策束中的决策制定的阻滞,不会影响其他的决策束。如果一个决策束受阻,比如,在收入决策束中,增税的计划正在讨论,但尚未付诸实际,其他决策束可以通过假设收入决策中可能会出现的情况,继续进行各自的决策过程,当得知收入决策的最终结果以后,再对其自身决策加以调整。

4.实时预算模型中,时间是重要的约束条件

鲁宾指出,预算有底线和时间期限,这使得预算和其他的政治决策相区别。预算必须在某一时点通过,整个预算程序总是向着最终期限运行。然而,时机的选择在实时预算模型中也是非常重要的,因为各种各样的预算参与者必须能随着环境条件的变化从其他的预算参与者那里获得必要的信息。

二、微观预算与宏观预算

鲁宾的政府预算模型是一个将宏观预算与微观预算结合在一起的预算模型,不仅研究预算参与者的预算策略,而且研究预算过程和预算环境对于预算结果的影响。政府预算活动中有很多预算参与者,他们具有不同的个人动机,并积极运用预算策略手段达到其所期望的目标。"微观预算"主要就是关注预算参与者及其预算策略。但是,预算参与者的预算行为和预算策略也受到预算过程和预算环境的影响。一方面,预算过程赋予了预

算参与者不同的角色,预算参与者进行预算决策的时间及其相互间的协调问题常常受到预算过程的制约。另一方面,预算参与者还受到预算环境条件的制约。比如:法律的约束、本年度的预算收入总量的约束、公众预算偏好的约束,等等。因此,预算决策的制定不仅要考虑预算参与者的预算行为和预算策略,而且还要考虑预算过程和预算环境。这种自上而下观察预算的角度称为"宏观预算"。现代预算更多地关注宏观预算而不是微观预算。

图 2-1 是一个观察预算结果决定变量的因果模型。在这个图中,预算环境、预算过程和预算参与者的预算策略都影响着最后的预算结果。

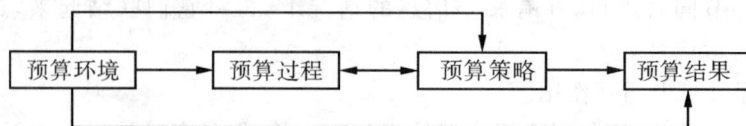

图 2-1 预算决策制定:预算环境、预算过程和预算策略

首先,预算环境会影响到预算结果、预算过程和预算参与者的策略运用。(1)一般情况下,预算环境通过预算过程和预算策略直接或间接地影响着预算结果。而当遇到紧急情况,比如战争或严重的自然灾害发生时,就会使得某一预算决策成为优先选择,此时,预算环境就会直接影响预算结果。(2)预算环境从很多方面对预算过程产生影响。比如,可以获得的资源水平——实际的财富水平和公民纳税的意愿都影响着预算收入的增减。当预算收入增长时,预算决策会更多地关注如何将预算与未来的目标联系起来,并会更多地考虑如何满足新的公共需求;而当没有新的预算收入时,则无法考虑新的预算目标。以前预算决策的结果也会成为当前的预算环境,从而对预算过程产生影响。比如,如果已经累积了大量的债务,或者因为战争之外的原因使得预算支出快速增长,那么人们将会试图改革预算过程以控制债务和支出。(3)预算环境还影响预算参与者的预算策略。比如,可获得的资源水平决定着预算参与者是否要求新的支出计划和增加现有的支出计划。政府间的补助结构也是影响预算策略的预算环境。因为某些联邦政府的补助似乎是免费的,因此,州政府和地方政府或许会把其主要精力用于获得联邦的补助,而不是从本地区获得预算收入。此外,可获得的资金的稳定程度也影响着预算参与者的策略。如果某政府机构的资金来源不稳定,预期的收入常常不能兑现,该机构的管理者就会不断地为该机构能够获得足够的预算资金而进行游说,其注意力也会更多地集中于眼前可获得的预算资源。

其次,预算过程和预算参与者预算策略的运用是相互影响的。预算过程直接影响着预算参与者预算策略的运用,并在某种程度上直接影响着预算结果。如果预算过程当中,需要在公众和利益集团当中进行公开详细的预算听证,那么,各个预算参与者都会试图在预算听证会上取得主动权。如果预算决策实际上是由少数政府负责人最终做出的,预算在议会中的审查只是流于形式,那么,任何想对预算产生影响的人,包括议员,都必须使其意见在预算决策制定的较早阶段为政府负责人所了解。比如,与政府机构的负责人进行非正式的讨论,或打电话到预算管理部门,都是常用的对预算施加影响的方法。但是,预算过程和预算策略之间的联系也是双向的。这意味着预算参与者的策略也影响着预算过程。当预算结果与某些利益集团的偏好相冲突时,这些利益集团会试图改变预算过程以获得其所期望的结果。当预算过程确实改变时,预算结果也会随之改变。

最后,预算参与者的预算策略和预算结果之间也存在着某种联系。预算参与者所运用的不同预算策略对于预算结果的影响是难以衡量的。不过,可以肯定的是,预算参与者在运用预算策略去实现自己的预算目标时,如果忽略了预算过程或预算环境的影响,那么,这一策略肯定是很难成功的。

三、政府预算特征及其对预算决策的影响

鲁宾总结出政府预算的主要特征和这些特征对于预算决策过程的相关影响。政府预算的特征主要有:

(一)政府预算涉及目标各异的多元行为主体

政府预算的第一个特征就是涉及许多的预算参与者,他们经常有互相冲突的动机和目标。议员、各政府机构的负责人、预算官员都会介入预算过程当中;利益集团会对预算过程和结果产生或多或少的影响;公民也会在预算过程中发挥直接或间接的作用;法院也在不同层次的政府预算中发挥着作用。当这些预算参与者在预算决策中发挥作用时,他们不仅有不同的和潜在互相冲突的预算目标,而且所拥有的权力也不同。有时,预算管理机构在预算过程中处于完全的支配地位;有时,国会有着与总统不同的预算政策并按其偏好批准通过预算;有时,法院或许有着优先于行政和立法决策的权力。不同的预算偏好以及不同层次的预算权力,必须通过预算过程来协调,以便达成一致协议,使得预算参与者愿意继续留在预算过程当中,并继续遵从预算规则。如果某些预算参与者感到他们在预算过程中所起的作用过于微小,他们将选择不再参与预算过程或成为反对者,进而会阻止任何预算协议的达成。此外,预算权力较小的行动者还会试图改变预算过程,以使他们自己能获得更多的机会来影响预算结果。

(二)纳税人和预算决策者相分离

政府预算的主要特征之一就是承担公共产品和服务成本的纳税人与决定预算支出的预算决策者是相分离的。由于不同的公众团体可能有不同的需求,公共官员也可能有他们的优先选择,因此,民选官员所进行的预算决策有可能偏离纳税人的愿望。为了解决这个问题,需要设计某些制度,给预算决策者以一定的压力,使其做出的预算决策能与公众的期望尽量保持一致。但这会在预算的可靠性和可接受性之间形成冲突。预算的可靠性要求预算公开,预算的可接受性在某些情况下,会涉及被隐藏或扭曲的预算信息,这种冲突在预算实践中是经常存在的。

(三)预算文件是定义公共责任可靠性的重要手段

因为纳税人和决策者的分离,预算文件本身就成为公众了解政府预算决策可靠性的重要手段,公众可以在预算文件中查看官员所承诺的公共产品和服务是否确实被供给。预算文件本身在政治制度中起独特的作用,向纳税人说明了他们的钱是如何被使用的。预算在维护公共责任方面的作用对于一个社会来说是很重要的,然而,预算文件有时却发挥不了这样的作用。原因在于:预算文件中的数字并不总是精确的,其中显示的信息可能

是模糊的,并不能阐明政府的主要决策;预算不得不保持某种程度的灵活性,这种灵活性有可能削弱其作为公共责任工具的作用;预算有时会在执行中被改变。

(四)预算环境具有开放性

政府预算对于环境是开放的。预算环境包括:(1)自然环境。如各种意外情况的发生,如暴雪、龙卷风、战争、大规模传染性疾病的爆发、干旱、爆炸和水污染事件等。(2)经济环境。如可获得的预算资源(可以课税的财富数量、现存的税收结构、目前的经济水平等)、预算收入的稳定程度等。(3)先前的预算决策所产生的结果。例如,在加利福尼亚州,20世纪90年代房价的上涨引起公民投票来反对财产税的迅速上升。公民投票的结果成为州宪法的一部分,进而限制了地方政府的税收选择。(4)公共舆论。公共舆论的变化也会反映在政府预算当中。(5)政府间的财政关系。各级政府预算收入来源、对于借债的限制、补助金的附带条件等,都会影响州或者地方政府所偏好的支出模式。

政府预算对于自然环境的开放意味着,在意外事件(比如:战争、飓风或地震)发生时,预算必须能够适应,并迅速做出反应,比如追加拨款等。预算决策制定对于经济环境的开放性,意味着在预算制定过程中,随着更准确信息的掌握,将不得不多次修改对预算收支的估计。预算决策制定者不可能总是坚持在预算制定过程一开始所做出的估计。政治环境和公众舆论环境的开放性,意味着曾经一致通过的预算方案有可能需要重新制定。

(五)政府预算受到各种因素的限制与约束

与私人部门预算或家庭预算相比,政府预算面临着更多的约束。联邦政府可以强制州政府进行某些支出。同样,州政府可以强制地方政府进行某些支出。州政府可以限制地方政府的借债水平,甚至要求所有地方政府的借债必须由州政府批准。政府预算的约束包括基金或会计结构、预算资金在不同账户间转移的约束、税收限制、借债限制、统一的预算格式、统一的会计规则等。

第四节　预算支出增长理论[①]

政府预算支出不论是绝对量还是相对量都呈不断增长的趋势,这是世界各国的普遍现象。为了解释这一现象,不同学者从不同角度进行了研究,并提出了不同的理论观点。其中影响较大的有阿道夫·瓦格纳(Adolf Wagner)的"公共支出不断增长法则"、皮科克(Peacock)和魏斯曼(Wiseman)的"梯度渐进增长理论"、马斯格雷夫(Musgrave)和罗斯托(Walt Whitman Rostow)的"经济增长阶段理论"。

一、瓦格纳法则

1882年,德国经济学家阿道夫·瓦格纳通过对19世纪的许多欧洲国家和日本、美国的公共支出增长情况的考察,提出了"公共支出不断增长法则",又称瓦格纳法则。

---

①　谢秋朝,侯菁菁.公共财政学[M].北京:中国国际广播出版社,2002.

（一）瓦格纳法则的基本内容

瓦格纳研究认为，随着一国工业化的推进，经济的发展，当国民收入增长，人均收入水平提高时，政府职能不断扩大，要求保证实现这些职能的公共支出规模将不断增加，财政支出占 GDP 的比重将会提高，财政支出会以更大比例增长。这一思想由瓦格纳提出，后人将其归纳为瓦格纳法则。

（二）瓦格纳法则的解释

瓦格纳的研究认为，这种财政支出增长的趋势可以从政治和经济两个方面加以解释。具体解释如下：

1.市场失灵和外部性的存在需要政府的活动增加。瓦格纳认识到，随着经济的工业化，不断扩张的市场与这些市场中的行为主体之间的关系更加复杂化，由此引起对商业法律和契约的更大需要，要求建立司法体系和管理制度，以规范行为主体的社会经济活动。这样就需要增加政府公共支出。

2.政府对经济活动的干预以及从事的生产性活动，也会随着经济的工业化而不断扩大。因为随着工业化经济的发展，不完全竞争市场结构更加突出，市场机制不可能完全有效地配置整个社会资源，需要政府对资源进行再配置，实现资源配置的高效率。

3.随着收入水平的提高，人们对教育和公共福利的需求也会扩大，从而造成政府社会性支出的增长。城市化以及高居住密度会导致外部性和拥挤现象，这些都需要政府出面进行干预和管制。最后，教育、娱乐、文化、保健以及福利服务的需求收入弹性较大，教育、文化、保健、福利等支出的增长会以超过 GDP 上升的比率而增长，要求政府在这些方面增加支出。也就是说，随着人均收入的增加，人们对上述服务的需求增加得更快，政府要为此增加支出。

需要补充的是，自从瓦格纳提出公共支出不断增长的规律后，围绕瓦格纳的分析，后来的西方学者也在对此进行继续研究。如英国经济学家伯尔德在 1971 年就提出了"瓦格纳法则"的现代模式，指出公共支出增长的原因，他认为这一现代模式包括三个内容：（1）瓦格纳所说的国家行政管理职能和保护职能的扩大导致公共支出的增长，这是因为公共经济对私人经济的替代作用增强；（2）瓦格纳认为并直接指出社会文化福利支出的明显增长，特别是与教育和收入再分配紧密联系的支出增长相关；（3）瓦格纳认为随着科技水平的提高，生产规模会扩大，私人垄断力量会增强，政府必须抵消私人垄断力量对社会造成的不利影响，或者干脆取而代之。

二、梯度渐进增长理论

英国经济学家皮科克和怀斯曼在瓦格纳分析的基础上，在 1961 年出版的《联合王国公共支出的增长》中，对英国 1890—1955 年的财政支出情况考察之后认为，在一个较长的时期内，财政支出的增长并不是直线型的，而是呈现出阶梯性增长的特点。这一理论被称为"梯度渐进增长论"。其观点可以用图 2-2 表示。

图 2-2 的解释是：在和平时期，财政支出呈逐渐上升的趋势，但这时的增长是直线型的；在战争时期，财政支出呈跳跃性增长态势，这时，由于战争支出的大量增加，私人部门支出和民用财政支出相对减少；战后，民用财政支出快速增长，部分替代战争支出

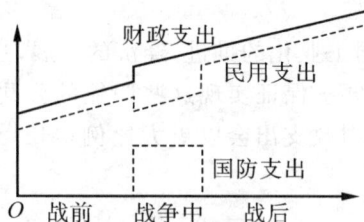

图 2-2　梯度渐进增长理论

的下降。

梯度渐进增长理论的假设前提是：政府希望花更多的钱，但公民却不愿意缴纳更多的赋税。政府必须考虑公民的意愿，注意公民能容忍的税收水平，这是政府预算支出的约束条件。

以上述假设为基础，皮科克和怀斯曼认为，预算支出增长的原因有两种：在正常时期的内在原因和在非正常时期的外在原因。内在原因是指由于国民生产总值（GNP）增长带来的收入增长，导致税收的上升和预算支出的增长，这时预算支出和 GNP 的增长具有相关性。在社会发展的正常时期，随着经济的发展和收入上升，导致在税率不变的情况下税收收入相应增长，因而预算支出有可能同步增长，这就是政府支出增长与 GNP 增长的线性相关关系。外在原因则是预算支出增长超过 GNP 增长速度的主要因素。任何一个政府都愿意提供更多的公共产品和公共服务，即希望有更多的支出。然而公众虽然愿意享受更多的公共产品和服务的效益，却不愿交纳更多的税收。因此，公共部门的扩张会受到公众可忍受的税收水平的限制。这种"可容忍的税收水平"就是政府支出的最高限额。但在社会发展的非正常时期，如战争、自然灾害和其他意外事件发生时，政府支出会被迫急剧增加，同步上升的常规被打破了。这时政府所需要的资金就要通过增加新税种或提高税率的办法去解决，从而改变了"可容忍的税收水平"的限度。

皮科克和怀斯曼认为，外在原因主要通过三方面的效应导致了预算支出的渐进增长：

（1）替代效应。这是指在社会动荡时期，纳税人有可能接受较重的税收负担，私人的税收容忍水平将会提高，政府支出也就有可能较大地增加，从而使整个预算支出在渐进的过程中呈现一个上升的趋势；当社会危机结束后，预算支出水平就会下降，但政府不会轻易允许已经上升的"可容忍的税收水平"降到原有的水平，因此，预算支出虽然会下降，但不会降到原来的水平。

（2）检查效应。意外事件如战争等，迫使政府重视那些平日无须注意的问题，如战后的调整、退伍军人的退休金以及全民素质的提高等，同时也往往使许多久已存在、久未解决的问题得以集中暴露，从而使政府和居民都认识到了对社会所负有的新的责任，这就会使政府寻求解决一些过去所忽略的重要问题，并因此而导致预算支出的增加。

（3）集中效应。这是指在非常时期里，中央政府往往会集中较多的财力，以应付猛增的支出需求。如果平时废止或削减地方的财政权限，肯定会遇到很大的阻力，而在非常时期就是可行的了。中央政府职能的显著扩大增加了公共收支的规模，并伴随着替代和检查效应，产生了集中效应。

　　皮科克和怀斯曼的预算支出梯度渐进增长理论认为,财政支出的增长并不是均衡、同一速度向前发展的,而是在不断稳定增长的过程中不时出现一种跳跃式的发展过程。这种非均衡增长是在一个较长时期内进行的,在这一时期内,稳定增长和突发性增长是交替进行的,因而,这一理论主要是通过考察财政支出增长趋势中具有特定意义的时间形态,从这些特定的时间形态中来寻找政府支出增长的根本原因。这一研究手法是继瓦格纳考察预算支出长期趋势后的又一进步,就其理论阐述的内容来看,它已初步融入了公共选择学派的思想。在他们看来,财政支出增长要受到纳税人税收容忍水平的制约,因为在西方式的民主政体中,纳税人的选票可以影响政治制度的投票结果。从某种意义上说,他们所认定的财政支出水平也是由政治制度中的多数投票原则所决定的水平——这一点与公共选择论的观点具有相似之处,从而在一定程度上把财政支出与政治过程结合起来了。这是前人未曾尝试过的。

三、经济发展阶段论

　　这一理论主要是由马斯格雷夫和罗斯托两人提出的。这两位经济学家根据经济发展阶段的不同需要来解释预算支出增长的原因。他们把经济的发展阶段分为三个部分:

　　1.经济发展的早期阶段

　　在这一阶段,由于交通、水利、通讯等基础设施落后,直接影响私人部门生产性投资的效益,从而间接影响整个经济的发展。而对这类经济基础设施的投资往往数量大、周期长、收益小,私人部门不愿意投资或没有能力投资;但对这些经济基础设施的投资又是具有较大的外部经济效益的,因此,需要政府来提供,用以为经济发展创造一个良好的投资环境,克服可能出现的基础设施不足、延缓经济增长的情况。此外,在经济发展的早期阶段,由于私人资本积累是有限的,这就使得某些资本品必须公共生产,即使这些资本品的利益是内在的,不具有外部经济性,也要求通过政府预算提供,所以这一阶段预算支出中用于公共投资部分比重很大,增长的速度也很快。在这一时期,人们的生活水平不高,主要是满足人们的基本需要,因而对政府的消费性支出需求不大。此外,这一时期主要考虑经济的发展速度,对出于平等、分配公平等方面的考虑而进行的转移性支出因有降低私人储蓄率及其他的负面影响,因而在这一时期这方面的支出不大。

　　2.经济发展的中期阶段

　　在这一时期,政府公共性投资还应继续进行,但此时政府投资只是对私人投资的补充。经济一旦进入发展的中期,私人产业部门已兴旺,资本存量不断扩增,私人企业和农业的资本份额增大,那些需由政府提供的具有较大外部经济效益的基础设施已基本建成,对其的增加也逐渐变缓了,此时私人资本积累开始上升,公共积累支出的增长率就会下降,从而公共投资支出占 GNP 的比重下降。经济发展的中期阶段是人们生活水平不断提高的时期,人们在满足基本生存需要的同时,开始关注其他方面的需要,因而对政府所提供的消费性支出的需求就会增加,换言之,政府用于教育、卫生和安全等方面的消费性支出也就会相应增加,其在整个预算支出中的比重也会相应上升。同时,伴随着经济的发展,贫富分化开始加剧,逐渐成为一个社会问题,要求政府着手解决这一问题,因而用于解决收入分配问题的转移性支出也开始增加。

3.经济发展的成熟阶段

与中期阶段相比,这一时期的政府公共性投资支出又呈增长势头。在成熟阶段,随着人均收入进一步增长,人们对生活的质量提出了更高的要求,私人消费形式将发生变化,从而预算支出也要发生变化。比如,汽车的普及需要更为发达的交通设施,这需要政府来参与进行。此外,对生活质量要求的提高,也迫使政府进行更大规模的人力投资。因此,这一时期公共性投资的特点表现为一种对私人消费品的补偿性公共投资。随着生活水准的提高,人均收入的增加,基本需要满足之后,私人对基本需要的支出比例将减少,对提高生活层次的消费性支出将增加,资源更多地被用于满足发展性需要,如教育、卫生、安全等,由于这些消费项目都需要较大的公共消费支出作补充,因此,消费性支出占社会总支出的比重相应地就要提高。此外,伴随着经济的增长,将会出现日益复杂的社会经济组织,要求政府提供各种管理服务来协调和处理增长所引起的各种矛盾和问题,如交通、警力、控制污染、反托拉斯等等需求的增加,将引起政府各种管理费支出的增加,从而导致整个社会预算支出的迅速增长。另外,在这一阶段,生产力发展水平已经很高,在效率与公平之间,政府必须更加强调对社会分配方面的作用,因而用于解决社会公平的转移性支出将会大幅度增加,从而又带来整个预算支出的增长。

总之,马斯格雷夫和罗斯托的预算支出增长的经济发展理论,是建立在对大量经济发展史料进行实证分析,以及对整个经济发展过程中的预算支出增长形势进行深入研究的基础之上的。这一理论与以往的预算支出增长理论的区别在于,它更加注重强调作为社会基础设施提供者的政府在经济发展中的作用,强调在不同的经济发展阶段,政府作用发挥的不同强度。因此,这一理论根据经济发展阶段的不同需要,解释了预算支出增长的原因,对我们认识不同经济社会发展阶段上预算支出的增长变化趋势,提供了有益的参考和借鉴。

◆ 本章小结

本章主要介绍渐进预算理论、公共选择预算理论、政策过程理论、预算支出增长理论。

渐进预算理论认为,(1)人的智力有限,时间也有限,无论对谁而言,政府预算规模都太大了,没有人能够考虑到整个预算,具体到预算的方方面面。因此,对政府预算的审核,主要是比较去年预算与今年预算建议数的异同。原因是基于今年建议数是在去年基数上渐进产生的。(2)人心思定,人们不喜欢政治角逐而力求避免之。这样,政客就避免对预算过程做出选择,某一年份预算的变化就很有限,由此而来的预算结果也很少发生变化,它们在很大程度上是可以预测的。

公共选择预算理论包括两个重要的政府预算模型,即中间投票人模型和官僚预算最大化模型。

中间投票人模型认为,在简单多数的规则之下,个人偏好都是单峰的,预算决策问题被转化为中间投票人的效用最大化问题,反映中间投票人意愿的那种政府预算政策会最终获胜,因为选择该政策会使一个团体的福利损失最小,从而决定了公共产品的均衡产出水平。

　　尼斯坎南官僚预算最大化模型认为,现代社会普遍存在的一个现象是政府机构愈来愈臃肿,政府预算规模愈来愈大。导致这一现象的原因,尼斯坎南做出了这样的解释:官僚一直在争取预算最大化,而且由于官僚和政治家之间信息不对称现象的存在,官僚通常也能实现预算最大化。尼斯坎南的官僚预算最大化模型详细地描述了政治家和官僚在预算交易中的关系。

　　政策过程理论学派从政策过程角度提出了政策过程预算模型,其中具有代表性的是鲁宾的实时预算模型。该模型认为,政府预算是一个特别的、有众多预算参与者共同参与的政治决策过程。预算参与者的目标具有多样性,政府预算对经济和政治环境是开放的,必须能对外部环境的变化做出适当的反映。这些都决定了预算理论模型必须具备某种灵活性,从而能够将各种预算参与者的要求和正在变化的预算环境纳入其中。鲁宾认为,实时预算模型基本具备了这种灵活性,这个决策模式将五个截然不同、具有松散联系的预算决策束联结在一起,每一个决策束都有自己的决策制定者群以及自己特有的"预算政治"特征。

　　瓦格纳法则认为,随着一国工业化的推进、经济的发展,当国民收入增长,人均收入水平提高时,政府职能不断扩大,要求保证实现这些职能的公共支出规模将不断增加,财政支出占 GDP 的比重将会提高,财政支出会以更大比例增长。这一思想是瓦格纳提出的,后人将其归纳为瓦格纳法则。

　　梯度渐进增长理论认为,预算支出增长的原因有两种:在正常时期的内在原因和在非正常时期的外在原因。内在原因是指由于国民生产总值(GNP)增长带来的收入增长,导致税收的上升和预算支出的增长,这时预算支出和 GNP 的增长具有相关性。在社会发展的正常时期,随着经济的发展和收入上升,导致在税率不变的情况下税收收入相应增长,因而预算支出有可能同步增长,这就是政府支出增长与 GNP 增长的线性相关关系。外在原因则是预算支出增长超过 GNP 增长速度的主要因素。任何一个政府都愿意提供更多的公共产品和公共服务,即希望有更多的支出。然而公众虽然愿意享受更多的公共产品和服务的效益,却不愿交纳更多的税收。因此,公共部门的扩展会受到公众可忍受的税收水平的限制。这种"可容忍的税收水平"就是政府支出的最高限额。但在社会发展的非正常时期,如战争、自然灾害和其他意外事件发生时,政府支出会被迫急剧增加,同步上升的常规被打破了。这时政府所需要的资金就要通过增加新税种或提高税率的办法去解决,从而改变了"可容忍的税收水平"的限度。

　　支出增长的经济发展阶段论认为:(1)经济发展的早期阶段,由于交通、水利、通讯等基础设施落后,预算支出中用于公共投资部分比重很大,增长的速度也很快。(2)经济发展的中期阶段,人们生活水平不断提高,人们在满足基本生存需要的同时,开始关注其他方面的需要,因而对政府所提供的消费性支出的需求就会增加。换言之,政府用于教育、卫生和安全等方面的消费性支出也就会相应增加,其在整个预算支出中的比重也会相应上升。(3)经济发展的成熟阶段,随着人均收入进一步增长,人们对生活的质量提出了更高的要求,迫使政府进行在教育、卫生、安全、交通、警力、控制污染、反托拉斯等方面支出的增加,从而导致整个社会预算支出的迅速增长。

案例

2010 年我国公共财政支出基本情况

2010 年,各级财政部门按照中央的决策部署,进一步调整和优化财政支出结构,加大对"三农"、教育、医疗卫生、社会保障和就业、保障性住房、科学技术、环境保护等方面的投入力度,增加对中西部地区转移支付,促进了经济增长、结构调整、地区协调和城乡统筹发展。根据中央财政决算数据和地方财政决算数据汇总,2010 年全国财政支出 89 874.16亿元,比 2009 年增加 13 574.23 亿元,增长 17.8%。其中,中央本级支出 15 989.73 亿元,增长 4.8%,占全国财政支出的 17.8%,占比较上年下降了 2.2 个百分点;地方财政支出(包括地方用本级收入以及中央对地方税收返还和转移支付安排的财政支出)73 884.43亿元,增长 21.0%,占全国财政支出的 82.2%,占比较上年上升了 2.2 个百分点。

一、全国公共财政主要支出项目执行情况

目前我国公共财政支出科目共分为 23 类。按现行科目分类,2010 年全国公共财政项目执行支出情况是:

(一)教育支出 12 550.02 亿元,比上年增长 20.2%,占全国财政支出的 14.0%,主要用于支付各类公办学校教师工资、正常运转经费、建设经费;完善农村义务教育经费保障机制,进一步提高经费保障水平,对全国 1.3 亿农村中小学生免除学杂费并免费发放教科书;继续实施城市义务教育免学杂费政策,免除 2 900 多万名城市义务教育阶段学生的学杂费;将普通高中家庭经济困难学生纳入国家资助政策体系,提高高校国家助学金资助标准;加强职业教育基础能力建设,启动实施中等职业教育发展示范校计划,免除 440 万名中等职业学校家庭经济困难学生和涉农专业学生学费,继续实施中等职业学校国家助学金政策;支持高等教育事业发展,启动新一轮"985 工程"建设,推进中央高校减轻债务负担试点工作,完善地方高校支持体系。

(二)医疗卫生支出 4 804.18 亿元,比上年增长 20.3%,占全国财政支出的 5.3%,主要用于支持实施新型农村合作医疗和城镇居民基本医疗保险等制度改革,扩大改革范围、提高补助标准;支持解决关闭破产国有企业退休人员和困难企业职工参加城镇职工基本医疗保险问题;支持实施公共卫生与基层医疗卫生事业单位绩效工资政策;支持基本公共卫生服务建设,支持向城乡居民免费提供九类基本公共卫生服务,推动加强基层医疗卫生服务体系建设;支持扩大国家基本药物制度覆盖范围和启动公立医院改革试点;支持提高城乡医疗救助水平。

(三)社会保障和就业支出 9 130.62 亿元,比上年增长 20.0%,占全国财政支出的10.2%,主要用于支持落实更加积极的就业政策,推进以工代赈,鼓励企业吸纳下岗失业人员,促进高校毕业生就业,对返乡农民工实施特别职业培训计划;逐步扩大新型农村社会养老保险试点覆盖面,全国新农保试点覆盖面扩大到 24%;继续提高企业退休人员基本养老金补助水平和城乡低保补助标准,全国城市和农村低保对象分别达到 2 311 万人和 5 228 万人,基本实现应保尽保;调整优抚对象等人员的抚恤和生活补助标准,建立孤儿基本生活保障制度;切实保障受灾地区群众的基本生产生活,适当提高因灾农户倒损住房恢复重建补助标准。社会保障支出除公共财政安排支出外,主要由社会保险基金预算安排,2010 年企业职工基本养老、失业、医疗、工伤、生育等五项社会保险基金支出 13 310亿元。

(四)住房保障支出 2 376.88 亿元,比上年增长 31.8%,占全国财政支出的 2.6%,主要用于支持保障性安居工程建设,推进保障性住房建设和棚户区改造,加快推进农村危房改造和游牧民定居工程,改善城乡困难群众居住条件。

(五)农林水事务支出 8 129.58 亿元,比上年增长 21.0%,占全国财政支出的 9.0%,主要用于落实农资综合补贴动态调整机制,进一步扩大农作物良种补贴覆盖地域和品种范围,增加农机购置补贴范围;促进农业科技成果转化和先进适用农业技术推广应用,扶持农民专业合作组织发展,推动优势特色和安全高效农业发展;推进农业综合开发,改造中低产田和建设高标准农田,增强粮食综合生产能力;创新扶贫开发机制,支持贫困地区发展特色优势农业;支持农业农村基础设施建设,完成第一轮病险水库除险加固三年规划任务,启动第二轮重点小型病险水库除险加固,推动大中型灌区续建配套节水改造等重点工程以及农村电网改造;落实农业林业保险保费补贴政策,扩大补贴覆盖面。

(六)文化体育支出 1 542.70 亿元,比上年增长 10.7%,占全国财政支出的 1.7%,主要用于加强乡镇综合文化站、农家书屋、农村电影放映等重点文化惠民工程建设,丰富农村文化生活,改善基层公共文化体育设施条件;扩大向社会免费开放的公共博物馆、纪念馆范围,加强文化遗产保护工作,继续加强大遗址、重点文物和非物质文化遗产保护工作;强化新闻媒体传播能力建设,支持深化文化体制改革,推动文化产业发展。

(七)交通运输支出 5 488.47 亿元,比上年增长 18.1%,占全国财政支出的 6.1%,主要用于支持国省干线等公共交通基础设施建设,新建、改造农村公路;对城市公交等部分公益性行业给予油价补贴;发放用于支持取消政府还贷二级公路收费的补贴;推进水路运输、铁路运输、民用航空运输以及邮政等项目建设,改善城乡交通运输条件。

(八)城乡社区事务支出 5 987.38 亿元,比上年增长 21.4%,占全国财政支出的 6.7%,主要用于加强城乡社区规划与管理、城乡社区公共设施建设、维护与管理(包括城乡社区道路、桥涵、燃气、供暖、公共交通、道路照明)、城乡社区环境卫生(包括城乡社区道路清扫、垃圾清运与处理、园林绿化)等,支持改善市场环境,规范市场经济秩序,提高城乡居民生活质量。

(九)公共安全支出 5 517.7 亿元,比上年增长 16.3%,占全国财政支出的 6.1%,主要用于公检法司等政法机关人员经费、日常运行公用经费、办案(业务)经费、业务装备经费和基础设施建设经费;推进政法经费保障体制改革,不断提高保障水平;用于武警部队支出;加强防灾减灾和灾害应急救援体系建设,维护公共安全和社会稳定。

(十)科学技术支出 3 250.18 亿元,比上年增长 18.4%,占全国财政支出的 3.6%,主要用于支付科研单位人员工资、运行经费及设备购置费;支持国家自然科学基金、"973 计划"、国家重点实验室建设运行等基础研究,加强前沿技术研究、社会公益研究和重大共性关键技术研究等应用研究;实施重点产业调整振兴规划,促进技术改造和自主创新;推进区域科技创新体系建设,促进产学研有机结合。

(十一)环境保护支出 2 441.98 亿元,比上年增长 26.3%,占全国财政支出的 2.7%,主要用于推动节能减排,扶持重点节能项目,促进企业开展节能技术改造,支持经济欠发达地区企业淘汰落后产能;实施三河三湖以及松花江流域水污染治理等重大减排工程,支持城镇污水处理设施配套管网建设;推进农村环境连片整治示范工作,改善农村生活环境;扩大节能产品惠民工程实施范围,推广高效节能空调、高效照明等节能产品,扩大公共领域节能和新能源汽车示范推广城市范围,启动私人购买新能源汽车补贴试点;加快发展可再生能源,实施金太阳工程,积极推进光伏发电国内规模化应用;巩固退耕还林、退牧还草成果,推进林业重点工程和草原生态保护。

(十二)一般公共服务支出 9 337.16 亿元,比上年增长 14.4%,占全国财政支出的 10.4%,主要用于保障机关事业单位正常运转,支持各机关单位履行职能,保障各机关部门的项目支出需要,以及支持地方落实自主择业军转干部退役金等。同时,压缩一般性支出,对出国(境)经费、车辆购置及运行费、公务接待费等支出原则上实行零增长,严格控制党政机关办公楼等楼堂馆所建设,努力降低行政成本。

(十三)国防支出 5 333.37 亿元,比上年增长 7.7%,占全国财政支出的 5.9%,主要用于支持改善军队官兵生活待遇,加强信息化建设,适当增加装备及配套设施,提高军队抢险救灾应急能力。

(十四)外交支出 269.22 亿元,比上年增长 7.3%,占全国财政支出的 0.3%,主要用于支持各项外交事务、对外援助、对外合作与交流,维护国家利益。

(十五)资源勘探电力信息等事务支出 3 485.03 亿元,比上年增长 21%,占全国财政支出的 3.9%,主要用于支持资源勘探电力信息等领域战略性新兴产业发展、企业技术改造、中小企业发展,支持安全生产监管、电力监管,支持制造业和建筑业发展等方面。

(十六)地震灾后恢复重建支出 1 132.54 亿元,比上年下降 3.6%,占全国财政支出的 1.3%,主要用于汶川地震灾后恢复重建。2008—2010 年实现三年中央财政对地震灾后恢复重建投入 3 000 亿元的规划目标,汶川地震灾后恢复重建三年任务两年基本完成。

(十七)粮油物资储备管理事务支出 1 171.96 亿元,比上年下降 9.5%,占全国财政支出的 1.3%,主要用于提高粮食最低收购价补贴利息和储备粮油包干费标准,加强粮油以及重要物资储备体系建设。

(十八)金融监管等事务支出 637.04 亿元,比上年下降 30.1%,占全国财政支出的 0.7%,主要用于支持金融体制改革、实施政策性银行亏损补贴、农村金融发展以及出口信用保险事业发展,推进金融部门监管和金融调控等。

(十九)商业服务业等事务支出 1 413.14 亿元,比上年增长 53%,占全国财政支出的 1.6%,主要用于实施家电汽车下乡以及家电、汽车以旧换新政策,提供国家储备棉、糖、肉补贴,推进新农村现代流通服务网络工程建设,促进商贸流通服务业发展。

(二十)国土气象等事务支出 1 330.39 亿元,比上年增长 32.7%,占全国财政支出的 1.5%,主要用于支持与地质和矿业有关的重大项目建设,加强基础性调查,支持矿山环境治理、矿产资源节约与综合利用。

(二十一)国债付息支出为 1 844.24 亿元,比上年增长 23.7%,占全国财政支出的 2.1%,主要用于支付国债利息。

（二十二）其他支出为 2 700.39 亿元，比上年增长 17.4%，占全国财政支出的 3%，主要包括地方对新疆、西藏、四川汶川等地的对口援助资金，对边境地区和革命老区专项支出，以及青海玉树、甘肃舟曲救灾和灾后恢复重建支出，利用外国政府和国际金融组织贷款统借统还项目支出等。在其他支出中，中央本级支出 98.32 亿元，地方支出 2 602.07 亿元。

（二十三）预备费支出。按照《预算法》规定，各级政府在年初预算安排时按照本级支出的一定比例安排预备费，用于应对自然灾害及其他难以预见的支出，执行中预备费按具体用途在上述二十二类功能支出科目中列支。

汇总以上各项支出，2010 年全国财政用于与人民群众生活直接相关的教育、医疗卫生、社会保障和就业、保障性住房、文化体育方面的民生支出合计 29 256.19 亿元，比上年增长 21.1%，占全国财政支出的 32.6%。与民生密切相关的支出还包括农林水利、交通运输、环境保护、城乡社区事务、科学技术、商业服务等事务、国土资源气象事务、粮油物资储备、地震灾后恢复重建等方面，这些支出合计达到 30 345.63 亿元，占全国财政支出的 33.8%。2010 年民生支出合计达到 59 601.82 亿元，占全国财政支出的 2/3。此外，还有 1/3 的全国财政支出（30 272.34 亿元），主要用于一般公共服务、公共安全、国防、外交以及资源勘探电力信息、国债利息、金融监管等支出，这些方面的支出是公共财政必须予以保障的，也是满足人民群众生产生活需要的必然要求，比如，公共安全支出促进了社会稳定，为保障和改善民生营造了良好的经济社会环境；国债利息支出是国债发行的必要条件，对于支持交通运输、环境保护等国债建设项目顺利推进具有重要意义，这些国债建设项目是与民生发展紧密相关的。

2010 年全国财政用于"三农"的支出合计 24 213.4 亿元，比上年增加 4 170.8 亿元，增长 20.8%。中央财政用于"三农"的支出 8 579.7 亿元，增长 18.3%，其中，中央本级支出 837.5 亿元，补助地方支出 7 742.2 亿元。加上中央补助支出，地方各级财政 2010 年共实现"三农"支出 23 375.9 亿元，增长 20.9%。全国"三农"支出中，支持农业生产支出 8 571.4 亿元，比上年增加 1 479.3 亿元，增长 20.9%；支持农村社会事业发展支出 13 221.4 亿元，增加 2 448.3 亿元，增长 22.7%；对农民补贴支出 1 258 亿元，增加 31.8 亿元，增长 2.6%；对农产品流通环节补贴支出 1 162.7 亿元，增加 211.5 亿元，增长 22.2%。

需要说明的是，民生和"三农"支出不是单独的预算科目，为更清楚地说明有关情况，将与民生和"三农"相关的支出项目综合反映出来，因而存在一些交叉重复。

二、中央财政对地方转移支付情况

2010 年中央继续加大对地方的转移支付力度，特别是加大对中西部地区的转移支付力度，有力地保障了地方各项支出重点，促进了地区间基本公共服务均等化和区域协调发展。2010 年，中央财政对地方税收返还和转移支付 32 341.09 亿元，比上年增加 3 777.3 亿元，增长 13.2%。中央对地方税收返还和转移支付相当于中央财政收入的 76.1%、中央财政支出的 66.9%，相当于地方财政支出的 43.8%，也就是说，43.8% 的地方财政支出来源于中央财政的税收返还和转移支付。从全国财政支出的构成看，中央本级支出占全国财政支出的 17.8%，比 2009 年降低 2.2 个百分点。中央本级支出比重降低，地方本级支出比重提高,体现了财政支出进一步向地方倾斜。

2010年中央对地方转移支付完成27 347.72亿元,比上年增长15.5%。中央对地方转移支付分配过程中,充分考虑了地方的困难程度和支出需求,体现了向中西部的倾斜,有力地促进了区域协调发展,推动了基本公共服务均等化进程。2010年,中央对地方一般性转移支付为13 235.66亿元,其中东、中、西部的比例分别为11.3%、44.1%、44.6%;中央对地方专项转移支付为14 112.06亿元,其中东、中、西地区所占的比例分别为19.4%、39%、41.6%。如果东部地区人均一般预算收入总额为100,则2010年中、西部地区人均一般预算收入仅为36和41。经中央转移支付后,中、西部地区的人均财政收入达到67和87,差距明显缩小。

（资料来源:财政部网站,http://www.mof.gov.cn/）

案例分析:

上述资料显示,2010年全国财政用于与人民群众生活直接相关的教育、医疗卫生、社会保障和就业、保障性住房、文化体育、农林水利、交通运输、环境保护、城乡社区事务、科学技术、商业服务等事务、国土资源气象事务、粮油物资储备、地震灾后恢复重建等方面的支出规模在扩大,比重在上升,正随着我国经济社会的发展变化而变化。

案例讨论:

依据上述案例资料,结合政府预算相关理论,谈谈你对我国政府预算支出规模与结构变化的看法。

思考题

1.简述渐进预算理论的基本观点。
2.简述渐进预算理论的缺陷。
3.简述中间投票人模型的主要观点与假设条件。
4.简述官僚预算最大化模型的主要观点和主要内容。
5.简述政策过程理论的基本观点。
6.简述瓦格纳法则的基本内容及解释。
7.简述梯度渐进增长理论的基本内容并作图说明。
8.简述预算支出增长的经济发展阶段论。

第 *3* 章

政府预算收支分类

本章导读

什么是政府预算收支分类？政府预算收支分类方法有哪些？政府预算收支分类在政府预算管理中发挥什么作用？本章针对上述问题，介绍我国政府预算收支科目沿革，阐述了我国政府收支分类及其科目体系，比较 2007 年改革前后政府收支分类方法的不同，明确了政府收支分类方法，在此基础上，阐述了政府收支分类及其科目是编制政府预决算、组织预算执行的重要依据。通过学习本章，学生应对政府收支分类有一个初步的认识，为后续章节的学习，特别是学习编制和执行政府预算打下良好基础。

第一节 政府预算收支分类概述

一、政府预算收支分类与政府收支分类科目

(一)政府预算收支分类概念

为了正确地编制政府预决算，正确组织预算执行，完整地、准确地反映国家政府预算资金的收入来源和分配去向，正确地体现党和国家的路线、方针和政策，以及国民经济和社会发展计划的比例关系，就必须把各项收入和支出，进行科学系统的归并和排列，并根据政府预算管理的需要，对政府预算收支进行统一分类。

政府预算收支分类，就是对政府收入和支出进行类别和层次划分，以全面、准确、清晰地反映政府收支活动。政府预算收支分类是财政预算管理的一项重要的基础性工作，直接关系到财政预算管理的透明度，关系到财政预算管理的科学化和规范化，是公共财政体制建设的一个重要环节。按照社会主义市场经济体制的发展要求，建立一套规范的政府预算收支分类体系，对建立民主、高效的预算管理制度，扩大公民民主参与预算过程，保证人民依法实现民主决策、民主管理和民主监督政府预算的权利，推进社会主义政治文明和政治民主建设，都具有重大意义。

（二）政府收支分类科目与政府预算收支科目

政府收支分类科目与政府预算收支科目是两组不同的、但又紧密联系的概念。

如上所述，政府收支分类就是按照一定的原则、方法对政府的一切收入和支出项目进行类别和层次划分，以便客观、全面、准确地反映政府活动。政府收支分类科目是编制政府预决算、组织预算执行以及预算单位进行会计明细核算的重要依据。

政府预算收支分类是对预算收支结构进行的科学划分和系统设计，即把名目繁多的各项国家预算收入和预算支出，按照其各自的性质和相互联系，按一定的标准和层次进行归并和排列。如果政府的一切收支都纳入预算，则政府预算收支分类即为政府收支分类；否则，政府预算收支分类只是政府收支分类的一部分，也是其主干部分。

政府预算收支科目是政府预算收支分类并分级细化的表现形式，它是对政府预算收支分类进行的详细、完整的反映。我国财政部每年都会在报告年度统一制定并颁布预算年度的政府预算收支科目，政府预算收支分类一并在国家政府预算收支科目中作统一规定。通常，为了适应经济发展和财政预算管理的需要，财政部一般会对上年度的政府预算收支科目进行修订，各年的政府预算收支科目具有一定的延续性和传承，但在分类及其口径上进行或多或少的调整。

实际工作中，政府预算收支分类及其细化通过政府预算收支科目实现。如果政府预算收支完整、细化，则政府收支分类与政府预算收支分类，政府收支分类科目与政府预算收支科目可视为同一概念。在 2007 年政府收支分类改革之前，常常称为政府预算收支分类和政府预算收支科目；在这之后，习惯上称为政府收支分类和政府收支分类科目。

二、政府预算收支分类的意义

政府预算收支分类是执行决策全过程中统一使用的基础性核算工具，并以其独特的地位支配预算事务，成为预算决策最重要的决定因素。对政府预算收支进行科学分类，是全面、准确地反映政府活动的基本前提，它对编制预算和组织预算执行，进行会计核算，加强宏观经济管理与分析都具有十分重要的意义。

（一）形成交叉分层的信息系统

预算收支科目是系统地反映政府预算收入的来源和构成，支出的方向和用途的总分类，也是政府、部门和单位进行具体预算决策的载体，预算决策的具体操作务必保证收与支的归宿清楚，科学的收支分类能够为预算决策提供分类的、有层次的、系统的财政经济信息。政府预算收支分类可提供决策资料，产生决策的某种价值体系和方法，反映决策特征，它对科学合理地编制预算、组织预算执行，对政府宏观决策，人大和社会各界有效实施财政监督等，都具有十分重要的意义。

（二）是汇编预、决算的前提条件

政府收支分类和科目涉及面广，涉及预算编制、执行、决算、监督等各个环节，同时也涉及众多的政府收支管理部门及管理层面，涉及总预算和部门、单位预算的不同需要，并成为各级财政机关、税务机关、国家金库以及各部门、各单位统一数字项目的基础。各地区、各部门、各单位的预决算收支都要按政府收支分类统一规定的科目编制和汇总预、决算，政府收支分类成为保证在全国范围内统一汇编预、决算的最基本的条件。

（三）是实施预算、强化预算管理的基础性工作

预算收支科目是全面掌握预算、决算，办理预算缴款拨款，组织会计核算、财务分析和统计等各项工作制度的基础。各单位和个人都要按照政府收支分类科目填制专用凭证，办理缴、拨款，进行对账和结算；各级财政总会计、各单位预算会计的收支明细账，都要按政府收支分类科目组织会计核算；各地区、各部门、各单位都要按照政府收支分类科目，定期汇编、报告总预算和单位预算收支执行情况表，以便各级人大、政府、社会公众及时了解预算收支执行情况；行政事业单位可以综合运用支出功能分类和经济分类，对既定的行政事业计划任务和单位预算进行财务分析比较、绩效考核；政府财政收支数据只有按统一的政府收支分类科目进行归集、整理，进行财政收支统计，才能与有关历史数据、国际数据进行合理的对比分析。

三、政府预算收支分类的原则

政府预算作为政府的基本财政计划，规范着每一预算年度预算收支的组织执行。为了更好地体现政府的决策、意图、活动范围与方向，使政府预算为实现政府职能服务，正确地编制国家预、决算，正确组织预算执行，完整地准确地反映政府预算资金的收入来源和分配去向，正确地体现党和国家的路线、方针和政策，以及国民经济和社会发展计划的比例关系，就必须把名目繁多的全部预算收支，按照其各自的性质和相互联系，进行科学、系统的归并和排列，并根据政府预算管理的需要进行统一分类。

（一）全面准确的原则

我国政府预决算的编制是通过各级财政层层编制、逐级汇总而成的。为了保证预决算编制的科学性和统一性，推进财政管理的科学性和宏观调控的有效性，政府收支分类必须准确、系统、完整地表达国家预算的内容，既包括财政预算内收支，也包括财政预算外收支以及行政事业单位自行组织的各项收支，全面反映各种预算资金的来源和去向，系统地反映各项各种性质的预算收支关系和实现情况，体现不同特征的预算收支，将收入或支出性质大体接近的项目进行合理的汇集归类。

（二）规范细化与力求简化相结合的原则

为了适应预算管理规范化、法制化的要求，预算收支分类要对所有政府收支科目进行科学划分和合理细化，增强其经济分析功能，提高财政透明度，为提高政府宏观经济管理水平创造条件。

我国传统预算收支的划分过于粗略，政府预算支出的类级科目不足 50 类。法国预算支出大约分为 1 100 类，预算类级科目进一步细分为预算款，它是按支出管理部门的职责进行划分的；款级科目以下可进一步细分为预算项，它用于表示具体的支出项目，如设备支出、供热支出、旅游支出等；各部门不能改变支出类别，需要改变时，财政向议会建议并经议会批准后对一些重要的事项可作一些小的调整；支出管理部门只能在款级间或项级科目间对预算进行调整。

（三）国际可比性的原则

我国自新中国成立以来一直到 2007 年政府收支分类改革之前，对支出分类时，采用按经济性质划分为经济建设支出、事业发展支出、国防支出、国家行政管理费用和其他支

出等。同时又根据支出用途分类的方法,每年预算指标则按支出用途和费用性质分为基建支出、企业挖潜改造资金、科技三项费用等,如原有预算支出科目中的"类"级科目。前者可反映国家政治经济活动的全貌,直接反映预算支出的比例关系,体现国家职能和政府在各个历史时期所致力的主要工作;后者可使预算支出项目同国民经济和社会发展计划指标口径一致,反映国家预算支出中用于生产性支出和非生产性支出的比例,但不利于支出按功能进行归口管理。

我国预算收支分类要注意将国际惯例与我国国情相结合,将长远目标与现实需要的有机结合,既要尽可能符合市场经济国家的通行做法,体现政府职能和经济性,以便进行国际比较与研究,又要充分满足我国现行经济体制和经济管理的客观要求,体现政策的延续性,保证改革顺利进行。

(四)稳定性与可变性结合的原则

预算科目作为一种全国核算和预算管理工具,它本身具有较长期的连续性和适应性,不宜经常变动,以保持相对稳定。长期以来,我国政府预算分类一直采取政府预算收支科目的表现形式,预算科目每年都会进行或小或大的调整,致使预算口径多变,预算指标缺乏直接的纵向可比性。2007年我国对政府预算收支分类进行改革,并将"政府预算收支科目"改为"政府收支分类"科目,它不仅仅是名称的改变,新的政府收支分类借鉴了国际惯例,强化了科学性和规范性,具有一般性。

但预算科目的设置涉及各行各业,与各项财政、财务、预算、税收法令、制度有关,因此,当政治经济形势发生变化时,为了适应管理和改革的需要,必须及时对收支科目及其分类进行适当的补充、修改和调整。

四、国际货币基金组织的政府收支分类

(一)政府收入的分类

国际货币基金组织在《2001年政府财政统计手册》中,将政府收入划分为税收、社会缴款、赠与、其他收入四类。具体情况如下:

1.税收收入。类下细分为:对所得、利润和资本收益征收的税收,对工资和劳动力征收的税收,对财产征收的税收,对商品和服务征收的税收,对国际贸易和交易征收的税收,其他税收等。

2.社会缴款。类下细分为:社会保障缴款和其他社会缴款。其中社会保障缴款又按缴款人细分为雇员缴款、雇主缴款、自营职业者或无业人员缴款、不可分配的缴款。

3.赠与。类下细分为:来自外国政府赠与、来自国际组织赠与和来自其他广义政府单位的赠与。

4.其他收入。类下细分为:财产收入,出售商品和服务收入,罚金、罚款和罚没收入,除赠与外的其他自愿转移,杂项和未列明的收入等。

(二)政府支出的功能分类

按国际货币基金组织最新的政府财政统计标准,政府支出功能分类主要包括:

1.一般公共服务。包括行政和立法机关、金融和财政事务、对外事务、对外经济援助、一般服务、基础研究、一般公共服务"研究和发展"、未另分类的一般公共服务、公共债务操

作、各级政府间的一般公共服务等。

2.国防。包括军事防御、民防、对外军事援助、国防"研究和发展"、未另分类的国防等。

3.公共秩序和安全。包括警察服务、消防服务、法庭、监狱、公共秩序和安全"研究和发展"、未另分类的公共秩序和安全等。

4.经济事务。包括一般经济、商业和劳工事务,农业、林业、渔业和狩猎业,燃料和能源,采矿业、制造业和建筑业,运输,通讯,其他行业,经济事务"研究和发展",未另分类的经济事务等。

5.环境保护。包括废物管理、废水管理、减轻污染、保护生物多样性和自然景观、环境保护"研究和发展"、未另分类的环境保护等。

6.住房和社会福利设施。包括住房开发、社区发展、供水、街道照明、住房和社会福利设施"研究和发展"、未另分类的住房和社会福利设施等。

7.医疗保障。包括医疗产品、器械和设备,门诊服务,医院服务,公共医疗保障服务,医疗保障"研究和发展",未另分类的医疗保障等。

8.娱乐、文化和宗教。包括娱乐和体育服务,文化服务,广播和出版服务,宗教和其他社区服务,娱乐、文化和宗教"研究和发展",未另分类的娱乐、文化和宗教等。

9.教育。包括学前和初等教育、中等教育、中等教育后的非高等教育、高等教育、无法定级的教育、教育的辅助服务、教育"研究和发展"、未另分类的教育等。

10.社会保护。包括伤病和残疾、老龄、遗属、家庭和儿童、失业、住房、未另分类的社会排斥、社会保护"研究和发展"、未另分类的社会保护等。

(三)政府支出的经济分类

按照国际货币基金组织的政府财政统计分类标准,政府支出按经济性质分类主要包括:

1.雇员补偿。包括工资和薪金(分现金形式的工资和薪金、实物形式的工资和薪金)和社会缴款(分实际的社会缴款和估算的社会缴款)。

2.商品和服务的使用。

3.固定资产的消耗。

4.利息。包括向非居民支付的、向除广义政府外的居民支付的和向其他广义政府单位支付的。

5.补贴。包括向公共公司提供的(分向金融公共公司提供的和向非金融公共公司提供的)和向私人企业提供的(分向金融私人企业提供的和向非金融私人企业提供的)。

6.赠与。包括向外国政府提供的(分经常性和资本性两种)、向国际组织提供的(分经常性和资本性两种)和向其他广义政府单位提供的(分经常性和资本性两种)。

7.社会福利。包括社会保障福利(分为现金形式的社会保障福利和实物形式的社会保障福利)、社会救济福利(分为现金形式的社会救济福利和实物形式的社会救济福利)、雇主社会福利(分为现金形式的雇主社会福利和实物形式的雇主社会福利)。

8.其他开支。包括除利息外的财产开支和其他杂项开支(分为经常性和资本性)。

第二节 我国政府预算收支分类科目改革的历程

一、计划经济时期国家预算科目按"两列五级"设置

国家预算收支科目,简称国家预算科目,是国家政府预算收支划分的综合总分类,是编制预算、执行预算以及编制决算的工具,也是一项重要的预算管理制度。新中国成立后,国家预算科目设置内容主要有:一是预算收入科目的设置,1959年前预算收入按所有制来源划分,1983年收入按缴纳形式即各税类、利、费、债等分类,下按部门分设,可显示各收入形式的作用,为优化收入结构提供信息。二是预算支出科目的设置,从新中国成立初期到1970年一直采用按支出经济性质划分为经济建设支出、文教等事业发展支出、国防支出、国家行政管理费用和其他支出等;1971年开始主要采取按支出用途分类的方法,每年预算指标则按支出用途和费用性质分为基建支出、企业挖潜改造资金、科技三项费用等,按计划指标口径列支出用途,再按部门或用途设"款",支出用途与计划指标口径一致,以财力上保证经济计划的实现,但部门与支出属性的矛盾依旧存在。三是预算收支科目的设置,1959年后收支都强调按部门归口,但模糊了支出性质,一些属性相异的支出归口于一个部门内,造成分析失真。

计划经济时代,我国国家预算科目一般都划分为预算收入科目和预算支出科目两大部分,即"两列",各列按包括范围的大小及管理的需要又分为"五级",由大到小依次划分为"类"、"款"、"项"、"目"、"节";"类"下分设若干"款",依此类推。国家预算收支科目概括了预算收支的全部内容,五级科目之间逐级相联,前者是后者的概括和汇总,后者是前者的具体化和补充,形成一个完整的分类体系。原计划经济体制下设计出来的科目体系,即传统的国家预算收支科目基本适应了各个不同历史时期政治经济形势和财政预算管理的需要。

二、分税制改革后,政府预算科目演变为按"两列五级三部分"设置

一是预算收入科目的设置,随着分税制改革的实施,1994年起预算收入形式分税种、国有资产收益、专项收入和其他收入,下按来源机构的经济组织形式,而不再按所有制结构和部门结构分类,以项目细化为主、结合征收机构和来源部门结构为特征。支出按经济性质和按支出用途分类两种方法交替使用,其中支出继续按经济性质分为经济建设、教科文卫体育等事业发展、国家管理费用、国防、各项补贴和其他。二是预算收支设置"三部分"科目,1997年开始,国家预算收支科目分为一般预算收支科目和基金预算收支科目两大部分。1998年预算收支科目修订后分为三部分,即一般预算收支科目、基金预算收支科目和债务预算收支科目。一般预算收入主要是指部门及所属单位取得的财政拨款、行政单位预算外资金、事业收入、事业单位经营收入、其他收入等;一般预算支出主要是指部门及所属单位的基本建设支出、挖潜和科技三项费用、各项事业费、社会保障支出及其他支出等。原属于预算外资金的政府基金和行政事业性收费纳入预算内管理,该部分收支

具有专款专用性质,预算管理上为了与原预算内资金相区别,将其编制基金预算。基金预算收入包括部门按国家规定取得的基金收入,如水利部门的水利建设基金、电力部门的电力基金、铁路部门的铁路建设基金等;基金预算支出是部门按国家规定从基金中开支的各项支出。

1998 年预算收支科目修订后分为三部分,即一般预算收支科目、基金预算收支科目和债务预算收支科目,预算科目的设置可概括为"两列五级三部分",这种收支分类方式及其科目设置的使用一直持续到 2006 年。其中的"三部分"预算收支在形式上既不同于一般意义上的复式预算,又不完全等同于普通的单一预算,而且由于一般预算收支和基金预算收支在性质上相互雷同,以至于区分的界限模糊不清。

(一)2006 年政府预算收支科目设置的基本内容

1. 一般预算收支科目

(1)一般预算收入的"类"级科目

一般预算收入由原来的按收入形式,改为按税种及其他收入形式进行划分,大致设置如下:增值税、消费税、营业税、企业所得税、企业所得税退税、个人所得税、资源税、固定资产投资方向调节税、城市维护建设税、房产税、印花税、城镇土地使用税、土地增值税、车船使用和牌照税、船舶吨税、车辆购置税(费)、屠宰税、筵席税、关税、农业税、农业特产税、牧业税、耕地占用税、契税、国有资产经营收益、国有企业计划亏损补贴、行政性收费收入、罚没收入、海域场地矿区使用费收入、专项收入、其他收入、一般预算调拨收入等。

预算调拨收入不是当年预算的实际收入,只反映预算收入在上下级之间、本年度和上年度之间、预算内同预算外之间预算收入的调拨关系。该类级科目与"一般预算调拨支出"对应,是各级财政总预算的专用科目,下设"一般预算补助收入"、"一般预算上解收入"、"一般预算上年结余收入"、"一般预算调入资金"等款级科目,"款"下按来源设"项"级科目。

其中一般预算补助收入是指下级财政收到的上级财政拨付的属于一般预算的补助。主要包括:税收返还收入、原体制补助收入、专项补助收入、转移支付补助收入、结算补助收入、其他一般预算补助收入。

一般预算上解收入反映地方(或下级)财政按体制规定上解中央(或上级)的收入。主要包括:原体制上解收入、专项上解收入、其他一般预算上解收入。

一般预算上年结余收入是各级财政上年度执行结果收大于支的结余,转到计划年度作为一个收入来源,列入"上年结余收入"。

一般预算调入资金是各级财政将预算外资金、基金预算结余调入一般预算内。

(2)一般预算支出科目的设置

a. 一般预算支出"类"级科目的设置。一般预算支出的"类"级科目设置大致如下:基本建设支出、企业挖潜改造资金、地质勘探费、科技三项费用、流动资金、农业支出、林业支出、水利和气象支出、工业交通等部门的事业费、流通部门事业费、文体广播事业费、教育支出、科学支出、医疗卫生支出、其他部门的事业费、抚恤和社会福利救济费、行政事业单位离退休支出、社会保障补助支出、国防支出、行政管理费、外交外事支出、武装警察部队支出、公检法司支出、城市维护费、政策性补贴支出、对外援助支出、支援不发达地区支出、海域开发建设和场地使用费支出、车辆税费支出、债务利息支出、专项支出、其他支出、总预备费、一般预算调拨支出等 34 个。

b.一般预算支出的"目"级科目的设置。我国在预算支出"类"级科目下,依次设有"款"、"项"、"目"级科目。"款"和"项"级科目基本上是按支出部门或单位归口设置的。"目"级科目按行政事业经费的具体用途设置。因此,我国机构预算支出按用途划分一般就是指按政府一般预算支出的"目"级科目划分。我国 1997 年后,一般预算支出的"目"级科目通常有基本工资、津贴、奖金、社会保障缴费、助学金、离退休人员费用、公务费、业务费、设备购置费、修缮费、招待费和其他费用 12 个,分为人员经费和公用经费。

后经几年的调整、细化,一般预算支出按开支对象和支出属性划分为三个"目"级科目:一是人员支出,该支出反映单位为在职职工和临时聘用人员开支的各类劳动报酬,及为上述人员缴纳的各项社会保险费等,具体包括基本工资、津贴、奖金、社会保障缴费、其他等五项内容;二是公用支出,该支出反映单位购买商品和劳务的支出,具体包括办公费、印刷费、水电费、邮电费、取暖费、交通费、差旅费、会议费、培训费、招待费、福利费、劳务费、就业补助费、租赁费、物业管理费、维修费、专用材料费、办公设备购置费、专用设备购置费、交通工具购置费、图书资料购置费、其他等 23 项内容;三是对个人和家庭的补助支出,这是反映政府对个人和家庭的无偿性补助支出,具体包括离休费、退休费、退职(役)费、抚恤和生活补助、医疗费、住房补贴、助学金、其他等 8 项内容。

人员支出和对个人和家庭的补助支出构成单位的人员经费,是为保证行政事业单位业务活动的正常进行,按照规定支付给工作人员个人的费用开支。公用支出形成单位的公用经费,公用经费是指单位为完成行政任务和事业计划而用于公务活动和事业发展方面支出所需要的公共费用。

2.基金预算收支科目

(1)基金预算收支"类"级科目的设置。1997 年起将部分政府性基金纳入预算管理,从而规范了基金收支管理,强化了预算约束。基金预算收支的科目具有明显的对应性,基金预算支出的科目与基金预算收入科目中各该类级科目之下款级科目的口径相同。"类"下分"款","款"下分"项",每个"款"或"项"级科目分别归属于不同级次的政府,其中基金预算收支分别归属于中央固定收支、地方固定收支、中央与地方固定收支的科目三种类型,地方不同政府之间收支归属的划分可以此类推。

我国的基金预算收支科目分为工业交通部门基金收支、商贸部门基金收支、文教部门基金收支、社会保险基金收支、农业部门基金收支、土地有偿使用收支、政府住房基金收支、其他部门基金收支、地方财政税费附加收支、基金预算调拨收支 10 类科目。各类科目下按行业和产品分设"款"级科目。

基金预算调拨收支下各设五个"款"级科目:基金预算补助收支、基金预算上解收支、基金预算调入调出资金、基金预算上年结余收入和基金预算年终结余。

2000 年,取消了基金预算收支中的"社会保障基金收入"、"社会保障基金支出"及其款级科目;在一般预算收支中取消了与土地有偿使用费收支相关的科目;在基金预算收支科目中增设土地有偿使用收支科目及相应的款级科目。

(2)基金预算支出的"目"级科目的设置。基金预算支出的"目"级科目包括:一是基本建设支出,反映纳入国家基本建设投资计划,用于基本建设投资的支出;二是挖潜改造支出,反映用于企业挖潜改造方面的支出;三是经费支出,反映用于机构和人员方面的经费;四是其他支出,反映不属于上述用途的其他各项支出。

基金预算先收后支,专款专用,预算单独编列,自求平衡,结余结转下年继续使用。为了"完整、统一地反映政府各项收支",在2007年新的政府收支分类中,政府性基金收支不再分块单独反映。基金收入统一归入"非税收入",并设款项科目反映。基金支出则在有关类款级功能科目下单独设置项级科目反映,项级科目下不再进一步细分为各项职能活动,这是考虑到政府性基金仍然实行专款专用,而且基金预算编制还相对较粗故而单独设项以后,随着预算管理的进一步完善,有关科目再作相应调整。

3.债务预算收支科目

(1)债务预算收入科目。债务预算收入科目设置国内债务收入和国外债务收入。国内债务收入下设"国库券收入"、"社会保险基金结余购买国债收入"、"向国家银行借款收入"、"其他国内借款收入"等款级科目。国外债务收入下设"向国外政府借款收入"、"向国际组织借款收入"、"其他国外借款收入"、"地方向国外借款收入"等款级科目。

(2)债务预算支出科目。债务预算收入科目设置国内债务还本支出和国外债务还本支出。国内债务还本支出下设"国库券还本付息支出"、"向国家银行借款还本付息支出"、"其他国内借款还本付息支出"。国外债务还本支出下设"向外国政府借款还本付息支出"、"向国际组织借款还本付息支出"、"其他国外借款还本付息支出"、"地方向国外借款还本付息支出"等款级科目。

(二)2006年政府预算收支科目分类设置的特点

1.收支分类范围和分类体系设置

2006年预算收支科目的分类范围为预算内收支,不包括预算外收支、社会保险基金收支等。具体科目设置分为三个部分,即一般预算收支科目、基金预算收支科目、债务预算收支科目。所以这样设置,也是管理上的需要。就债务来讲,与税收不同。税收在增加政府现金的同时,并不增加政府的负债。但债务不一样,政府在借债的时候,增加了现金,同时也增加了负债,资产增加,负债也增加,资产减负债,政府的净值并没有增加,因此不能作为收入。另外,政府性基金单独设置科目,主要是基金收入都是专款专用的,与一般预算收入有差别,财政不能平衡,而且还涉及教育、农业和科技等几个法定增长比例的计算考核,所以将它单列出来反映。

2.收入科目的具体设置办法

2006年预算收入科目设类、款、项三级。

一般预算收入类级科目主要按预算收入形式设置,如增值税、企业所得税、行政性收费。款级科目主要按收入来源划分,如国内增值税,进口增值税、冶金工业所得税、有色金属工业所得税;还有的按收入的主管部门设置,如公安行政性收费收入、文化行政性收费收入。项级科目有的按收入来源的所有制结构设置,如国有企业增值税,集体企业增值税;有的按企业名称设置,如宝钢集团所得税、武钢集团所得税。这主要是为了解决企业所得税的跨地区分享的操作问题。

基金预算收入则按收入来源的主管部门设类,如工业交通部门基金收入。款级科目按名称设款,如养路费等科目。另有少量基金收入按名称细分项级科目。

另外,债务收入则按国内、国外设类,类下则按债务收入形式和来源设款,如国库券收入、向国家银行借款收入等。

3. 支出科目的具体设置办法

2006 年预算支出设类、款、项、目四级。

一般预算支出类级科目主要按支出用途划分,设置基本建设支出、企业挖潜改造资金、工交商和教科文等各部门事业费、行政管理费等。款级科目,主要按支出的主管部门归口设置,如冶金工业基建支出、教育基建支出、文化事业费、文物事业费。项级科目,则主要按支出的专业性质设项,如基建支出中的国家资本金、基建贷款贴息,文化事业费下的图书馆经费、干部训练费。目级科目仅是对行政事业单位开支的各项事业行政费如政府机关经费、文物事业费等的细化,设置基本工资、补助工资等目。

基金预算支出科目与收入科目设置办法对应,类级科目按支出的主管部门设类,如工业交通部门基金支出;款级科目按名称设置,如养路费支出,另外部分款级科目下按项目设项。款、项科目下,另设置基本建设支出、挖潜改造支出、经费支出、其他支出四个目。

债务支出科目与债务收入科目设置的办法大致相同。

三、建立公共财政框架后,实施政府收支分类改革,科目由"三部分"构成

(一)政府收支分类改革方案研究设计阶段

1. 1999 年,启动政府收支分类改革研究。1999 年推行部门预算改革时,政府预算收支科目就必须改。但由于当时全国人大和国务院对实行部门预算已经提出了明确的要求,而科目改革又需要一个研究过程,所以,只能在部门预算基本支出和项目支出上面继续挂接老科目。这样做,虽然从技术层面上实现了一个部门一本预算,但通过部门预算改革反映政府意图,反映政府职能活动的目标没有实现。另外,科目改革滞后,从政治层面上看,也在一定程度上造成了工作上的被动。实行部门预算改革后,财政部门报给人大审议的总预算和部门预算仍然沿用老科目对外解释,预算报告和预算草案中的许多重要数据,如农业、科技、教育等由于分散在各类科目中形不成一个完整的概念,加上财政口径太多,报告、报表的数字对不上,不透明、看不懂的问题仍然没有得到解决。人大代表和政协委员们对这个问题的反映越来越强烈。

针对预算科目存在的问题,为了适应深化财政改革和加强财政管理与监督的需要,国务院领导、全国人大对政府收支分类改革提出了明确的改革要求。1999 年 8 月份,当时的国务院领导李岚清同志就指出:"要着手进行政府收支分类改革,为细化预算编制、推行集中收付和政府采购制度创造有利条件。"财政部预算司向全国人大预工委汇报有关情况后,他们也表示:"政府收支分类改革是一项非常重要的工作,它不仅对预算编制、预算执行具有十分重要的意义,也将对今后各级政府职能的调整、建立公共财政制度起到十分重要的推动作用。对这项改革,预算司将给予充分支持。"

2. 2000 年,形成改革方案的基本思路。按照国务院领导的指示和财政部党组的部署,预算司从 1999 年底开始启动此项改革的研究工作,在部内各司局、中央部门、地方财政部门、世界银行、国际货币基金组织等各有关方面的积极支持配合下,结合国际通行做法和我国实际管理需要,2000 年 7 月,预算司提出了改革方案的基本思路。

3.2001年,按经济分类的原则调整了支出目级科目。2001年3月21日,改革方案向财政部党组汇报。会议对改革的原则、目标和思路给予充分肯定,同时,对包括政府收支分类在内的整个预算改革提出了"坚定目标、积极稳妥、充分试点、分步实施"的总体要求。为此,预算司在2001年6月份制订《2002年政府预算收支科目》时,根据部门预算改革的需要,先按支出经济分类的基本原则对支出目级科目作了适当调整。

4.2002年9月13日,重新成立"政府收支分类改革小组",着手拟订政府收支分类全面改革方案。

5.2002年底至2003年,改革方案稿以各种形式反复征求了中央各部门、地方财政部门及有关专家的意见。2003年1月21-24日,在北京敦煌大厦专门召开了部分地区和中央部门座谈会。

6.2004年,重点修改完善支出功能分类项级科目,完成改革方案的设计工作。2004年,重点就支出功能分类的项级科目作了修改完善。2004年6月,全国人大财经委在《关于2003年中央决算的审查报告》中特别指出,"科学规范的政府预算科目体系,对于加强预算管理具有重要意义",并建议"抓紧制定并推行新的政府预算收支科目体系"。2004年9月,人大预工委发函,要求专门听取预算科目体系改革汇报,并提出希望2006年能使用新的科目编制预算。2004年10月27-28日,在天津召开了6省市座谈会。2004年12月14日,部长办公会议通过了方案的基本内容,并决定选择部分地区和中央部门进行模拟试点。

(二)政府收支分类改革模拟试点

2005年,选择部分中央部门和地方进行模拟试点。2005年1-8月,在交通部、科技部、中纪委、国家中医药管理局、水利部、环保总局6个中央部门和天津、河北、湖北、湖南、海南5个省市进行了政府收支分类改革模拟试点。

2005年10月25日,财政部党组听取模拟试点情况汇报。拟报国务院同意后于2007年正式实施。2005年11月2日、9日,预算司分别向全国人大预算工作委员会和财经委作了专门汇报,并就改革后一般预算、政府性基金预算如何单独编制和各自平衡问题,法定支出考核口径问题等进行了沟通,取得了他们的理解与支持。

(三)政府收支分类正式实施

2005年12月27日,国务院领导批准同意于2007年1月1日起全面实施政府收支分类改革。政府收支分类体系由"收入分类"、"支出功能分类"和"支出经济分类"三部分构成。收入分类反映政府收入来源和性质,支出功能分类反映政府做了哪些事,支出经济分类则反映政府支出的具体用途。

第三节　现行政府收支分类科目

2012年政府收支分类科目,包括收入分类科目、支出功能分类科目和支出经济分类科目三部分。类、款科目设置如下:

一、收入分类科目

1.税收收入。分设 21 款:增值税、消费税、营业税、企业所得税、企业所得税退税、个人所得税、资源税、固定资产投资方向调节税、城市维护建设税、房产税、印花税、城镇土地使用税、土地增值税,车船税、船舶吨税、车辆购置税、关税、耕地占用税、契税、烟叶税、其他税收收入。

2.社会保险基金收入。分设 10 款:基本养老保险基金收入、失业保险基金收入、基本医疗保险基金收入、工伤保险基金收入、生育保险基金收入、新型农村合作医疗基金收入、城镇居民基本医疗保险基金收入、新型农村社会养老保险基金收入、城镇居民养老保险基金收入、其他社会保险基金收入。

3.非税收入。分设 7 款:政府性基金收入、专项收入、行政事业性收费收入、罚没收入、国有资本经营收入、国有资源(资产)有偿使用收入、其他收入。

4.贷款转贷回收本金收入。分设 4 款:国内贷款回收本金收入、国外贷款回收本金收入、国内转贷回收本金收入、国外转贷回收本金收入。

5.债务收入。分设 2 款:国内债务收入、国外债务收入。

6.转移性收入。分设 9 款:返还性收入、一般性转移支付收入、专项转移支付收入、政府性基金转移收入、地震灾后恢复重建补助收入、上年结余收入、调入资金、地震灾后恢复重建调入资金、债券转贷收入。

收入分类科目编码、科目名称和使用说明详见表 3-1 收入分类科目。

表 3-1 收入分类科目简表

类	款	项	目	科目名称	说 明
101				税收收入	
	01			增值税	反映按《中华人民共和国增值税暂行条例》征收的国内增值税、进口货物增值税和经审批退库的出口货物增值税。
	02			消费税	反映按《中华人民共和国消费税暂行条例》征收的国内消费税、进口消费品消费税和经审批退库的出口消费品消费税。
	03			营业税	反映税务部门按《中华人民共和国营业税暂行条例》征收的营业税。
	04			企业所得税	反映税务机关按《中华人民共和国企业所得税法》征收的企业所得税。
	05			企业所得税退税	反映财政部门按"先征后退"政策审批退库的企业所得税。其口径与"企业所得税"相同。
	06			个人所得税	
	07			资源税	反映按《中华人民共和国资源税暂行条例》征收的资源税。
	08			固定资产投资方向调节税	地方收入科目。反映地方税务局按《中华人民共和国固定资产投资方向调节税暂行条例》补征的固定资产投资方向调节税。

续表

科目编码				科目名称	说　明
类	款	项	目		
	09			城市维护建设税	反映按《中华人民共和国城市维护建设税暂行条例》征收的城市维护建设税。
	10			房产税	地方收入科目。反映地方税务局按《中华人民共和国房产税暂行条例》征收的房产税。
	11			印花税	反映按《中华人民共和国印花税暂行条例》征收的印花税。
	12			城镇土地使用税	地方收入科目。反映按《中华人民共和国城镇土地使用税暂行条例》征收的城镇土地使用税。
	13			土地增值税	地方收入科目。反映按《中华人民共和国土地增值税暂行条例》征收的土地增值税。
	14			车船税	地方收入科目。
	15			船舶吨税	中央收入科目。
	16			车辆购置税	中央收入科目。
	17			关税	中央收入科目。反映海关按《中华人民共和国进出口关税条例》征收的关税,按《中华人民共和国反倾销条例》征收的反倾销税,按《中华人民共和国反补贴条例》征收的反补贴税,按《中华人民共和国保障措施条例》征收的保障措施关税以及财政部按"先征后退"政策审批退税的关税。
	18			耕地占用税	地方收入科目。反映按《中华人民共和国耕地占用税暂行条例》征收的耕地占用税。
	19			契税	地方收入科目。反映按《契税暂行条例》征收的契税。
	20			烟叶税	地方收入科目。反映按《烟叶税暂行条例》征收的烟叶税。
	99			其他税收收入	反映除上述项目以外其他税收收入,包括有关已停征税种的尾欠等。
102				社会保险基金收入	
	01			基本养老保险基金收入	中央与地方共用收入科目。
	02			失业保险基金收入	中央与地方共用收入科目。
	03			基本医疗保险基金收入	中央与地方共用收入科目。
	04			工伤保险基金收入	中央与地方共用收入科目。
	05			生育保险基金收入	中央与地方共用收入科目。
	06			新型农村合作医疗基金收入	中央和地方共用收入科目。反映新型农村合作医疗基金的政府补助、集体补助和个人缴费收入。
	07			城镇居民基本医疗保险基金收入	中央和地方共用收入科目。反映城镇居民基本医疗基金的政府补助和家庭缴费收入。
	08			新型农村社会养老保险基金收入	中央和地方共用收入科目。反映新型农村社会养老保险基金的政府补助、集体补助和个人缴费收入。

续表

科目编码				科目名称	说　明
类	款	项	目		
	09			城镇居民养老保险基金收入★	中央和地方共用收入科目。反映城镇居民养老保险基金的政府补贴和个人缴费等收入。
	99			其他社会保险基金收入	中央与地方共用科目。反映其他社会保险基金收入。
103				**非税收入**	
	01			政府性基金收入	中央与地方共用收入科目。反映各级政府及其所属部门根据法律、行政法规规定并经国务院或财政部批准,向公民、法人和其他组织征收的政府性基金,以及参照政府性基金管理或纳入基金预算、具有特定用途的财政资金。
	02			专项收入	中央与地方共用收入科目。
	04			行政事业性收费收入	中央与地方共用收入科目。反映依据法律、行政法规、国务院有关规定、国务院财政部门会同价格主管部门共同发布的规章或者规定以及省、自治区、直辖市的地方性法规、政府规章或者规定,省、自治区、直辖市人民政府财政部门会同价格主管部门共同发布的规定所收取的各项收费收入。目前行政事业性收费没有设置科目的,地方在增设科目时可从科目编码98开始从大至小、逐一列目级科目反映,不宜列目的,统一在各部门行政事业性收费项级科目下的50目"其他缴入国库的XX行政事业性收费"反映。
	05			罚没收入	中央与地方共用收入科目。反映执法机关依法收缴的罚款(罚金)、没收款、赃款,没收物资、赃物的变价款收入。
	06			国有资本经营收入	中央与地方共用收入科目。反映各级人民政府及其部门、机构履行出资人职责的企业(即一级企业)上交的国有资本收益。
	07			国有资源(资产)有偿使用收入	中央与地方共用收入科目。反映有偿转让国有资源(资产)使用费而取得的收入。
	99			其他收入	中央与地方共用收入科目。
	01			国内贷款回收本金收入	中央与地方共用收入科目。反映收回的技改贷款及其他财政贷款本金收入等。
104				**贷款转贷回收本金收入**	
	02			国外贷款回收本金收入	中央与地方共用收入科目。
	03			国内转贷回收本金收入	中央与地方共用收入科目。反映收回的政府部门向外国政府、国际金融机构借款转贷给地方政府、相关部门和企业的款项。
	04			国外转贷回收本金收入	中央收入科目。反映收回的中央政府部门向外国政府、国际金融机构借款转贷给国外有关机构和企业的款项。
105				**债务收入**	
	01			国内债务收入	中央与地方共用收入科目。反映从国内取得的债务收入。

续表

科目编码				科目名称	说　明
类	款	项	目		
	02			国外债务收入	中央与地方共用收入科目。反映从国外取得的债务收入。
110				**转移性收入**	
	01			返还性收入	中央与地方共用收入科目。反映下级政府收到上级政府的返还性收入。
	02			一般性转移支付收入	反映政府间一般性转移支付收入。
	03			专项转移支付收入	反映政府间专项转移支付收入。
	04			政府性基金转移收入	反映政府性基金转移收入。
	07			地震灾后恢复重建补助收入	
	08			上年结余收入	反映各类资金的上年结余。
	09			调入资金	反映不同性质资金之间的调入收入。
	10			地震灾后恢复重建调入资金	反映因汶川地震灾后恢复重建调入公共财政预算的预算稳定调节基金等。
	11			债券转贷收入	反映转贷财政部代理发行地方政府债券收入。

　　(注:表格中科目名称后标注"△"号的,是按财政部相关文件修订的科目,标注"★"号的,是此次新修订的科目。表3-2、表3-3 同)

二、支出功能分类科目

　　1.一般公共服务。分设 29 款:人大事务、政协事务、政府办公厅(室)及相关机构事务、发展与改革事务、统计信息事务、财政事务、税收事务、审计事务、海关事务、人力资源事务、纪检监察事务、人口与计划生育事务、商贸事务、知识产权事务、工商行政管理事务、质量技术监督与检验检疫事务、民族事务、宗教事务、港澳台侨事务、档案事务、民主党派及工商联事务、群众团体事务、党委办公厅(室)及相关机构事务、组织事务、宣传事务、统战事务、对外联络事务、其他共产党事务支出、其他一般公共服务支出。

　　2.外交。分设 8 款:外交管理事务、驻外机构、对外援助、国际组织、对外合作与交流、对外宣传、边界勘界联检、其他外交支出。

　　3.国防。分设 7 款:现役部队、预备役部队、民兵、国防科研事业、专项工程、国防动员、其他国防支出。

　　4.公共安全。分设 11 款:武装警察、公安、国家安全、检察、法院、司法、监狱、劳教,国家保密、缉私警察、其他公共安全支出。

　　5.教育。分设 11 款:教育管理事务、普通教育、职业教育、成人教育、广播电视教育、留学教育、特殊教育、教师进修及干部继续教育、教育费附加安排的支出、地方教育附加安排的支出、其他教育支出。

　　6.科学技术。分设 11 款:科学技术管理事务,基础研究、应用研究、技术研究与开发、科技条件与服务,社会科学、科学技术普及、科技交流与合作、科技重大专项、核电站燃料处理处置基金支出、其他科学技术支出。

7.文化体育与传媒。分设 8 款:文化、文物、体育、广播影视、新闻出版、文化事业建设费安排的支出、国家电影事业发展专项资金支出、其他文化体育与传媒支出。

8.社会保障和就业。分设 22 款:人力资源和社会保障管理事务、民政管理事务、财政对社会保险基金的补助、补充全国社会保障基金、行政事业单位离退休、企业改革补助、就业补助、抚恤、退役安置、社会福利、残疾人事业、城市居民最低生活保障、其他城市生活救助、自然灾害生活救助、红十字事业、农村最低生活保障、其他农村生活救助、大中型水库移民后期扶持基金支出、小型水库移民扶助基金支出、补充道路交通事故社会救助基金、残疾人就业保障金支出、其他社会保障和就业支出。

9.社会保险基金支出。分设 10 款:基本养老保险基金支出、失业保险基金支出、基本医疗保险基金支出、工伤保险基金支出、生育保险基金支出、新型农村合作医疗基金支出、城镇居民基本医疗保险基金支出、新型农村社会养老保险基金支出、城镇居民养老保险基金支出、其他社会保险基金支出。

10.医疗卫生。分设 8 款:医疗卫生管理事务、公立医院、基层医疗卫生机构、公共卫生、医疗保障、中医药、食品和药品监督管理事务、其他医疗卫生支出。

11.环境保护。分设 15 款:环境保护管理事务、环境监测与监察、污染防治、自然生态保护、天然林保护、退耕还林、风沙荒漠治理、退牧还草、已垦草原退耕还草、能源节约利用、污染减排、可再生能源、资源综合利用、能源管理事务、其他节能环保支出。

12.城乡社区事务。分设 13 款:城乡社区管理事务、城乡社区规划与管理、城乡社区公共设施、城乡社区环境卫生、建设市场管理与监督、政府住房基金支出、国有土地使用权出让收入安排的支出、城市公用事业附加安排的支出、国有土地收益基金支出、农业土地开发资金支出、新增建设用地土地有偿使用费安排的支出、城市基础设施配套费安排的支出、其他城乡社区事务支出。

13.农林水事务。分设 17 款:农业、林业、水利、南水北调、扶贫、农业综合开发、农村综合改革、新菜地开发建设基金支出、育林基金支出、森林植被恢复费安排的支出、中央水利建设基金支出、地方水利建设基金支出、大中型水库库区基金支出、三峡水库库区基金支出、南水北调工程基金支出、国家重大水利工程建设基金支出、其他农林水事务支出。

14.交通运输。分设 15 款:公路水路运输、铁路运输、民用航空运输、石油价格改革对交通运输的补贴、邮政业支出、车辆购置税支出、海南省高等级公路车辆通行附加费安排的支出、转让政府还贷道路收费权收入安排的支出、车辆通行费安排的支出、港口建设费安排的支出、铁路建设基金支出、民航基础设施建设基金支出、民航机场管理建设费安排的支出、其他交通运输支出。

15.资源勘探电力信息等事务。分设 14 款:资源勘探开发和服务支出、制造业、建筑业、电力监管支出、工业和信息产业监管支出、安全生产监管、国有资产监管、支持中小企业发展和管理支出、散装水泥专项资金支出、新型墙体材料专项基金支出、农网还贷资金支出、山西省煤炭可持续发展基金支出、电力改革预留资产变现收入安排的支出、其他资源勘探电力信息等事务支出。

16.商业服务业等事务。分设5款：商业流通事务、旅游业管理与服务支出、涉外发展服务支出、旅游发展基金支出、其他商业服务业等事务支出。

17.金融监管等事务支出。分设6款：金融部门行政支出、金融部门监管支出、金融发展支出、金融调控支出、农村金融发展支出、其他金融监管等事务支出。

18.地震灾后恢复重建支出。分设8款：倒塌毁损民房恢复重建、基础设施恢复重建、公益服务设施恢复重建、农业林业恢复生产和重建、工商企业恢复生产和重建、党政机关恢复重建、军队武警恢复重建支出、其他恢复重建支出。

19.国土资源气象等事务。分设6款：国土资源事务、海洋管理事务、测绘事务、地震事务、气象事务、其他国土资源气象等事务支出。

20.住房保障支出。分设3款：保障性安居工程支出、住房改革支出、城乡社区住宅。

21.粮油物资储备事务。分设5款：粮油事务、物资事务、能源储备、粮油储备、重要商品储备。

22.预备费。

23.国债还本付息支出。分设13款：国内债务还本、向国家银行借款还本、其他国内借款还本、向外国政府借款还本、向国际组织借款还本、中央其他国外借款还本、地方向国外借款还本、国内债务付息、国外债务付息、国内外债务发行、补充还贷准备金、财政部代理发行地方政府债券还本、财政部代理发行地方政府债券付息。

24.其他支出。分设6款：年初预留、其他政府性基金支出、汶川地震捐赠支出、彩票发行销售机构业务费安排的支出、彩票公益金安排的支出、其他支出。

25.转移性支出。分设8款：返还性支出、一般性转移支付、专项转移支付、政府性基金转移支付、地震灾后恢复重建补助支出、调出资金、年终结余、债券转贷支出。

支出功能分类科目编码、科目名称和使用说明详见表3-2支出功能分类科目。

表3-2　支出功能分类科目简表

科目编码			科目名称	说　明
类	款	项		
201			**一般公共服务**	反映政府提供一般公共服务的支出。
	01		人大事务	反映各级人民代表大会（以下简称"人大"）的支出。
	02		政协事务	反映各级政治协商会议（以下简称"政协"）的支出。
	03		政府办公厅（室）及相关机构事务	反映各级政府办公厅（室）及相关机构的支出。
	04		发展与改革事务	反映发展与改革事务方面的支出。
	05		统计信息事务	反映统计、信息事务方面的支出。
	06		财政事务	反映财政事务方面的支出。
	07		税收事务	反映税收征管方面的支出。
	08		审计事务	反映政府审计方面的支出。
	09		海关事务	反映海关事务方面的支出。

续表

科目编码			科目名称	说　明
类	款	项		
	10		人力资源事务	反映人力资源、机构编制、公务员管理、军转、外专等方面的支出。
	11		纪检监察事务	反映纪检、监察方面的支出。
	12		人口与计划生育事务	反映人口与计划生育方面的支出。
	13		商贸事务	反映商贸事务方面的支出。
	14		知识产权事务	反映知识产权等方面的支出。
	15		工商行政管理事务	反映工商行政管理事务方面的支出。
	17		质量技术监督与检验检疫事务	反映质量技术监督、出入境检验检疫等方面的支出。
	23		民族事务	反映用于民族事务管理方面的支出。
	24		宗教事务	反映用于宗教事务管理方面的支出。
	25		港澳台侨事务	反映用于港澳台侨事务方面的支出。
	26		档案事务	反映档案事务方面的支出。
	28		民主党派及工商联事务	反映各民主党派(包括民革、民盟、民建、民进、农工、致公、九三、台盟等)及办事机构的支出,工商联的支出。
	29		群众团体事务	反映各级人民团体、社会团体、群众团体以及工会、妇联、共青团组织(包括中华青年联合会)等方面的支出。
	31		党委办公厅(室)及相关机构事务	反映党委办公厅(室)及相关机构的支出。
	32		组织事务	反映中国共产党组织部门的支出。
	33		宣传事务	反映中国共产党宣传部门的支出。
	34		统战事务	反映中国共产党统战部门的事务支出。
	35		对外联络事务	反映中国共产党对外联络部门的支出。
	36		其他共产党事务支出	反映上述款项以外其他用于中国共产党事务的支出
	99		其他一般公共服务支出	反映上述项目未包括的一般公共服务支出。
202			外交	反映政府外交事务支出。包括外交行政管理、驻外机构、对外援助、国际组织、对外合作与交流、边界勘界联检等方面的支出。人大、政协、政府及所属各部门(除国家领导人、外交部门)的出国费、招待费列相关功能科目,不在本科目反映。
	01		外交管理事务	反映政府外交管理事务支出。
	02		驻外机构	反映驻外使领馆、公署、办事处、留守组及驻国际机构代表团、代表处等方面的支出。
	03		对外援助	反映对外国政府(地区)提供的各种援助和技术合作支出。
	04		国际组织	反映向国际组织交纳的会费、捐款、联合国维和摊款以及股金、基金等支出。

续表

科目编码			科目名称	说　明
类	款	项		
	05		对外合作与交流	反映外交部门和党政、人大、政协领导人出国访问、出席国际会议支出,招待来访、参观以及来华参加各项国际活动的外国代表团的支出,在我国召开国际会议支出等。
	06		对外宣传	反映用于外交目的的对外宣传支出。
	07		边界勘界联检	反映我国在与周边国家进行划界、勘界和联合检查等方面的支出。
	99		其他外交支出	反映除上述项目以外其他用于外交方面的支出。
203			**国防**	反映政府用于国防方面的支出。
	01		现役部队	反映用于现役部队建设与管理等方面的支出。
	02		预备役部队	反映用于预备役部队建设与管理等方面的支出。
	03		民兵	反映用于民兵建设与管理等方面的支出。
	04		国防科研事业	反映用于国防科研等方面的支出。
	05		专项工程	反映用于国防专项工程建设方面的支出。
	06		国防动员	反映国防动员方面的支出。
	99		其他国防支出	反映其他用于国防方面的支出。
204			公共安全	反映政府维护社会公共安全方面的支出。有关事务包括武装警察、公安、国家安全、检察、法院、司法行政、监狱、劳教、国家保密、缉私警察等。
	01		武装警察	反映内卫、边防、消防、警卫、黄金、森林、水电、交通等武装警察部队的支出。
	02		公安	反映公安事务及管理支出。
	03		国家安全	反映国家安全部门的支出。
	04		检察	反映检察事务的支出。
	05		法院	反映法院(包括各专门法院)的支出。
	06		司法	反映司法行政事务支出。监狱和劳教方面的支出不在此科目反映。
	07		监狱	反映监狱管理事务支出。
	08		劳教	反映劳动教养管理事务支出。
	09		国家保密	反映国家保密事务的支出。
	10		缉私警察	反映海关缉私警察的支出。
	99		其他公共安全支出	反映除上述项目以外其他用于公共安全方面的支出。
205			**教育**	反映政府教育事务支出。有关具体事务包括教育行政管理、学前教育、小学教育、初中教育、普通高中教育、普通高等教育、初等职业教育、中专教育、技校教育、职业高中教育、高等职业教育、广播电视教育、留学生教育、特殊教育、干部继续教育、教育机关服务等。

续表

科目编码			科目名称	说　明
类	款	项		
	01		教育管理事务	反映教育管理方面的支出。
	02		普通教育	反映各类普通教育支出。
	03		职业教育	反映各部门举办的各类职业教育支出。
	04		成人教育	反映各部门举办函授、夜大、自学考试等成人教育的支出。
	05		广播电视教育	反映广播电视教育支出。
	06		留学教育	反映经国家批准，由教育部门统一归口管理的出国、来华留学生支出。
	07		特殊教育	反映各部门举办的盲童学校、聋哑学校、智力落后儿童学校、其他生理缺陷儿童学校和工读学校支出。
	08		教师进修及干部继续教育	反映教师进修及干部继续教育方面的支出。
	09		教育费附加安排的支出	反映用教育费附加安排的支出。
	10		地方教育附加安排的支出	反映用地方教育附加安排的支出。
	99		其他教育支出	反映除上述项目以外其他用于教育方面的支出。
206			科学技术	反映用于科学技术方面的支出。
	01		科学技术管理事务	反映各级政府科学技术管理事务方面的支出。
	02		基础研究	反映从事基础研究、近期无法取得实用价值的应用研究机构的支出、专项科学研究支出，以及重点实验室、重大科学工程的支出。
	03		应用研究	反映在基础研究成果上，针对某一特定的实际目的或目标进行的创造性研究工作的支出。
	04		技术研究与开发	反映用于技术研究与开发等方面的支出。
	05		科技条件与服务	反映用于完善科技条件及从事科技标准、计量和检测，科技数据、种质资源、标本、基因的收集、加工处理和服务，科技文献信息资源的采集、保存、加工和服务等为科技活动提供基础性、通用性服务的支出。
	06		社会科学	反映用于社会科学方面的支出。
	07		科学技术普及	反映科学技术普及方面的支出。
	08		科技交流与合作	反映科技交流与合作方面的支出。
	09		科技重大专项	反映用于科技重大专项的经费支出。
	10		核电站乏燃料处理处置基金支出△	反映核电站乏燃料处理处置基金安排的支出。
	99		其他科学技术支出	反映除以上各项以外用于科技方面的支出，包括科技奖励支出等。
207			文化体育与传媒	反映政府在文化、文物、体育、广播影视、新闻出版等方面的支出。

续表

科目编码			科目名称	说　明
类	款	项		
	01		文化	反映政府用于公用文化设施、艺术表演团体及文化艺术活动等方面的支出。
	02		文物	反映文物保护和管理等方面的支出。
	03		体育	反映体育方面的支出。
	04		广播影视	反映广播、电影、电视等方面的支出。
	05		新闻出版	反映新闻出版方面的支出。
	06		文化事业建设费安排的支出	反映用文化事业建设费安排的支出。
	07		国家电影事业发展专项资金支出	反映用国家电影事业发展专项资金安排的支出。
	99		其他文化体育与传媒支出	反映除上述项目以外其他用于文化体育与传媒方面的支出。
208			社会保障和就业	反映政府在社会保障与就业方面的支出。有关事项包括社会保障和就业管理事务、民政管理事务、财政对社会保险基金的补助、补充全国社会保障基金、行政事业单位离退休、企业改革补助、就业补助、抚恤、退役安置、社会福利、残疾人事业、城市居民最低生活保障、其他城镇社会救济、农村社会救济、自然灾害生活救助、红十字事务等。
	01		人力资源和社会保障管理事务	反映人力资源和社会保障管理事务支出。
	02		民政管理事务	反映民政管理事务支出。
	03		财政对社会保险基金的补助	反映财政对社会保险基金的补助支出。
	04		补充全国社会保障基金	反映用于补充全国社会保障基金的支出。
	05		行政事业单位离退休	反映用于行政事业单位离退休方面的支出。
	06		企业改革补助	反映财政用于企业改革的补助。
	07		就业补助	反映财政用于就业方面的补助支出。
	08		抚恤	反映用于各类优抚对象和优抚事业单位的支出。
	09		退役安置	反映用于退役士兵的安置和军队移交政府的离退休人员安置及管理机构的支出。
	10		社会福利	反映社会福利事务支出。
	11		残疾人事业	反映政府在残疾人事业方面的支出。
	12		城市居民最低生活保障★	反映对城市居民最低生活保障对象的救助支出。
	13		其他城市生活救助★	反映除城市居民最低生活保障之外,用于城市贫困人员基本生活救助的其他支出。
	15		自然灾害生活救助	反映用于自然灾害生活救助方面的支出。
	16		红十字事业	反映政府支持红十字会开展红十字社会公益活动等方面的支出。

续表

科目编码			科目名称	说明
类	款	项		
	17		农村最低生活保障★	反映对农村最低生活保障对象的救助支出。
	18		其他农村生活救助★	反映农村五保供养对象及其他用于农村生活救助方面的支出。
	22		大中型水库移民后期扶持基金支出	反映用大中型水库移民后期扶持基金安排的支出。
	23		小型水库移民扶助基金支出	反映用小型水库移民扶助基金安排的支出。
	24		补充道路交通事故社会救助基金	反映通过财政补助安排给道路交通事故社会救助基金的支出。
	60		残疾人就业保障金支出	反映残疾人就业保障金安排的支出。
	99		其他社会保障和就业支出	反映除上述项目以外其他用于社会保障和就业方面的支出。
209			社会保险基金支出	反映政府由社会保险基金列支的各项支出，包括基本养老保险基金支出、失业保险基金支出、基本医疗保险基金支出、工伤保险基金支出等。特别说明：在将社会保险基金包括在内统计政府支出时，应将财政对社会保险基金的补助以及由财政承担的社会保险缴款予以扣除，以免重复计算。
	01		基本养老保险基金支出	反映单位基本养老保险基金支出。
	02		失业保险基金支出	反映失业保险基金支出。
	03		基本医疗保险基金支出	反映城镇职工基本医疗保险基金支出。
	04		工伤保险基金支出	反映工伤保险基金支出。
	05		生育保险基金支出	反映生育保险基金支出。
	06		新型农村合作医疗基金支出	反映新型农村合作医疗基金支出。
	07		城镇居民基本医疗保险基金支出	反映城镇居民基本医疗保险基金支出。
	08		新型农村社会养老保险基金支出	反映新型农村社会养老保险基金支出。
	09		城镇居民养老保险基金支出★	反映城镇居民养老保险基金支出。
	99		其他社会保险基金支出	反映除上述项目以外用其他社会保险基金安排的支出。
210			医疗卫生	反映政府医疗卫生方面的支出。具体包括医疗卫生管理事务支出、公立医院、基层医疗卫生机构支出、公共卫生、医疗保障、中医药、食品和药品监督管理事务等
	01		医疗卫生管理事务	反映卫生、中医等管理事务方面的支出。
	02		公立医院	反映公立医院方面的支出。
	03		基层医疗卫生机构	反映用于基层医疗卫生机构方面的支出。
	04		公共卫生	反映公共卫生支出。

续表

科目编码			科目名称	说　　明
类	款	项		
	05		医疗保障	反映用于医疗保障方面的支出。
	06		中医药	反映中医药方面的支出。
	10		食品和药品监督管理事务	反映食品药品监督管理方面的支出。
	99		其他医疗卫生支出	反映除上述项目以外其他用于医疗卫生方面的支出。
211			**节能环保**	反映政府节能环保支出。具体包括：环境保护管理事务支出、环境监测与监察支出、污染治理支出、自然生态保护支出、天然林保护工程支出、退耕还林支出、风沙荒漠治理支出、退牧还草支出、已垦草原退耕还草、能源节约利用、污染减排、可再生能源和资源综合利用等支出。
	01		环境保护管理事务	反映政府环境保护管理事务支出。
	02		环境监测与监察	反映政府环境监测与监察支出。
	03		污染防治	反映大气、水体、噪声、固体废弃物、放射性物质等方面的污染治理支出。
	04		自然生态保护	反映生态保护、生态修复、生物多样性保护、农村环境保护和生物安全管理等方面的支出。
	05		天然林保护	反映专项用于天然林资源保护工程的各项补助支出。
	06		退耕还林	反映专项用于退耕还林工程的各项补助支出。
	07		风沙荒漠治理	反映用于风沙荒漠治理方面的支出。
	08		退牧还草	反映退牧还草方面的支出。
	09		已垦草原退耕还草	反映已垦草原退耕还草方面的支出。
	10		能源节约利用	反映用于能源节约利用方面的支出。
	11		污染减排	反映用于污染减排方面的支出。
	12		可再生能源	反映用于可再生能源方面的支出。
	13		资源综合利用	反映对废旧废弃资源综合利用方面的支出。
	14		能源管理事务	反映能源管理事务方面的支出。
	99		其他节能环保支出	反映除上述项目以外其他用于环境保护方面的支出。
212			**城乡社区事务**	反映政府城乡社区事务支出。具体包括：城乡社区管理事务支出、城乡社区规划与管理支出、城乡社区公共设施支出、城乡社区住宅支出、城乡社区环境卫生支出、建设市场管理与监督支出等。
	01		城乡社区管理事务	反映城乡社区管理事务支出。
	02		城乡社区规划与管理	反映城乡社区、名胜风景区、防灾减灾、历史名城规划制定与管理等方面的支出。
	03		城乡社区公共设施	反映城乡社区道路、桥涵、燃气、供暖、公共交通(含轮渡、轻轨、地铁)、道路照明等公共设施建设维护与管理方面的支出。

续表

科目编码			科目名称	说　　明
类	款	项		
	05		城乡社区环境卫生	反映城乡社区道路清扫、垃圾清运与处理、公厕建设与维护、园林绿化等方面的支出。
	06		建设市场管理与监督	反映各类建筑工程强制性和推荐性标准及规范的制定与修改、建筑工程招投标等市场管理、建筑工程质量与安全监督等方面的支出。
	07		政府住房基金支出	反映用政府住房基金安排的支出。
	08		国有土地使用权出让收入安排的支出	反映用不含计提和划转部分的国有土地使用权出让收入安排的支出。不包括市县级政府当年按规定用土地出让收入向中央和省级政府缴纳新增建设用地土地有偿使用费支出。
	09		城市公用事业附加安排的支出	反映用城市公用事业附加收入安排的支出。
	10		国有土地收益基金支出	反映从国有土地收益基金收入中安排用于土地收购储备等支出。
	11		农业土地开发资金支出	反映从计提的农业土地开发资金中安排用于农业土地开发的支出。
	12		新增建设用地土地有偿使用费安排的支出★	反映用新增建设用地土地有偿使用费收入安排的支出。
	13		城市基础设施配套费安排的支出	反映用城市基础设施配套费安排的支出。
	99		其他城乡社区事务支出	反映除上述项目以外其他用于城乡社区事务方面的支出。
213			**农林水事务**	反映政府农林水事务支出。具体包括:农业支出、林业支出、水利支出、扶贫支出、农业综合开发支出等。
	01		农业	反映财政用于种植业、畜牧业、渔业、兽医、农机、农垦、农场、农业产业化经营组织、农村和垦区公益事业、农产品加工等方面的支出。
	02		林业	反映政府用于林业方面的支出。
	03		水利	反映政府用于水利方面的支出。
	04		南水北调	反映政府用于南水北调工程方面的支出。
	05		扶贫	反映用于农村(包括国有农场、国有林场)扶贫开发等方面的支出。
	06		农业综合开发	反映政府用于农业综合开发方面的支出。
	07		农村综合改革	反映有关农村综合改革方面的支出。
	60		新菜地开发建设基金支出	反映新菜地开发建设基金安排的支出。
	61		育林基金支出	反映育林基金安排的支出。
	62		森林植被恢复费安排的支出	反映森林植被恢复费安排的支出。
	63		中央水利建设基金支出	反映中央水利建设基金安排的支出。

续表

科目编码			科目名称	说　明
类	款	项		
	64		地方水利建设基金支出	反映地方水利建设基金安排的支出。
	66		大中型水库库区基金支出	反映大中型水库库区基金安排的支出。
	67		三峡水库库区基金支出	反映三峡水库库区基金安排的支出。
	68		南水北调工程基金支出	反映南水北调工程基金安排的支出。
	69		国家重大水利工程建设基金支出	反映国家重大水利工程建设基金安排的支出。
	99		其他农林水事务支出	反映除上述项目以外其他用于农林水事务方面的支出。
214			**交通运输**	反映政府交通运输和邮政业方面的支出。包括公路运输支出、水路运输支出、铁路运输支出、民用航空运输支出和邮政业支出等。
	01		公路水路运输	反映与公路、水路运输相关的支出。
	02		铁路运输	反映与铁路运输相关的支出。
	03		民用航空运输	反映与民用航空运输相关的支出。
	04		石油价格改革对交通运输的补贴	反映石油价格改革财政对城市公交、农村道路客运和出租车的补贴。
	05		邮政业支出	反映与邮政业相关的支出。
	06		车辆购置税支出	反映用车辆购置税收入安排的支出。
	60		海南省高等级公路车辆通行附加费安排的支出	反映海南省高等级公路车辆通行附加费安排的支出。
	61		转让政府还贷道路收费权收入安排的支出	反映转让政府还贷道路收费权收入安排的支出。
	62		车辆通行费安排的支出	反映车辆通行费安排的支出。
	63		港口建设费安排的支出	反映港口建设费安排的支出。
	64		铁路建设基金支出	反映铁路建设基金安排的支出。
	66		民航基础设施建设基金支出	反映民航基础设施建设基金安排的支出。
	67		民航机场管理建设费安排的支出	反映民航机场管理建设费安排的支出。
	99		其他交通运输支出	反映除上述项目以外其他用于交通运输方面的支出。
215			**资源勘探电力信息等事务**	映政府对资源勘探电力信息等事务支出。具体包括:资源勘探业支出、制造业支出、建筑业支出、电力监管支出、工业和信息产业监管支出、安全生产监管支出、国有资产监管支出、支持中小企业发展和管理支出等。
	01		资源勘探开发和服务支出	反映煤炭、石油和天然气、黑色金属、有色金属、非金属矿等资源勘探开发和服务支出。

续表

科目编码			科目名称	说　明
类	款	项		
	02		制造业	反映纺织、轻工、化工、医药、机械、冶炼、建材、交通运输设备、烟草、兵器、核工、航空、航天、船舶、电子及通讯设备等制造业支出。
	03		建筑业	反映土木工程建筑业以及线路、管道和设备安装业等方面的支出。
	04		电力监管支出	反映电力监管方面的支出。
	05		工业和信息产业监管支出	反映工业和信息产业监管方面的支出。
	06		安全生产监管	反映国家安全生产监督管理部门、煤矿安全监察部门的支出。
	07		国有资产监管	反映国有资产监督管理委员会的支出。
	08		支持中小企业发展和管理支出	反映用于中小企业管理及支持中小企业发展方面的支出。
	60		散装水泥专项资金支出	反映散装水泥专项资金安排的支出。
	61		新型墙体材料专项基金支出	反映新型墙体材料专项基金安排的支出。
	62		农网还贷资金支出	
	63		山西省煤炭可持续发展基金支出	
	64		电力改革预留资产变现收入安排的支出△	反映纳入政府性基金预算的电力改革预留资产变现收入安排的支出。
	99		其他资源勘探电力信息等事务支出	反映除上述项目以外用于其他资源勘探电力信息等事务方面的支出。
216			**商业服务业等事务**	反映对商业服务业等事务的支出。具体包括:商业流通事务支出、旅游业管理与服务支出、涉外发展服务支出等。
	02		商业流通事务	反映各级供销社的行政事业支出及商业物质和供销社专项补贴支出。
	05		旅游业管理与服务支出	反映旅游业管理与服务方面的支出。
	06		涉外发展服务支出	反映对从事外贸业务单位、外商投资单位、从事对外经济合作单位和境外单位的资助。
	60		旅游发展基金支出	反映旅游发展基金安排的支出。
	99		其他商业服务业等事务支出	反映除上述项目以外其他用于商业服务业等事务方面的支出。
217			金融监管等事务支出	反映金融保险业监管等事务方面的支出。
	01		金融部门行政支出	反映金融部门行政支出。
	02		金融部门监管支出	反映金融部门监管支出。
	03		金融发展支出	反映金融发展支出。
	04		金融调控支出	反映金融调控支出。

续表

科目编码			科目名称	说　明
类	款	项		
	05		农村金融发展支出	反映农村金融发展方面的支出。
	99		其他金融监管等事务支出	反映除上述项目以外其他用于金融监管等事务方面的支出。
218			**地震灾后恢复重建支出**	反映在车辆购置税、彩票公益金及其他政府性基金之外安排的汶川地震灾后恢复重建支出。由车辆购置税、彩票公益金及其他政府性基金安排的地震灾后恢复重建支出，分别在"车辆购置税用于地震灾后恢复重建的支出"、"用于地震灾后恢复重建的彩票公益金支出"等科目中反映，不在本科目反映。
		01	倒塌毁损民房恢复重建	反映对城乡居民住房的恢复重建补助和贷款贴息等。倒塌毁损民房的范围参照支出功能分类"城乡社区住宅"等科目的相关规定执行。
		02	基础设施恢复重建	反映中央和地方财政对非经营性城镇市镇设施恢复重建给予的项目投资补助，对经营性或有收费（收入）来源的城镇市政设施恢复重建给予的贷款贴息，对受损的交通、水利等基础设施恢复重建给予的项目投资补助、贷款贴息等。基础设施的具体范围参照支出功能分类"交通运输"、"城乡社区事务"等科目的有关口径执行。
		03	公益服务设施恢复重建	反映中央和地方财政用于学校、医院、社会福利等公益事业单位及其设施（不包括农业、林业、水利、南水北调、扶贫、农业综合开发等农林水事业单位及其设施，农业、林业、水利、南水北调、扶贫、农业综合开发等农林水事业单位及其设施的恢复重建支出，在21804"农业林业恢复生产和重建"中反映）的恢复重建支出。本科目不包括各级教育、卫生、文化等国家机关的恢复重建支出，各级教育、卫生、文化等国家机关的恢复重建支出，在21806款"党政机关恢复重建"中反映。
		04	农业林业恢复生产和重建	反映中央和地方财政用于农林水事业单位及其设施的恢复重建支出，农林水企业恢复生产和重建方面的支出，如项目投资补助、贷款贴息。农林水事业单位和企业的口径，参照支出功能分类"农林水事务"的口径，主要包括农业、林业、水利、扶贫、农业综合开发等事业单位及农林水企业等。本科目不包括受损水库、堤防河道的恢复重建和堰塞湖处理支出（受损水库、堤防河道的恢复重建和堰塞湖处理支出在2180209"水利工程"中反映），也不包括农林水等管理机构如农业局、林业局、水利局的恢复重建支出，上述管理机构的支出，在21806"党政机关恢复重建"中反映。
		05	工商企业恢复生产和重建	反映中央和地方财政安排的用于工商企业恢复生产和重建方面的支出（国有资本经营预算安排的用于工商企业恢复生产和重建的支出在本款51—59项中反映）。工商企业主要包括交通运输企业（参照支出功能分类"交通运输"的口径）、工业商业金融企业（参照支出功能分类"资源勘探电力信息等事务"、"商业服务业等事务"、"金融监管等事务支出"等科目的口径）等。

续表

科目编码			科目名称	说　　明
类	款	项		
	06		党政机关恢复重建	反映党政机关〔包括各级人大、政协、民主党派、群众团体、政府机关及实行公务员管理的事业单位（含上述机构所属后勤服务等附属事业单位及设施）〕的恢复重建支出。
	07		军队武警恢复重建支出	反映中央和地方财政安排的军队和武警部队（含附属事业单位及设施）恢复重建支出。
	99		其他恢复重建支出	反映除上述项目以外其他恢复重建方面的支出。
220			国土资源气象等事务	反映政府用于国土资源、海洋、测绘、地震、气象等公益服务事业方面的支出。
	01		国土资源事务	反映国土资源管理等方面的支出。
	02		海洋管理事务	反映用于海洋管理事务方面的支出。
	03		测绘事务	反映用于国家测绘事务方面的支出。
	04		地震事务	反映地震事务的支出。
	05		气象事务	反映用于气象事务方面的支出。
	99		其他国土资源气象等事务支出★	反映除上述项目以外其他用于国土资源气象等事务方面的支出。
221			住房保障支出	集中反映政府用于住房方面的支出。
	01		保障性安居工程支出	反映用于保障性住房方面的支出。
	02		住房改革支出	反映行政事业单位用财政拨款资金和其他资金等安排的住房改革支出。
	03		城乡社区住宅	反映城乡社区廉租房规划建设维护、住房制度改革、产权产籍管理、房地产市场监督等方面的支出。
222			粮油物资储备事务★	反映用于粮油物资储备事务方面的支出。
	01		粮油事务	反映粮油事务方面的支出。
	02		物资事务	反映物资储备部门支出。
	03		能源储备★	反映国家能源储备的有关支出。
	04		粮油储备★	反映国家粮油储备的有关支出。
	05		重要商品储备★	反映除能源、粮油项目以外的其他重要商品物资储备支出。
227			预备费	反映预算中安排的预备费。
228			国债还本付息支出	反映国债还本、付息、发行等方面的支出。
	01		国内债务还本	反映中央政府用于归还国内债务本金所发生的支出。
	02		向国家银行借款还本	反映中央政府用于归还向国家银行借款本金所发生的支出。
	03		其他国内借款还本	反映中央政府其他用于归还国内借款本金所发生的支出。
	04		向外国政府借款还本	反映中央政府用于归还向外国政府借款本金所发生的支出。
	05		向国际组织借款还本	反映中央政府用于归还向国际组织借款本金所发生的支出。

续表

科目编码			科目名称	说　明
类	款	项		
	06		中央其他国外借款还本	反映中央政府用于归还其他国外借款本金所发生的支出。
	07		地方向国外借款还本	反映地方政府用于归还向国外借款本金所发生的支出。
	08		国内债务付息	反映用于偿付国内债务利息所发生的支出。
	09		国外债务付息★	反映用于偿付国外债务利息（含管理费）所发生的支出。
	10		国内外债务发行	反映用于国内外债务发行费用支出。
	11		补充还贷准备金	反映用预算资金安排的用于补充还贷准备金的支出。
	12		财政部代理发行地方政府债券还本	反映地方政府安排的财政部代理发行地方政府债券还本支出。
	13		财政部代理发行地方政府债券付息	反映地方政府安排的财政部代理发行地方政府债券付息支出。
229			其他支出	反映不能划分到上述功能科目的其他政府支出。
	02		年初预留	反映有预算分配权的部门年初预留的支出。
	04		其他政府性基金支出	反映其他政府性基金支出（包括用以前年度欠缴收入安排的支出）。
	06		汶川地震捐赠支出	反映对地震灾区的捐赠支出。非受灾地区政府赴灾区从事灾后恢复重建的支出，在218类"地震灾后恢复重建支出"反映，不在本科目反映。
	08		彩票发行销售机构业务费安排的支出	反映彩票发行机构和销售机构的业务费用安排的支出。
	60		彩票公益金安排的支出	反映彩票公益金安排的支出。
	99		其他支出	反映除上述项目以外其他不能划分到具体功能科目中的支出项目。
230			**转移性支出**	反映政府的转移支付以及不同性质资金之间的调拨支出。
	01		返还性支出	反映上级政府对下级政府的税收返还和所得税基数返还等支出。
	02		一般性转移支付	反映政府间一般性转移支付。
	03		专项转移支付	反映政府间专项转移支付。
	04		政府性基金转移支付	反映基金预算中的上级补助支出和下级上解支出。
	07		地震灾后恢复重建补助支出	反映上级财政安排的地震灾后恢复重建补助支出。
	08		调出资金	反映不同预算性质的资金之间相互调出。
	09		年终结余	反映政府收支总预算年终结余。
	11		债券转贷支出	反映转贷的财政部代理发行地方政府债券支出。

三、支出经济分类科目

1. 工资福利支出。分设 8 款:基本工资、津贴补贴、奖金、社会保障缴费、伙食费、伙食补助费、绩效工资、其他工资福利支出。

2. 商品和服务支出。分设 31 款:办公费、印刷费、咨询费、手续费、水费、电费、邮电费、取暖费、物业管理费、差旅费、因公出国(境)费用、维修(护)费、租赁费、会议费、培训费、公务接待费、专用材料费、装备购置费、工程建设费、作战费、军用油料费、军队其他运行维护费、被装购置费、专用燃料费、劳务费、委托业务费、工会经费、福利费、公务用车运行维护费、其他交通费用、其他商品和服务支出。

3. 对个人和家庭的补助。分设 12 款:离休费、退休费、退职(役)费,抚恤金、生活补助、救济费、医疗费、助学金、奖励金、生产补贴、住房公积金、提租补贴、购房补贴、其他对个人和家庭的补助支出。

4. 对企事业单位的补贴。分设 5 款:企业政策性补贴、事业单位补贴、财政贴息、国有资本经营预算费用性支出、其他对企事业单位的补贴支出。

5. 转移性支出。分设 2 款:不同级政府间转移性支出、同级政府间转移性支出。

6. 赠与。下设 2 款:对国内的赠与、对国外的赠与。

7. 债务利息支出。分设 6 款:国内债务付息、向国家银行借款付息、其他国内借款付息、向外国政府借款付息、向国际组织借款付息、其他国外借款付息。

8. 债务还本支出。下设 2 款:国内债务还本、国外债务还本。

9. 基本建设支出。分设 9 款:房屋建筑物购建、办公设备购置、专用设备购置、交通工具购置、基础设施建设、大型修缮、信息网络购建、物资储备、其他基本建设支出。

10. 其他资本性支出。分设 14 款:房屋建筑物购建、办公设备购置、专用设备购置、基础设施建设、大型修缮、信息网络购建、物资储备、土地补偿、安置补助、地上附着物和青苗补偿、拆迁补偿、公务用车购置、其他交通工具购置、其他资本性支出。

11. 贷款转贷及产权参股。分设 7 款:国内贷款、国外贷款、国内转贷、国外转贷、产权参股、国有资本经营预算资本性支出、其他贷款转贷及产权参股支出。

12. 其他支出。分设 6 款:预备费、预留、补充全国社会保障基金、未划分的项目支出、国有资本经营预算其他支出、其他支出。

支出经济分类科目编码、科目名称和使用说明详见表 3-3 支出经济分类科目。

表 3-3　支出经济分类科目

科目编码		科目名称	说　明
类	款		
301		**工资福利支出**	反映单位开支的在职职工和编制外长期聘用人员的各类劳动报酬,以及为上述人员缴纳的各项社会保险费等。
	01	基本工资	反映按规定发放的基本工资,包括公务员的职务工资、级别工资;机关工人的岗位工资、技术等级工资;事业单位工作人员的岗位工资、薪级工资;各类学校毕业生试用期(见习期)工资、新参加工作工人学徒期、熟练期工资;军队(武警)军官、文职干部的职务(专业技术等级)工资、军衔(级别)工资、基础工资和军龄工资;军队士官的军衔等级工资、基础工资和军龄工资等。
	02	津贴补贴	反映经国家批准建立的机关事业单位艰苦边远地区津贴、机关工作人员地区附加津贴、机关工作人员岗位津贴、事业单位工作人员特殊岗位津贴补贴。
	03	奖金	反映机关工作人员年终一次性奖金。
	04	社会保障缴费	反映单位为职工缴纳的基本养老、基本医疗、失业、工伤、生育等社会保险费,残疾人就业保障金,军队(含武警)为军人缴纳的伤亡、退役医疗等社会保险费。
	05	伙食费	反映军队、武警义务兵、供给制学员伙食费和干部、士官灶差补助等支出。
	06	伙食补助费	反映单位发给职工的伙食补助费,如误餐补助等。
	07	绩效工资	反映事业单位工作人员的绩效工资。
	99	其他工资福利支出	反映上述项目未包括的人员支出,如各种加班工资、病假两个月以上期间的人员工资、编制外长期聘用人员,公务员及参照和依照公务员制度管理的单位工作人员转入企业工作并按规定参加企业职工基本养老保险后给予的一次性补贴等。
302		**商品和服务支出**	反映单位购买商品和服务的支出(不包括用于购置固定资产的支出、战略性和应急储备支出,但军事方面的耐用消费品和设备的购置费、军事性建设费以及军事建筑物的购置费等在本科目中反映。)
	01	办公费	反映单位购买按财务会计制度规定不符合固定资产确认标准的日常办公用品、书报杂志等支出。
	02	印刷费	反映单位的印刷费支出。
	03	咨询费	反映单位咨询方面的支出。
	04	手续费	反映单位支付的各类手续费。
	05	水费	反映单位支付的水费、污水处理费等支出。
	06	电费	反映单位的电费支出。
	07	邮电费	反映单位开支的信函、包裹、货物等物品的邮寄费及电话费、电报费、传真费、网络通讯费等。

续表

科目编码		科目名称	说　明
类	款		
	08	取暖费	反映单位取暖用燃料费、热力费、炉具购置费、锅炉临时工的工资、节煤奖以及由单位支付的在职职工和离退休人员宿舍取暖费等。
	09	物业管理费	反映单位开支的办公用房、职工及离退休人员宿舍等的物业管理费,包括综合治理、绿化、卫生等方面的支出。
	11	差旅费	反映单位工作人员出差的住宿费、旅费、伙食补助费、杂费,干部及大中专学生调遣费,调干家属旅费补助等。
	12	因公出国(境)费用	反映单位工作人员公务出国(境)的住宿费、旅费、伙食补助费、杂费、培训费等支出。
	13	维修(护)费	反映单位日常开支的固定资产(不包括车船等交通工具)修理和维护费用,网络信息系统运行与维护费用,以及按规定提取的修购基金。
	14	租赁费	反映租赁办公用房、宿舍、专用通讯网以及其他设备等方面的费用。
	15	会议费	反映会议中按规定开支的房租费、伙食补助费以及文件资料的印刷费、会议场地租用费等。
	16	培训费	反映各类培训支出。按标准提取的"职工教育经费"也在本科目中反映。
	17	公务接待费	反映单位按规定开支的各类公务接待(含外宾接待)费用。
	18	专用材料费	反映单位购买日常专用材料的支出。具体包括药品及医疗耗材,农用材料,兽医用品,实验室用品,专用服装,消耗性体育用品,专用工具和仪器,艺术部门专用材料和用品,广播电视台发射台发射机的电力、材料等方面的支出。
	19	装备购置费	反映军队(含武警)购置装备的支出。
	20	工程建设费	反映军队(含武警)工程建设方面的支出。
	21	作战费	反映军队(含武警)作战、防卫方面的支出。
	22	军用油料费★	反映军队(含武警)军事装备的油料费支出。
	23	军队其他运行维护费	反映军队(含武警)的其他运行维护费。
	24	被装购置费	反映法院、检察院、政府各部门以及军队(含武警)的被装购置支出。
	25	专用燃料费	反映用作业务工作设备的车、船设施等的油料支出。
	26	劳务费	反映支付给单位和个人的劳务费用,如临时聘用人员、钟点工工资,稿费、翻译费,评审费等。
	27	委托业务费	反映因委托外单位办理业务而支付的委托业务费。
	28	工会经费	反映单位按规定提取的工会经费。
	29	福利费	反映单位按规定提取的福利费。

续表

科目编码		科目名称	说　明
类	款		
	31	公务用车运行维护费	反映公务用车租用费、燃料费、维修费、过桥过路费、保险费、安全奖励费用等支出。
	39	其他交通费用★	反映单位除公务用车运行维护费以外的其他交通费用。如飞机、船舶等的燃料费、维修费、过桥过路费、保险费、出租车费用等。
	99	其他商品和服务支出	反映上述科目未包括的日常公用支出。如行政赔偿费和诉讼费、国内组织的会员费、来访费、广告宣传、其他劳务费及离休人员特需费、公用经费等。
303		对个人和家庭的补助	反映政府用于对个人和家庭的补助支出。
	01	离休费	反映行政事业单位和军队移交政府安置的离休人员的离休费、护理费和其他补贴。
	02	退休费	反映行政事业单位和军队移交政府安置的退休人员的退休费和其他补贴。
	03	退职（役）费	反映行政事业单位退职人员的生活补贴，一次性支付给职工或军官、军队无军籍退职职工、运动员的退职补助，一次性支付给军官、文职干部、士官、义务兵的退役费，按月支付给自主择业的军队转业干部的退役金。
	04	抚恤金	反映按规定开支的烈士遗属、牺牲病故人员遗属的一次性和定期抚恤金，伤残人员的抚恤金，离退休人员等其他人员的各项抚恤金。
	05	生活补助	反映按规定开支的优抚对象定期定量生活补助费，退役军人生活补助费，行政事业单位职工和遗属生活补助，因公负伤等住院治疗、住疗养院期间的伙食补助费，长期赡养人员补助费，由于国家实行退耕还林禁牧舍饲政策补偿给农牧民的现金、粮食支出，对农村党员、复员军人以及村干部的补助支出，看守人员和犯人的伙食费、药费等。
	06	救济费	反映按规定开支的城乡贫困人员、灾民、归侨、外侨及其他人员的生活救济费，包括城市居民的最低生活保障费，随同资源枯竭矿山破产但未参加养老保险统筹的矿山所属集体企业退休人员按最低生活保障标准发放的生活费，农村五保供养对象、贫困户、麻风病人的生活救济费，精简退职老弱残职工救济费，福利、救助机构发生的收养费以及救助支出等。实物形式的救济也在此科目反映。
	07	医疗费	反映行政事业单位在职职工、离退休人员的医疗费，军队移交政府安置的离退休人员的医疗费，学生医疗费，优抚对象医疗补助，以及按国家规定资助农民参加新型农村合作医疗的支出和对城乡贫困家庭的医疗救助支出。
	08	助学金	反映各类学校学生助学金、奖学金、学生贷款、出国留学（实习）人员生活费，青少年业余体校学员伙食补助费和生活费补贴，按照协议由我方负担或享受我方奖学金的来华留学生、进修生生活费等。

续表

科目编码		科目名称	说　明
类	款		
	09	奖励金	反映政府各部门的奖励支出,如对个体私营经济的奖励、计划生育目标责任奖励、独生子女父母奖励等。
	10	生产补贴	反映各种对个人发放的生产补贴支出,如国家对农民发放的农机具购置补贴、良种补贴、粮食直补以及发放给残疾人的各种生产经营补贴等。
	11	住房公积金	反映行政事业单位按人事部和财政部规定的基本工资和津贴补贴以及规定比例为职工缴纳的住房公积金。
	12	提租补贴	反映按房改政策规定的标准,行政事业单位向职工(含离退休人员)发放的租金补贴。
	13	购房补贴	反映按房改政策规定,行政事业单位向符合条件职工(含离退休人员)、军队(含武警)向转役复员离退休人员发放的用于购买住房的补贴。
	99	其他对个人和家庭的补助支出	反映未包括在上述科目的对个人和家庭的补助支出,如婴幼儿补贴、职工探亲旅费、退职人员及随行家属路费、符合条件的退役回乡义务兵一次性建房补助、符合安置条件的城镇退役士兵自谋职业的一次性经济补助费、对农户的生产经营补贴等。
304		对企事业单位的补贴	反映政府对各类企业、事业单位及民间非营利组织的补贴。
	01	企业政策性补贴	反映对企业的政策性补贴。
	02	事业单位补贴	反映对事业单位的补贴支出。
	03	财政贴息	反映国家财政对国家重点支持的企业和项目给予的贷款利息补助。
	04	国有资本经营预算费用性支出	反映用国有资本经营预算弥补国有企业改革成本等方面的费用性支出。
	99	其他对企事业单位的补贴支出	反映除上述项目以外其他对企事业单位的补贴支出。
305		转移性支出	反映政府的转移性支出。
	01	不同级政府间转移性支出	反映不同级政府间的转移性支出。
	02	同级政府间转移性支出	反映同级政府间的转移性支出。
306		赠与	反映对国内、外政府、组织等提供的援助、捐赠以及交纳国际组织会费等方面的支出。
	01	对国内的赠与	反映对国内组织、政府等提供的捐赠支出。
	02	对国外的赠与	反映对国际组织、国外政府等提供的双边援助,交纳的会费以及有关捐赠方面的支出。
307		债务利息支出	反映政府和单位的债务利息支出。
	01	国内债务付息	反映当年用于偿还国内债务利息的支出。
	02	向国家银行借款付息	反映向国家银行借款的付息支出。

续表

科目编码 类	科目编码 款	科目名称	说　明
	03	其他国内借款付息	反映向其他国内借款的付息支出。
	04	向外国政府借款付息★	反映当年用于偿还向外国政府借款的利息支出。
	05	向国际组织借款付息	反映当年用于偿还向国际组织借款的利息支出。
	06	其他国外借款付息	反映当年用于偿还其他国外借款的利息支出。
308		**债务还本支出**	反映政府和单位归还各类借款本金方面的支出。债务利息列入"债务利息支出",不在此科目反映。
	01	国内债务还本	反映归还各类国内借款本金方面的支出。
	02	国外债务还本	反映归还各类国外借款本金方面的支出。
309		**基本建设支出**	反映各级发展与改革部门集中安排的一般预算财政拨款(不包括政府性基金、预算外资金以及各类拼盘自筹资金等)用于购置固定资产、战略性和应急性储备、土地和无形资产,以及购建基础设施、大型修缮所发生的支出。
	01	房屋建筑物购建	反映用于购买、自行建造办公用房、仓库、职工生活用房、教学科研用房、学生宿舍、食堂等建筑物(含附属设施,如电梯、通讯线路、水气管道等)的支出。
	02	办公设备购置	反映用于购置并按财务会计制度规定纳入固定资产核算范围的办公家具和办公设备的支出。
	03	专用设备购置	反映用于购置具有专门用途、并按财务会计制度规定纳入固定资产核算范围的各类专用设备的支出。如通信设备、发电设备、交通监控设备、卫星转发器、气象设备、进出口监管设备等。
	05	基础设施建设	反映用于农田设施、道路、铁路、桥梁、水坝和机场、车站、码头等公共基础设施建设方面的支出。
	06	大型修缮	反映按财务会计制度规定允许资本化的各类设备、建筑物、公共基础设施等大型修缮的支出。
	07	信息网络购建	反映政府用于信息网络方面的支出。如计算机硬件、软件购置、开发、应用支出等,如果购建的计算机硬件、软件等不符合财务会计制度规定的固定资产确认标准的,不在此科目反映。
	08	物资储备	反映政府、军队为应付战争、自然灾害或意料不到的突发事件而提前购置的具有特殊重要性的军事用品、石油、医药、粮食等战略性和应急性物质储备支出。
	13	公务用车购置	反映公务用车车辆购置支出(含车辆购置税)。
	19	其他交通工具购置★	反映单位除公务用车外的其他各类交通工具(如船舶、飞机等)购置支出(含车辆购置税)。
	99	其他基本建设支出	反映著作权、商标权、专利权等无形资产购置支出,以及其他上述科目中未包括的资本性支出。如娱乐、文化和艺术原作的使用权、购买国内外影片播映权、购置图书等。

续表

科目编码		科目名称	说　明
类	款		
310		**其他资本性支出**	反映非各级发展与改革部门集中安排的用于购置固定资产、战略性和应急性储备、土地和无形资产,以及购建基础设施、大型修缮和财政支持企业更新改造所发生的支出。
	01	房屋建筑物购建	反映用于购买、自行建造办公用房、仓库、职工生活用房、教学科研用房、学生宿舍、食堂等建筑物(含附属设施,如电梯、通讯线路、水气管道等)的支出。
	02	办公设备购置	反映用于购置并按财务会计制度规定纳入固定资产核算范围的办公家具和办公设备的支出。
	03	专用设备购置	反映用于购置具有专门用途、并按财务会计制度规定纳入固定资产核算范围的各类专用设备的支出。如通信设备、发电设备、交通监控设备、卫星转发器、气象设备、进出口监管设备等。
	05	基础设施建设	反映用于农田设施、道路、铁路、桥梁、水坝和机场、车站、码头等公共基础设施建设方面的支出。
	06	大型修缮	反映按财务会计制度规定允许资本化的各类设备、建筑物、公共基础设施等大型修缮的支出。
	07	信息网络购建	反映政府用于信息网络方面的支出。如计算机硬件、软件购置、开发、应用支出等,如果购建的计算机硬件、软件等不符合财务会计制度规定的固定资产确认标准的,不在此科目反映。
	08	物资储备	反映政府、军队为应付战争、自然灾害或意料不到的突发事件而提前购置的具有特殊重要性的军事用品、石油、医药、粮食等战略性和应急性物质储备支出。
	09	土地补偿	反映地方人民政府在征地和收购土地过程中支付的土地补偿费。
	10	安置补助	反映地方人民政府在征地和收购土地过程中支付的安置补助费。
	11	地上附着物和青苗补偿	反映地方人民政府在征地和收购土地过程中支付的地上附着物和青苗补偿费。
	12	拆迁补偿	反映地方人民政府在征地和收购土地过程中支付的拆迁补偿费。
	13	公务用车购置	反映公务用车车辆购置支出(含车辆购置税)。
	19	其他交通工具购置★	反映单位除公务用车外的其他各类交通工具(如船舶、飞机等)购置支出(含车辆购置税)。
	99	其他资本性支出	反映著作权、商标权、专利权等无形资产购置支出,以及其他上述科目中未包括的资本性支出。如娱乐、文化和艺术原作的使用权、购买国内外影片播映权、购置图书等。
311		**贷款转贷及产权参股**	反映政府部门发放的贷款和向企业参股投资方面的支出。
	01	国内贷款	反映政府部门向国内有关单位发放的贷款(如农业开发资金中有偿使用部分在此科目反映)。
	02	国外贷款	反映政府部门向国际组织和国外政府提供的贷款(如援外支出中的有偿使用部分在此科目反映)。

续表

科目编码		科目名称	说　明
类	款		
	03	国内转贷	中央与地方共用科目。反映政府部门向外国政府、国外金融机构或上级政府借款转贷给下级政府、相关部门和企业的款项。
	04	国外转贷	反映政府部门向外国政府、国内金融机构借款转贷给国外有关机构和企业的款项。
	05	产权参股	反映政府购买国际组织股权和对企业投资参股的支出。由于政策性原因对其给予补贴,不在此科目反映。
	06	国有资本经营预算资本性支出	反映用国有资本经营预算向新设企业注入国有资本、向现有企业补充国有资本和认购有限责任公司、股份有限公司股权(股份)等资本性支出。
	99	其他贷款转贷及产权参股支出	反映除上述项目以外其他用于贷款转贷及产权参股方面的支出。
399		其他支出	财政部门或有预算分配权的部门专用科目。反映不能划分到上述经济科目的其他支出。
	01	预备费	财政部门专用。
	02	预留	有预算分配权的部门专用。
	03	补充全国社会保障基金	反映由国有股减持收入和其他财政资金补充全国社会保障基金的支出。
	04	未划分的项目支出	反映未按上述科目细分的项目支出。
	05	国有资本经营预算其他支出	反映用国有资本经营预算收入安排的除资本性支出和费用性支出以外的支出。
	99	其他支出	反映除上述项目以外的其他支出。

考虑到我国政府预算管理的实际需要,2012年财政部下发的《2012年政府收支分类》科目,除了收入分类科目、支出功能分类科目和支出经济分类科目外,在《政府收支分类》科目之后还特别设置了附录。包括:附录一"公共财政预算收支科目";附录二"政府性基金预算收支科目";附录三"政府性基金预算收支科目对照表";附录四"国有资本经营预算收支科目"等。便于各级财政、税务、国库部门和预算单位参照政府收支分类科目口径,分别编报公共财政预算、政府性基金预算和国有资本经营预算,组织预算执行。如需了解上述收入分类科目、支出功能分类科目和支出经济分类科目详细内容及附录内容,请详见《2012年政府收支分类科目》。

本章小结

政府收支分类,是对政府收入和支出进行类别和层次划分,以全面、准确、清晰地反映政府收支活动。政府收支分类是财政预算管理的一项重要的基础性工作,直接关系到财政预算管理的透明度,关系到财政预算管理的科学化和规范化,是公共财政体制建设的一个重要环节。按照社会主义市场经济体制的发展要求,建立一套规范的政府收支分类体系,对建立民主、高效的预算管理制度,扩大公民民主参与预算过程,保证人民依法实现民主决策、民主管理和民主监督政府预算的权利,推进社会主义政治文明和政治民主建设,都具有重大意义。

政府预算收支科目是政府预算收支分类并分级细化的表现形式,它是对政府预算收支分类进行的详细、完整的反映。我国政府预算收支分类科目改革经历了计划经济时期国家预算科目按"两列五级"的设置,分税制改革后政府预算科目按"两列五级三部分"设置和公共财政框架建立后 2007 年政府收支分类改革三个主要阶段。

详细介绍了 2012 年政府收支分类科目,包括收入分类科目、支出功能分类科目、支出经济分类科目三个部分。

案例

政府预算"换账本" 天津启动政府收支分类改革

【人民网·天津视窗 4 月 10 日讯】记者从天津市财政局获悉,从今年下半年起,天津市将按照政府收支分类改革要求编制 2007 年政府预算,全面使用新的政府收支分类科目,这项被比喻为"换账本"的改革,能清楚说明政府的钱给谁用,用到哪里去,怎么用,从而解决政府预算"外行看不懂、内行说不清",以及由此带来的财政预算监督难问题。

据市财政局负责人士介绍,政府收支分类科目是由国家统一规定的反映政府预算收入来源和支出用途的分类体系,是各级政府财政投资决策、编制预决算、组织预算执行、进行会计核算和统计分析的基础。为适应市场经济条件下转变政府职能、建立健全公共财政体系的总体要求,全面准确地反映政府收支活动,进一步提高预算管理透明度和规范化水平,经国务院批准,财政部决定启动政府收支分类改革,去年天津市承担了改革模拟试点任务,为在全国全面推行政府收支分类改革摸索出经验。目前,财政部、国家税务总局和中国人民银行联合印发了《关于做好政府收支分类改革工作的通知》,就改革工作进行了具体部署,提出了明确要求,目前天津市的政府收支分类改革已全面推开。

据介绍,政府收支分类改革是以"体系完善、反映全面、分类明细、口径可比、便于操作"为目标,将政府收支划分为收入分类、支出功能分类和支出经济分类三部分。其中,收入分类主要反映政府收入来源和性质,根据目前我国政府收入构成情况,参照国际通行做法,将政府收入划分为税收收入、社会保险基金收入、非税收入、债务收入以及转移收入等,形成可根据需要汇总分析整个政府收入的分类统计体系。支出功能分类主要反映政府活动的不同功能和政策目标,根据政府职能活动情况及国际通行做法,将政府支出划分为教育、社会保障、医疗卫生、公共安全等,较清晰地反映政府履行某项职能所发生的支出全貌,进一步提高预算管理的透明度。支出经济分类主要反映政府支出的经济性质和具体用途,按照简便实用的原则,将政府支出划分为工资福利支出、商品和服务支出、对个人和家庭的补助、转移性支出、基本建设支出等。支出经济分类通俗地说,就是看政府的钱是怎样花出去的,是付了人员工资、会议费、咨询费,还是买了办公设备等等。支出功能分类和支出经济分类既相对独立,可以分别使用,又相互联系,可以结合使用,能从不同侧面全面明细地反映政府各项支出活动。

市政府强调,政府收支分类改革是今年天津市财政工作的重点,改革涉及方方面面。各地区和各部门要统一思想,明确任务,把握重点,精心组织。各主管部门和预算单位要加强领导与协作,建立工作目标责任制,处理好日常工作与改革的关系,狠抓各项工作任务措施的落实,确保天津市政府收支分类改革取得预期成效。

资料来源:《天津日报》2006 年 4 月 10 日。

案例分析:

通过政府预算收支分类的不断改革完善,政府预算将变得更加科学合理。

案例讨论:

我国政府预算收支分类还需要从哪些方面加以完善?

思考题

1.什么是政府收支分类?

2.什么是政府预算收支科目?

3.为什么要进行政府收支分类改革?

4.2012 年政府收支分类改革主要内容包括哪些?

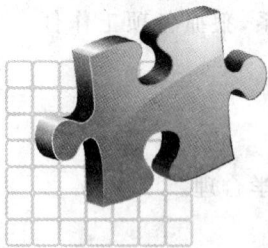

第4章 政府预算编制与管理

本章导读

　　本章介绍政府预算编制及其管理。通过学习本章,要求掌握编制政府预算的增量预算法、零基预算法、绩效预算法、计划项目预算法,熟悉政府预算编制一般程序和我国部门预算编制过程,理解政府预算收支的测算方法和编制内容,对政府预算表格体系有初步认识,了解时间序列预测法、因果分析预测法和经济模型预测法等现代政府预算收支预测方法。

第一节　我国政府预算编制的原则、依据和主体

一、我国政府预算编制的原则

　　预算编制是指各级政府、各部门、各单位编制未经法定程序审查和批准的预算收支计划的阶段,即政府预算草案的编制是政府预算周期的起点,预算编制的好坏对整个政府预算周期的效率和质量至关重要。为保证预算编制的质量,应遵循以下原则:

　　(一)合法性原则

　　政府预算的编制要符合《预算法》和国家其他法律法规的要求,要在法律赋予的职权范围内来编制。合法性原则在政府预算编制过程中主要体现在以下三方面:(1)预算收入的安排要合法。税收收入必须依照税法规定征收,基金收入必须符合国家法律法规的规定,行政事业性收费必须按照财政部门、发展改革委员会和物价管理部门规定的收费项目和标准测算。(2)预算支出的安排要合法。每一项预算收支的安排,都要有其法律依据和政策依据,符合财务规则制定要求,符合国民经济与社会发展计划,与事业发展及产业政策相符。(3)编制完成的预算草案必须经得起法律的审查和检验,一旦经过立法机关的审批,就成为具有法律效益的法律文件。

　　(二)科学性原则

　　政府预算编制的科学性原则,主要体现在:(1)预算收入的预测和安排预算支出的方

向、结构要科学,要与国民经济社会发展状况相适应,要有利于促进国民经济协调健康可持续发展。(2)预算编制的程序设置要科学,合理安排预算编制每个阶段的时间,既要有充裕的时间保证预算编制的质量,又要注重提高预算编制的效率。(3)预算编制的方法要科学,预算收支的测算方法要科学。方法的选择要与预算收支内容相一致。

(三)完整性原则

政府预算编制要体现综合预算的思想。预算内容应包括所有预算收入和支出。不应该存在任何在预算之外的因政府行为而发生的收入和支出,不应该有预算遗漏。确保预算内容的完整性。

(四)真实性原则

政府预算收支的测算必须以政府职责和国民经济与社会发展计划为依据,对每一项收支项目指标都应认真测算,力求各项预算收支内容真实、数据真实,不能有虚假或错误,对编制虚假预算的责任人要追究法律责任。我国《预算法》规定,各级预算收入的编制,应当与国民生产总值的增长率相适应。按照规定必须列入预算的收入,不得隐瞒、少列,也不得将上年的非正常收入作为编制预算收入的依据。

(五)透明性原则

政府预算体现政府活动范围和方向,涉及全体国民的切身利益,政府预算编制必须体现全体国民意志,为了让国民能更好地参与和监督政府预算编制,必须体现公开、透明的原则。具体应落实到以下方面:一是政府预算编制制度公开。有关政府预算编制的法规制度必须向外界公开,以使国民清楚政府预算编制所受的法律约束情况,接受国民监督。二是预算收支测算标准公开。经常性预算支出测算的定员定额体系和预算分配标准化应对外公开。对各类项目支出,要通过填报项目文本、建立项目库、科学论证,采用择优排序的方法,确定必保项目和备选项目,实行预算项目公开公示制度,结合当年的财力状况与财政支出重点,优先安排急需、可行的项目,从而减少预算分配中存在的主观随意性与"暗箱操作",使预算分配更加规范、透明。

(六)绩效性原则

为提高政府预算编制质量和效率,政府预算编制工作本身也应该建立绩效考评制度,并建立激励和约束制度,对考评绩效优秀的,给予激励,对考评绩效差的,应实施惩罚和责任追究,以不断提高政府预算编制质量和水平。我国《预算法》规定,各级预算支出的编制,应当贯彻厉行节约、勤俭建国的方针。

二、政府预算编制的依据

我国《预算法》等法规对各级政府、各部门、各单位编制年度预算草案的依据有明确的规定。

(一)各级政府编制年度预算草案的依据

我国各级政府编制年度预算草案的依据如下:

1.法律、法规。包括我国《预算法》和《预算法实施条例》等各级各类财经法规及其他相关法规。如我国《预算法》和《预算法实施条例》对我国预算编制的要求、内容、形式、时间和程序等都做了明确的规定,《个人所得税法》是个人所得税预算收入指标编制的主要依据,《义务教育法》、《科技进步法》是各级政府安排义务教育支出、科技支出的主要依据。

2.国民经济和社会发展规划、财政中长期规划以及有关的财政经济政策。年度预算草案是财经中长期规划在年度内的具体表现,政府年度预算草案的编制必须充分考虑中长期财经发展规划的宏观要求。

3.本级政府的预算管理职权和财政管理体制确定的预算收支范围。

4.上一年度预算执行情况和本年度预算收支变化因素。这是采用增量预算法编制年度预算草案的重要依据。

5.上级政府对编制本年度预算草案的指示和要求。

(二)各部门、各单位编制年度预算草案的依据

我国各部门、各单位编制年度预算草案的依据如下:

1.国家的法律、法规和宏观政策制度。包括各级各类财经法规及其他相关法规对本部门、本单位编制年度预算草案的法律要求。如《义务教育法》是教育部门编制义务教育支出的重要依据。

2.国民经济社会发展规划与财政规划。

3.预算管理职权和历年预算收支规律。

4.上级和本级政府对编制本年度预算草案的指示和要求,以及上级和本级政府财政部门的部署。

5.本部门、本单位的职责、任务和事业发展计划以及定员定额标准。

6.本部门、本单位上一年度预算执行情况和本年度预算收支变化因素。

三、政府预算编制的主体

政府预算编制的主体是指负责编制政府预算的部门和单位。根据我国《预算法》规定,我国政府预算编制的主体包括:

1.各级政府。各级政府是预算编制的领导机关。

2.各级政府财政部门。各级政府财政部门是各级总预算的编制机关。

3.各预算部门、各预算单位。各部门、各单位负责编制本部门、本单位的预算。

第二节　政府预算编制的内容、方法和程序

一、政府预算编制的内容

我国政府预算编制的内容从总体上可分为预算收入和预算支出两大方面。具体来看,不同层级的政府预算编制的内容有不同的表现,如中央预算的编制内容和地方各级政府预算的编制内容有所差异。不同性质的政府预算内容也会不同,如一般预算、基金预算、债务预算、国有资本预算则各有自身的具体内容。这里主要介绍中央和地方一般预算的编制内容。

（一）中央一般预算的编制内容

中央一般预算的编制内容主要包括以下四方面内容：

1.中央本级预算收入和支出。中央本级预算收入主要包括增值税(75％)，关税，海关代征的消费税和增值税，消费税，中央企业所得税，地方银行和外资银行及非银行金融企业所得税，铁道、银行总行、保险总公司等集中缴纳的营业税、所得税和城市维护建设税等。中央本级预算支出主要包括国防支出，武装警察部队支出，中央级行政管理费和各项事业费，重点建设支出以及中央政府调整国民经济结构、协调地区发展而实施的宏观调控的支出等。

2.上一年度结余用于本年度安排的支出。

3.返还或者补助地方的支出。

4.地方上解的收入。

中央财政本年度举借的国内外债务和还本付息数额应当在本级预算中单独列示。

（二）地方各级政府一般预算的编制内容

1.地方本级预算收入和支出。地方本级预算收入主要包括增值税(25％)、营业税、地方企业所得税、个人所得税、城镇土地使用税、城镇维护建设税、房产税、车船使用税、印花税、耕地占用税、契税，除海洋石油资源税以外的其他资源税等。地方本级预算支出主要包括地方行政管理和各项事业费，地方统筹的基本建设、技术改造支出，支援农村生产支出，城市维护和建设经费，价格补贴支出等。

2.上一年度结余用于本年度安排的支出。

3.上级返还或者补助的收入。

4.返还或者补助下级的支出。

5.上解上级的支出。

6.下级上解的收入。

二、政府预算编制的方法

常见的政府预算编制的主要方法有以下四种：

（一）增量预算法

增量预算法是指预算年度的政府预算收支计划指标的确定，是以上一预算年度的预算收支执行数为基础，再考虑预算年度国民经济和社会发展情况加以调整之后确定的预算编制方法，由于调整的量可以是正的也可能是负的，因此，又称为调整预算法。又因为政府预算收支常常是一年一年增长的，增量预算法便成了习惯叫法。它是一种传统的预算编制方法。如果以 Y 表示预算年度的政府预算收支计划指标，即预算数；以 a 表示上一预算年度的预算收支执行数，即预算基数；以 ΔY 表示预算年度的预算增量；以 $b\%$ 表示上预算年度国民经济和社会发展情况加以调整的百分比，则有：$Y=a+\Delta Y$，$\Delta Y=a\times b\%$。

增量预算法的优点是预算编制方法简便、容易操作。缺点是以前期预算年度的实际执行结果为基础，不可避免地受到既成事实的影响，易使政府预算中的某些不合理因素得以长期沿袭，因而有一定的局限性。同时，也容易使基层预算单位养成资金使用上"等、靠、要"的思维习惯,滋长预算分配中的平均主义和简单化,不利于调动各部门增收节支的积极性。

(二)零基预算法

零基预算法是指对预算年度的所有预算收支计划指标,完全不考虑以前预算年度的预算收支执行数的水平,而以"零"为基础,结合预算年度的经济社会发展情况及财力可能,从根本上重新评估各项预算收支的必要性及其金额的一种预算编制方法。由于零基预算在编制预算时,一切从零开始,该花多少钱,钱用在哪些方面,与上一个预算年度无关。也就是说不看过去,只看未来,看新的预算年度有多少事情要做。然后,对这些事情不管新旧,统统重新进行评估,在编制预算时,决策者们依据事情的轻重缓急统筹考虑,决定哪些是需要重点扶持的,非花钱不可;哪些是可办可不办的,依财力而定;哪些关系不大,应予以取消。从而使未来预算年度的预算从一开始就建立在一个科学、合理的基础之上,避免不必要的预算资金浪费。

零基预算的思想源于1952年,美国人维恩·刘易斯在他的一篇文章《预算编制理论新解》中提出了一个预算编制的新论点,即在编制政府支出预算时,根据什么标准或方法来确定把一定数额的资金分配给部门A,而不是分配给部门B,分配给部门A而不分配给部门B可能产生什么不一样的结果。他认为只有通过"非传统的编制方法"才能解决这一问题。而这种"非传统的编制方法"就是后来形成的零基预算编制法。

20世纪60年代,美国联邦政府农业部曾试图在本部门试行零基预算,但却无果而终。1970年,美国得克萨斯仪器公司人事研究部门在部门预算编制中成功地利用了零基预算编制方法,此后该公司的所有部门在编制预算时都成功采用了零基预算。随后,零基预算便先在美国的私营企业界广泛推广。不久美国联邦政府决定在公共部门全面使用零基预算,佐治亚州成为美国第一个采用零基预算编制法的州政府。1979年卡特当选美国总统,在联邦政府全面推行按零基预算方式来编制公共部门预算,许多州政府纷纷效法,零基预算编制法异军突起,在美国迅速传播开来。之后,世界其他一些国家的政府也陆续采用。零基预算在20世纪80年代后期出现下降趋势,1993年,美国国会颁布了《政府绩效与结果法案》,开始全面采用新的绩效预算编制方法。

如果以Y表示预算年度的政府预算收支计划指标,即预算数;以a表示上一预算年度的预算收支执行数,即预算基数,并假定$a=0$;以$B_1,B_2,B_3,\cdots,B_n$表示各相关经济社会发展因素对预算年度预算收支计划指标的影响,则有:$Y=a+B_1+B_2+B_3+\cdots+B_n=B_1+B_2+B_3+\cdots+B_n$。

零基预算法的优点是预算不受以前年度水平的制约,克服预算安排的平均主义和简单化,调动各部门增收节支的积极性。缺点是:(1)由于一切预算收支每年都从"零"开始,需要掌握大量数据,预算编制的工作量大、成本较高,这是导致零基预算法在实践中难以广泛应用的根本原因;(2)分层、排序和资金分配时,可能有主观影响,容易引起部门之间的矛盾;(3)任何预算单位工作项目的"轻重缓急"都是相对的,过分强调项目,可能使有关人员只注重短期利益,忽视本单位作为一个整体的长远利益。

(三)绩效预算法

绩效预算法,是指政府编制年度预算时,根据成本—效益比较的原则,首先制定有关的事业计划和工程计划,再依据政府职能和施政计划制定执行计划的实施方案,并在成本效益分析的基础上确定实施方案所需要支出的预算编制方法。该方法包括绩、效和预算三要素。所谓"绩",是指业绩指标,表明申请财政拨款所要达到的某一具体目标或计划;"效"是指业绩的考核结果及业绩与预算挂钩的方式;"预算"是指达到这一业绩所需的财政拨款额度。绩效预算是一种比较科学的预算方法,对于监督和控制预算支出,提高支出效益,防止浪费有着积极的作用。其特点有二:一是绩效预算重视对预算支出效益的考察,预算可明确反映出所产生的预计效益;二是按职责、用途和最终产品进行分类,并根据最终产品的单位成本和以前计划的执行情况来评判支出是否符合效率原则。这种方式,对于提高资金使用效率,会事半功倍,但它与复式预算类似,操作难度很大。

绩效预算(Performance Budget)是20世纪50年代初美国联邦政府首先提出并应用于支出管理的一种预算编制模式。第二次世界大战以后,美国政府预算支出急剧增长,赤字大量增加,如何控制政府公共支出和加强立法机关对预算的控制权力,引起了当时美国胡佛行政改进委员会的重视。该委员会提出了两个基本问题:(1)对政府预算的主要项目,应研究什么是理想的支出数量;(2)如何通过立法机关有效而又节约地执行计划的实施方案,并通过成本效益分析确定实施方案所需要支出的费用,以此来编制预算。胡佛行政改进委员会受到了当时美国一些大城市中盛行的和联邦政府中某些部门试行的绩效预算技术的影响,于1949年建议在联邦政府中采用绩效预算。这就是绩效预算产生的历史背景。

以后10多年里,绩效预算特别是基于绩效预算的绩效管理越来越受到美国预算管理办公室(Office of Management and Budget,OMB)的重视,并相继通过了一系列相关法案。同时,绩效预算对西方各国也产生了较大影响。在英国,20世纪60年代以来开始实行"功能成本"、"产出预算"和"计划分析与检查"的预算制度;法国实行"预算选择合理化"的预算制度;瑞典实行的是"功能预算"制度。绩效预算成为西方发达国家主要的预算模式,它在引导政府在市场经济中提高效率、发挥宏观调控作用等方面起到了重要的作用。

(四)计划项目预算法

计划项目预算法(Program Planning and Budgeting,缩写为PPB)是指政府编制年度预算时,以国民经济和社会发展以及中长期财政规划为基础,以项目作为预算编制的依据,结合各部门长远规划和管理的实际需要,设立若干年度支出项目,并制定各项目所要达到的目标和项目成本(预算),对项目进行成本—收益分析,将那些预定效益较高的项目列入年度预算的支出计划,这种预算编制方法称为计划项目预算法或项目预算法。

计划项目预算法是在绩效预算的基础上发展起来的,它是依据政府确定的目标,着重对项目安排和运用进行定量分析而编制预算的一种方法。其特点是:(1)可以把预算中安排的项目和政府的中长期计划相结合,有利于政府活动的开展;(2)由于在选择和安排项目过程中,重视成本效益,因而要求依据数据资料对各个项目进行经济分析和评估,并通过项目之间的比较,有利于降低项目的费用和提高资金的使用效果,为政府决策提供依据和参考;(3)对跨年度的项目安排预算,可以根据发展变化情况,对目标、计划和预算进行调整。与绩效预算相比,虽然二者都属于以成本—效益为衡量支出标准、重视资金使用成效的预算形式,但是绩效预算法的基本构想重点放在一个预算年度上,而计划项目预算法是把政府活动的长期计划和年度预算所包括的各项活动规划结合起来考虑的,其视野更为开阔,设计更为科学。

计划项目预算法是由美国国防部最早采用,20世纪60年代发展起来的主要预算方法,以后推广到美国联邦政府和州级地方政府的预算编制。

1960年,美国希奇和麦克森在《核时代的国防经济学》一书中探讨了国防经济的效率问题,并建议在军事设计上应将各种可行方案的成本与效益作出比较。1961年国防部长麦克纳·马纳采纳他们的意见,决定在国防部试行计划项目预算制度。1965年,美国总统林登·约翰逊决定在其他行政部门也推行这种预算制度。目前,虽然从制度上说,美国已不再实行设计规划预算编制方法,但预算长期规划的观点,按任务、职能和项目进行的预算分类,应用分析技术来决定项目的优先以及制定预算目标等,仍然被各联邦机构、各州和各地方政府广为接受。

三、政府预算编制程序

（一）政府预算编制一般程序

1.政府最高行政机关决定预算编制的方针政策,财政部门具体负责部署政府预算编制工作。

2.各部门、各单位具体负责测算收支指标和编制预算草案。

3.财政部门对各部门、各单位预算草案的汇总和审核。

（二）我国政府预算编制程序

第一,国务院下达关于编制下一年度政府预算草案指示,财政部根据国务院指示部署编制政府预算草案的具体事项。国务院的指示和财政部布置的内容一般包括:编制政府预算的方针、政策和任务;主要收支预算具体编制的原则和要求;各级预算收支的划分范围、机动财力和管理权限变动的使用原则;预算编制的基本方法,政府预算收支科目、预算表格和报送期限等。

第二,中央各部门根据国务院的指示和财政部的部署,结合本部门的具体情况,提出编制本部门预算草案的要求,具体布置所属各单位编制预算草案。中央各部门负责本部门所属各单位预算草案的审核,并汇总编制本部门的预算草案。

第三,省、自治区、直辖市政府根据国务院的指示和财政部的部署,结合本地区的具体情况,提出本行政区域编制预算草案的要求。

第四,县级以上地方各级政府财政部门审核本级各部门的预算草案,编制本级政府预算草案,汇编本级总预算草案,经本级政府审定后,按照规定期限报上一级政府。县级以上各级政府财政部门审核本级各部门的预算草案时,发现不符合编制预算要求的,应予以纠正;汇编本级总预算时,发现下级政府预算草案不符合国务院和本级政府编制预算要求的,应及时向本级政府报告,由本级政府予以纠正。

第五,财政部审核中央各部门的预算草案,编制中央预算草案;汇总地方预算草案,汇编中央和地方预算草案。

（三）部门预算与单位预算编制程序

我国部门预算与单位预算的编制程序一般分为两个阶段:测算收支指标（又分为初步

测算和具体测算两步）和编制预算草案。预算草案的编制，一般采取自上而下和自下而上，上下结合，"二上二下"，逐级汇总的程序。如：中央部门预算编制程序是中央部门上报收支建议数→财政部下达预算收支控制指标→中央部门上报预算草案→财政部下达正式政府预算。地方各级政府预算、部门预算与单位预算也按此程序进行。部门预算与单位预算编制程序具体包括：

1. 每年定期由财政部门向各部门布置预算编制工作，具体说明预算编制的有关事项。

2. 各部门在规定时间内将部门收支预算建议计划（含基层单位预算）上报财政主管部门。

3. 财政主管部门根据资金性质，如基本建设支出、科技三项费用支出等，将部门预算建议计划分送各业务部门进行初审；业务部门审定后，报主管部门统一编制部门预算。

4. 财政部门将汇总后的分预算科目、分部门的预算报主管政府综合平衡。

5. 预算经政府平衡后，财政部门向各部门下达收支预算控制总额。

6. 在规定时间内各部门（含基层单位预算）将调整后的预算计划报财政部门。

7. 财政部门将汇总的预算建议计划报政府、党委审定，形成的政府预算草案提交人代会审议。经人大批准的预算由财政向各部门（含基层单位预算）批复下达。

第三节　政府预算编制的准备工作

为保证政府预算编制的顺利进行，在正式编制政府预算之前，应制定中长期预算框架，包括确定宏观经济规划、财政政策报告、年度预算限额，修订预算科目和预算表格等。

一、制定中长期宏观经济规划和预算支出框架

政府预算准备的出发点是中长期宏观经济规划，其核心内容是中长期宏观经济预测和财政预测。中长期宏观经济规划和预算支出框架为年度预算编制提供战略性的、长期的指导和约束。

中长期预算支出框架是包括所有部门的一份正式而详细的在宏观经济规划的基础上编制的预算支出规划。主要是用于促进年度预算限额的准备和确定，同时也有助于增强部门管理的可预见性和公共支出的效率。中长期预算支出框架的主要作用是确定未来各年度的预算限额，以此作为预算编制的起点。

二、提供财政政策报告

在年度预算的准备中，提供一份清晰的关于财政政策的报告书是非常重要的。在几乎所有国家中，年度预算中都列示有对未来一年中政府财政收支和债务数据方面的信息，但同样重要的是需要制定一份清晰的财政政策报告书，阐明政府所关注的更为广泛的财政政策目标及其优先性、当前财政政策对未来年份的影响，以及中长期财政状况的可持续性。财政政策报告书一般应包括税收政策和财政支出政策，及这些政策变动对未来财政收支和政策目标产生的影响等内容。

三、修订政府预算收支科目和预算表格

政府预算收支科目和预算表格是编制政府预算的工具。为了适应财政经济的改革发展和加强预算管理的需要,在编制政府预算之前,需要对政府预算收支科目和预算表格进行修订,以便正确地反映预算收支内容,适应预算管理的需要。

(一)修订政府预算收支科目

政府预算收支科目是编制政府预算、决算,组织预算执行以及预算单位进行会计明细核算的重要依据。全国各级政府、部门和单位编制政府预算时,必须统一使用财政部最新颁布的《政府收支分类科目》,以确保全国预算工作的统一性。因此,在每年编制政府预算之前,财政部要根据国家政府机构的改革情况,财政体制、会计制度和税法的改革变化情况,以及政府预算管理和监督的需要,对下一预算年度的政府预算收支科目进行必要的修订。

(二)修订政府预算表格

由于政府预算收支分类科目的修改和政府预算内容与管理的调整,在编制政府预算之前,需要对政府预算表格进行修订,包括一般预算收支简表、一般预算收支总表、一般预算支出明细表等。

四、本年度预算执行情况的预计和分析

1.根据报表资料,整理出预算已执行月份的收支实际执行数,并对各项收支执行情况,参照上年同期数据进行对比分析。

2.根据本年度预算已执行月份的实际情况,结合经济发展趋势分析预计本年度剩余未执行月份可能完成的收支数。注意分析后几个月有无新的重大的财政经济措施出台和各项影响预算收支变化的因素,如调整工资、价格和税率等。

3.把实际执行月份的收支数和剩余未执行月份的预计执行数汇总为本年度的预算收支的预计完成数,为编制下年度预算提供可靠的依据。注意分析检查年初预算安排的各项增收节支措施的落实情况,取得的实际效果如何。

五、拟定计划年度预算收支控制指标

财政部要根据国家的政治方针政策和社会经济发展状况,拟定计划年度政府预算收支控制指标。对中央本级,拟定收支控制指标;对地方,分配指导性的任务,作为各地区、各部门编制预算的依据。

拟定预算收支控制指标的依据:(1)本年预算收支预计完成数;(2)计划年度国民经济和社会发展计划控制数;(3)长期计划中有关的各项年度收支计划数;(4)各地区、各部门提出的计划年度预算收支的建议数;(5)影响下年度预算收支的有利和不利因素;(6)历年预算收支规律。

六、颁发编制政府预算草案的批示和具体规定

(1)编制预算年度政府预算的指导思想、方针及任务;

(2)主要政府预算收入和预算支出指标的具体编制要求;

(3)各级政府预算收支的划分范围变化和机动财力使用范围、原则和权限；

(4)政府预算编制的基本方法；

(5)政府预算报送程序、报送份数和报送期限。

第四节 政府预算收支测算的方法及应用

一、政府预算收支的测算步骤

政府预算收支的测算步骤分为匡算和具体测算两个步骤。

（一）匡算

匡算是采用"算大账"的办法，在报告年度预算执行的基础上，匡算出计划年度的收支规模，并初步制订出计划年度的预算收支平衡计划。

（二）具体测算

在匡算的基础上，根据有关的经济指标和预算定额，分别各部门、各单位，对各项预算收支指标逐项进行具体测算，以求得更为确实准确的预算收支指标数额。

二、政府预算收支测算的方法及应用

政府预算收支的具体测算方法包括传统预测方法和现代预测方法两大类。传统预测方法分为基数法、系数法、定额法、比例法和综合法五类。现代预测方法分为时间序列预测法、因果分析预测法和经济模型预测法三类。

（一）政府预算收支预测的传统方法

1.基数法

基数法可分为基数增长法和基数分析法两种。

（1）基数增长法

基数增长法是指在编制下一年度支出预算时，首先确定上年支出的基数，在上年支出基数的基础上同时考虑下一年度中各项支出的增长因素，由此来核定下一年度各项支出的数额。

基数增长法的测算公式为：

收支预算数＝基期收支执行数×（1＋增长比例）

基数增长法的特点有三个方面：

第一，基数增长法的编制基础是前期数据及结果，本期的预算额是根据前期的实绩调整确定的。

第二，基数增长法的重点是对新增业务进行分析预测，在前期基础上增加新业务预算。

第三，基数增长法主要以金额为依据，着重从货币的方面控制预算的增减配额。

基数增长法的优点是以以前年度的预决算数为基础来编制当年的预算，重视预算连续性,简便易行。

基数增长法的缺点是受人为因素影响较大,往往不能考虑预算单位的人员状况、经费标准、事业发展水平的变化情况,预算安排与实际的动态管理不能同步。承认既成事实,不考虑影响支出的因素是否发生变化,发生的变化是否合理。预算单位基数大的,经费的开支就相应宽松;基数小的,经费开支就相应紧张。

(2)基数分析法

基数分析法是以上年预算收支的执行数或预计执行数(以上年收支数额)为基础,考虑财经形势和政策变化对计划年度预算收支增减变动的影响因素及其影响程度,从而测算出计划年度预算收支数额。可能影响预算年度收支的各种因素主要包括:政策变化、社会物价水平变动、工资标准和单位人员增减变动、各项开支标准和机构变化等。

基本公式是:

$$\frac{计划年度某项预算}{收入(或支出)数} = \frac{该项预算收入}{(或支出)数} \pm \frac{各种增减因素对收入}{(或支出)的影响}$$

【例 4-1】某地区上年度工商税收收入完成 40 亿元,计划年度由于税率调整将使税收收入减少 3 亿元,因计划年度商品销售收入增长将增加税收 6 亿元。试测算计划年度工商税收收入预算数。

计划年度工商税收收入预算数＝40－3＋6＝43(亿元)

【例 4-2】某地区上年的教育支出为 1 200 万元,计划年度由于高校扩招原因,研究生增加了 100 人,本科生增加了 200 人。按照财政部门的要求,每名学生的财政综合定额为:研究生 10 000 元/年,本科生 7 000 元/年。另外,由于工资调整,计划年度需多支出工资 20 万元。试测算计划年度该地区的教育支出。

教育支出＝上年基数±各种增减因素
　　　　＝1 200＋1×100＋0.7×200＋20
　　　　＝1 460(万元)

基数分析法是财政部门测算预算收支指标时最常用的方法之一。其优点是计算简便、容易操作,对计划年度预算收支的预测,考虑了事业发展和经济建设的延续性,适合预算规模不大、信息不足的情况。缺点是基数分析法离不开基数,承认既成事实,可通过错误的累积效应将历年的不合理因素放大,形成能升不能降的增量预算,造成单位苦乐不均,也使预算规模失控。

2.系数法

系数法是利用两项不同性质而又有内在联系的数值之间的比例关系(即系数),根据其中一项已知数值,求得另一项指标数值的方法。在测算政府预算收支时,一般都是根据计划年度的有关经济指标来测算计划年度预算收支指标。

系数法可分为绝对数系数法和相对系数法两种类型。

(1)绝对数系数法

绝对数系数法是利用两个绝对数指标之比,即绝对数系数来测算预算收支的方法。

其测算步骤如下：

第一步，求出系数，公式为：

$$系数=\frac{某期预算收支数}{同期社会经济指标数}$$

第一步，计算预算收支指标，公式为：

$$预算年度预算收支数=预算年度社会经济指标数×系数$$

【例 4-3】某部门报告年度缴纳税收收入 100 万元，其工业总产值为 1 000 万元，计划年度工业总产值为 1 200 万元。试测算该部门计划年度缴纳税收收入数。

$$系数=100÷1 000=0.1$$
$$计划年度缴纳税收收入数=1 200×0.1=120（万元）$$

（2）相对系数法

相对系数法又称为增长速度系数法，是利用两项指标的增长速度之比，即增长速度系数来测算预算收支的方法。

其测算步骤如下：

第一步，求出系数，其公式为：

$$系数=\frac{某期预算收支数增长速度}{同期社会经济指标数增长速度}$$

第二步，测算计划年度预算收支的增长速度，其公式为：

$$计划年度预算收入或支出的增长速度=计划年度有关经济事业增长速度×系数$$

第三步，测算计划年度预算收支数额，其公式为：

$$计划年度预算收入或支出数额=报告年度预算收入或支出数×\left(1+计划年度预算收入或支出的增长速度\right)$$

3. 比例法

比例法是利用局部占全部的比例关系，根据其中一项已知数值，计算另一项数值的一种方法。一般是利用预算单项收支占收支总额的比例关系，根据预算单项收支测算预算收支总额，也可以根据预算收支总额测算预算单项收支数额。其测算步骤如下：

第一步，测算报告年度某项预算收支占预算收支总额的比例，其公式为：

$$比例=\frac{某期某项预算收支数}{同期预算收支总额}$$

第二步，测算计划年度某项预算收支数额，其公式为：

$$计划年度某项预算收入或支出数额=计划年度预算收入或支出总额×某项收入或支出占预算收入或支出总额的比例$$

或：

$$计划年度预算收入或支出总额=\frac{计划年度某项预算收入或支出数}{该项预算收入或支出数占预算收入或预算支出总额的比例}$$

【例 4-4】某市 2012 年预算总支出 11 亿元,同期社会保障支出为 9 000 万元,预计 2013 年预算总支出为 12 亿元。试测算 2013 年社会保障支出额。

第一步,求出社会保障支出占预算总支出的比例,这个比例＝9 000÷110 000＝0.082;

第二步,2013 年度社会保障预算支出额＝12×0.082＝0.98(亿元)。

4.定额法

定额法是利用预算定额和有关经济、事业指标来测算预算收支的方法。预算定额是根据历年统计资料和长期的实践确定的,用来测算某些预算收支项目时采用的经济指标额度。有的预算定额是国家统一制定的,有的则是在实践中形成的。

根据有关经济、事业计划指标和有关预算定额,便可测算出计划年度有关项目预算收入或支出数额。其计算公式为:

计划年度预算收入或支出数＝计划年度有关经济事业发展指标×预算定额

定额法又可分为单项定额法和综合定额法。单项定额法是依据经济事业发展指标计算出有关基本数字,再根据各单项定额,分别计算出各具体项目的收支数,然后进行汇总。其计算公式是:

计划单项预算收(支)数＝单项定额×基本数字

综合定额法是采用综合定额,即各单项收支加权计算得出的定额值,再与基本数字相乘测算预算收支的方法。其计算公式是:

计划年度预算收(支)数＝综合定额×基本数字

我国对文教事业单位经费的测算,采用的便是综合定额法,适当增减专项补助。

【例 4-5】某计划年度某高校学生人数为 2 万人,财政部门核定的每个学生的综合定额为 4 000 元,基建专项补助为 2 000 万元,测算财政部门对该校预算支出数。

根据综合定额计算公式:

预算支出数＝2×4 000＋2 000＝10 000(万元)

5.综合法

综合法是综合运用系数法和基数法测算预算收支的一种方法。这种方法是在报告年度预算执行的基础上,既使用系数法计算经济、事业增长因素对预算收支的影响,又考虑影响预算收支的其他各种因素,进行综合分析测算,使其计算结果更为准确。其计算公式为:

计划年度预算收入或支出数＝计划年度有关经济、事业指标×系数±各种增减因素

或:

$$\text{计划年度预算收入或支出数} = \text{报告年度预算收入或支出数} \times \left(1 \pm \text{计划年度预算收支增长速度}\right) \pm \text{各种增减因素}$$

如,运用综合法可测算个人所得税收入。其计算公式是:

$$\text{计划年度个人所得税收入额} = \text{上年收入预计完成额} \times \left(1 + \text{计划年度个人所得税收入增长率}\right) \pm \text{调整因素}$$

【例 4-6】计划年度工业总产值的增长速度为 10％,据历史资料计算,工业总产值每增长 1％,预算收入可增长 0.7％。报告年度预算收入为 7 000 亿元,计划年度因调整税率将会减少预算收入 8 亿元,调整部分商品价格可增加预算收入 30 亿元。试测算计划年度预算收入指标。

设计划年度预算收入数为 R,则:

$$R = 7\ 000 \times (1+0.7\% \div 1\% \times 10\%) - 8 + 30$$
$$= 7\ 512(亿元)$$

（二）政府预算收支预测的现代方法

政府预算收支预测的现代方法需要具备两个前提条件:一是拥有丰富的数据资料,二是假定过去的状态和趋势继续保持。主要有时间序列预测法、因果分析预测法和经济模型预测法三种。

1.时间序列预测法

时间序列预测法就是收集需要估计的变量过去的数据,通过编制和分析时间序列,根据时间序列所反映出来的发展过程、方向和趋势,进行类推或延伸,借以预测下一段时间或以后若干年内可能达到的预算收支水平。其内容包括:收集与整理政府预算收支的历史资料;对这些资料进行检查鉴别,排成数列;分析时间数列,从中寻找政府预算收支随时间变化而变化的规律,得出一定的模式;以此模式去预测政府预算收支将来的变化情况。

时间序列方法具体可分为移动平均法、指数平滑法和适应滤波法等。这里主要介绍移动平均法在政府预算收支测算中的应用。

移动平均法是用一组最近的政府预算收支实际数据值来预测未来一期或几期内政府预算收支的一种常用方法。移动平均法适用于即期预测。当政府预算收支不快速增长也不快速下降,且不存在季节性因素时,移动平均法能有效地消除预测中的随机波动,是非常有用的。

移动平均法是一种简单平滑预测技术,它的基本思想是:根据时间序列资料、逐项推移,依次计算包含一定项数的序时平均值,以反映政府预算收支长期趋势。因此,当时间序列的数值由于受周期变动和随机波动的影响,起伏较大,不易显示出事件的发展趋势时,使用移动平均法可以消除这些因素的影响,显示出事件的发展方向与趋势（即趋势线）,然后依趋势线分析预测序列的长期趋势。

移动平均法根据预测时使用的各元素的权重不同,可以分为简单移动平均和加权移动平均。

（1）简单移动平均法

简单移动平均法就是相继移动计算若干时期的算术平均数作为下期预测值。

简单移动平均的各元素的权重都相等。简单的移动平均的计算公式如下:

$$F_t = A_{(t-1)} + A_{(t-2)} + A_{(t-3)} + \cdots + A_{(t-n)}$$

式中:

F_t 表示预测期的政府预算收支预测值;

n 表示移动平均的时期个数;

$A_{(t-1)}$ 表示预测期前一期的实际值;

$A_{(t-2)}$,$A_{(t-3)}$ 和 $A_{(t-n)}$ 分别表示预测期前两期、预测期前三期直至前 n 期的实际值。

【例 4-7】某地区财政收入如表 4-1 所示,选择移动期数 $n=3$,用一次简单移动平均法预测 2011 年的财政收入。

表 4-1　某地区 2004—2011 年的财政收入

单位:亿元

年份	财政收入实际值	一次移动平均数
2004	984	
2005	1 022	
2006	1 040	
2007	1 020	1 015
2008	1 032	1 027
2009	1 015	1 031
2010	1 010	1 022
2011		1 019

解:

$$F_{2011} = \frac{A_{2010} + A_{2009} + A_{2008}}{3} = \frac{1\,019 + 1\,015 + 1\,032}{3} = 1\,019(亿元)$$

即采用一次简单移动平均预测的 2011 年该地区的财政收入为 1 019 亿元。

(2)加权移动平均法

加权移动平均法就是将简单移动平均数进行加权计算。在确定权数时,应遵循"近大远小"的原则,即近期观察值的权数应该大些,远期观察值的权数应该小些。

加权移动平均给固定跨越期限内的每个变量值以不同的权重。其原理是:历史各期政府预算收支的数据信息对预测未来期内政府预算收支的作用是不一样的。除了以 n 为周期的周期性变化外,远离目标期的变量值的影响力相对较低,故应给予较低的权重。

加权移动平均法的计算公式如下:

$$F_t = W_1 A_{(t-1)} + W_2 A_{(t-2)} + W_3 A_{(t-3)} + \cdots + W_n A_{(t-n)}$$

式中,F_t 表示预测期 t 的政府预算收支预测值;W_1 表示第 $t-1$ 期实际政府预算收支的权重;W_2 表示第 $t-2$ 期实际政府预算收支的权重;W_n 表示第 $t-n$ 期实际政府预算收支的权重;n 表示预测的时期数,并有 $W_1 + W_2 + \cdots + W_n = 1$;$A_{(t-1)}$ 表示第 $t-1$ 期实际政府预算收支数;$A_{(t-2)}$ 表示第 $t-2$ 期实际政府预算收支数;$A_{(t-n)}$ 表示第 $t-n$ 期实际政府预算收支数。

在运用加权平均法时,权重的选择是一个应该注意的问题。经验法和试算法是选择权重的最简单的方法。一般而言,最近期的数据最能预示未来的情况,因而权重应大些。例如,根据前一个季度的政府预算收支比起根据前几个季度的政府预算收支能更好地估测下个季度的政府预算收支。但是,如果数据是季节性的,则权重也应是季节性的。

【**例 4-8**】某地区财政收入如表 4-2 所示,选择移动期数 $n=3$,权重 $W_1=0.50,W_2=0.35,W_3=0.15$。试用一次加权移动平均法预测 2011 年的财政收入。

表 4-2 某地区 2004—2011 年的财政收入

单位:亿元

年份	财政收入实际值	一次移动平均数
2004	984	
2005	1 022	
2006	1 040	
2007	1 020	1 025.3
2008	1 032	1 027.3
2009	1 015	1 029
2010	1 010	1 021.7
2011		1 015.05

解:

$$F_{2011}=W_1 A_{2010}+W_2 A_{2009}+W_3 A_{2008}=1\,010\times0.5+1\,015\times0.35+1\,032\times0.15=1\,015.05(亿元)$$

即采用一次加权移动平均预测的 2011 年该地区的财政收入为 1 015.05 亿元。

移动平均法的优点是能平滑掉需求的突然波动对预测结果的影响。其缺点是:加大移动平均法的期数(即加大 n 值)会使平滑波动效果更好,但会使预测值对数据实际变动更不敏感;移动平均值并不能总是很好地反映出趋势,由于是平均值,预测值总是停留在过去的水平上而无法预计会导致将来更高或更低的波动;移动平均法要由大量的过去数据的记录。

2.因果分析预测法

因果分析预测法运用统计联系方法,依据自变量与因变量之间的函数关系,由一些变量的数值来推测另一因变量的数值。这种联系可能是前因后果,也可能是同步联系,或者是另外一种未经查明的变量发挥因果联系作用的结果。揭示这种因果联系,用得最多的方法是回归预测法。因果分析法又包括一元线性回归预测法、一元非线性回归预测法、多元线性回归预测法和多元非线性回归预测法。这里主要介绍一元线性回归预测法。

一元线性回归预测是指成对的两个变量数据的散点图呈现出直线趋势时,采用最小二乘法,找到两者之间的经验公式,即一元线性回归预测模型。根据自变量的变化,来估计因变量变化的预测方法。

实质上,虽然一个变量(称为因变量)受许多因素(称为自变量)的影响,但只有一个起重要的、关键性作用。这时若因变量与自变量在平面坐标系上标出,就可得出一系列点,若点的分布呈现出直线型模式,就可采用一元线性回归预测。两个变量在平面坐标系上所构成点的分布统称为散点图。

一元线性回归预测的基本思想是确定直线的方法是最小二乘法,而最小二乘法的基本思想是最有代表性的直线应该是直线到各点的距离最近,然后用这条直线进行预测。

一元线性回归预测法的基本步骤:

第一步,选取一元线性回归模型的变量。

第二步,绘制计算表和拟合散点图。

第三步,计算变量间的回归系数及其相关的显著性。

第四步,模型的检验。包括经济意义检验,即根据模型中各个参数的政府预算含义,分析各参数的值是否与分析对象的政府预算含义相符;回归标准差检验;拟合优度检验;回归系数的显著性检验。

第五步,回归分析结果的应用。

一元线性回归分析预测法,是根据自变量 x 和因变量 y 的相关关系,建立 x 与 y 的线性回归方程进行预测的方法。由于政府预算现象一般受多种因素的影响,而并不是仅仅受一个因素的影响,所以应用一元线性回归分析预测法,必须对政府预算现象的多种因素做全面分析。只有当诸多的影响因素中,确实存在一个对因变量影响作用明显高于其他因素的变量时,才能将它作为自变量,应用一元相关回归分析预测法进行政府预算收支预测。

一元线性回归分析法的线性方程为:$y_t = a + bx_t$,其中:x_t 代表 t 期自变量的值;a、b 代表一元线性回归方程的参数,并由下列公式求得。

$$a = \overline{y} - b\overline{x}$$

$$b = \frac{n\sum xy - \sum x \sum y}{n\sum x^2 - (\sum x)^2}$$

将 a、b 代入一元线性回归方程 $y_t = a + bx_t$,就可以建立预测模型,那么,只要给定 x_t 值,即可求出预测值 y_t。

在回归分析预测法中,需要计算相关系数 r,以对 x、y 之间相关程度作出判断。相关系数 r 的特征有:①相关系数取值范围为:$-1 \leqslant r \leqslant 1$。②$r$ 与 b 符号相同。当 $r > 0$,称正线性相关;当 $r < 0$,称负线性相关。③$|r| = 0$,x 与 y 无线性相关关系,但并不排斥存在其他关系;$|r| = 1$,x 与 y 为完全确定的线性相关关系;$0 < |r| < 1$,x 与 y 存在一定的线性相关关系。

利用回归预测模型进行预测,可以分为点预测法和置信区间预测法。

点预测法是指将自变量取值代入回归预测模型求出因变量的预测值。置信区间预测法是指估计一个范围,并确定该范围出现的概率。置信区间的大小的影响因素包括因变量估计值、回归标准差、概率度 t。

3.经济模型预测法

经济模型预测法也称计量经济模型预测法,是目前经济预测领域中的一种主要方法。所谓计量经济模型,就是表示经济现象及其主要因素之间数量关系的方程式。经济现象之间的关系大多属于相关或函数关系,建立计量经济模型并进行运算,就可以探寻经济变量间的关系,分析影响经济变量间关系的各种因素。计量经济模型主要有经济变量、参数以及随机误差三大要素。经济变量是反映经济变动情况的量,分为自变量和因变量。而计量经济模型中的变量则可分为内生变量和外生变量两种。内生变量是指由模型本身加以说明的变量,它们是模型方程式中的未知数,其数值可由方程式求解获得;外生变量则是指不能由模型本身加以说明的量,它们是方程式中的已知数,其数值不是由模型本身的方程式算得的,而是由模型以外的因素产生的。计量经济模型的第二大要素是参数。参数是用以求出其他变量的常数。参数一般反映出事物之间相对稳定的比例关系。在分析某种自变量的变动引起因变量的数值变化时,通常假定其他自变量保持不变,这种不变的自变量就是所说的参数。计量经济模型的第三个要素是随机误差。这是指那些很难预知的随机产生的差错,以及经济资料在统计、整理和综合过程中所出现的差错。可正可负,或大或小,最终正负误差可以抵消,因而通常忽略不计。为政府预算收支而进行宏观经济分析,主要应运用宏观计量经济模型。所谓宏观计量经济模型是指在宏观总量水平上把握和反映政府预算收支的较全面的动态特征,研究宏观经济主要指标间的相互依存关系。在运用计量经济模型进行政府预算收支预测时,除了要充分发挥模型的独特优势,挖掘其潜力为我所用之外,还要注意模型的潜在变量被忽略、变量的滞后长度难确定以及引入非经济方面的变量过多等问题,以充分发挥这一分析方法的优越性。

第五节 政府预算主要收入测算

一、政府预算主要收入的测算

(一)各项税收收入的测算

1.增值税收入测算

在增值税收入测算工作中,通常根据国民经济和社会发展计划的有关指标以及国民经济的发展趋势、税收统计资料,采用多种预测方法测算,但常用的有基数增长法、产量定额法、产值定率法。

(1)基数增长法。是以上年实际增值税收入为基数,考虑近几年增值税收入增长趋势,测算计划年度增值税收入的方法。

其计算公式如下:

计划期增值税计划额=基期增值税收入额×(1+增长幅度)±特殊因素预算收入数

计划期增值税增长率=计划期 GDP 增长率×增值税弹性系数

$$增值税弹性系数=\frac{一定时期增值税收入增长率}{一定时期 GDP 增长率}$$

【例 4-9】某地区 2007—2012 年 GDP 平均增长 12%,增值税收入平均增长 10%,2012年工业增值税收入完成 150 亿元,2013 年该地区安排工业增加值计划增长 10%。试计算2013 年该地区增值税预计收入。

解:

$$增值税弹性系数 = \frac{10\%}{12\%} = 0.83$$

2013 年增值税计划增长率 $= 10\% \times 0.83 = 8.3\%$

2013 年增值税预计收入 $= 150 \times (1 + 8.3\%) = 162.45$（亿元）

（2）产量定额法。指对计划年度设有产量指标的主要产品,可划分产品品种,按计划课税数量和上年单位税额直接计算计划年度增值税收入的方法。

其计算公式如下：

计划年度增值税收入 = 计划年度课税数量 × 上年实际单位税额

计划年度课税数量 = 计划年度产量 × 上年实际课税率

$$上年实际课税率 = \frac{上年课税数量}{上年实际产量} \times 100\%$$

$$上年实际单位税额 = \frac{上年实际税额}{上年实际课税数量}$$

【例 4-10】某部门上年度产量 2 000 万吨,根据税务部门统计资料,该部门上年度的课税数量为 1 500 万吨,税额为 6 000 万元,计划年度计划产量为 3 000 万吨。试测算该部门计划年度增值税收入。

解：

$$上年实际单位税额 = \frac{上年实际税额}{上年实际课税数量} = \frac{6\ 000}{1\ 500} = 4（元/吨）$$

$$上年实际课税率 = \frac{上年课税数量}{上年实际产量} \times 100\% = \frac{1\ 500}{2\ 000} \times 100\% = 75\%$$

计划年度课税数量 = 计划年度产量 × 上年实际课税率 $= 3\ 000 \times 75\% = 2\ 250$（万吨）

计划年度增值税收入 = 计划年度课税数量 × 上年实际单位税额 $= 2\ 250 \times 4 = 9\ 000$（万元）

（3）产值定率法。指对计划年度没有产量指标但有产值指标的主要产品,可按产值税率计算计划年度增值税收入的方法。

其计算公式如下：

计划年度增值税收入 = 计划年度产值 × 上年实际产值增值税税率

$$上年实际产值增值税税率 = \frac{上年实际增值税额}{上年实际产值}$$

【例 4-11】根据统计,某部门上年度产值为 6 000 万元,缴纳增值税 1 200 万元。计划年度预计产值 7 000 万元。试测算计划年度增值税收入。

解：

$$上年实际产值增值税税率 = \frac{上年实际增值税额}{上年实际产值} = \frac{1\ 200}{6\ 000} = 20\%$$

计划年度增值税收入 = 计划年度产值 × 上年实际产值增值税税率 $= 7\ 000 \times 20\% = 1\ 400$（万元）

2.消费税收入的测算

在消费税收入测算工作中,通常根据国民经济和社会发展计划的有关指标以及国民经济的发展趋势、税收统计资料,采用多种预测方法测算,但常用的有基数增长法、定额法和系数法。

(1)基数增长法。分两种：

a. 从价计征消费品的消费税收入测算。其计算公式为：

计划期消费税收入＝基期课税数量×(1＋增长率)×计税单价×消费税税率

【例 4-12】某卷烟厂 2012 年销售甲类卷烟 7 万大箱,每箱子计税价格 9 000 元。2013 年甲类卷烟销售量预计增长 18％。试测算该企业 2013 年甲类卷烟(假定税率为 50％)消费税税额。

解：

2013 年甲类卷烟消费税税额＝7×(1＋18％)×9 000×50％＝37 170(万元)

b. 从量计征消费品的消费税测算。其计算公式为：

计划期消费税收＝基期课税数量×(1＋增长率)×单位税额

【例 4-13】某石化企业 2012 年生产销售汽油 100 万吨,柴油 80 万吨,预计 2013 年销售量增长 10％。省税务机关 2012 年共征收汽油、柴油消费税 37 168 万元,汽油消费税单位税额 1 元/升,柴油消费税单位税额 0.8 元/升;汽油每吨＝1 388 升,柴油每吨＝1 176 升。试测算该企业 2013 年计划应纳消费税税额。

解：

汽油应纳税额＝100×(1＋10％)×1 388×1＝152 680(万元)

柴油应纳税额＝80×(1＋10％)×1 176×0.8＝82 790.4(万元)

计划期应纳税额＝152 680＋82 790.4＝235 470.4(万元)

(2)定额法。定额法是根据计划年度课税数量和上年度单位税额计算计划年度消费税收入的一种方法。其计算公式为：

计划年度消费税收入＝计划年度课税数量×上年度单位税额

$$上年度单位税额＝\frac{上年度实际消费税税额}{上年度课税数量}$$

【例 4-14】某卷烟厂 2012 年实际销售甲类卷烟 10 万大箱,实际缴纳消费税税额 42 000万元,2013 年计划销售甲类卷烟 12 万大箱。试测算该企业 2013 年甲类卷烟消费税税额。

解：

$$2012 年度单位税额＝\frac{2012 年度实际消费税税额}{2012 年度课税数量}＝\frac{42\ 000}{10}＝4\ 200(元/箱)$$

2013 年度消费税收入＝2013 年度课税数量×2012 年度单位税额＝12×4 200＝50 400(万元)

(3)系数法。系数法是根据上年度的产值和税额计算出系数,在已知计划年度产值的前提下,计算出计划年度消费税收入的一种方法。其计算公式为：

计划年度消费税收入＝计划年度产值×系数

$$系数＝\frac{上年度实际消费税税额}{上年度实际总产值}$$

【例4-15】某酿酒企业2012年白酒产值6 000万元,实际缴纳消费税税额1 200万元,2013年计划白酒产值8 000万元。试测算该企业2013年白酒消费税税额。

解:

$$系数=\frac{上年度实际消费税税额}{上年度实际总产值}=\frac{1\,200}{6\,000}=0.2$$

2013年度消费税税额=计划年度产值×系数=8 000×0.2=1 600(万元)

3.营业税收入测算

一般纳税人计算营业税的方法往往是不同行业采用不同税率。财政部门测算计划年度消费税收入,一般根据国民经济的增长情况和国家有关方针政策,采用基数增长法和平均税率测算营业税。

(1)基数增长法。其计算公式为:

计划期营业税收入=基期营业税收入×(1+计划期营业税增长率)

计划期营业税增长率=计划期GDP增长率×营业税弹性系数

$$营业税弹性系数=\frac{一定时期营业税收入增长率}{一定时期GDP增长率}$$

【例4-16】某地区2012年营业税收入50亿元,2008—2012年营业税收入增长率40%,第三产业增加值增长50%,2013年该地区第三产业增加值计划增长15%。试测算2013年该地区的营业税收入。

解:

$$营业税弹性系数=\frac{一定时期营业税收入增长率}{一定时期GDP增长率}=\frac{40\%}{50\%}=0.8$$

2013年该地区计划营业税收入=50×(1+15%×0.8)=56(亿元)

(2)平均税率。其计算公式为:

计划年度营业税收入=计划年度营业额×平均税率

$$平均税率=\frac{上年度营业税收入}{上年度实际营业额}$$

【例4-17】某地区金融行业2012年营业税收入20亿元,实际营业额400亿元,2013年该地区计划480亿元。试测算2013年该地区的金融行业营业税收入。

解:

$$平均税率=\frac{上年度营业税收入}{上年度实际营业额}=\frac{20}{400}=5\%$$

2013年该地区金融行业计划营业税收入=480×5%=24(亿元)

4.企业所得税收入的测算

我国企业所得税收入的测算采用较多的是基数增长法。

利用基数增长法测算企业所得税时,有以下两种方式:

(1)用GDP增长率作为测算企业所得税收入弹性系数的对比基础,因为GDP的资料比较容易取得,这种方法适用于测算全国或某一个地区的企业所得税收入。其计算公式为:

计划期企业所得税收入＝上年企业所得税收入基数×（1＋增长幅度等特殊因素）

企业所得税收入计划增长率＝计划期 GDP 增长率×企业所得税收入弹性系数

$$企业所得税收入弹性系数＝\frac{一定时期企业所得税收入增长率}{一定时期 GDP 增长率}$$

【例 4-18】某地区 2008—2012 年 GDP 平均增长 12%，企业所得税平均增长 8%。2012 年企业所得税预计完成 70 亿元，2013 年该地区安排 GDP 增长 11%。试测算 2013 年该地区企业所得税收入。

解：

$$企业所得税弹性系数＝\frac{8\%}{12\%}＝0.67$$

2013 年企业所得税计划增长率＝11%×0.67＝7.4%

2013 年企业所得税收入＝70×（1＋7.4%）＝75.18（亿元）

（2）根据产值、利润额、销售收入和销售收入利润率来测算企业所得税收入。这种方法比较适用于基层，特别是对企业下达所得税收入计划指标，其准确程度更高。其计算公式为：

预计所得税收入＝上年产值×（1＋计划期产值增长率）×产值利润率×企业所得税率

【例 4-19】某县 2012 年工业企业总产值 240 亿元，产值利润率为 16%，企业所得税平均税率 12%，2013 年工业企业总产值预计增长 20%。试测算 2013 年该县企业所得税收入。

解：

2013 年该县预计企业所得税收入＝上年产值×（1＋计划期产值增长率）×产值利润率×企业所得税率

＝240×（1＋20%）×16%×12%＝5.5296（亿元）

【例 4-20】某部门测算计划年度利润额为 17 000 万元，上年度实际利润额为 12 000 万元，根据税收统计资料，上年度该部门企业的应纳税所得额为 11 400 万元，所得税收入为 2 420 万元。试测算该部门计划年度企业所得税收入。

解：

$$上年实际课税率＝\frac{上年应纳税所得额}{上年利润}×100\%＝\frac{11\ 400}{12\ 000}×100\%＝95\%$$

$$上年平均税率＝\frac{上年所得税}{上年应纳税所得额}×100\%＝\frac{2\ 420}{11\ 400}×100\%＝21.23\%$$

该部门计划年度企业所得税收入＝计划年度利润额×上年实际课税率×上年平均税率

＝17 000×95%×21.23%

＝3 428.645（万元）

5.个人所得税收入的测算

个人所得税收入是国家对本国公民、居住在本国境内的个人的所得和境外个人来源于本国的所得征收的一种所得税。课税对象包括工资、薪金所得；个体工商户的生产、经营所得；对企事业单位的承包经营、承租经营所得；劳务报酬所得，稿酬所得，特许权使用费所得等。不同项目所得的税率不同。

在实际工作中,财政部门测算计划年度个人所得税收入,一般采用基数法或系数法。即以上年个人所得税收入为基数,考虑计划年度经济发展和国民收入增长情况,加以调整确定。或者以上年个人所得税收入为基数,根据计划年度经济发展和历年收入增长情况,确定一个增长率,采用系数法测算计划年度个人所得税收入。其计算公式分别为:

计划年度个人所得税收入=上年个人所得税收入±计划年度影响因素

计划年度个人所得税收入=上年个人所得税收入×(1+计划年度个人所得税收入增长率)

【例 4-21】某地区的统计数据表明,2008—2012 年 GDP 平均增长 12%,个人所得税平均增长 10%。2012 年个人所得税收入预计完成 10 亿元,2013 年该地区计划 GDP 增长 12%。试测算 2013 年该地区个人所得税收入。

解:

$$个人所得税收入弹性系数=\frac{一定时期个人所得税收入增长率}{一定时期\ GDP\ 增长率}=\frac{10\%}{12\%}=0.83$$

$$
\begin{aligned}
2013\ 年度个人所得税收入 &=上年个人所得税收入×(1+计划年度个人所得税收入增长率)\\
&=10×(1+GDP\ 增长率×个人所得税收入弹性系数)\\
&=10×(1+12\%×0.83)\\
&=10.996(亿元)
\end{aligned}
$$

6.资源税收入的测算

资源税收入的测算一般采用系数法,即以上年资源税收入与资源产品销售收入为系数。一般采用以下公式:

$$计划年度资源税收入=\frac{上年资源税收入}{上年资源产品销售收入}×计划年度资源产品销售收入$$

【例 4-22】某部门计划年度石油的销售收入为 240 000 万元,该产品上年实际销售收入218 000 万元,实际征收的资源税为 17 440 万元。试测算该部门计划年度的资源税收入。

$$计划年度资源税收入=\frac{17\ 440}{218\ 000}×240\ 000=19\ 200(万元)$$

(二)债务收入的测算

债务收入是政府通过借贷的方式,发行公债从国内外取得的预算收入。它是财政收入的一种补充形式,通常包括国内债务收入和国外债务收入。国内债务收入是指国家通过在国内借款或发行的各种政府债券所获得的收入;国外债务收入是指国家向外国政府或金融机构组织的借款收入、在国外发行的债券收入,以及各种官方或非官方的借款收入。

1.国内债务收入的测算

测算计划年度国内债务收入主要应考虑以下影响因素:(1)计划年度政府预算对债务收入的需求量,即正常的预算收入小于预算支出的差额;(2)政府计划年度发行债务的计划;(3)居民承受债务的能力;(4)发行债务的条件,包括利率、期限、价格、发行方式等;(5)当年债务还本付息额。

一般来说,计划年度国内债务收入规模常按以下公式测算:

计划年度国内债务收入＝中央财政赤字＋中央财政到期需偿还的国内债务本息

【例 4-23】某计划年度中央财政计划赤字为 1 200 亿元,中央财政到期需偿还的国内债务本息为 300 亿元,计划采用发行国内政府债券形式筹集。试测算计划年度国内债务收入。

计划年度国内债务收入＝1 200＋300＝1 500(亿元)

2.国外债务收入的测算

测算计划年度国外债务收入主要应考虑政府使用外债的计划,以及人民币与外汇的比价,即汇率。因为外债在预算表中是以人民币为计量单位的。其计算公式为:

$$\text{计划年度国外债务收入}=[\text{计划借入外债额(外汇)}+\text{中央财政到期需偿还的国外债务本息}]\times\text{汇率}$$

计划年度债务收入＝计划年度国内债务收入＋计划年度国外债务收入

【例 4-24】某计划年度中央财政计划借入外债额 100 亿美元,中央财政到期需偿还的国外债务本息为 60 亿美元,假设美元对人民币汇率为 1：6.40。试测算计划年度国外债务收入。

解:

计划年度国外债务收入＝(100＋60)×6.40＝1 024(亿元)

第六节 政府预算一般支出的测算

一般预算支出是用于人大、政协、政府、党团群等机关团体以及事业单位等的基本公共管理与服务、事业方面的支出。按支出的经济性质分类,可分为基本支出和项目支出。

一、基本支出的测算

基本支出是一般公共服务支出的重要内容,是公共管理部门维持日常运转的基本需要。基本支出又包括工资福利支出、商品服务支出和对个人和家庭补助支出。

基本支出预算的影响因素主要包括人员编制数和主要开支内容及其标准。主要开支内容及其标准都有具体规定。其中主要影响因素为:工资、补贴标准及其调整情况;邮电、交通等开支标准及其变化情况;设备购置费、修缮费开支标准及其变化情况。

基本支出一般采用定额法测算。基本支出各项内容所规定的测算标准,包括人员经费定额和公用经费定额。人员经费定额是测算工资福利支出和对个人和家庭补助支出的主要依据,公用经费定额是测算商品服务支出的主要依据。具体测算是根据国家规定的机构、人员编制、费用开支标准和各项预算开支定额,并参考报告年度的执行情况,再结合计划年度的业务计划和政府机构改革要求来测算。定额法又可以分为单项定额测算法和综合定额测算法。其公式分别为:

基本支出＝基本数字×单项定额

基本支出＝基本数字×综合定额

【例 4-25】某县 2013 年县委办、县政府办、县人大、县政、组织部等一类单位经费支出预算定额如表 4-3。2013 年县委组织部定编 30 人,在编 30 人。试采用单项定额测算法测算 2013 年该县县委组织部的公用经费支出预算。

表 4-3　某县 2013 年一类单位公用经费支出预算定额表

单位:元/人

人均定额公用经费	其中								
	办公费	印刷费	邮电费	水电费	维修费	差旅费	会议费	培训费	办公设备购置费
10 200	2 200	200	2 600	1 400	700	1 500	1 000	200	400

解:

2013 年该县县委组织部公用经费支出＝30×10 200＝306 000(元)

其中:办公费＝30×2 200＝66 000(元)

印刷费＝30×200＝6 000(元)

邮电费＝30×2 600＝78 000(元)

水电费＝30×1 400＝42 000(元)

维修费＝30×700＝21 000(元)

差旅费＝30×1 500＝45 000(元)

会议费＝30×1 000＝30 000(元)

培训费＝30×200＝6 000(元)

办公设备购置费＝30×400＝12 000(元)

【例 4-26】某县 2013 年各类学校教育经费支出预算采用生均综合定额核定,综合定额如表 4-4。2013 年该县大成初级中学有在校学生 1 000 人。核定教师编制 55 人,在岗教师 55 人,其中有高级教师岗位六级,薪级 30 级为 5 人;中级教师岗位八级,薪级 16 级为 22 人;初级教师岗位十一级,薪级 9 级为 18 人;员级教师岗位十三级,薪级 3 级为 10 人。教师工资定额标准见表 4-5。试采用分项定额和综合定额测算法测算 2013 年该县大成初级中学人员经费和公用教育经费支出预算,并计算该校 2013 年的基本支出预算数。

表 4-4　中小学教师月工资标准表

单位:元

岗位工资			薪级工资									绩效工资	地方补贴
职称	岗位	工资标准	薪级	工资标准	薪级	工资标准	薪级	工资标准	薪级	工资标准		工资标准	工资标准
高级	六级	1 144	1	88	14	301	27	675	40	1 171		2 180	137
	七级	1 023	2	101	15	325	28	708	41	1 220			

续表

职称	岗位	工资标准	薪级	工资标准	薪级	工资标准	薪级	工资标准	薪级	工资标准	绩效工资 工资标准	地方补贴 工资标准
		岗位工资				薪级工资						
中级	八级	858	3	113	16	349	29	741	42	1 270	1 850	131
	九级	803	4	125	17	376	30	774	43	1 319		
	十级	748	5	138	18	402	31	809	44	1 369		
初级	十一级	682	6	151	19	431	32	844	45	1 418	1 400	127
	十二级	649'	7	167	20	459	33	879	46	1 468		
员级	十三级	605	8	182	21	488	34	918	47	1 523	1 400	127
			9	200	22	519	35	956	48	1 578		
			10	217	23	549	36	995	49	1 633		
			11	237	24	580	37	1039	50	1 688		
			12	257	25	611	38	1083	51	1 749		
			13	279	26	642	39	1127	52			

表 4-5 某县 2013 年各类学校教育公用经费支出预算综合定额表

单位:元/学生

高中	初中	小学	职专	特教
1 800	380	260	300	1 400

解:

第一步:测算 2013 年大成中学初级中学人员经费支出预算。

每位教师月人员经费支出预算＝岗位工资＋薪级工资＋绩效工资＋地方补贴

5 位高级教师月工资＝(1 144＋774＋2 180＋137)×5＝21 175(元)

22 位中级教师月工资＝(858＋349＋1 850＋131)×22＝70 136(元)

18 位初级教师月工资＝(682＋200＋1 400＋127)×18＝43 362(元)

10 位员级教师月工资＝(605＋113＋1 400＋127)×10＝22 450(元)

全校 55 位教师年工资＝(21 175＋70 136＋43 362＋22 450)×12＝1 885 476(元)

第二步:测算 2013 年大成中学初级中学公用经费支出预算。

2013 年大成中学初级中学公用经费支出预算＝1 000×380＝380 000(元)

第三步:测算 2013 年大成中学初级中学基本支出预算。

2013 年大成中学基本支出预算＝人员经费＋公用经费＝1 885 476＋380 000＝2 265 476(元)

二、项目支出的测算

项目支出包括行政事业类项目支出、基本建设项目支出和其他类项目支出。行政事业类项目支出主要指行政事业单位公用经费中的大型修缮、购置等专项支出,其预算按照行政事业单位预算年度的大型修缮、购置计划确定。基本建设项目支出是指按照国家关于基本建设管理的规定安排用于行政事业单位基本建设的项目。

基本建设拨款支出的测算公式如下:

基本建设拨款数＝基本建设投资额＋为以后年度储备资金－动员内部资源

为以后年度储备资金是指政府预算在计划年度拨给建设单位,用于为下年度储备物资所占用的资金。

动员内部资源是指年度终结之后,各地区、各部门都占有相当数量的库存材料、设备以及清理往来款项所收回的资金等,即"上年基建结余资金"。这部分资金虽已按"银行支出数"或拨款数向国家报销了,但其超储部分,应抵扣当年预算拨款。

测算基本建设拨款额要考虑基本建设投资额、为以后年度储备资金、动员内部资源和上年结余四个因素。为以后年度的储备额必须合理,既保证工程需要,又不因储备过多占用资金或造成损失。假设当年拨款额为 X,上述四个因素依次用 A、B、C、D 代表,有下面四种情况:

一是若当年投资,当年完工,则 $X=A$;

二是若当年投资,几年完工,则 $X=A+B$;

三是若续建工程,当年完工,则 $X=A-D$;

四是若续建工程,当年不能完成,则 $X=A-D+B$。

【例 4-27】某工程计划年度基建计划投资额 81 126 万元,动员内部资源 10 100 万元,为以后年度储备 10 200 万元。试计算计划年度基建拨款额。

解:

该工程属于续建工程,当年不能完工,则动员内部资源就是根据充分挖潜和加速资金周转的要求,把一切能够用到年度工程上的,上年结余的库存物力、设备和处理积压物资、往来资金等都充分动员出来,抵充当年的预算支出。故上述计算公式中 C 可由 D 来表示。

计划年度基建拨款额＝81 126－10 100＋10 200＝81 226(万元)

第七节　我国部门预算的编制

中国从 2000 年开始正式实行部门预算制度。部门预算制度是编制政府预算的一种制度和方法,由政府各个部门编制,反映政府各部门所有收入和支出情况。通俗地讲,部门预算制度就是一个部门一本预算。部门预算制度的实施,严格了预算管理,增加了政府预算的透明度,有利于提高预算管理效率。部门预算是部门依据国家有关政策规定及其行使职能的需要,由基础预算单位编制,逐级上报、审核、汇总,经财政部门审核后提交立法机关依法批准的涵盖部门各项收支的综合财政计划。经过充分的准备工作以后,便可以开始着手编制部门预算。实践中部门预算的编制是按照一定程序,通过计算机软件"部门预算管理系统"来完成的。

由于单位预算是部门预算的基础,为编制好部门预算必须编制好单位预算。事业单位预算是构成部门预算的内容。因此,我们首先介绍一下事业单位预算的编制。

一、事业单位预算的编制

单位预算是部门预算编制的基础,部门预算是财政预算编制的基础。现在,事业单位编制预算,必须按照部门预算的编制要求,对单位的所有收支活动,采取零基预算法进行编制。

（一）事业单位预算编制方法和程序

单位预算的编制采用零基预算法。零基预算的编制方法是:

要求各单位年初对本单位的所有的可供使用的资源,根据一定的科学、合理的方法(不考虑上年基数情况)进行计算,然后结合本年度人事部门审定的人员情况和各项工作任务合理配置资源,并对预算编制进行绩效考核。其具体做法是:

首先,摸清家底,对本单位所有可供使用的资源进行清理和计算,产生本年度的收入和可供使用的资源预算。

其次,对单位的本年度人员机构和所有提出的各项工作任务进行排队。然后,根据轻重缓急,确定本年度本单位必须做的几项工作,同时计算每项工作的实际成本,确定每项工作完成后所达到的最终效果。最后,核定每项工作所需经费,并且在预算编制和预算执行过程中要考核每项工作经费的使用效果和效率,也就是要采取一定的方法对预算执行过程中的资金使用情况实行追踪问效制度(就是根据总的工作计划中的每项活动所需的费用编制整个工作预算,既要考核资金使用的最终效果,又要考核为取得上述效果所开展的工作活动情况)。采取这种预算编制方法不是仅仅把人头经费、公用经费等具体化,而是要反映各项活动方面的实际费用的情况,而且要着重反映投入转变为产出的效率。

单位预算的编制程序是指编制好一套完整的预算须经过的整个过程。一般来讲,要经过"两上两下"的编制程序:一是由单位按照本部门的布置,根据本地区财力状况、宏观经济发展目标和本单位的工作需要,按照人员经费支出定额标准和公用经费定额标准,采取规定的预算编制方法,编制预算建议数,上报本部门;二是由本部门对单位的预算建议数审核后下达预算控制数;三是部门根据预算控制数编制本部门预算报送财政部门;四是财政部门根据人代会批准的预算下达部门预算。

（二）事业单位部门预算编制的具体步骤

第一步:建立预算编审班子。

根据新《会计法》的规定,单位的会计行为、财务行为,其行为主体是法人代表。因此,单位应建立以法人代表为主、由财会部门参加的预算编审班子。建立的预算编审班子要明确分工,严格规定各自的工作职责,以保证预算编制任务的完成。

预算编审班子要根据上年度的预算执行情况和本年度经济发展情况,综合考虑各方面的因素,制定本年度本单位的总体目标。

第二步:做好编制前的准备工作。

1.对各预算单位的各项财产物资进行全面清查登记,对债权债务进行认真核实,理清资金来源渠道和支出结构情况,在全面弄清"家底"的基础上做到账账相符、账实相符。

2.摸清各预算单位人员编制、实有人数和人员经费支出结构,对人员情况登记造册,并做好编制和人员情况的核对。

3.真实报告清产核资工作结果,对资产清查中发现的资产盘盈盘亏、资产损失等问题,按国家有关规定和清产核资政策,经申报和核实后进行账务处理。

4.针对暴露出的矛盾和问题,建立健全各项管理制度,堵塞各种管理漏洞,促进提高国有和集体资金的使用效益。

5.认真分析上年度收入和支出结构,把握本年度收入和支出中的有利与不利因素、增收节支的潜力。

在做好上面五项准备工作的同时,还要特别注意:

1.人员:各单位要严格按照人事部门核定的人员登记造册,本部门本单位无权增加或者减少人员。

2.人员经费:各单位要严格执行人事部门和劳动与社会保障部门核定的标准,本部门本单位无权增加或减少人员经费的开支标准。

3.临时工:应属于完成专项工作任务的临时用工,编制预算时不在人员经费中反映。

4.对上年收支的分析:应分析到最具体的收入单位和支出单位,分析到具体的收入项目、征收次数。

第三步:编制收入预算。

收入预算的编制,按如下程序进行(基金收入的预算可参照如下要求):

1.明确具体的收入项目、征收标准,确定具体的收入征收科室和责任人。

2.由具体征收科室和责任人根据上年度的收入情况和本年度的经济发展情况,按照规定的要求,编制出最基本的具体征收科室和责任人的收入预算。

3.财会部门对本单位的收入预算进行审核、汇总,要将通过挖掘潜力,尽可能实现的收入编入预算中。

4.在预算编制与审核过程中,要分析单位占有的资产、往来款等的使用效率。同时要保证本年度总体目标的实现。

第四步:编制支出预算。

支出预算要充分体现以收定支、收支平衡、略有结余的原则。支出预算的编制应分以下四个方面:

1.人员经费。按照人事部门核定的人数和人员经费的标准(其中一部分按照社保部门核定的标准)直接计算编制。

2.维持机构正常运行的公用经费。按照财政部门制定的定额标准直接计算编制。

3.专项工作任务经费。按照效率最优的方法计算专项工作任务成本编制预算。

4.专项工程项目经费。专项工程项目分本年度完成项目和跨年度项目,应单独编制专项工程项目预算,其经费在使用时按照会计制度的规定应单独建账核算。

前面三个方面的支出预算和收入预算共同构成本部门本单位的本年收支预算,在本年收支预算可能的情况下,再安排本年用于专项工程项目的经费。本年预算只能反映本年预算中安排的专项工程项目经费。专项工程项目预算是指专项工程项目总共需要安排的经费,是由多个预算年度来实现的。

在支出预算编制过程中要充分考虑现有资源(人力、物力、财力等)的利用,讲究现有资源的优化配置。

第五步:本单位的预算经财会部门层层汇总审核后,报经预算编审班子,对照本年度的总体目标,进一步审核和研究后,形成本单位的预算建议数,同时还要编写好预算编制说明书,一同经本部门上报财政部门。预算编制说明书是对预算进行的书面分析与说明,是预算不可缺少的一个重要组成部分。

第六步:财政部门根据本地区经济发展情况、本地区的财力可能、政府及有关方面的政策、文件规定和各部门各单位的实际情况,对各部门各单位的预算建议数进行审核,下达各部门各单位的预算控制数。

第七步:各部门各单位根据财政部门下达的预算控制数,对本部门本单位的预算建议数进行调整,编制本部门本单位的预算,上报财政部门。

第八步:财政部门根据人代会批准的预算及时下达到各部门各单位。

二、部门预算的编制

(一)部门预算的编制程序

为了保证预算编制工作的顺利进行,在每年预算编制之前,财政部门都会召开预算编制准备会议,对编报预算的具体时间和原则进行统一规定。在预算编制准备会之后,各预算编制部门开始组织部门内各单位着手编制本部门的预算。"两上两下"是典型的部门预算编制流程。所谓"上"与"下",是指财政部门和预算编制部门之间正式的沟通过程。"上"指部门上报预算给财政部门和有预算分配权的部门,是预算信息的向上流动。"下"是指预算信息的向下流动,即财政部门下达预算控制数和预算的修改意见或者将人大最终批复的预算传达给部门。

我国政府部门预算编制的"两上两下"具体程序如下:

"一上"是指由部门编制预算建议数上报财政部门。部门根据政府关于编制部门预算的指示和财政部门下达的具体预算编制要求,结合实际情况,提出本部门的收支安排建议数上报财政部门。

"一下"是指财政部门审核部门预算建议数后下达部门预算控制数。财政部门根据审核后的部门建议数和征收部门提供的财政收入测算数,审核并汇总成按功能科目划分的收支预算草案报政府批准。财政部门根据政府的批复数落实到各部门。这个过程基本确定了部门的收支规模和财政拨款数额。

"二上"是指部门根据预算控制数编制本部门预算草案报送财政部门。接到财政部门下达的预算控制数后,部门要将控制数下达到所属二级预算单位,落实到具体项目,然后根据财政部门的要求及时报送预算草案。

"二下"是指财政部门根据人民代表大会批准的政府预算草案批复部门预算。财政部门收到预算部门上报的预算草案后,要及时审核汇总,并将汇总情况上报政府,经政府批准后向人民代表大会提交政府预算草案。人民代表大会审议批准政府预算草案后,财政部门根据批准的政府预算草案在规定时间内批复部门预算。部门接到财政部门的预算后在规定的时间内批复所属单位预算。

在实践中,大部分省(区、市)的预算编制程序都是"两上两下"的,也有部分省(区、市),如河北省和天津市采用了"三上三下"的程序。"三上三下"和"两上两下"的主要区别有两个:一是预算编制开始得更早,即"一上"的时间比较早,让部门有更多的时间编制预算,以增强预算的计划性;二是在财政部门汇总各部门预算上报人大之前,增加了一次"一上一下",目的是使财政部门和预算编制部门之间的沟通更充分,部门预算编制更科学。

第八节 我国政府预算的编制

一、中央政府预算的编制

中央政府预算称中央预算,是经法定程序批准的中央政府的年度财政收支计划。它由中央各部门(含直属单位)的预算组成,并包括地方向中央上解的收入数额和中央对地方返还或者给予补助的数额,以及国内外债务收入及还本支出。中央预算收入主要用于保证国家安全、外交和中央国家机关运转所需经费,调整国民经济结构、协调地区发展、实施宏观调控所必需的支出以及中央直接管理的事业发展支出,如国防费,武警经费,外交和援外支出,中央级科学、教育、文化、卫生和中央级行政管理费支出等。中央预算由财政部汇编。财政部在审核中央各部门预算草案无误后即进行汇编。在汇编时,并不是简单地将各部门预算中的收支数额进行汇总,而是根据预算汇编的口径和预算管理办法,把同中央预算有缴款、拨款关系的预算数字汇总编制。此外,还要把财政部直接掌握的收支,如债务收入、债务支出、总预备费以及预算调拨收支等一并编制,经过审核、汇总和综合平衡后,编制成中央预算草案。中央预算草案报国务院审定后,提请全国人民代表大会审查和批准。

综上所述,中央预算编制的主要内容包括:本级预算收入和支出;上一年度结余用于本年度的支出;返还和补助地方的支出;地方上解收入。详见表4-6。

表 4-6　2011 年中央财政预算收支表

单位:亿元

收入项目	2010 年执行数	2011 年预算数	预算数为上年执行数的%	支出项目	2010 年执行数	2011 年预算数	预算数为上年执行数的%
一、税收收入				一般公共服务			
国内增值税				其中:中央本级支出			
国内消费税				对地方转移支付			
进口货物增值税、消费税				外交			
出口货物退增值税、消费税				其中:中央本级支出			
营业税				对地方转移支付			
企业所得税				公共安全			
个人所得税				其中:中央本级支出			
城市维护建设税				对地方转移支付			
印花税				教育			
其中:证券交易印花税				其中:中央本级支出			
船舶吨税				对地方转移支付			
车辆购置税				科学技术			
关税				其中:中央本级支出			
其他税收收入				对地方转移支付			
二、非税收入				文化体育与传媒			
专项收入				其中:中央本级支出			
行政事业性收费				对地方转移支付			
罚没收入				社会保障和就业			
其他收入				其中:中央本级支出			
				对地方转移支付			
				保障性安居工程			
				其中:中央本级支出			
				对地方转移支付			
				医疗卫生			
				其中:中央本级支出			
				对地方转移支付			
				环境保护			
				其中:中央本级支出			
				对地方转移支付			
				城乡社区事务			
				其中:中央本级支出			
				对地方转移支付			
				农林水事务			
				其中:中央本级支出			
				对地方转移支付			
				交通运输			
				其中:中央本级支出			
				对地方转移支付			

续表

收入项目	2010年执行数	2011年预算数	预算数为上年执行数的%	支出项目	2010年执行数	2011年预算数	预算数为上年执行数的%
				采掘电力信息等事务			
				其中:中央本级支出			
				对地方转移支付			
				粮油物资储备等事务			
				其中:中央本级支出			
				对地方转移支付			
				金融事务			
				其中:中央本级支出			
				对地方转移支付			
				地震灾后恢复重建支出			
				其中:中央本级支出			
				对地方转移支付			
				国债付息支出			
				其中:中央本级支出			
				对地方转移支付			
				预备费			
				其他支出			
				其中:中央本级支出			
				对地方转移支付			
				对地方税收返还			
				对地方一般性转移支付			
中央财政收入合计				中央财政支出合计			
调入中央预算稳定调节基金				安排中央预算稳定调节基金			
支出大于收入的差额							
国内外债务收入				国内外债务支出			
弥补预算收支差额				国内债务还本支出			
用于还本付息				国外借款还本支出			
用于偿债基金				增列偿债基金			
中央收入总计				中央支出总计			

注:为简化中央与地方财政结算关系,从2009年起,将地方上解与中央对地方税收返还作对冲处理,因此,本表2011年中央财政收入等于中央本级收入。

二、地方政府预算的编制

地方政府预算简称地方预算,是经法定程序批准的地方各级政府的财政收支计划的统称,由各省、自治区、直辖市总预算组成。根据政府预算管理体制,地方预算收入主要来源于国家税收中属于地方的税收、地方政府所属企业的上缴利润、中央和地方共享收入中的分成收入以及上级政府的返还和补助收入等。地方预算的支出如地方行政管理费,公检法支出,民兵事业费,地方统筹的基本建设投资,地方企业技术改造和新产品试制经费,支农支出,城市维护和建设支出,地方科学、文化、教育、卫生等各项事业费等。地方预算草案由地方各级政府财政部门具体编制,经本级政府审定后,提请本级人民代表大会审查批准。同时,财政部汇总地方预算草案,提请全国人民代表大会审查。根据《预算法》的规定,县以上地方各级财政部门除编制本级预算草案外,仍要审核汇总本级政府所辖行政区域总预算草案,即将本级政府预算与下一级政府总预算汇总,经本级政府审定后,报上级政府以便汇总,同时提请本级人民代表大会审议。

综上所述,地方预算编制的主要内容包括:当年预算收入和支出、上年结余当年安排支出的部分、上级返还和补助收入、返还和补助下级支出、上解上级支出和下级上解收入。详见表4-7。

表 4-7　2011 年地方财政预算收支表

单位:亿元

收　入			支　出		
项目	预算数	其中:本级	项目	预算数	其中:本级
一、税收收入			一、基本公共管理与服务		
增值税			二、外交		
营业税			三、国防		
企业所得税			四、公共安全		
企业所得税退税			五、教育		
个人所得税			六、科学技术		
资源税			七、文化体育与传媒		
固定资产投资方向调节税			八、社会保障和就业		
城市维护建设税			九、医疗卫生		
房产税			十、环境保护		
印花税			十一、城乡社区事务		
城镇土地使用税			十二、农林水事务		
土地增值税			十三、交通运输		
车船税			十四、采掘电力信息等事务		
船舶吨税			十五、粮油物资储备及金融监管等事务		
车辆购置税			十六、地震灾后恢复重建支出		
耕地占用税			十七、国债事务		

续表

收　入			支　出		
项目	预算数	其中：本级	项目	预算数	其中：本级
契税			十八、其他支出		
烟叶税					
其他税收收入					
二、非税收入					
专项收入					
行政事业性收费收入					
罚没收入					
国有资本经营收入					
国有资源(资产)有偿使用收入					
其他收入					
三、贷款转贷回收本金收入					
收入合计			支出合计		
转移性收入			转移性支出		
上级补助收入			上解上级支出		
增值税和消费税税收返还收入			体制上解支出		
所得税基数返还收入			出口退税专项上解支出		
其他税收返还收入			专项上解支出		
体制补助收入					
一般性转移支付补助收入					
民族地区转移支付补助收入					
调整工资转移支付补助收入					
农村义务教育补助收入			补助下级支出		
农村税费改革补助收入			增值税和消费税税收返还支出		
缓解县乡困难转移支付补助收入			所得税基数返还支出		
化解债务补助收入			其他税收返还支出		
资源枯竭型城市转移支付补助收入			体制补助支出		
结算补助收入			一般性转移支付补助支出		

续表

收　入			支　出		
项目	预算数	其中：本级	项目	预算数	其中：本级
其他财力性转移支付收入			民族地区转移支付补助支出		
专项补助收入			调整工资转移支付补助支出		
地震灾后恢复重建补助收入			农村义务教育补助支出		
			农村税费改革补助支出		
			缓解县乡困难转移支付补助支出		
			化解债务补助支出		
下级上解收入			资源枯竭型城市转移支付补助支出		
体制上解收入			结算补助支出		
出口退税专项上解收入			其他财力性转移支付支出		
专项上解收入			专项补助支出		
			地震灾后恢复重建补助支出		
调入资金			调出资金		
收入总计			支出总计		

注：表中地方预算收入总计必须等于支出总计，达到收支平衡的要求。

三、全国总预算的编制

全国总预算即各级政府的汇总预算，它是根据中央预算和地方总预算汇编而成的。财政部在收到中央各部门的预算和各省、自治区、直辖市的总预算后，经过审核和汇总而成全国政府总预算草案，并编制政府预算说明书，然后报国务院审核和全国人民代表大会批准。全国总预算的编制可参考中央预算和地方预算的编制（表略）。

第九节　基金预算的编制

一、基金预算的含义

基金是指按规定收取、转入或通过当年财政安排，由财政管理并具有指定用途的政府性基金以及原属预算外的地方财政税费附加收入和支出。基金预算由基金预算收入和基金预算支出组成。基金预算收入是按规定提取、转入或通过当年财政安排,由财政管理并具有指定用途的政府性基金等。基金预算支出是指用基金预算收入安排的支出。基金预算和一般预算的最大不同之处就在于收入通常都是来源于特定领域,支出通常也是用于特定用途,而且基本上都是专款专用。因而,虽然原则上要求基金实行收支两条线管理,但实际上,基金收入的征收部门和使用部门通常是一致的,这给基金预算管理带来很大的困难。

1996 年国务院颁发了《关于加强预算外资金管理的决定》,按照这个决定,将 13 项主要建设性基金(收费)纳入财政预算管理,它们是:养路费、车辆购置附加费、铁路建设基金、电力建设基金、三峡工程建设基金、新菜地开发基金、公路建设基金、民航基础设施建设基金、农村教育事业附加费、邮电附加、港口建设费、市话初装基金、民航机场管理建设费。这些基金(收费)的收入和支出在政府预算上单独编列,以加强对基金(收费)的管理。另外,地方财政部门按国家规定收取的各项税费附加,从 1996 年起统一纳入地方财政基金预算,作为地方财政的固定收入,不再作为预算外资金管理。

近年来,随着深化部门预算、综合预算等改革,地方财政部门对政府性基金(以下简称基金)预算管理越来越重视,基金预算管理水平不断提高。但由于体制机制等方面的原因,目前地方基金预算管理仍不尽科学规范,存在基金预算编制比较粗放,基金预算编制范围不够完整,基金预算约束力不强,基金预算与公共财政预算之间缺乏协调和衔接等问题。加快建立完整的政府预算编制体系,提高财政管理绩效,推进财政科学化精细化管理是十分必要的。

二、基金预算编制的内容

1. 当年本级预算收入和支出。根据 2011 年的政府收支科目,按收入来源划分,基金预算收入包括了非税收收入和转移性收入两大块。其中非税收收入中的政府性基金收入包括三峡工程建设基金收入、农电网换代收入、铁路建设基金收入、铁路建设附加费收入、民航基础设施建设基金收入、民航机场管理建设费收入、养路费收入、公路客货运附加费收入、燃油附加费收入、旅游发展基金收入、文化事业建设费收入、地方教育基金收入、地方教育附加收入、南水北调工程基金收入、残疾人就业保障金收入、政府住房基金收入、三峡水库库区基金收入、彩票公益金收入、其他政府性基金收入等共计 54 项,转移性收入共包括政府性基金转移收入、上年结余收入和调入资金三款。基金预算支出科目主要是按照支出用途划分,主要包括了基本公共管理与服务、教育、文化体育与传媒、社会保障和就业、城乡社区事务、农林水事务、交通运输、采掘电力信息等事务、粮油物资储备及金融监管等事务、其他支出和转移性支出共 10 类 29 款。

2. 上一年度结余用于本年度安排的支出。

3. 基金预算补助收入。

4. 基金预算上解收入。

5. 基金预算调入资金。

6. 基金预算补助支出。

7. 基金预算上解支出。

8.基金预算调出资金。

财政基金预算收支总表见表 4-8,地方财政政府性基金预算收支预算表见表 4-9。

表 4-8　2011 年财政基金预算收支表

单位:亿元

收　　入			支　　出		
项　目	预算数	其中:本级	项　目	预算数	其中:本级
一、农网还贷资金收入			一、基本公共管理与服务		
二、煤炭可持续发展基金收入			彩票事务		
三、电源基地建设基金收入			二、教育		
四、铁路建设附加费收入			教育附加及基金支出		
五、养路费收入			地方教育附加支出		
六、公路客货运附加费收入			地方教育基金支出		
七、燃油附加费收入			三、文化体育与传媒		
八、转让政府还贷道路收费权收入			其他文化体育与传媒支出		
九、下放港口以港养港收入			文化事业建设费支出		
十、散装水泥专项资金收入			国家电影发展专项资金支出		
十一、新型墙体材料专项基金收入			四、社会保障和就业		
十二、文化事业建设费收入			残疾人事业		
十三、地方教育附加收入			残疾人就业保障金支出		
十四、地方教育基金收入			五、城乡社区事务		
十五、国家电影事业发展专项资金收入			政府住房基金支出		
十六、农业发展基金收入			国有土地使用权出让金支出		
十七、新菜地开发建设基金收入			城市公用事业附加支出		
十八、新增建设用地土地有偿使用费收入			国有土地收益基金支出		
十九、林业基金收入			农业土地开发资金支出		
二十、育林基金收入			新增建设用地有偿使用费支出		
二十一、森林植被恢复费			六、农林水事务		
二十二、地方水利建设基金收入			农业		
二十三、南水北调工程建设基金收入			农业发展基金支出		

续表

收　入			支　出		
项　目	预算数	其中：本级	项　目	预算数	其中：本级
二十四、灌溉水源灌排工程补偿费收入			新菜地开发基金支出		
二十五、水资源补偿费收入			林业		
二十六、残疾人就业保障金收入			林业基金支出		
二十七、政府住房基金收入			育林基金支出		
二十八、城市公用事业附加收入			森林植被恢复费支出		
二十九、国有土地使用权出让金收入			水利		
三十、国有土地收益基金收入			灌溉水源灌排工程补偿费支出		
三十一、农业土地开发资金收入			中央水利建设基金支出		
三十二、大中型水库库区基金收入			地方水利建设基金支出		
三十三、彩票公益金收入			水资源补偿支出		
三十四、其他政府性基金收入			大中型水库移民后期扶持基金支出		
			大中型水库库区基金支出		
			三峡水库库区基金支出		
			南水北调		
			南水北调工程基金支出		
			七、交通运输		
			公路水路运输		
			养路费支出		
			公路客货运附加费支出		
			燃油附加费支出		
			转让政府还贷道路收费权支出		
			港口建设费支出		
			水运客货运附加费支出		
			下放港口以港养港支出		
			铁路运输		
			铁路建设基金支出		

续表

收　　入			支　　出		
项　　目	预算数	其中：本级	项　　目	预算数	其中：本级
			铁路建设附加费支出		
			民用航空运输		
			民航基础设施建设基金支出		
			民航机场管理建设费支出		
			八、采掘电力信息等事务		
			制造业		
			散装水泥专项资金支出		
			建筑业		
			新型墙体材料专项基金支出		
			电力监管支出		
			三峡工程建设基金支出		
			中央农网还贷资金支出		
			地方农网还贷资金支出		
			煤炭可持续发展基金支出		
			电源基地建设基金支出		
			其他采掘电力信息等事务支出		
			煤代油基金支出		
			九、粮油物资储备及金融监管等事务		
			金融监管支出		
			旅游业管理与服务支出		
			旅游发展基金支出		
			涉外发展服务支出		
			中央对外贸易发展基金支出		
			国家茧丝绸发展风险基金支出		
			对外承包工程保函风险专项资金支出		

续表

收　　入			支　　出		
项　　目	预算数	其中：本级	项　　目	预算数	其中：本级
			援外合资合作项目基金支出		
			十、其他支出		
			其他政府性基金支出		
收入合计			支出合计		
转移性收入			转移性支出		
上级补助收入			上解上级支出		
下级上解收入			补助下级支出		
上年结余收入			调出资金		
调入资金			年终结余		
收入总计			支出总计		

表 4-9　2011 年地方财政政府性基金预算收支预算表

收　　入		支　　出	
项　　目	预算数	项　　目	预算数
一、农网还贷资金收入		一、三峡工程建设基金支出	
二、山西省煤炭可持续发展基金收入		二、农网还贷资金支出	
三、山西省电源基地建设基金收入		三、山西省煤炭可持续发展基金支出	
四、福建省铁路建设附加费收入		四、山西省电源基地建设基金支出	
五、海南省高等级公路车辆通行附加费收入		五、福建省铁路建设附加费支出	
六、转让政府还贷道路收费权收入		六、民航机场管理建设费支出	
七、港口建设费收入		七、海南省高等级公路车辆通行附加费支出	
八、散装水泥专项资金收入		八、转让政府还贷道路收费权支出	
九、新型墙体材料专项基金收入		九、港口建设费支出	
十、文化事业建设费收入		十、散装水泥专项资金支出	
十一、地方教育附加收入		十一、新型墙体材料专项基金支出	
十二、江苏省地方教育基金收入		十二、对外贸易发展基金支出	
十三、国家电影事业发展专项资金收入		十三、旅游发展基金支出	
十四、新菜地开发建设基金收入		十四、援外合资合作项目支出	

续表

收　入		支　出	
项　目	预算数	项　目	预算数
十五、新增建设用地土地有偿使用费收入		十五、国家茧丝绸发展风险基金支出	
十六、育林基金收入		十六、文化事业建设费支出	
十七、森林植被恢复费		十七、地方教育附加支出	
十八、水利建设基金收入		十八、江苏省地方教育基金支出	
十九、南水北调工程建设基金收入		十九、国家电影事业发展专项资金支出	
二十、山西省水资源补偿费收入		二十、新菜地开发建设基金支出	
二十一、残疾人就业保障金收入		二十一、新增建设用地有偿使用费支出	
二十二、政府住房基金收入		二十二、育林基金支出	
二十三、城市公用事业附加收入		二十三、森林植被恢复费支出	
二十四、国有土地使用权出让金收入		二十四、地方水利建设基金支出	
二十五、国有土地收益基金收入		二十五、南水北调工程建设基金支出	
二十六、农业土地开发资金收入		二十六、山西省水资源补偿费支出	
二十七、大中型水库库区基金收入		二十七、残疾人就业保障金支出	
二十八、彩票公益金收入		二十八、政府住房基金支出	
二十九、城市基础设施配套费收入		二十九、城市公用事业附加支出	
三十、小型水库移民扶助基金收入		三十、国有土地使用权出让金支出	
三十一、国家重大水利工程建设基金收入		三十一、国有土地收益基金支出	
三十二、车辆通行费		三十二、农业土地开发资金支出	
三十三、船舶港务费		三十三、大中型水库移民后期扶持基金支出	
三十四、外国团体来华登山注册费		三十四、大中型水库库区基金支出	
三十五、其他政府性基金收入		三十五、三峡水库库区基金支出	
		三十六、彩票公益金支出	
		三十七、城市基础设施配套费支出	
		三十八、小型水库移民扶助基金支出	
		三十九、国家重大水利工程建设基金支出	
		四十、车辆通行费支出	
		四十一、船舶港务费支出	
		四十二、外国团体来华登山注册费支出	

续表

收　　入		支　　出	
项　　目	预算数	项　　目	预算数
		四十三、其他政府性基金支出	
收入合计		支出合计	
转移性收入		**转移性支出**	
政府性基金转移收入		政府性基金转移支付	
地震灾后恢复重建补助收入		地震灾后恢复重建补助支出	
上年结余收入		调出资金	
调入资金		年终结余	
收入总计		支出总计	

表 4-8、4-9 中,各项基金收入通常由各征收部门根据上年度征收任务完成情况和本年度征收任务及征收标准调整变化情况等确定,一般采用的是基数加增长的方法。各项基金的支出预算也是由各征收部门和使用部门在每年第四季度根据财政部门的部署,汇总编报下年度的分项基金预算。分项基金预算经财政部门按规定程序批准后执行。基金支出预算根据基金收入情况,按规定的用途、支出范围和支出标准编列。对于基本建设项目,要按基本建设投资管理的有关规定编报基本建设支出预算。另外基金预算经人大批准后,由财政部门及时向各部门批复。根据《政府性基金预算管理办法》,地方财政部门应于预算年度开始后的 10 日内,将汇总的地方政府性基金预算报财政部。

第十节　国有资本经营预算的编制

一、国有资本经营预算的含义

国有资本经营预算,是国家以所有者身份依法取得国有资本收益,并对所得收益进行分配而发生的各项收支预算,是政府预算的重要组成部分。建立国有资本经营预算制度,是党中央、国务院作出的一项重大决策,对于深化国有企业改革、规范国家与国有企业分配关系、增强政府宏观调控能力具有十分重要的意义。1993 年,中共中央《关于建立社会主义市场经济体制若干问题的决定》中提出建立政府公共预算和国有资产经营预算。2003 年,中共中央《关于完善社会主义市场经济体制若干问题的决定》再次提出建立国有资本经营预算制度。

2007 年 9 月,国务院发布《关于试行国有资本经营预算的意见》(国发〔2007〕26 号),标志着我国开始正式建立国有资本经营预算制度。根据国发〔2007〕26 号文件精神,中央本级国有资本经营预算从 2007 年起试行,地方试行国有资本经营预算的时间、范围和步骤由各省(区、市)及计划单列市人民政府决定。按照全国人大要求,中央本级国有资本经营预算于 2010 年首次提交全国人大审查。

国有资本经营预算和政府公共预算都属于政府预算。根据《预算法实施条例》,各级政府预算按照复式预算编制,分为政府公共预算、国有资本经营预算、社会保障预算和其他预算。国有资本经营预算与政府公共预算的主要区别是:(1)政府公共预算的收入主要来自于国家的税收收入,国有资本经营预算收入来源是国家依法取得的国有资本收益;(2)国有资本经营预算在编制上,相对独立于公共预算,即国有资本经营预算按照当年取得的国有资本收益确定支出规模,量入为出,不列赤字;(3)与公共预算相比,目前国有资本经营预算的收支规模还很小。

二、国有资本经营预算的基本内容

国有资本经营预算由收入预算和支出预算组成。中央国有资本预算收入根据中央财政当年取得的企业国有资本收益以及上年结转收入编制;预算支出根据预算收入规模编制,不列赤字。

(一)收入预算

收入预算是指国家按年度和规定比例向企业收取国有资本收益的收缴计划。依法取得国有资本收益,是国家作为国有资本投资者应当享有的权利,也是建立国有资本经营预算的基础。2011 年 10 月,财政部印发了《中央国有资本经营预算编报办法》(财企〔2011〕318 号),规定中央国有资本经营预算收入反映当年企业国有资本收益预计入库数额及上年结转收入,包括以下项目:

(1)利润收入,即国有独资企业按规定上交国家的税后利润;

(2)股利、股息收入,即国有控股、参股企业国有股权(股份)享有的股利和股息;

(3)产权转让收入,即国有独资企业产权转让收入和国有控股、参股企业国有股权(股份)转让收入以及国有股减持收入;

(4)清算收入,即扣除清算费用后国有独资企业清算收入和国有控股、参股企业国有股权(股份)享有的清算收入;

(5)其他国有资本经营收入;

(6)上年结转收入。

中央国有资本经营预算收入由财政部组织中央预算单位根据中央企业年度盈利情况和国有资本收益收取办法进行测算。

(二)支出预算

支出预算是指国家根据国有资本经营预算收入规模和国民经济发展需要制订的支出计划。近期,国有资本经营预算支出要着力解决国有企业发展中的体制性、机制性问题,着力解决涉及企业职工切身利益的问题,着力推进经济结构调整和经济发展方式的转变。

《中央国有资本经营预算编报办法》(财企〔2011〕318 号)规定,中央国有资本经营预算支出主要用于:根据产业发展规划、国有经济布局和结构调整、国有企业发展要求以及国家战略、安全需要的支出,弥补国有企业改革成本方面的支出和其他支出。中央国有资本经营预算支出要加强与公共预算的有机衔接。

中央国有资本经营预算支出分为资本性支出、费用性支出和其他支出。

(1)资本性支出,即向新设企业注入国有资本金,向现有企业增加资本性投入,向公司制企业认购股权、股份等方面的资本性支出;

(2)费用性支出,即弥补企业改革成本等方面的费用性支出;

(3)其他支出。

三、国有资本经营预算的编制

(一)中央国有资本经营预算的编制程序

《中央国有资本经营预算编报办法》(财企〔2011〕318 号)对预算的编制程序也进行了规定,基本程序如下:

(1)中央预算单位根据所监管中央企业提出的中央国有资本经营预算支出项目计划编制本单位国有资本经营预算建议草案。

(2)中央企业将国有资本经营预算支出项目计划报相关中央预算单位,同时抄报财政部。中央预算单位审核汇总后编制本单位所监管企业国有资本经营预算建议草案。

(3)中央预算单位将本单位国有资本经营预算建议草案报财政部。财政部根据预算收入和中央预算单位上报的国有资本经营预算建议草案,统筹安排、综合平衡后,编制中央国有资本经营预算草案。

中央国有资本经营预算草案编制的具体程序是:

(1)中央企业于每年 8 月底以前,将编报的国有资本经营预算支出项目计划报中央预算单位,并抄报财政部。

(2)中央预算单位于每年 9 月底以前,将所编制的国有资本经营预算建议草案报财政部。

(3)财政部于每年 12 月底以前,将中央国有资本经营预算草案报国务院审批。经国务院批准后,中央国有资本经营预算草案随同中央政府公共预算(草案)报全国人大常委会预算工作委员会和全国人大财政经济委员会审核,提交全国人民代表大会审议。

(4)中央国有资本经营预算草案经全国人民代表大会批准后,财政部在 30 个工作日内批复各中央预算单位;中央预算单位自财政部批复本单位预算之日起 15 个工作日内,批复所监管企业,同时抄报财政部备案。

各中央预算单位的国有资本经营预算支出,必须按照财政部批复的预算支出科目、项目和数额执行,因国家政策发生变化或重大自然灾害等不可预见因素,在预算执行中确需作出调整的,必须报经财政部批准。

中央国有资本经营预算按财政年度编制,自公历 1 月 1 日至 12 月 31 日。

(二)中央国有资本经营预算表

中央国有资本经营预算包括以下表格:

(1)中央国有资本经营预算收支总表(财资预总 01 表),反映中央国有资本经营预算收支汇总情况;

(2)中央国有资本经营预算收入表(财资预总 02 表),反映中央国有资本经营预算收入情况;

（3）中央国有资本经营预算支出表（财资预总 03 表），反映中央国有资本经营预算支出汇总情况；

（4）中央国有资本经营预算支出明细表（财资预总 04 表），反映中央预算单位所监管企业国有资本经营预算支出情况；

（5）中央国有资本经营预算支出项目表（财资预总 05 表），反映中央国有资本经营预算支出项目安排的相关内容。

中央国有资本经营预算收支总表　（财资预总 01 表）

填报单位：　　　　　　　　　　　　　　　　　　　　　　　　　　　单位：万元

收　入		支　出	
项　目	预算数	项　目	预算数
一、利润收入		一、教育	
二、股利、股息收入		二、科学技术	
三、产权转让收入		三、文化体育与传媒	
四、清算收入		四、社会保障和就业	
五、其他国有资本经营收入		五、节能环保	
……		六、城乡社区事务	
		七、农林水事务	
		八、交通运输	
		九、资源勘探电力信息等事务	
		十、商业服务业等事务	
		……	
本年收入合计		本年支出合计	
上年结转		结转下年	
收入总计		支出总计	

中央国有资本经营预算收入表　（财资预总 02 表）

填报单位：　　　　　　　　　　　　　　　　　　　　　　　　　　　单位：万元

科目编码	科目名称/企业	××××年执行数	××××年预算数	××××年为××××年的％
	一、利润收入			
	烟草企业利润收入			
	石油石化企业利润收入			
	电力企业利润收入			
	电信企业利润收入			

续表

科目编码	科目名称/企业	×××× 年执行数	×××× 年预算数	××××年为 ××××年的％
	煤炭企业利润收入			
	有色冶金采掘企业利润收入			
	钢铁企业利润收入			
	化工企业利润收入			
	运输企业利润收入			
	电子企业利润收入			
	机械企业利润收入			
	投资服务企业利润收入			
	纺织轻工企业利润收入			
	贸易企业利润收入			
	建筑施工企业利润收入			
	房地产企业利润收入			
	建材企业利润收入			
	……			
	其他国有资本经营预算企业利润收入			
	二、股利、股息收入			
	国有控股公司股利、股息收入			
	国有参股公司股利、股息收入			
	其他国有资本经营预算企业股利、股息收入			
	三、产权转让收入			
	其他国有股减持收入			
	国有股权、股份转让收入			
	国有独资企业产权转让收入			
	金融类企业国有股减持收入			
	其他国有资本经营预算企业产权转让收入			
	四、清算收入			
	国有股权、股份清算收入			
	国有独资企业清算收入			
	其他国有资本经营预算企业清算收入			
	五、其他国有资本经营预算收入			
	……			
	合　计			

中央国有资本经营预算支出表 （财资预总03表）

填报单位：　　　　　　　　　　　　　　　　　　　　　　　　　　　单位：万元

科目编码	科目名称（功能）	××××年执行数				××××年预算数				××××年为××××年的％
		小计	资本性支出	费用性支出	其他支出	小计	资本性支出	费用性支出	其他支出	
	一、教育									
	……									
	二、科学技术									
	……									
	三、文化体育与传媒									
	……									
	四、社会保障和就业									
	……									
	五、节能环保									
	……									
	六、城乡社区事务									
	……									
	七、农林水事务									
	……									
	八、交通运输									
	……									
	九、资源勘探电力信息等事务									
	……									
	十、商业服务业等事务									
	……									
	合　计									

中央国有资本经营预算支出明细表 （财资预总04表）

填报单位：
单位：万元

中央预算单位/企业名称	合计	资本性支出	费用性支出	其他支出
合　　计				

中央国有资本经营预算支出项目表 （财资预总05表）

填报单位：
单位：万元

起始年	终止年	承担项目企业	总支出		截至上年底累计安排支出		本年安排支出	
			金额	其中:财政安排支出	金额	其中:财政安排支出	金额	其中:财政安排支出

四、国有资本经营预算的执行

国有资本经营预算草案经本级人民政府批准后，由财政部门下达到各预算单位。各预算单位具体下达所监管（或所属）企业的预算，抄送同级财政部门备案。年度终了后，由财政部门编制决算草案报本级人民政府批准。

国有资本经营预算收入由财政部门、国有资产监管机构等组织收取、上交。企业按规定将应交国有资本收益直接上交财政部门。

国有资本经营预算支出，由企业在经批准的预算范围内提出申请，报经财政部门审核后，按照财政国库管理制度的有关规定，直接拨付使用单位。

本章小结

政府预算编制应遵循合法性、科学性、完整性、真实性、透明性、绩效性原则。依据《预算法》和《预算法实施条例》等编制预算。我国政府预算编制的主体包括:各级政府、各级政府财政部门、各预算部门、各预算单位。

预算编制的内容包括预算收入和支出的编制。

常见的政府预算编制的主要方法有增量预算法、零基预算法、绩效预算法、计划项目预算法四种。

政府预算编制一般程序包括政府最高行政机关决定预算编制的方针政策,财政部门具体负责部署政府预算编制工作。各部门、各单位具体负责测算收支指标和编制预算草案。财政部门的汇总和审核。

我国政府预算编制程序按预算法规执行。

为保证政府预算编制的顺利进行,在正式编制政府预算之前,应制定中长期预算框架,包括确定宏观经济规划、财政政策报告、年度预算限额,修订预算科目和预算表格等准备工作。

政府预算收支的测算步骤分为匡算和具体测算两个步骤。

政府预算收支的具体测算方法包括传统预测方法和现代预测方法两大类。传统预测方法分为基数法、系数法、定额法、比例法和综合法五类。现代预测方法分为时间序列预测法、因果分析预测法和经济模型预测法三类。

我国政府预算主要收入的测算包括各项税收收入的测算、债务收入的测算。政府预算一般支出的测算包括基本支出的测算和项目支出的测算。

事业单位预算构成部门预算的内容。我国政府部门预算的编制实行"两上两下"的程序。

"一上"是指由部门编制预算建议数上报财政部门。"一下"是指财政部门审核部门预算建议数后下达部门预算控制数。"二上"是指部门根据预算控制数编制本部门预算草案报送财政部门。"二下"是指财政部门根据人民代表大会批准的政府预算草案批复部门预算。了解中央部门预算和地方政府本级部门预算的具体编制过程。

部门预算是由一系列表格构成的报表体系,以全面反映部门预算收支情况。

我国政府预算的编制包括中央政府预算编制、地方政府预算编制、全国总预算编制、基金预算编制和国有资本经营预算编制。

案例

美国现行联邦政府预算编制机制

现代预算作为汇集所有政府收入与支出的单一的立法文件,直到20世纪初才传入美国。近年来,在美国,最迟每年二月的第一个星期一,总统向国会提交由他的预算办公室牵头编制的**按功能分类**的预算草案。然后,国会的预算委员会开始编制国会预算决议,这个决议阐明了国会的预算政策及其重点,是其后续一系列的国会预算审议程序的主要依据,但它并不是**最终**的预算法案。在此基础上,国会的拨款委员会建议分配给各个联邦行政机构的预算资金额度。最后,在国会全体议员会议上投票表决上述建议后,联邦政府预算才正式生效。

尽管美国政府的预算赤字近年来屡创新高,但现行美国联邦政府预算编制机制仍然有其**可圈可点之处**,本文重点介绍其中的总统预算草案和国会预算决议的编制。

一、总统预算草案

从 1921 年的《预算和会计法》开始,尽管每年由总统向国会提交联邦政府预算草案,但是该法案并没有明确说明总统在整个预算过程中的职责。因此受当时国内政治经济环境的影响,每位总统对此有自己的理解和做法,比如老布什总统给他的预算管理办公室主任完全的预算自主权,而克林顿总统则具体地参与了预算过程,并与国会进行了多次艰苦的论战,甚至在 1995 年初,在预算额度用完前,因未能结束与极端社会党的较量,联邦政府不得不暂停办公几天。

过去总统可以按他认为最合理的形式提交详细的预算草案。但经过国会 1974 年和 1982 年分别对 1921 年法案的补充和完善,现在总统所提交的预算的格式必须根据《**美国法典**》第三十一条的相关规定。从克林顿总统开始,将联邦政府预算分为四卷。2004 年的联邦政府预算以预算文告(少于两页)为卷首。这个预算文告说明 2004 年的政府预算的三大优先任务:①打赢反恐战争;②保证国家的内部安全;③促进长期的经济增长。预算正文的四大部分分别为:①分析前景;②历史数据和长期预测(分析一般从 1940 年开始到 2008 年);③支出的摘要;④评价绩效和管理。所有的内容,特别是财政支出,大量采用功能分类方法,但是其中的关键是最后一部分绩效评价。

总统预算草案目前应该包括所有国会要求的 33 个文件,以国家职能为依据,通过具体的"**任务**"和"**项目**"结构形式详细说明各个行政机构的任务。从 1993 年《政府绩效和成果法》(Governement Performance and Results Act of 1993)开始,草案还必须包括对各个行政机构的工作绩效和成果的评价,这已经成为当前总统预算管理办公室编制预算草案的主要工作。

现在总统预算草案中"任务"和"项目"由总统来界定,一旦确定后,他只能在咨询国会两院的拨款委员会和预算委员会后才能改变。从 1948 年后,大的预算分类相对稳定,但不时会对其中的小分类进行一些调整。例如,小项目"能源"在 20 世纪 70 年代的能源危机前反映国家除农业以外的自然资源,已经按新的联邦能源政策拆成四个小项目:①能源供应;②能源的信息、政策和调整;③能源储备;④紧急情况和能源危机。

根据 2004 年预算草案的解释,"任务"集合了所有相同目的的政府行为。它的重点在于明确联邦政府所必须实现的业绩,而不仅是为此花费的资金成本及简单的政府职责,强调必须达到的目的。另外,"任务"的界定具有从国家角度来讲的持续性和重要性,而且所分配的资金额度取决于其所能实现的联邦政府必需的职能。"任务"由众多的"项目"组成。一般来说,由于联邦制政府的职能界定比较明确,"项目"也就比较容易划分。

现行的**总统预算草案**分为如下 20 个功能,后面由三个数字组成的编号,是正式的预算术语：

(1)国防 050。

(2)国际事务 150。

(3)科学、空间和技术 250。

(4)能源 270。

(5)自然资源和环境 300。

(6)农业 350。

(7)商业、住房和房产额度 370。

(8)运输 400。

(9)地区发展 450。

(10)教育、就业和社会服务 500。

(11)公共卫生 550。

(12)医疗(无收入人员的医疗保障)570。

(13)收入保障(失业、退休)600。

(14)社会保障 650。

(15)老战士 700。

(16)司法 750。

(17)综合管理 800。

(18)国债 900。

(19)补贴(每年变动的日常支出)920。

(20)未分配的收入(退休金和养老金的收缴收入)950。

当然,这种划分并不简单。即使是刚开始,就遇到重重困难。首先,一个联邦政府的行为常常关系到很多任务。比如废水的处理既关系到防治污染,也有利于城市的发展。其次,这些功能并没有根据相同的标准或系统的原则来划分。比如,某些真正按职能来划分,如国防、司法、健康,而某些只是按受益人来划分,如老战士,或是给一个"功能"赋予多个目的。最后,各个"功能"的发展方向也难以比较。为了解决上述问题,总统预算办公室曾经尝试将这些功能再归纳成六个总功能:国防、人力资源、物质资源、其他功能、国债、未分配的收入,以明确政府优先考虑的事项,但也没有被采用。

尽管存在上述问题,功能分类至少能达到以下两个目的。一是功能分类使联邦财政支出的使用范围明朗化,趋向集中于五个方面:贫困人员的医疗支出、国债利息、公共卫生支出、司法管理和退休人员管理。在此基础上,可以更好地总结管理财政支出的方法,特别是区分强制性支出和自主性支出采取不同方法。二是功能分类把 1993 年法案与政府的绩效和成果联系起来,应该说这种按业绩来管理支出的方法是政府预算领域的真正革命。

近年来,美国政府预算在其民主制度中的地位越来越重要,表现在准备总统预算草案的过程中,不仅要求按功能分类,而且每个行政部门必须对它所承担的责任提交一个年度评价自身业绩的方案。这个方案必须满足以下四个要求:①以数量或可量化的形式描述每个项目的目标;②描述为实现项目目标所采取的措施;③建立绩效指标来测量目标、成本和结果;④对实现的业绩和预期的目标进行比较。小布什政府遵循了这个政策,并于

2001 年实施。

这种功能加绩效的总统预算草案从 2004 年开始,采用被称之为项目资产比率工具(Program Assessment Rating Tool,PART)的绩效评价工具来评价行政机构所真正实现的业绩,目前它用于占每个行政部门 20% 的预算总额的评分。它一般通过回答四个问题,由此得出三个可能的结论。

四个问题是:

(1)每个项目的目标是否明确,是否有意义?

(2)采用的策略是否清晰,是否有效?

(3)项目的管理是否有效,特别是它的金融成本?

(4)项目的成果是否被达到?

三个可能的评价如下:

"绿色":行政部门已经实现了所有的业绩指标;

"橘黄色":行政部门实现了部分的业绩指标;

"红色":所实施的项目和管理有如下结构的缺陷:或是项目的编制和预算的编制相分离,或是各个服务之间没有相互联系,或是申请的额度与项目的目标没有真正的联系。

项目资产比率工具使行政部门和服务之间相互竞争。得分是总统预算管理办公室对不同的项目进行选择的依据,并以此来决定相应预算草案中的额度分配。

这种功能加绩效的被称为综合绩效预算的预算形式正在逐步建立,它加强了总统在预算准备中的作用。首先,这种预算形式使总统可以在预算程序开始的时候就有权宣布行政机构在申请预算额度时必须遵循的公共政策及其中的优先事项。其次,这种方法使各个政府行政机构不得不在编制预算申请时重新思考自身的职能并证明其必要性,否则它们的预算额度就会被减少,甚至被撤销。新的总统预算形式的目的非常明确,即在资源有限的情况下,提高财政资金的效率。

二、国会预算决议

在总统提交预算草案后不久,国会开始为预算决议而工作,此决议说明国会的预算政策和工作重点,是下一年度预算的总框架。尽管收入和支出的正式生效必须在国会全体议员会议投票表决后,但是国会预算决议无疑是随后的预算表决的基础性文本。

从性质上看,以两院一致的决议形式存在的国会预算决议不是立法文件,也不是法律。它由参众两院的议员投票通过,并不需要总统签署,总统也无权投反对票。参议员 Bob Graham 认为"国会的预算决议只是一个建筑的计划"。另外,国会的预算决议也不是最后的预算文本,只是预算漫长编制程序中的一个文件,预算并没有因此而编制完成,联邦政府也不能依据它合法地征税和使用财政资金。

在 1789 年到 1975 年近两百年的时间内,国会在没有预算决议的情况下审批政府预算。在这期间,国会每年一个一个通过若干法律文件,首先授权征税,然后授权行政机构的权力范围,最后授权使用预算资金,并没有一个包括所有上述内容的完整的预算文件。

为什么要编制国会预算决议?首先由于其成员的选举方式、所代表利益的多样化和美国式民主的广泛性等制度上的原因,众多的委员会在国会中有自己的言论导致了国会立法决定权的分散性。这些委员会一般来说有权赞同或反对所有它们收到的立法建议文件。众议院有 22 个常务委员会,每个委员会平均由 35 个议员组成。这些委员会又分成 135 个下属的委员会。参议院只有 16 个常务委员会,每个平均有 12～29 个成员。参议院的上述委员会又进一步分为 85 个下属委员会。两院各有 4 个委员会与预算程序有关。一是根据 1974 年法案成立的两院各自的预算委员会。二是有权授权支出的委员会和两院的常务立法委员会。三是有权在行政机构之间分配预算额度的拨款委员会,在理论上看它们只是建议如何分配,但实际上拥有真正的分配权。这两个委员会由 13 个小委员会组成,在考虑税收收入和经济形势的基础上,建议各个行政机构和联邦政府项目的预算额度。四是两院的税收委员会,是最早成立的委员会,它们拥有所有的税收立法权。从总统的预算草案提交到国会那一天起,这些委员会通过不同的方式参与预算过程。

如果国会能够基本上遵照总统预算草案中的建议,并且只由其拨款委员会决定联邦支出,也就是说国会最多只对总统预算草案做细微的调整,这样国会内部预算决定权的分散性就不会成为达成一致的预算决定的障碍。在这种情况下,国会预算决议就没有存在的必要。但是出于加强国会在预算方面的独立性的目的,1974 年《国会预算加强法》启用了国会预算决议这种新的预算文件形式,并且明确指出预算决议在国会内部形成,总统及其相关机构不能干涉。同时成立了国会预算办公室,这是国会自己的分析和研究政府税收和政府预算的机构,力图避免在经济和预算问题上,国会成为政府的傀儡。

国会预算决议由预算委员会准备。它包括三方面的内容:①预算总量指标(如总收入、支出、赤字或盈余、国债等);确定联邦政府任务的功能预算的 20 个大类的各自的上限;②关于现行立法文件的修改决定或国会每年都对它们进行的解释;③国会关于国家利益问题的申明,它并不是指令性的意见,却表明了国会对联邦政府预算的意见。预算委员会在国会预算决议的准备中,可以从总统的预算草案中受到启发,当然这种情况经常发生,但是并没有强迫国会一定要依据总统预算草案。只有一点例外,就是根据 1974 年的《预算加强法》,国会必须按总统的建议对自主性支出规定上限和满足"决定补偿"机制(Pay As You Go,PAYG)的要求。

预算决议最重要的作用之一在于确定每个联邦政府"任务"的预算额度。但是,从法律上来看,预算委员会的选择和后续的拨款委员会的建议没有联系。后者有完全的自主权决定联邦行政部门之间的预算额度分配,但是必须遵守的基本原则是拨款委员会的分配不能超过决议所决定的相应"任务"类别的额度。在此限度内,拨款委员会可以自由决定"任务"类别内各项目的重点,减少某个项目,甚至把一个项目的额度补偿到另一个项目,如果国会预算决议没有规定限额,就必须在总统预算草案规定的额度内。拨款委员会的决定就是各种各样的预算拨款法。

根据 1974 年《预算加强法》第三百零二节的规定,拨款程序分为两部分。首先,国会两院的相关职能委员会,以"任务"为单位分配预算总额,其中拨款委员会能够再分配其下属的 13 个委员会所确定的额度。两院的拨款委员会各自下属的 13 个委员会的职能范围是相似的具体如下:

(1)农业——农村发展——食品安全和毒品。

(2)商业——司法——加入联邦的各州。

(3)国防部。

(4)哥伦比亚州。

(5)水和能源。

(6)国外事务。

(7)内务部。

(8)劳工部——健康和社会服务——教育。

(9)司法部。

(10)军事建设。

(11)交通部。

(12)国库——邮政服务——总管理。

(13)老战士——城市发展和住宅——独立机构。

然后,在"任务"限额内,每个下属委员会为它们所负责的行政机构分配预算额度。两院的13个预算额度分配委员会是很有影响力的,因为它们才是联邦政府约5000亿美元的预算额度的真正决定者。为获得预算额度,行政机构必须向下属委员会解释资金的用途并证明资金的必要性,这是惯例。如果众议院的下属委员会拒绝了它们的额度申请,它们可以向参议院的下属委员会为恢复已被取消的预算额度申请上诉。一般来说,各个下属委员会的主任可以直接分配一部分的预算额度给准确的用途,或禁止部分的预算额度用于特定的目的。

在听审获得必要的信息和汇总所有的申请额度后,下属委员会召开成员会议进行讨论。在会议上,有三种可能的选择:①同意先前授权法案的所有额度安排;②建议减少以前分配的数额;③拒绝所有的额度安排。基于政策的考虑、集团的利益和取悦于选民等原因,选择会有所不同。当然会议的决定只有全体成员同意后才最终确定。但是拨款委员会一般情况下都会同意其下属委员会的上述建议。理论上,所有的拨款委员会及其下属委员会只是建议,最终将由全体议员会议审议通过。当然在预算程序的最后阶段,即在全体议员会议审议通过时仍有可能进行修改。但是,正如威尔逊(Woodrow Wilson)在19世纪末指出的,"当众议院召开全体会议时,不是为了严肃的讨论,而是为了尽快通过职能委员会的结论。但是也不能夸张地认为,国会的全体会议只是形式,而国会的委员会所做的才是实质性的工作"。从这个意义上说,拨款委员会是真正的预算决定机构。

上述美国联邦政府预算编制机制的问题之一在于,总统预算草案的功能类别和国会委员会的审查对象是不相符的,也就是说28个预算的功能种类与13个下属委员会的职能不匹配。因此,一个委员会可以研究多个政府"任务",一个功能也可能由几个委员会审查。实际上,这个矛盾有利于加强国会相关委员会的预算权力,使功能预算的意义不如以前那么重要了。在国会审议预算时,功能类别的意义只在于确定每年自主性支出的上限,而对其他预算决定只起辅助作用,以至于"任务"并不能真正影响预算额度分配。

资料来源:http://www.148com.com/html/507/95023.html

案例分析:

美国预算编制的特点在于:一是总统预算草案按功能分类,并配以相应的绩效评估;二是国会编制相对独立的预算方案,即国会预算决议,从而实现立法权和行政权在政府预算方面的相互制约。

案例讨论：

美国预算编制对我国预算编制有哪些经验值得借鉴？谈谈你的**看法**。

思考题

1. 简答我国政府预算编制的原则。
2. 政府预算编制的依据有哪些？
3. 我国政府预算编制的主体有哪些？
4. 我国中央一般预算的编制内容有哪些？
5. 政府预算编制的主要方法有哪些？
6. 简述政府预算编制一般程序。
7. 简述我国政府预算编制程序。
8. 简述部门预算与单位预算编制程序。
9. 简述我国政府预算编制的准备工作。
10. 简述政府预算收支的测算步骤。
11. 简述政府预算收支测算的方法。
12. 简述我国部门预算的编制。
13. 简述我国中央政府预算的编制。
14. 简述我国地方政府预算的编制。
15. 简述我国全国总预算的编制。
16. 简述我国基金预算的编制。
17. 简述我国国有资本经营预算的编制。

第 **5** 章

政府预算的审批与 管理

本章导读

　　本章主要介绍政府预算编制过程的审核,预算草案的审批和正式预算的批复。通过 学习本章,应掌握我国政府预算审核、审批和批复的内容和程序,并对政府预算审核、审批 和批复的意义和审查报告内容、结构有所了解。

　　为确保政府预算的正确性和合法性,政府预算从预算单位编制预算开始,到最终成为 正式预算进入执行,需要经过层层审核、审批和批复,即审批过程。

第一节　政府预算审核、审批、批复的意义

一、政府预算审核是确保政府预算编制过程正确性的重要措施

　　由于政府预算编制涉及的内容繁多,涉及面广,技术要求高,时间紧迫,利益关系复 杂,而我国政府预算是采用下级往上级报送,逐级汇编而成预算草案的形式,为确保政府 预算的顺利汇编,使预算草案不出错误,必须将编制过程可能出现的错误消除在每一个环 节。这就要求预算过程的每一个上级都必须对其下级报送的预算草案实施严格的审核, 以消除错误,明确责任。

二、财政部门对预算的初审使政府预算更具科学性和统筹性

　　财政部门是财政资金的管理者,其对本级财政资金状况的信息掌握程度是其他任何 部门所不能相提并论的。虽然在对各部门具体编报预算情况的信息掌握程度方面不如各 部门,即存在着一定的信息不对称状况,各部门在某种程度上具有不按实际情况而超出实 际需要多编预算的风险动机,但这并不会有很大的影响。基本支出的定员定额核算方法 使各个部门不能随意地多编预算,而基本上只能在小范围内变动。由于需要财政供给资 金的行政事业单位众多,这些行政事业单位中规模大小、业务量类似的单位也很多,在编

报基本预算时不可能形成同谋而共同超编预算,财政部门可以根据同类同档次的单位之间的差异和不同档次单位之间的相同点审查出部门预算的合理规模。存在多编预算风险动机较大的是项目预算,而由于财政部在对基本支出预算安排审查和批准之后,对各部门预算中的项目预算统一纳入项目库管理,根据现有财力和各部门事业发展需要的轻重缓急实行滚动管理,各部门在编制项目预算时,会同时考虑财力约束和轻重缓急约束两个约束条件,为争取获得更大的成功性和更早地落实自己申报的项目,各部门之间实际在进行一场"性价比"项目的竞争,"性价比"最高的项目最先落实,而"性价比"最低的项目可能永远无法落实。"性"指项目的重要性,"价"指项目的费用。竞争在客观上促进了各部门按更实际、更确切、更节俭的原则编制项目预算,但这里的前提是财政部门应该具有鉴别"性价比"高低的能力,即对不同项目的重要性进行某种程度的量化,客观评价项目的"性价比",切实提高财政资金使用的科学性和统筹性。

三、人民代表大会的审查和批准使公共预算具有了公共性和法律性

人民代表大会是权力机关,而全国人民代表大会又是全国立法机关,公共预算在经过部门编制和财政部门审查之后,须交由人民代表大会做出最后的审查和批准,人民代表大会代表社会全体最共同的利益,经过人民代表大会审查、修改和批准后的公共预算在根本上也代表了全体社会成员对政府收支活动范围及规模的认可,即预算才成为真正的公共预算。同时,又因为全国人民代表大会是立法机关,经由其审查、修改和批准后预算具有了前所未有的法律严肃性,使公共预算能够得到保证实施。

四、公共预算的审查和批准使其具有了彻底的公开性

公共预算的审查和批准使其真正地置于全体社会成员的监督之下。全体社会成员的代表对政府的收支计划有了详细的了解,公共预算的公开性才得以体现。

部门预算经过财政部门的审查和批准后,成为政府预算,财政部门预算的审查和批准在部门预算编制时已经完成,而在人民代表大会对政府预算的审查和批准后成为了公共预算。可以说预算的审查和批准使得政府的预算具有了科学性、公开性、法律性,是其成为公共预算的最根本的保证。

五、预算批复是标志预算编制结束和预算执行开始的重要环节

经过人民代表大会审批的预算应按规定程序批复下去执行,以保证预算收支的实现。

第二节 政府预算的审核、审批、批复

一、政府预算编制过程的审核

按我国《预算法》及其实施细则规定,预算草案报请各级人民代表大会审批前须接受以下审核:

（1）县级以上各政府业务部门负责本部门所属的下级单位预算草案的审核。

（2）县级以上地方各级政府财政部门审核本级各部门的预算草案。县级以上各级政府财政部门审核本级各部门的预算草案时，发现不符合编制预算要求的，应当予以纠正；汇编本级总预算时，发现下级政府预算草案不符合国务院和本级政府编制预算要求的，应当及时向本级政府报告，由本级政府予以纠正。

（3）中央各部门负责本部门所属各单位预算草案的审核，并汇总编制本部门的预算草案。

（4）财政部负责中央各部门的预算草案和各省、自治区、直辖市报送的总预算草案的审核。

（5）国务院负责审定财政部报送的中央政府预算草案和地方预算草案。

二、政府预算草案的审批

我国宪法赋予全国人民代表大会对政府预算的审查和批准权。政府预算草案只有经过同级人民代表大会审查和批准，即审批以后，才能成为正式的政府预算，才能成为具有法律意义的文件。

（一）政府预算审批概述

预算的审查批准与政府预算编制的属性一样，各国政府预算的审查批准通常有一套较为严格周密的审查批准内容、手续及程序。世界各国批准政府预算的权力都是属于立法机构。在市场经济国家中，批准政府预算的机构是议会。不论是实行一院制还是两院制的议会制国家，预算的具体审核工作是由议院中的各种常设委员会与其下属的各种小组委员会来进行的，最后将审议意见交议院大会审议表决。我国实行人民代表大会的政治制度，《宪法》规定，各级人民代表大会有"审查和批准国家预算、预算执行情况的报告"的职权。

不同国家中的立法机关对于预算资源分配的方式有不同的偏好，并且受制于宪法中的许多条款。在整体上，这些不同偏好和有关要求会导致预算辩论过程中增加开支的倾向。因此，许多国家已经采纳程序性规则来限制预算辩论。这些规则包括：（1）对预算进行表决的顺序；（2）立法机关修改预算的权力。通常来说，行政部门准备的预算草案按惯例会得到立法机关的批准；对预算的不批准等于投下不信任票，就会导致整个政府的辞职。

为实施事前的财政纪律，许多国家的预算草案要进行两阶段表决：先是就预算总量投票表决，而拨款和部门间资源配置则放在第二阶段来投票表决。这一程序旨在保护总量支出限额和全面的财政约束，但其真正的影响并不十分清楚。然而无论如何，将支出总量与收入总量一并予以审查有一个显著的优点：立法可借此明确地辩论宏观经济政策。

立法机关修改预算的法定权力在各国并不相同，大体有三种模式：

1. 权力无约束。在此模式下，立法机关有能力在每个方向上变更预算支出和预算收入，而无须得到行政部门的同意。总统制体制的国家，例如美国和菲律宾，采用的就是这种模式，尽管总统可以否决国会的决议，但政府预算管理通常会受到立法机关的直接影响。

2. 权力受约束。在此模式下，立法机关修改预算的权力通常与"最多可增加多少支出或减少多少收入"联系起来。权力受约束的程序因国家而异。在英国、法国和英联邦国家,议会并不能提议增加支出,因而权力受约束的程度非常高。相比之下,德国允许这类修改,但须得到行政部门的同意。权力受约束模式表明立法机关对预算管理的影响有限。

3.平衡预算的权力。在此模式下,只有在必须采取相应措施维持预算平衡的前提下,立法机关才能增减支出或收入。这种调节性的制度安排,把立法机关对预算管理的影响集中于资源配置目标上。

在立法机关的辩论会上可能导致增加开支的情况下,限制立法机关修改预算的权力是非常必要的。为此,预算法应该规定:增加开支的立法行动,只是在这些开支本身已经在预算中或在其附属法案被授权的情况下才有效。然而,这些限制不应损害立法机关对预算的审查。在某些国家,立法机关在预算中的作用需要加强而不是限制。

通过建立强有力的专门委员会,立法机关得以发展其专业技能去审查预算草案,并在预算决策过程中发挥更大的作用。一般而言,不同的委员会处理涉及不同预算管理层面的问题。例如,财政预算委员会审查收入和支出;公共账目委员会确保合法性和进行审计监督;部门或跨部门委员会负责制定部门政策以及审查部门预算。在这些委员会之间应进行有效的协调。在那些立法机关有很大权力修改预算的国家中,对预算的修改应由各委员会(而不是单个成员)有准备地提出。

发达国家大多实行代议制政治体制,国家权力及权力机关在彼此分立的基础上相互制衡,体现在预算方面,就是通过预算方面的立法,形成预算权力在各权力机关之间的分配。其中,立法机关拥有预算的监控权,行政机关拥有预算的执行权,司法机关则对公共财政活动进行审计和监察。编制预算或执行预算的工作由行政机关承担,审核预算和批准预算的工作则交由立法机关管理。由于国家权力发达国家的预算决策过程从本质上讲受其议会政体的影响。在预算审批中,许多由少数党或联合党派组成的国家,立法部门会与行政部门寻求各种各样的妥协。相比之下,类似美国这样明确实行权力分散政治体制的国家,虽然重视行政部门与立法机关间的协商过程,但国会仍可以对预算草案进行重大修改;而英国议会则会让政府提交的预算草案无条件通过,因为英国的预算草案操纵在多数党手中。

概括地讲,立法机关左右政府部门提交预算草案的能力在各国存在很大差异,因为预算的编制和审批要受政治制度和官僚体制的影响。根据政治学的观点,预算本身就是一种政治产物,预算的形成经常是政治妥协与竞争的结果,而各国政治体制存在相当大的差异。众所周知,美国为总统制的国家,英、德、日为内阁制国家。比较而言,美国国会拥有最大的预算权力,它不仅在审议行政部门所提预算草案时,可以自由增加或减少支出计划与经费额度,甚至可以完全置行政部门的预算提案于不顾,而自行起草预算案。美国国会具有如此强势的预算权力,难免经常导致立法与行政部门之间的预算争议与冲突。

作为内阁制的英国、德国和日本,其情形大不相同,其预算编制的基本责任落在行政部门头上,国会的角色在于批准政府的预算草案,而国会在审议行政部门提交的预算草案时,如果有否决或大幅修改内阁提出的预算提案之情形,将被视为对政府投下不信任票,其影响是重大的。因此,国会通常会极力避免过度修改政府的预算提案。就此而言,在内阁制国家中,国会的预算审议权所具有的形式意义大于实质意义。

（二）我国政府预算审批机构

我国实行人民代表大会的政治制度，《宪法》规定，各级人民代表大会有"审查和批准国家预算、预算执行情况的报告"的职权。

（三）我国政府预算的审批程序

在《预算法》中，明确规定了审查批准中央预算草案和地方预算草案的一般程序。具体如下：

1.各级人民代表大会对预算草案的初步审查。在每年全国人民代表大会会议举行的一个月前，国务院财政部门应当将中央预算草案的主要内容提交全国人民代表大会财政经济委员会进行初步审查。

省、自治区、直辖市、设区的市、自治州政府财政部门应当在本级人民代表大会举行的一个月前，将本级预算草案的主要内容提交本级人民代表大会有关的专门委员会或者根据本级人民代表大会委员会主任会议的决定提交本级人民代表大会常务委员会有关的工作委员会进行初步审查。

县、自治县、不设区的市、直辖区政府财政部门应当在本级人民代表大会会议举行的一个月前，将本级预算草案的主要内容提交本级人民代表大会常务委员会进行初步审查。

2.各级人民代表大会对预算草案的审查批准。在全国人民代表大会举行会议期间，国务院向大会作关于中央和地方预算草案的报告。

地方各级政府在本级人民代表大会举行会议时，向大会作关于本级总预算草案的报告。

中央预算由全国人民代表大会审查和批准。地方各级政府预算由本级人民代表大会审查和批准。

乡、民族乡、镇政府应当及时将经本级人民代表大会批准的本级预算报上一级政府备案。县级以上地方各级政府应当及时将经本级人民代表大会批准的本级预算及下一级政府报送备案的预算汇总，报上一级政府备案。

县级以上地方各级政府将下一级政府依照前述规定报送备案的预算汇总后，报本级人民代表大会常务委员会备案。国务院将省、自治区、直辖市政府依照前述规定报送备案的预算汇总后，报全国人民代表大会常务委员会备案。

国务院和县级以上地方各级政府对下一级政府依照上述规定报送备案的预算，认为有同法律、行政法规相抵触或者有其他不适当之处，需要撤销批准预算的决议的，应当提请本级人民代表大会常务委员会审议决定。

三、政府预算审查内容

政府预算审查主要包括编制审查、收入审查、支出审查、平衡审查四部分。

（一）政府预算编制审查

编制政府预算是一项复杂细致的工作，有一套方法、程序和具体要求，必须严格遵循。审查的具体内容包括：

1.预算是否按程序编制。

2.编制预算资料是否齐全，预算报表与资料的衔接联系是否准确符合逻辑。具体可审查总预算与各企业事业单位的年度财务计划、行政事业单位预算报表的有关数字是否衔接；根据上年度决算表的有关数字，审查计划年度预算收支有无重列或漏列项目等。又如将预算收支数字与历年决算的收支数进行比较，从中发现增减变化情况，以便进一步审查原因。

3. 预算报告是否完整、准确、真实，是否基于本地区或本部门的利益，是否不愿暴露真实"家底"，在编制预算时是否搞几套方案对付上、下级财政。

4. 预算编制是否符合现行财政体制和规章制度要求。预算管理体制对预算收支范围划分、收支基数、留解比例或补助办法都有明确规定。在国家每年提出的预算编制要求中，对企事业、基本建设单位隶属关系改变，以及国家统一采取的重大财经措施，如调整价格、税率、增加职工工资等都有详细的规定和办法。审查时要根据这些规定和有关制度进行核对验证。

5. 预算指标调整是否遵守制度和手续。执行中预算指标调整频繁，是政府预算管理普遍存在的问题。其中最主要原因是年初预算层层预留大量的机动指标。

预算时要重点监督编制预算时是否有大量待分配指标，预算指标是否有规定和批准手续。

(二)预算收入审查

预算收入计划是否积极可靠是审查预算收入计划的主要内容。其具体内容包括：

1. 预算收入计划是否与国民经济计划相衔接。

2. 预算收入计划数是否与上级下达的任务数一致，审查时要注意有无利用预算管理体制有意抬高或压低收支计划的现象。由于超任务数以上部分的总额留成比例大于任务数以内的总额留成比例，有的地方财政就会千方百计要求上级减少任务，争取多超多分。再如预算管理体制是补助的，则故意减少收入任务数，以求得到上级财政多补助。

3. 预算收入计划构成是否合理。首先将各项收入计划与上年完成数对比，找出增减变化因素；同时计算各项收入计划占预算收入的比重，结合该地区经济结构进行分析比较。

4. 预算收入计划是否贯彻有关政策，是否符合制度规定。

5. 预算收入计划是否能落实。

(三)预算支出审查

具体内容包括：

1. 是否体现厉行节约、讲究效果的要求。各项支出是否严格按定员定额和各项具体开支标准核定，是否铺张浪费，预算资金分配中有无盲目安排、无效益投资及计划安排失误等情况。

2. 审查基本建设支出。基建支出安排最有伸缩性，在审查中应注意基建计划是否在保障正常必要支出的前提下安排；是否超越国民经济计划中的基建投资规模；是用于开辟财源发展生产，还是用于其他消费；是否把基建支出隐藏在行政、事业支出等其他各项支出计划中，以维修费计划的名义安排基建；主要基建投资计划是否有批准手续。

3. 预算支出结构是否合理。要根据不同地区的情况具体分析，审查支出计划结构能否适应当地经济建设的实际情况和要求，能否促进工农业生产和各项事业的协调发展。

（四）预算收支平衡审查

收支绝对相等的情况几乎没有，收支平衡、略有结余是财政预算编制的基本要求，预算平衡审查的具体内容如下：

1.注意审查两种倾向。一是地方赤字预算，不允许地方财政编制赤字预算；二是结余多，保守求稳。

2.有无虚假平衡。审查预算收支计划有无搞假平衡、真赤字，或假赤字、真结余的问题，还要注意有无隐蔽的不平衡因素。如安排基建"钓鱼"工程，从当年安排的支出看数额不大，但大宗的开支都在以后年度，给以后年度带来不平衡因素等。

3.是否根据现行规定按预算总额设置一定的预备费，以保证预算的可靠性和稳定性。

四、正式政府预算的批复

按照我国《预算法》规定，经过各级人民代表大会审批通过的正式预算，应按照一定程序批复给预算部门和预算单位执行。

中央预算草案经全国人民代表大会批准后，成为当年的中央预算。财政部应当自全国人民代表大会批准中央预算之日起 30 日内，批复中央各部门预算。中央各部门应当自财政部批复本部门预算之日起 15 日内，批复所属各单位预算。

地方各级政府预算草案经本级人民代表大会批准后，成为当年本级政府预算。

县级以上地方各级政府财政部门应当自本级人民代表大会批准本级政府预算之日起 30 日内，批复本级各部门预算。地方各部门应当自本级财政部门批复本部门预算之日起 15 日内，批复所属各单位预算。

第三节　政府预算审查报告

预算审查报告是各级人民代表大会会议的重要文件之一。它是各级人民代表大会财政经济委员会向本级人民代表大会汇报审查本行政区域本年度预算草案的基本看法，提出建议和意见的书面报告。政府预算草案在提交给人民代表大会审批之前，先由预算审查专门委员会对本级政府预算草案实施专门审查，审查以后，应就审查情况撰写书面形式的审查报告，提交给人民代表大会。

一、预算审查报告的内容

预算审查报告包括哪些内容，法律、法规没有明确规定，各级人民代表大会在实践中不断探索和总结，逐步形成了审查报告的基本格式和内容。一般来说，预算审查报告包括以下内容：

1.当年预算安排情况。首先，简要列述当年预算收入的安排情况，预算支出的安排情况，能否做到收支平衡。其次，简要概述当年预算安排是否符合实际，完成预算的各项措施是否积极可靠。

2.根据以上审查，是否建议本次大会批准预算草案的报告。

3.综合大会代表和有关预算审查委员会的审议意见和建议,根据党的方针、政策,结合分析当年国民经济和社会发展面临的任务、有利条件和存在的问题,向政府提出若干操作性强的具体建议,以利于工作的顺利完成。

二、预算审查报告的常见撰写格式

预算审查报告的撰写是根据法律规定进行的程序性工作,并无固定的方法。常见写法包括标题、开头语、正文和结束语四个部分。

1.标题。标题有三个要件:(1)审查的主体与审查的客体的名称与文种名称组成标题,点明了报告的性质和内容;(2)标题下面括号里的文字,表明审查报告是依照法定的程序提交人民代表大会主席团审查的;(3)报告人的身份、职务、姓名。

2.开头语。开头语简要交代预算审查工作的经过。一般涉及这几个方面的内容:(1)在大会之前,财政经济委员会是否作过初审工作,是否就初审的意见与政府部门作过商议;(2)政府根据初审的意见对预算草案是否作过修改;(3)大会期间,财政经济委员会根据人民代表大会代表们的审议意见,作过几次讨论和审查。

3.正文。正文是预算审查报告的主要内容。正文部分的写作一般有两种结构方式。第一种方式是将财政经济委员会和人民代表审查的各种意见归纳为问题,或者按预算支出的几个重要方面来陈述审查的意见。第二种方式是各级人民代表大会自20世纪80年代以来普遍采用的。一般将正文部分分为三大段来写:

第一段的内容是对本年度预算草案的评价。也可分为三个层次:首先列举预算总收入、总支出指标和平衡结果;其次,是对预算收支结构进行分析,评价预算安排的合理性及不甚妥当之处;再次,对预算草案预算收支规模、结构是否合理,是否可行,有哪些内容需要修改,是否符合预算编制的原则作出总体评价。

第二段的内容是财政经济委员会向人民代表大会提出的建议,也可以看作是审查的结论。建议的内容包括:建议大会批准财政部门负责人受政府委托所作的关于预算草案的报告和建议大会批准预算。

第三段的内容是对政府的财政经济工作和组织实施预算的措施提出建议和意见。政府预算审查的改进建议和意见根据预算草案的实际情况常从以下方面提出改进建议:增收节支,培养财源措施;预算支出结构的优化;预算编制技术的改进;加强预算管理制度的完善和创新等方面。

财政预算草案审查报告范例

《关于×市2013年财政预算执行情况与2014年财政预算草案的审查报告》

国民经济社会发展计划和财政预算审查委员会对×市财政局局长××受市人民政府委托向大会提交的《关于×市2013年财政预算执行情况和2014年财政预算草案的报告》进行了认真的审查,结合代表们的审议意见,现将审查结果报告如下:

(一)审查委员会认为,2013年全市财税部门深入贯彻落实科学发展观,克难求进,努力挖潜,实现财政收入持续较快增长;提升公共财政支出绩效,积极推进"三个×市"建设,较好地完成了市六届人大四次会议确定的财政预算目标。预计全市实现财政总收入500.96亿元,增长25%,完成预算的104.1%;

一般预算收入 218.08 亿元,增长 30%,完成预算的 106.5%;市级实现一般预算收入 44.47 亿元,增长 26%,完成预算的 108.8%;一般预算支出 70.27 亿元,增长 31.2%;市级和各县(市、区)当年财政收支实现平衡。

在肯定成绩的同时,要看到存在的一些问题和不足。主要是:财税增长的基础尚不够牢固,抗风险能力还需增强,收入质量需进一步提升;财政支出压力加大,支出结构有待改善,资金使用效益需进一步提高;财政科学化精细化管理需进一步强化等。建议市政府高度重视,采取切实有效的措施,在今后工作中认真加以解决。

(二)审查委员会认为,2014 年预算收入目标有压力更有动力,支出结构比较合理,财政预算总体可行。审查委员会建议本次大会:批准市财政局局长范天恩受市人民政府委托提交的《关于×市 2013 年财政预算执行情况和 2014 年财政预算草案的报告》,批准 2014 年市级财政预算。

(三)为确保 2014 年市级财政预算的全面实现,审查委员会提出如下建议:

1.多措并举,大力培植涵养财源。认真落实国家鼓励实体经济、发展战略性新兴产业的政策,抢抓结构调整机遇,争取国家、省政策、资金和项目支持,强力推进工业重大项目建设,加速发展现代服务业,优化收入结构,提高收入质态。保护和支持中小微企业特别是成长型企业的发展,落实有关人才、科技创新和税费减免等扶持政策,推动银行等金融机构改善服务,加大对中小微企业的信贷支持,涵养财源税基。加强招商引资,千方百计新上一批科技含量高、带动能力强、税收贡献大的项目,培育后续财源。

2.依法征管,确保财政收入稳定增长。依法加强税收征管,充分发挥涉税信息共享平台作用,健全社会综合治税网络,做到依法征收。深入研究分析结构性减税政策、房地产调控等对地方税收的影响,制定有效措施,保持税收平稳增长。严格规范非税收入征收行为,加强非税收入监管。完善国有资本经营预算,规范政府和国有企业的分配关系。加强行政事业单位等各类国有资产监管,确保国有资产保值增值。

3.优化结构,保障经济社会平稳发展。优化公共投资结构,积极引导和利用民间投资,确保重大基础设施、重点项目的资金投入,将投资与增加就业、改善民生、拉动内需有机结合。充分发挥财政资金导向作用,推动科技进步和经济结构战略性调整。稳步推进事业单位绩效工资改革,形成合理有序的收入分配格局。坚持保障和改善民生优先,加大教育、文化、就业、社会保障、医疗卫生、住房保障、生态环境等方面的投入,满足多层次民生需求,推进基本公共服务均等化。继续加大对"三农"的投入,抓好水利等基础设施建设,加快农业现代化进程。坚持开源节流,勤俭办事,量力而行,严格控制公费购车用车、公务接待、因公出国(境)等经费支出,办节办会精打细算。

4.深化改革,推进财政管理科学化精细化。进一步细化预算编制,严格预算执行,强化预算约束,落实部门预算支出主体责任,推进预算管理科学化精细化。完善公共财政预算,推进国有资本经营预算和政府性基金预算管理,健全政府预算体系。推行绩效预算,完善财政资金使用监督和绩效评价体系,提高财政资金使用效益。加快预算信息公开,逐步扩大公开范围和细化公开内容。扩大政府采购范围和规模,严格政府采购需求标准管理,规范政府采购行为。加强政府投融资平台管理,完善风险预警机制,落实还款责任,防范债务风险。强化审计监督职能,加大对重大项目资金和民生资金的审计力度,充分运用审计结果,推动审计整改的落实。积极促进依法行政、依法理财,确保财政资金使用规范透明、安全有效。

第四节　我国政府预算立法审批的完善

一、审批时间提前并延长

目前我国政府预算一般要在上一年度来完成,而政府预算经过全国人民代表大会的审查和批准成为公共预算要在当年度的二、三月份进行。实际上这之前的政府预算活动并不能称得上是公共预算活动。政府预算经人民代表大会审批成为公共预算的时间应在本年度开始之前完成,才能对整年度的预算做到整体的审查和批准。

我国的政府预算报经全国人民代表大会审批时间太短,往往只有十几天的时间,这期间,全国人民代表大会还要对政府其他工作进行审查和批准。全国人民代表大会在如此短的时间内不可能对政府预算进行全面清楚细致的了解和认识。因此,对政府预算的审批时间应足够长,以确保人民代表大会对其进行细致的了解和认识从而提出认可或修改意见。

二、建立专业论证和公众听证制度

我国政府预算由人大代表直接进行审批,人大代表中很多不是专业的财政专家,对财政预算的审批难免会有审批不当的现象。人民代表可以委托社会经济学专家小组式的中介机构对政府预算的审批进行协助。专家小组的组成人员应为经济学家、会计专家等,并建立公众听证和询问制度,最后将其论证的结果形成意见书交由人民代表大会,以供参考,以确保审批的科学性和严肃性。

本章小结

政府预算审核是确保政府预算编制过程正确性的重要措施,通过政府预算审核和审批,可以使政府预算更具科学性、统筹性、公共性、法律性和公开性。

政府预算审核是指由各级政府部门和财政部门对政府预算编制过程的审核。政府预算草案的审批是指全国人民代表大会对政府预算草案的审查和批准。我国政府预算草案的审批程序包括各级人民代表大会预算专门委员会对预算草案的初步审查和各级人民代表大会对预算草案的审查批准。政府预算审查内容主要包括编制审查、收入审查、支出审查、平衡审查四部分。

按照我国《预算法》规定,经过各级人民代表大会审批通过的正式预算,应按照一定程序批复给预算部门和预算单位执行。

政府预算草案在提交给人民代表大会审批之前,先由预算审查专门委员会对本级政府预算草案实施专门审查,审查以后,应就审查情况撰写书面形式的审查报告。

政府预算审查报告一般包括标题、开头语、正文和结束语四个部分。

我国政府预算审批应在时间上提前并延长和建立专业论证和公众听证制度两方面改进。

案例

瑞典议会预算审批的程序及经验

瑞典实行的是自下而上讨论并审批政府预算草案的程序,首先由议会审批通过政府支出总水平,再审批分为27个支出领域的各自总额,之后进一步批准27个领域里500项单项拨款中的每一项,实现单项拨款与总额审议并重的目的。

(一)预算审批的程序

1.4月15日之前,政府向议会提交春季财政政策草案,早于向议会提交下一年度的预算草案5个月。春季财政政策草案在有关宏观经济情况的基础上,评估出目前的经济形势和中期经济前景,制定总支出上限,并对27个支出领域作出指导性的参考上限,便于各支出部门的部长在其范围内调整。此外,在春季财政政策草案中写入了总支出在27个领域间进行分配的有关指导性信息,也拟订了下一财政年度和后两个财政年度的政府总支出水平以及政府总收入。

2.9月20日,政府提交下一年度的预算草案。预算草案将政府总支出分为27个支出领域、500个单项拨款项目,其支出总额与6月份经议会批准的春季财政草案中的数额相吻合。如果政府要抬高其支出总额,必须再单独提交一份补充预算案。在政府预算案提交到议会后,议会将用3个月的时间专门讨论。在此期间,议员若有修改预算草案的动议,必须在10月7日前向议会提出。同时,只要预算草案中政府支出总额符合春季财政政策法案中的有关规定,议会就有权对预算案作任意修正。到11月底,议会将进行投票,决定收支总额如何分配给27个支出领域。

3.12月底,议会确定在27个支出领域总额下的500项拨款的分配数额以及在各自支出领域的内部支出项目间的建议数额。一般情况下,议会在12月15日至25日审批通过各支出领域内单项拨款的数额。至此,整个议会预算审批程序结束,进入新的财政年度。

(二)瑞典议会预算审批的经验

在审议预算案过程中,大量的基础性工作是由议会所属的各小组委员会负责的。例如财政委员会,是最重要的委员会之一,由17名资深的议员组成。除此之外还有按各部门划分的委员会,如农业、工业、医疗委员会。各委员会之间分工明确:财政委员会负责对财政预算进行总体评估,就预算的支出总水平(包括收入和支出两方面)和其在27个支出领域的分配向议会提出建议;各部门委员会负责与其部门相关领域内单项拨款项目的资金分配情况进行审议。为达到此目标,他们采取的主要做法是把相关证人如央行行长、财政部官员叫到委员会进行质询。

27个支出领域各自的支出水平一经议会审批通过,财政委员会将不再直接参与预算审批程序,会把涉及的各个支出领域部分送到专门的部门委员会进行审议,如农业方面的预算案送到农业支出委员会,由他们对其相关支出领域内单项拨款项目间的资金分配情况进行讨论。各部门委员会必须向议会报告由他们所负责的各领域支出总额是否足够,但不能增加他们所负责领域的财政支出总额。然后,财政委员会分别提出27个支出领域支出总额的建议。按照宪法规定,议会是可以改变各支出领域的数额的,但实践中,议会作出的改变是相当小的。

资料来源:丁静.我国立法机构预算审批存在的问题及改进建议.《西部财会》2009 年 10 期

案例分析:

我国人民代表大会对政府预算的审批工作仍然存在不少问题,应该在充分考虑我国国情的情况下,广泛借鉴他国成功经验,改进我国人民代表大会对政府预算的审批工作。

案例讨论:

你认为我国政府预算审批工作还存在哪些问题?应该如何改进?

思考题

1. 简述政府预算审核、审批、批复的意义。
2. 简述我国政府预算编制过程的审核规定。
3. 我国政府预算审批权由哪个机构行使?
4. 简述我国政府预算的审批程序。
5. 我国政府预算审查内容有哪些?
6. 我国政府预算编制审查的内容有哪些?
7. 我国预算收入审查的内容有哪些?
8. 我国预算支出审查的内容有哪些?
9. 我国预算收支平衡审查的内容有哪些?
10. 简述我国政府预算审查报告的内容和格式。

第6章

政府预算执行与管理

本章导读

　　本章主要介绍政府预算收入、支出的执行,预算调整和预算执行结果的分析。通过学习本章,应掌握政府预算收支执行的组织体系、内容、程序,理解政府预算调整内容与方法,熟悉预算执行结果分析方法,了解预算执行分析报告的撰写。

第一节　政府预算执行概述

　　预算执行是指经法定程序批准的预算进入具体实施阶段,是实现政府预算的必经步骤,是政府预算管理的中心环节。预算执行管理是预算实施的关键环节。加强预算执行管理,关系政府公共服务水平和财政管理水平的提升,具有重要的政治、经济和社会意义。加强预算执行管理,可以实现预算管理的科学化、精细化,更好地为改革发展稳定大局服务。政府预算执行通常包括收入执行、支出执行和预算调整。

一、政府预算执行的重要性

（一）政府预算执行是一项经常性的工作

　　从整个预算管理工作来看,预算和决算的编制工作,一般在时间上相对集中。而预算收支的执行工作,则是从财政年度开始到结束,每天都要进行的一项经常性工作。

（二）政府预算的执行是实现政府预算各项收支任务的中心环节

　　编制政府预算时,政府预算的目标计划是根据当时国家政治经济形势和国民经济与社会发展计划,以及有关财政收支的规律确定的,并不意味着这个计划可以自行实现。要真正实现这一目标,就必须依靠全国各地、各部门和各单位,在整个预算年度,每天都要进行大量艰苦细致的组织执行工作,才能达到预期的目标。

（三）政府预算执行情况和结果是政府预算编制的基础

　　年度预算是预算执行的依据,当年预算执行情况和结果又是设计下一个年度预算的基础。预算执行的好坏将直接影响下一年度预算收支规模和结构的安排。只有做好预算执行工作，才能为设计下年度预算提供良好的依据。

（四）通过政府预算执行，随着客观经济社会情况的变化，不断组织新的平衡

预算执行工作本身经历着预算收支从平衡到不平衡，再由不平衡到平衡这样一个不断组织平衡的发展过程。这里预算收支平衡只是相对的平衡，因为在预算执行过程中，由于国家政治经济形势的发展变化与人们对未来计划目标的预测在主观上的不准确性，通常会出现或超收或短收，或超支或节支的情况。

二、我国政府预算执行任务

我国政府预算执行的基本任务主要包括收入执行、支出执行、组织预算收支平衡、预算监督管理，即"收、支、平、管"四大任务。

（一）预算收入执行

政府预算收入执行是财政部门、税务机关、海关和国家金库等根据国家的政策、财政制度法规以及税法，把各地区、各部门、各单位应缴的收入，及时足额地收缴入库，这是预算执行的首要任务。发展生产和提高经济效益是预算收入的源泉，要充分调动各方面的积极性，促进各个企业单位努力增加生产，加强经济核算，改善经营管理，提高盈利水平。在组织预算收入工作中，要发挥预算管理的作用，经常研究经济形势，努力增产增收。税收是预算收入的主要来源，要加强各项税收的征管工作，严格执法，做到按税法应收尽收。

（二）预算支出执行

按照预算计划，及时合理地拨付预算资金，保证生产建设事业的资金供给，是预算执行的又一重要任务。预算支出执行是财政部门、上级主管部门和国家金库通过国家规定的办法向用款单位进行拨付财政资金的分配活动。在预算执行中，要按照政府预算核定的预算支出指标、规定的支出用途及生产建设事业进度，根据年度支出计划和季度计划，按照预算拨款诸原则，把财政资金拨付给用款单位，保证国家生产计划和事业计划的完成。同时，要帮助和促进企业单位、建设单位、行政事业单位贯彻勤俭节约的方针，管好用好预算资金，充分发挥预算资金的使用效果，做到"少花钱、多办事、事办好"。

（三）组织预算收支平衡

预算平衡是相对的，不平衡是绝对的，组织预算平衡是预算执行中经常性的重要工作。预算的执行，是经过从平衡到不平衡再达到新的平衡的过程。由于在预算执行过程中，会出现预算收入超收或短收，预算支出增加或减少，国家政策的调整，新的改革措施的出台，自然灾害及季节性因素的影响等等，都会引起预算收支的变化。这就要求财政部门要根据客观情况的变化，及时采取有效措施，不断地组织新的预算收支平衡。如根据预测设计的偏差、发生特大自然灾害、国家政策调整、财政税收制度变化以及社会经济发展新的情况等调整预算，组织新的预算平衡，保证国家预算收支任务的实现。

（四）预算监督管理

政府部门为了确保政策目标的实现，一方面，在预算执行中要建立一个良好的预算执行监督程序，要按照有关政策、规章制度进行检查监督，对预算资金集中、分配、使用过程中的各种活动加以控制，防止预算执行中的各种偏差。要把事前监督、日常监督和事后监

督三者很好地结合起来,正确处理预算监督同服务生产的关系,专业监督同群众监督的关系,使监督成为预算执行的有效措施。监督检查各地方、各部门,促使其正确地贯彻执行各项财政、财务、税收法令和制度。另一方面,要将监督管理的重心转向预算绩效,要求支出部门和机构对预算资源使用的结果负责。

三、我国政府预算执行的组织体系及其职责

政府预算的执行涉及各地区、各部门、各单位,由国家行政领导机关、职能部门及各类专门机构所组成,按国家政权级次、行政区划和行政管理体制实行“统一领导,分级管理,分工负责”。

(一)各级政府部门是政府预算执行的组织领导机构

负责政府预算执行的组织领导机构是国务院及地方各级人民政府。

1.国务院领导全国政府预算的执行,其职责为:一是执行政府预算法律、法令,制定预算管理方针、政策;二是核定政府预算、决算草案;三是组织、领导政府预算的执行;四是颁发全国性的、重要的财政预算规章制度;五是审查、批准中央总预备费的开支。

2.各级地方政府部门领导地方预算的执行,其职责为:一是颁发本级预算执行的规定、法令;二是批准本级预备费、机动财力的动支;三是按规定执行预算调剂权,按规定安排使用本级预算结余;四是审查本级预算的执行和决算。

(二)财政部门是政府预算执行管理机构

各级政府财政部门是政府预算执行的具体负责和管理机构,是执行预算收支的主管机构。

1.财政部门在预算收入执行中具有双重身份。(1)财政部门是预算收入执行的主管机构。其职责:第一,根据政府预算收入执行工作的需要,制定组织收入的各种制度和方法。第二,根据政府预算收入任务和核定的季度收入计划,监督各经管收入的部门、各预算缴款单位努力完成预算收入任务,把一切应缴的预算收入及时地、足额地缴入国库。第三,经常检查预算收入执行情况,分析国家政策、法令和国家政治经济情况的发展变化对预算收入的影响,及时研究和解决执行工作中的问题,提出增加收入、加强管理、改进工作的措施和建议。(2)财政部门又是政府预算收入执行的具体征收机构。主要负责其他收入,如行政规费收入、罚没收入和杂项收入,国有企业缴纳的预算收入,如企业利润、资金占用费等。凡财政部门监督缴款的,以财政部门为收入的征收主管机构。

2.财政部门负责组织和监督管理预算支出,主管预算资金的分配。各个支出部门和单位具体负责执行预算支出和预算资金的使用。财政部门在政府预算支出中的职责是:一是根据年度预算和季度计划,适时、正确地把预算资金拨给用款单位,以保证生产建设和事业计划的顺利完成;二是监督用款单位厉行节约,讲求效果,做到少花钱,多办事,事办好;三是制定各项预算支出管理的规章制度,并监督执行;四是对政府预算支出的执行工作,要经常进行调查研究,分析总结,提出改进工作的措施。

(三)政府预算执行的具体机构

1.政府预算收入的征收机构

政府预算收入执行工作,由财政部门统一负责组织,并按各项预算收入的性质和征收

办法,分别由财政部门和各主管收入的专职机构负责组织管理和征收。包括税务部门和海关。

税务部门主要负责征收并管理各项税收。从 1994 年起,税务部门因分设国家税务局和地方税务局而使其职能范围有所不同。国家税务局主要负责征收中央固定税和中央地方共享税。地方税务局主要负责征收地方税。税务部门除按规定范围组织征收外,还要研究制定税收政策、法令、规章制度,检查税收计划执行情况,依法审批税收减免,另外还负责国家交办的其他预算收入的征收管理工作。

海关总署及其分支机构主要负责关税的征收管理,并代理税务部门征收进口货物的增值税、消费税和其他有关税款,还负责海关罚没收入征收。

2. 政府预算支出的执行机构

财政部门是政府预算支出的执行机构,此外,还有其他各职能机构,包括:

(1)政策性银行。国家投资银行办理政策性国家重点建设拨款及贴息业务;中国农业发展银行主要负责国家粮棉油储备和农副产品合同收购、农业开发等业务中的政策性贷款;中国进出口银行主要办理出口融资业务、中国政府对外优惠贷款、外国政府贷款转贷业务等政策性业务。

(2)社会经济中的各部门。预算收入主要来自社会经济中的各部门、各单位,预算支出都要通过具体的各部门、各单位分配和使用。预算收支任务能否完成,同各部门、各单位的事业计划、基本建设计划、生产计划、商品流通计划的完成有着直接的关系,同广大人民群众的物质文化生活的逐步提高紧密相关。

3. 政府预算资金的出纳机构——国家金库

国家金库(简称国库),是管理预算收入的收纳、划分、留解和库款支拨以及报告政府预算执行情况的专门机构。我国《人民银行法》明确规定中国人民银行经理国库职责。

根据国家金库条例规定,国库在预算执行中的主要职责是:(1)办理国家预算收入的收纳、划分和留解;(2)办理国家预算支出的拨付;(3)向上级国库和同级财政机关反映预算收支执行情况;(4)协助财政、税务机关督促企业和其他有经济收入的单位及时向国家缴纳应缴款项,对屡催不缴的,应依照税法协助扣收入库;(5)组织管理和检查指导下级国库的工作;(6)办理国家交办的同国库有关的其他工作。

为了更好地履行国家金库的职责,国家金库具有以下基本权限:(1)督促检查各经收处和收入机关所收之款是否按规定全部缴入国库,发现违法不缴的,应及时查究处理;(2)对擅自变更各级财政之间收入划分范围、分成留解比例,以及随意调整库款账户之间存款余额的,国库有权拒绝执行;(3)对不符合国家规定要求办理退库的,国库有权拒绝办理;(4)监督财政存款的开户和财政库款的支拨;(5)任何单位和个人强令国库办理违反国家规定的事项,国库有权拒绝执行,并及时向上级报告;(6)对不符合规定的凭证,国库有权拒绝受理。

第二节　政府预算收入执行及管理

一、政府预算收入执行的要求

政府预算收入的执行有两方面要求。一是征收机关必须应收尽收,不收过头税费;缴款单位应缴尽缴,及时、足额上缴入库;取得的各项收入要及时入账,不得坐支;主管部门和财政部门对单位应缴未缴资金要督促催缴。二是正确处理各种分配关系,充分调动各方面的积极性,为更多地组织预算收入创造条件。

二、政府预算收入缴款依据

预算收入的缴款依据具体体现在税收计划、企业财务收支计划、政府性收费和基金计划的执行中。一是各种税收计划。各级税务部门根据政府预算确定的工商税收任务按季编制分月的税收执行计划,作为税务部门组织工商税收入库的依据和考核税收工作的基本指标。二是事业财务收支计划。编制季度分月的利润缴款或亏损,作为税务部门监督企业上缴利润的依据。三是各种政府性收费和基金计划。按旬掌握收入进度,按月进行分析,并发出收入计划执行情况的通报,按季做出收入计划执行情况的分析检查报告,层层分析,逐级汇总上报,保证各项税收及时、有秩序地组织入库。

三、政府预算收入的缴库方式及程序

确定预算缴库方式的原则包括:一是方便缴款单位或纳税人向国库缴款;二是有利于政府预算收入的及时入库;三是符合财务管理和会计核算的要求。

（一）缴库方式按程序划分

1.就地缴库。这是指不论企业的隶属关系如何,其应向政府预算缴纳的各种款项,都在企业所在地通过企业的开户行,以转账方式向当地国库办理缴库手续,以避免层层汇解,从而节约大量人力、物力、财力,并使政府预算收入得以及时入库。目前,我国各项税收及国有资产收益的大部分都由纳税单位就地缴库。

2.集中缴库。这是指基层缴款单位将应缴的预算收入通过银行汇总到主管部门,由主管部门集中向国库或国库经收处缴纳。适用于由主管部门实行统一预算的单位,例如,铁道、邮电、银行总行以及其他零星收入等。集中缴款的方式在具体执行中也可以采取部门结算、各单位分散缴纳的方式。

3.自收汇缴。亦称征收机关自收汇缴。指缴款单位或缴款人直接向基层征收机关(税务部门、海关)缴纳税款,由征收机关将所收款项汇总缴入国库。这种方法主要是针对一些小额零星收入而设计的,以便纳税人缴款,防止税源流失,主要适用于农村集市贸易、边境小额贸易、个体商贩、入境旅客及农民缴纳的小额税款。为保证及时结报入库,按现行规定,税务局应于当日将自收税款存入银行或信用社,并严格按照限期限额结报办法办理。税务局(所)收到下级结报的自收税款,亦须于当日缴库。采用上述方式缴款时,均应按照国家规定的期限,及时、足额上缴。

目前国库管理制度的改革将财政收入的收缴方式分为直接缴库和集中缴库。

(二)缴库方式按计算依据划分

1.按计划数缴库。即按照上级核定的年度缴库利润计划数和季度分缴款计划,按月一次或分次缴库。目前,工交企业一般都采取这种方法,缴款期限根据应缴税利数额大小,分别按1日、5日、10日或按月缴库,在次月10日前按企业上月会计报表进行结算,少缴的部分在本期补缴,多缴的部分可抵扣本期缴款计划。但在年终后,则应将多缴的利润退还企业。按计划利润缴库有利于国家及时均衡地得到预算收入,同时也有利于促使企业加强计划管理。

2.按实际数缴库。即按会计报表的实际数额缴库。目前,商业、粮食供销、外贸和物资供应企业,一般都采取这种方法,这些企业各个时期的销售额变化较大,流动资金占用多。缴库期限一般为月终后10日内一次缴库,个别特殊情况,届时计算不出实际数额时,可先参照上月实际数,结合本期变化情况估缴,待会计报表编成后再按实际数额结算,多退少补。

(三)政府预算收入缴款程序

国库收纳预算收入是国库工作的起点,也是政府预算收入保管环节管理的起点。国库收纳各项预算收入一律凭统一规定的缴款书办理。"缴款书"是办理预算收入缴库的唯一凭证,缴款书应由缴款单位或征收机关按政府预算收入科目一税一票按"款"填制。

收入"缴款书"分为两种,即"一般缴款书"和"专用缴款书"。国有企业缴库的利润、资金占用费,以及各单位缴纳的其他收入使用"一般缴款书";工商各税、农(牧)业税、关税、资源税等各项税收,以及企业所得税等使用"专用缴款书"。填写完整的缴库书必须经过仔细审核,确认其真实性、合法性和完整性。如果缴款书内容填写不清楚、计算错误或签章不全,超过缴款限期的缴款书就退回缴款单位,责其到征收机关办理完计算加收滞纳金事宜后,再予办理入库手续。

四、政府预算收入的确认

预算收入由政府的专门机构负责征收,征收的预算收入要按照财政体制的规定划缴到各级政府的财政金库。国库收到预算收入后,要按照财政管理体制规定的预算级次和收入划分,将固定收入分别列入各级财政的预算收入日报表,将共享收入按规定的划分比例也分别列入各级财政的预算收入日报表,并同时将入库款项分别划解入各级国库。

预算收入数的确认以会计年度缴入基层国库(即支金库)的数额为准,中心支库、分库、总库直接收纳的预算收入视同缴入基层国库。未建乡(镇)国库的地区,乡(镇)财政的本级收入以乡(镇)总预算会计收到县级财政返还数额为准。基层国库在年度库款报解整理期间内收到经收处报来的上年度收入,记入上年度账,新年度收入则记入新年度账;整理期结束后,收到的预算收入一律入新年度账。

五、政府预算收入退库的管理

收入退库就是在政策允许范围内,将缴库的预算收入退还给指定的收款单位或个人。

政府预算收入缴库后,即称为政府预算资金。政府预算资金由财政部门统一支配使用,任何地区、部门、单位和个人都不得随意退库。

(一)政府预算收入的退库项目

根据现行国家金库制度规定,预算收入退库的具体范围如下。

1.技术性差错退库。由于工作疏忽,发生技术性差错,多缴、错缴,或应集中缴库却在当地缴库的。

2.结算性退库。改变企业单位隶属关系,上划下划,交接双方办理财务结算需要退库的;企业超缴而需清算退库(指不宜在下期抵缴的)。

3.政策性退库。对亏损企业计划补贴的退库;根据批准的企业亏损计划,应当弥补给企业的计划亏损需要退库的。

4.提留性退库。为了简化手续,规范管理,部分预算收入先入库后再定期提留收入的退库,地方财政往往需要从已入库的税款中按期、按比例提取工商各税附加、资源税附加、农业税附加、工商各税代征手续费而需要退库。

5.其他经财政部批准的退库项目。凡办理收入退库时,由申请退库的单位提出书面申请,经财政部门或其授权的当地监缴企业收入的税务部门签发"收入退还书",国库根据"收入退还书"审核无误后,将库款退给申请单位。收入退库的审批权限,按中央预算和地方预算划分,属中央预算收入的退库,由财政部或授权的收入机关审查批准;属于地方预算收入(包括中央预算和地方预算实行分成的收入退库),由地方财政部门或其授权的主管收入机关在国家规定的收入退库项目范围内审查批准;不属于国家明文规定的收入退库项目范围的退库事项,要报财政部专案审批。

(二)预算收入退库的批准权限

属于中央预算收入的退库,必须经财政部或其授权的征收机关审查批准;属于地方预算固定收入及分成收入的退库,由地方财政机关或其授权的主管征收机关在国家规定的退库范围内审查批准;不属于国家明文规定的收入退库范围的退库事项,须报财政部审查批准。

(三)预算收入退库的审查

各级财政和授权的主管征收机关,在预算收入退库中应该审查以下几个方面的问题。

1.对于弥补企业的超计划亏损的亏损补贴退库,需要严格按照规定的审批程序办理,不能随便乱批退库。

2.认真审查国家规定的退库凭证的统一印鉴。收入退库书要按国家规定盖有财政部门或县以上(含县)税务局公章和负责人印章方为有效。

3.收入退库一律转账退付,不退现金,个别特殊情况必须退付现金时,要由财政、征收机关严格审查,并加盖明显戳记,国库才能审查付款。

4.各级预算收入的退库应按预算收入的级次办理,库款不足时不得退库。

5.财政部门原则上不能自批自退已经缴库的预算收入,除国家明文规定,如各项地方财政附加可由国库按规定转账退库外,遇有特殊情况,财政部门需要作为申请单位办理退库时,须经上级财政部门审批,方能办理收入退库。

6.补助地区不办理退库手续。

7.严格执行收入退库报告制度。

（四）预算收入退库的审批程序

1.属于一般性错缴、多缴需要退库的，由各级财政机关或征收机关审查批准后办理退库。

2.工业、交通、商业企业的计划亏损需要退库弥补的，应由企业提出申请，按企业隶属关系报主管部门和财政部门审查批准。

3.亏损企业的超计划亏损和盈利企业变为亏损企业的亏损，需要退库弥补的，必须将亏损情况和原因写出检查报告，提出扭转亏损的措施，由征收机关提出意见，报经上级机关批准，才能给予弥补。地方企业按其隶属关系经企业主管部门和财政部门审查后，分别报省、市、县人民政府批准。中央企业报主管部门审查批准。

4.属于政策法令规定和自然灾害影响等特殊原因需要退库的，按当时有关规定办理。

5.地方财政从已入库的税款中提取税收附加，按规定比例从正税中退库提取；税务部门从工商各税中提取代征手续费，需经同级财政部门审查核实从已入库的税款中办理退库。各级财政和税务部门原则上不应自批自退国家预算收入。

（五）办理预算收入退库的程序和方法

1.各单位及个人申请退库，首先应向财政机关或征收机关填写退库申请书，经财政机关和征收机关严格审查同意后，签发"收入退还书"交退库单位或退库人向国库办理退库。

2.预算收入退库应从当日入库款中退付。中央预算收入的退库从中央预算收入科目中退付；地方预算收入退库从地方预算收入中退付。

国库经收处所收款项属代收性质，不算正式入口，所以不能办理收入退库。但在当日预算收入尚未上划之前，如征收机关发现错误可以更正。

第三节　政府预算支出执行及管理

一、政府预算支出执行的基本要求

（一）坚持按支出预算执行

各级预算经过人民代表大会审查批准，具有法律效力，必须得到严格执行，不得突破。这是预算执行的最基本要求。任何由于国家计划变更、重大财政经济政策调整或者其他特殊原因，原定支出预算计划无法满足要求需要增加支出预算时，必须按照规定程序办理追加预算支出，非经批准不得擅自突破预算，扩大开支。

（二）加强预算支出管理

严格的预算支出管理直接关系到国民经济和社会发展计划以及政府预算的正确执行。首先要划清各类资金的界限，例如预算资金与预算外资金、基本建设投资与流动资金、行政管理费与事业费等，都要分别管理和使用，不得相互挤占。各类预算支出之间的经费流用、建设项目的资金来源中预算资金与其他资金的一起使用，必须按照有关规定，经过一定的批准程序。其次，要建立预算资金使用责任制，追究资金使用效益低下造成损失浪费的经济责任。

（三）讲求资金使用效益

预算支出执行要贯彻勤俭节约的精神，坚持厉行节约，反对浪费，讲求资金的使用效益。除了充分动员和挖掘各用款单位的潜力、保证预算资金的使用发挥最大效用外，要建立健全严格的财务会计核算体系，按规定的考核标准进行考核，提高资金使用效率。

二、政府预算拨款原则

政府预算拨款就是指财政部门根据核定的预算办理预算支出的拨付，拨款给用款单位。为保证预算支出的正确执行，预算拨款应坚持下列原则：

（一）坚持按预算计划拨款

各用款单位在各季度开始之前应根据核定的预算编制季度分月用款计划，报上级部门和财政部门核准后作为用款单位的拨款依据。各级财政部门在办理预算拨款时要按核定的年度支出预算和季度分月用款计划拨款，不能办理无预算、无计划拨款，也不能办理超预算、超计划拨款。

（二）坚持按事业进度拨款

各级财政部门应根据用款单位基本建设工程、生产和事业发展的实际进度以及上期用款单位的资金结存情况合理拨付资金。既要保证资金需要，又要防止资金分散积压；既要考虑本期资金需要，又要考虑上期资金的使用和结余情况，以保证政府预算资金的统一安排、灵活调度和有效使用。

（三）坚持按核定的支出用途拨款

即分别事业经费、行政经费、基本建设支出拨款的不同用途，分别拨付。各级财政部门办理预算拨款时，应根据预算规定的用途拨付，不得随意改变支出用途，以保证国家核定的行政任务和事业计划的正确执行。

（四）坚持按预算级次拨款

各支出部门和单位应该按照国家规定的预算级次逐级办理预算款项的领拨。预算拨款一般由财政部门根据主管单位（一级预算单位）的申请按季按月拨付，再由主管单位按照拨款的隶属关系，层层拨付基层单位。各级预算单位一般不准向没有支出预算关系的单位垂直拨款，各级预算单位之间也不能发生支出预算的拨款关系。如果确实有需要，应当通过同级财政部门办理划转手续，以减少预算拨款渠道，加强预算拨款管理。

三、我国政府预算支出的拨款方式

政府预算支出的拨款由一级预算单位（主管单位）提出申请，财政部门审查后签发拨款凭证，由国库审查拨款凭证无误后在同级财政存款额度内支付，一般只办转账，不支付现金。我国预算资金的领拨关系分为三个层次，分别称为一级预算单位、二级预算单位和基层预算单位。直接向同级财政部门领取经费，并负责转拨所属单位经费的单位称一级预算单位；向一级预算单位领报经费，并向所属单位转拨经费的单位为二级预算单位；向一级预算单位或二级预算单位领报经费，无下属独立会计的单位称为基层单位。基层单位所属不成立一级预算的单位没有独立会计，只凭支出凭证向上级报销的单位称报销单位。

政府预算支出的拨款方式有划拨资金和限额拨款两种。

1.划拨资金

这是财政部门用拨款凭证通过金库向用款单位直接拨付预算资金的方式。其程序是：首先由主管单位根据国家下达的支出预算和季度分月用款计划，填写经费拨款申请书，经财政部门审核同意后，开出拨款凭证（一般用委托付款书），通知国库，将预算资金直接拨到各主管单位的开户银行的存款账户上，由主管单位按照预算所规定的用途，办理转拨或支用。

划拨资金拨款一般每月一次或分几次拨付，手续简便，能及时满足用款单位的需要，但容易造成预算资金分散积压的现象，影响财政部门统一调度资金。目前适用于各级财政对行政事业经费、经营性基本建设资金、有偿使用基建资金、基建贷款财政贴息资金的预算拨款。

2.限额拨款

这是由财政部门根据主管部门申请，在核定的年度支出预算之内，按季或按月开出限额通知书，核定用款额度，通过金库通知申请单位的开户银行执行的方式。其程序是：先由财政部门根据主管部门的限额申请书，在核定的年度预算内，分期（一般是每季一次）给用款单位下达用款限额，通知主管部门及其开户银行。主管部门据此向开户银行申请开立限额用款账户（属银行的表外科目），在下达限额内，主管部门可以动用或向下属单位转拨限额。按期由银行向财政部门办理结算，结算方式有二：一是1985年前实行银行代垫，月终，银行与财政部门结算，财政归还；二是1985年起实行财政预拨，限额结余自动注销，即财政按下达的限额拨足资金给银行，不由银行垫款，限额拨款以"暂存资金"户头存入银行。用款单位动用限额，银行在限额内拨款，相应减少财政暂存资金。年终，未用完的限额注销，银行将存款余额退还财政。

四、政府预算支出的数字核算基础

政府预算支出的数字基础是指财政部门和预算单位列报支出的口径和依据。

预算资金运动要经过分配和使用两个阶段，从分配到使用大体要经过财政拨款、银行支出、实际支出和预算结余等各个环节。

财政拨款是财政分配资金而从国库划拨的预算资金数。银行支出数是基层用款单位从银行存款中支取的预算资金数。银行支出数大于实际支出数的差额，称为"银行支取未报数"，它是用款单位已从银行支取，但尚未向财政部门核销的资金数，一般表现为用款单位周转性的库存材料、库存现金和一部分待结算的暂付或应收款项，是用款单位执行支出预算必需的周转使用的资金；各级财政部门对各用款单位的"银行支取未报数"应当严格控制，加强定额管理，保证合理、节约地占用和周转。预算结余则是年终全年预算收支的差额，真实的预算结余应该是在第二年可以用来进行重新安排的结余。

1.总预算的列支基础是预算拨款数

1997年预算会计改革将总预算支出的列支基础由银行支出数改为财政拨款数，财政拨款数就成为各级财政部门总预算支出的数字核算基础，也成为财政部门和主管部门结算预算拨款的依据。财政以拨作支不仅简化了结算事项，而且符合财政总预算资金的运动特点。

（1）财政拨款数是财政分配资金过程的结束。财政部门是资金的分配部门，财政拨款数的形成意味着财政部门分配资金过程的结束。因此，财政部门应以预算拨款数列作支出（财政部门安排的部分基建支出除外）。

（2）在单位资金来源渠道多元化的情况下，难以核定银行支出数。资金的同质性决定了划分资金渠道的困难，财政拨款所形成的银行支出数难以同其他渠道形成的银行提取数分离开来，而且，由于银行支出数计算的复杂性，财政总预算以银行支出数列支往往也只是流于形式。

（3）增强总预算结余的真实性。在单位预算包干制以后，结余资金由单位留用，财政不可能收回并进行重新分配，财政以单位的银行支出数列支，单位结余就形成了财政账面上虚增的结余；若财政部门以基层用款单位的实际支出数列报预算支出，则财政将单位预算结余和单位银行支取未报数所形成的必要的周转金都形成财政总预算的账面结余。财政以拨作支有利于及时掌握预算的执行情况，落实年终财政结余，适应预算管理需要。

2.单位预算的列支基础是实际支出数

实际支出数是基层用款单位从银行支取并且实际消耗的资金数，它是核算单位预算数字的基础，也是各单位支出报销的数字依据。

（1）符合报销原则。基层用款单位花钱办事，必须按原则报销，只能在资金使用报销后才能作为经费支出，单位的银行支取未报数，在尚未使用报销之前，不能作为单位的实际支出数列支。

（2）如实反映单位资金耗费。各基层用款单位以实际支出数为核算基础，有利于如实反映单位实际消耗的预算资金，还有利于考核各单位的行政、事业计划的完成情况和预算的执行情况。

（3）体现单位业务活动的效果。基层用款单位也不能以取款数列报，如果以单位的银行支出数列报单位的预算支出，就等于把其中尚未使用消耗掉的资金和物资作为实际使用报销了，这既不符合支出报销的原则，也不能真实地反映预算资金的使用情况，不能真正体现用款单位的业务效果。

五、政府预算支出的付款机制

政府预算支出的支付机制是和国库制度联动作用的，主要分为两种：

1.预算支出分散支付的方式

即财政支出资金层层下拨，由单位分散付款。预算支出的拨款由财政部门根据主管单位的申请，依据计划按月一次拨给主管单位，再由主管单位按照拨款的隶属关系，层层转拨到基层用款单位，由基层用款单位分散使用资金，分散付款。

我国长期以来一直采取这种分散的支付方式。我国财政资金支出的运行程序是：各级预算单位根据同级财政部门下达的年度预算，定期向财政部门提出资金拨付申请，财政部门审核后开具拨款凭证，通知国库办理资金拨付手续，国库通过银行间票据交换将财政资金划入预算单位在商业银行开设的账户上。

2.预算支出集中支付的方式

预算支出集中支付的方式又称为国库集中支付,即由财政部门按预算直接从国库向为政府提供商品和劳务的最终供应商核拨资金。它是国家预算执行和财政管理制度的重大创新,是把财政资金由传统的层层划拨改为国库单一账户的公共财政管理体系。单位和部门的人员经费由财政部门直接拨付,具体的拨付方法可实行工资发放银行化的做法,由财政部门按预算直接把工资、津贴等直接拨入个人在银行的工资账户上;行政经费、事业经费、项目资金等,由财政部门按照政府或有关部门批准的计划,结合政府采购物品直接将预算资金支付给最终提供商品与劳务的供应者。

2001年财政部率先在水利部等国家六部委进行了国库集中支付制度试点。2002年增加到38个中央部门,2004年年底已扩大到140个中央部门(一级预算单位)、2 624个基层预算单位的全部财政拨款。国库集中支付制度是财政预算执行体制的一项制度创新,按支付形式划分为财政直接支付和授权支付。工资支出、工程采购支出、大宗物品和服务采购支出在财政直接支付中核算,零星支出在授权支付中核算。目前我国已全面推行国库集中支付制度。

第四节 政府预算执行中的调整

一、政府预算调整的方法

政府预算调整实际上是改变预算收支规模或改变收入来源和支出用途,组织预算新平衡的重要方法。在预算执行过程中,预算调整按调整幅度不同分为全面调整和局部调整。

全局调整是指国家对原定国民经济和社会发展计划作较大调整时,政府预算也相应对预算收支的总盘子进行大调整,涉及面广,工作量大,实际上等于重新编制政府预算。全局调整并不经常发生。全局调整由国务院提出调整预算计划,上报全国人代会审查批准,然后下达各地区、各部门执行。财政部门和主管部门经过上下协商,反复平衡,最后确定政府预算收支的新规模。

局部调整是对政府预算所作的局部变动。即在政府预算执行中,为了适应客观情况的变化,重新组织预算收支平衡。这种变动是经常发生的。

局部调整的方法包括以下几种:

1.动用预备费。在预算执行中,如果发生较大的自然灾害和经济上的重大变革,发生原来预算没有列入而又必须解决的临时性开支等情况,可以动用预备费。

预备费是用于急需的资金,动用应从严掌握,一般应控制在下半年使用,并需要报经同级政府批准。批准动支后,再列入指定的预算支出科目。

2.预算追加、追减。在原核定预算收支总数不变的情况下,追加、追减预算收入或支出数额。各部门、各单位需要追加、追减收支时,均应编制追加、追减预算,按照规定的程序报经主管部门或者财政部门批准后,财政部门审核并提交各级政府或转报上级政府审定通过后执行。财政办理追加、追减预算时须经各级人大常委会批准,方可执行。

3.经费流用。亦称"科目流用"，是在不突破原定预算支出总额前提下，由于预算科目之间调入调出和改变资金使用用途形成的预算资金再分配，而对不同的支出科目具体支出数额进行调整。

为了充分发挥预算资金的使用效果，可按规定在一些科目之间进行必要的调整，以达到预算资金的以多补少、以余补缺。经费流用的原则包括：一是调剂只能此增彼减，不能突破预算总规模和收支平衡；二是调剂要有利于提高资金使用效益，不能影响各项建设事业的完成；三是遵循流用范围，一般要求基建资金不与流动资金流用，人员经费不与公用经费流用，专款一般不与经费流用；四是通过一定的审批程序，不同科目间的预算资金需要调剂使用的，审批上必须按照国务院财政部门的规定报经批准。

4.预算划转。即由于行政区划或企事业、行政单位隶属关系的改变，在改变财务关系的同时，相应办理预算划转，将其全部预算划归新接管地区和部门。预算的划转应报上级财政部门；预算指标的划转由财政部门和主管部门会同办理。

企事业单位应缴的各项预算收入及应领的各项预算拨款和经费，一律按照预算年度划转全面预算，并将年度预算执行过程中已经执行的部分——已缴入国库的收入和已经实现的支出一并划转，由划出和划入的双方进行结算，即划转基数包括年度预算中已执行的部分。

二、政府预算调整的权限

各国关于预算调整权限的规定，大致有两种情况：一是预算调整权集中在议会，政府如果需要追加预算或增加临时拨款，必须提出预算调整方案，经议会审议批准，如法国、英国、日本、印度、泰国等。法国的法律规定，政府追加预算或申请补助，要以调整财政案的方式提交议会审议批准。英国的法律规定，政府如要追加预算开支或临时拨款，必须向议会提交议案，由议会审议批准。日本的法律规定，政府需对预算进行调整并追加支出时，要由大藏大臣向国会提出报告，提交国家财政状况的书面说明和追加支出的理由。内阁在法律规定的情况下，可以按制定预算的程序编制追加预算，由国会审批后实施。我国《预算法》规定，调整预算时应当由本级政府编制预算调整方案，并须提请本级人民代表大会常务委员会审查和批准，未经批准，不得调整预算。二是除了议会有预算调整权外，政府也有部分预算调整权。如美国、德国、西班牙等。德国的法律规定，一般情况下追加支出，必须经议会批准，但在出现对联邦政府有重大威胁或者重大危害的突发性事件时，联邦政府可按《促进经济稳定和增长法》的规定追加预算。西班牙的法律规定，政府如果需要支拨临时款项时，财政大臣应建议政府讨论通过并向议会提交一份法律草案，由议会批准。法案中应说明扩大公共支出的财力来源。政府根据财政大臣的建议，可以特殊例外地批准拨付不可拖延的支出。但每年度最高限为国家预算款额的1％。

三、我国政府预算调整

(一)政府预算的调整

政府预算调整是指经立法机关批准的本级预算，在执行中因特殊情况需要增加支出或者减少收入，使原批准的收支平衡的预算总支出超过总收入，或者使原批准的预算中举借债务的数额增加的部分产生变更。即凡是打破原有预算平衡,扩大预算收支逆差、增加举债数额的都作为预算调整。因上级政府返还或者给予补助而引起的预算收支变化不属于预算调整,但接受上级返还或者补助的地方政府,应当按照上级政府规定的用途使用,并向本级人大常委会或人代会报告有关情况。政府有关部门以本级预算安排的资金拨付给下级政府有关部门的专款,必须经本级政府财政部门同意并办理预算划转手续。

各级政府对必须进行的预算调整,应当由政府财政部门负责具体编制预算调整方案,列明调整的原因、项目、数额、措施及有关说明,经本级政府审定后,提请本级人大常委会(乡政府预算的调整方法提请本级人民代表大会)审查和批准。未经批准,各级政府不得调整预算。对违反规定作出的决定,本级人代会、本级人大常委会或者上级政府应当责令其改正或者撤销。地方各级政府预算的调整方案经批准后,由本级政府报上一级政府备案。

(二)单位预算的调整

单位预算调整是指单位预算经财政部门或主管预算部门批复后,在执行中因特殊原因需要增减收支,使原批准的预算收支项目和规模发生变更。经财政部门和主管部门正式批复的单位预算,单位不得随意调整。但确因特殊情况需要调整预算时,应按规定处理。

第一,财政拨款或补助收入预算调整的权限及程序。单位预算执行过程中,国家对财政预算拨款(补助)收入一般不予调整。但在两种情况下会引起单位增支或减收等情况的出现,对单位财务收支预算产生较大影响,单位可以据此报请主管部门或财政部门调整预算。一是因上级下达的工作任务或事业计划有较大调整,如上级根据国家发展需要,对学校的年度招生计划作了大的调整;二是国家有关政策影响,如国家因整个经济体制改革需要,出台了新的税收、外汇、工资政策或津贴补贴项目。

第二,非财政拨款或补助收入预算调整的权限及程序。行政单位的其他各项收入、事业单位非财政补助收入增加或减少时,需要相应调整收入预算,单位可根据预算收支平衡的原则调整收支预算,但必须报送主管部门和财政部门备案。

第三,预算外资金的预算调整权限及程序。一是从财政专户核拨的预算外资金预算调整比照财政拨款或补助收入的调整办法办理;二是经批准不上缴财政专户管理的预算外资金收入,在预算执行过程中,其收入的增减变化可按非财政补助拨款收入的办法,自行调整预算。

收入预算调整后,要相应调增或者调减支出预算。

第五节 政府预算执行分析

一、政府预算执行分析的内容与程序

(一)政府预算执行分析的内容

1.检查分析政府预算收支项目的完成情况及原因

首先,分析预算总收入、总支出完成情况及其进度,比上年同期增减情况。分析中要结合计划、历史资料对比分析,结合国民经济发展综合分析,从而对预算收支的完成情况有一个基本的估计。

其次,针对各主要收支项目,逐项分析其完成进度和增长幅度。

再次,对一些影响预算收支项目的某些特殊因素进行分析,如自然灾害对农业的影响,抗灾救灾对财政支出的影响。

最后,各主要收支项目分析的结果与预算总收支的分析进行对照,科学地作出预算执行情况的结论,并提出解决问题的建议。

2.检查分析党和国家方针政策的贯彻执行情况及其对预算收支的影响

政府预算收支是实现党和国家方针政策的财力保障,同时党和国家方针政策的贯彻执行情况会反过来影响政府预算收支的执行。

3.分析国民经济和社会发展计划完成情况对预算收支的影响

分析的指标主要有:第一产业、第二产业和第三产业产值规模与结构变动情况,社会商品零售额增减情况,居民收入、物价指数等指标变动情况。这些指标的分析主要是与计划指标比较,与历史资料比较。由于计算涉及面广,要密切注意有关经济指标的异常变动,并估计其对预算收支的影响,其中包括滞后影响。

4.对预算会计和国家金库报表的分析

具体包括各级财政部门编制的总预算会计报表、部门预算会计报表、单位预算会计报表、工商税收报表、海关税收报表、金库报表等。

(二)预算执行分析的程序

1.明确分析的目的

在进行预算执行分析时,第一步要做的是根据各个时期经济、财政工作的中心任务和工作重点、热点、难点问题,确定分析的目的是什么。也就是说,通过分析,要揭示和解决什么问题,达到什么目的。

2.拟定分析提纲

分析提纲一般应包括:预算执行分析的对象、范围;需要哪些数据资料;工作的方法和步骤;完成分析的时间和要求;具体的组织分工和各方面的协调配合。

3.搜集资料,掌握情况

有计划地搜集和积累分析所需的各种资料,是进行预算分析的重要基础。从实际需要来看,预算分析资料主要包括:

第一,本身的各种报表数据。包括各级预算收入旬报、月报和年度决算报表。

第二,征收机关、国库等提供的各种资料。包括税收计划、退库计划、亏损计划等。

第三,有关预算执行的文件和各种规章制度等。

第四,国民经济主要指标。主要有工农业总产值、国民收入、社会商品零售总额、物价指数、固定资产投资计划、银行存贷款指标等。

第五,重点纳税大户的生产、经营、财务情况。包括实现产值、实现销售、上交税款、银行借款、资金利税率等指标。

4.进行必要的调查研究

为使分析更深入、更透彻、更能说明问题,在占有大量数据资料的基础上,还必须进行一些调查研究,通过调查研究,掌握一些活的资料和实际工作中存在的问题,从而更好地为预算分析服务。因此,调查研究既是预算分析的手段,又是预算分析的继续和深化。

二、政府预算执行分析的方法

(一)对比法

其作用在于对各项指标进行一般评论。通常是将预算指标和决算指标对比,本期实际完成指标和前期实际完成指标对比,地区、部门、企事业之间实际完成指标对比等。

第一,实际完成指标和预算指标的对比。这种对比可以说明预算完成情况,揭示预算指标与实际完成指标之间的差异,为进一步的剖析指引方向。进行这种对比分析时,除了确定绝对差异外,还要确定相对差异,以扩大分析效果。

第二,本期实际指标和前期实际指标对比。这可以从动态上了解预算收支和经济活动的变化规律或发展趋势,便于分析研究收支和经济活动的变化规律或发展趋势,从而分析研究收支增减变化的各种因素。在操作时,要注意时间、变化因素的可比性。

第三,地区、部门和企事业单位之间对比。通过这种对比,可以发现薄弱环节,揭示先进与后进的差距,以便调动一切积极因素,充分挖掘潜力,更好地完成预算任务。

(二)因素法

也称连环代替法。前述采用比较法进行检查分析,确定了各种差异之后,还应当分析引起差异的诸因素,并将诸因素排列归类,如分析哪些是正面因素,哪些是反面因素;哪些是积极因素,哪些是消极因素;哪些是主要因素,哪些是次要因素;哪些是主观因素,哪些是客观因素;哪些是经常性因素,哪些是偶发性因素等。为了从经济上衡量诸因素所起作用的大小,还应当确定诸因素对差异的影响程序。如果某项差异只受一个因素影响,则通过指标对比分析,就可以确定该因素对差异的影响程度;如果某项差异是受许多因素交叉作用影响的结果,则需要用因素法确定各个因素对差异的影响程度。

(三)逻辑推理法

即通过对有关财经信息资料的分析研究,根据以往的经验,分析预测预算收支发展变化趋势及其规律性。

三、政府预算执行分析的形式

对政府预算执行分析的技术方式,主要有以下三种:

(一)定期检查分析

也称"定期全面综合分析",即预算执行了一个阶段后(如月、季度或半年),在规定的期限内,对预算执行情况进行一次检查分析。定期检查分析的目的,是系统地、经常地了解预算执行的全过程,以利于找出规律性的东西,指导下一阶段的工作。定期检查的结果,应以文字报告和分析报表的形式上报。定期检查分析是预算执行检查分析员的基本形式。

(二)专题检查分析

是对预算执行中所反映出来的突出矛盾,对预算执行将发生或已经发生严重影响的问题进行的检查分析。它是预算执行检查分析的辅助形式。

（三）典型调查分析

是对某些地方,部门或单位预算执行中发生的一些典型事例所进行的分析,运用解剖"麻雀"的方法,起到以点带面的推动作用。它是一种补充形式。

四、预算执行检查分析的步骤

1.搜集和整理有关信息资料。

2.根据预算执行检查分析目的和占有的信息资料,选择检查分析的形式和方法。

3.采用选定的预算检查分析形式和方法,对预算执行情况进行具体检查分析,得出检查分析结果,写出检查分析报告,并报有关部门,供决策参考。预算分析报告的结构一般为:

（1）标题:必须醒目,有吸引力;明确主题,简单明了,切忌冗长。

（2）开头:应简明扼要地介绍所分析的问题的基本情况,提出问题,说明进行分析的目的。

（3）正文:是分析报告的主体,主要从分析的目的和要求出发,根据分析报告的种类安排正文内容。

（4）结尾:应从实际出发,有针对性地提出进一步改进工作的建议和措施,指导实际工作。

本章小结

预算执行是指经法定程序批准的预算进入具体实施阶段。它是实现政府预算的必经步骤,是政府预算管理的中心环节。我国政府预算执行的基本任务主要包括收入执行、支出执行、组织预算收支平衡、预算监督管理,即"收、支、平、管"四大任务。我国政府预算执行的组织体系涉及各地区、各部门、各单位,由国家行政领导机关、职能部门及各类专门机构所组成,按国家政权级次、行政区划和行政管理体制实行"统一领导,分级管理,分工负责"。

政府预算收入的执行有两方面要求:一是征收机关必须应收尽收,不收过头税费;二是正确处理各种分配关系,充分调动各方面的积极性,为更多地组织预算收入创造条件。

预算收入的缴款依据是各种税收计划、事业财务收支计划、政府性收费和基金计划。

政府预算收入的缴库方式按程序划分为就地缴库、集中缴库、自收汇缴;按计算依据划分为按计划数缴库、按实际数缴库。

预算收入数的确认以会计年度缴入基层国库(即支金库)的数额为准,中心支库、分库、总库直接收纳的预算收入视同缴入基层国库。

根据现行国家金库制度规定,预算收入退库的具体范围包括技术性差错退库、结算性退库、政策性退库、提留性退库、其他经财政部批准的退库项目。

政府预算支出执行应坚持按支出预算执行、加强预算支出管理、讲求资金使用效益的原则。政府预算拨款应坚持按预算计划拨款、按事业进度拨款、按核定的支出用途拨款、按预算级次拨款的原则。

我国政府预算支出的拨款方式有划拨资金和限额拨款两种。

政府预算支出的数字基础是指财政部门和预算单位列报支出的口径和依据。银行支出数是基层用款单位从银行存款中支取的预算资金数,总预算的列支基础是预算拨款数,单位预算的列支基础是实际支出数。

政府预算支出的付款机制主要分为两种:预算支出分散支付的方式、预算支出集中支付的方式。

政府预算调整的方法按调整幅度不同分为全面调整和局部调整。局部调整的方法包括动用预备费、预算追加、追减、经费流用、预算划转。

预算执行分析的程序包括明确分析的目的、拟定分析提纲、搜集资料、掌握情况、调查研究。

政府预算执行分析的方法主要有对比法、因素法、逻辑推理法等。

对政府预算执行分析的技术方式,主要有以下三种:定期检查分析、专题检查分析、典型调查分析。

案例

关于德国政府预算执行的管理情况

一、德国政府与预算有关的机构

联邦预算有关机构以联邦议院、联邦政府财政部和联邦审计院为主。联邦议院预算委员会在预算工作中居于主要地位,其对于联邦政府提出的年度预算草案的决议是联邦议院全体决定的基础,也是整个国家财政活动的基础。预算委员会的成员主要来自执政的社民党、绿党和在野的基民盟、自民党等。预算委员会主席通常由最大的在野党的成员担任,旨在强调预算委员会对于联邦政府预算的监督作用。

预算委员会下设两个小组委员会:账目监督审计委员会(简称审计委员会)和欧盟事务委员会。审计委员会监督联邦政府是否有效率地使用预算资金,对联邦审计院在年度审计报告中指出的上一财政年度各部门和机构执行预算出现的问题进行审查,并作出决议,就如何解决审计报告中指出的问题提出建议,通过预算委员会提交联邦议院大会。

此外,审计委员会还对每年由财政部提交的包含上一财政年度预算数和执行数的决算案进行审查,以便证明预算执行的合法性。

联邦财政部负责编制联邦预算草案,经联邦政府通过后提交议会审议。议会批准的联邦预算资金由财政部拨付给各部门和机构。德国《基本法》第112条规定:联邦财政部就执行预算时超出预算和预算外的支出有紧急批准权。财政部每个季度代表联邦政府向联邦议院预算委员会报告预算执行情况,如果出现特殊、重大的预算调整,财政部要编制补充预算报议会审批。德国《基本法》第114条第一款规定:联邦财政部长必须向联邦参议院提交所有收入和支出以及资产和负债方面的决算报告。联邦审计院是宪法规定的独立的审计机构,既不隶属于议会也不隶属于联邦政府,其成员拥有司法中立地位,对联邦预算的执行进行独立审计。德国《基本法》第 114 条第二款规定:联邦审计院审计年终决算以及联邦预算执行和其他预算资金的合法合规性和经济效益性。联邦审计院针对预算执行情况向联邦议院预算委员会下属的审计委员会提交年度审计报告,该报告是议会对预算进行监督的主要依据。同时,在编制预算过程中,联邦审计院发挥重要的咨询作用。

二、德国预算执行及预算管理的特点

德国政府在资金使用效益与控制支出量方面取得了很大成效,这与德国严格的预算管理是分不开的。

(一)法制化程度高

主要的预算法律制度有《基本法》、《预算基本原则法》、《联邦预算条例》、《州预算条例》、《乡镇市区预算条例》、《联邦促进经济稳定和发展法》、《1990 年统一条约》、《年度预算法》,以及由联邦财政部、联邦各州财政部颁布的法规等,如《联邦财政体系行政条例》、《临时预算行政条例》、《预算和经济管理行政条例》、《预算法暂行行政条例》等。这些法律中,《基本法》和《预算基本原则法》主要是对各级财政职权、税权的划分和一些财政原则作出规定,这些法律规定对联邦和州的预算立法具有强制性,联邦、各州和市或自治区地方政府的年度预算法必须包含并反映基本法和预算基本原则中规定的所有预算原则,以保证各级政府预算体系的统一性和可比性。联邦、州、乡镇市区的预算条例主要是对预算运行和管理的技术性问题进行法律规定,是各级政府机构进行预算管理的基础。《年度预算法》即年度预算案详细说明了这一年的预算。根据权力划分的原则,议会要通过将年度预算制定成法律的方式来要求和体现议会在预算方面的基本权力。

(二)预算执行的原则性和灵活性

1.原则性

政府预算在财政部门的严格监督下执行,一般不会出现追加调整情况。对于在预算执行中因特殊情况而发生的预算超支,如果是由各部门的计划不周而导致的超支,原则上在本部门年度预算内自行调剂解决。如果是新增支出项目,则视轻重缓急而定;预算执行中若有临时性、突发性的增支因素,由部门向财政部申报。追加支出必须同时满足三个条件:一是确实不可预见;二是支出必须发生;三是额度较小,不得超过 500 万欧元,500 万欧元以内由财政部研究追加预算,超出 500 万欧元,报联邦议院批准。当预算执行出现短收时,主要解决措施有二:一是减少支出;二是停止建筑项目。由于建筑项目一般是跨年度的,停止项目意味着转移到下年度。当上述两种措施还不足以避免赤字发生或预算出现赤字时必须在以后两个年度内弥补。当预算出现结余时,结余主要用于减少国债发行、偿还国家债务和投资。

2.灵活性

从 1997 年开始,德国对预算调整进行了改革:一是允许部门结余结转下年使用,鼓励各部门节约支出,结转到下年度使用的结余不抵扣下年的年度预算;二是允许项目经费之间可调剂使用。

(三)财政监督

对预算执行的检查监督主要是在预算收支数据分析的基础上进行的。为了掌握财政运行情况,财政部门从支出和收入两个方面各确定一定数额的项目,跟踪分析,动态管理,一旦发现预算执行中发生偏差,及时采取措施予以纠正。例如,为了准确掌握收入进度,并为下一年度预算作准备,财政部每年进行两次税收评估。此项工作由三级税务官员、银行家、经济研究专家共同进行。通过对预算执行数据的分析,研究在哪些方面存在问题,在哪些方面需要补充资金,如何取得资金等,在此基础上,尽快采取措施对偏离情况进行纠正。

(四)预算执行的审计

联邦议院预算委员会下属的审计委员会与联邦审计院共同对预算执行进行审计监督。审计委员会更多依赖于联邦审计院的年度审计报告对预算执行情况进行监督。审计院的职能,主要有三个方面:一是对政府预算的审查职能,主要审查预算编制的合规性和合法性、预算执行的合法合规性和经济效益性,这是最核心的职能;二是咨询职能,即为议会提供服务,从专业的角度提出建议,为议会立法发挥咨询功能;三是参与职能,为议会、政府制定法律法规提供相关信息。审计院在整个预算周期中,始终参与并发挥重要作用。在预算编制阶段,一是审计院在收到各部门送交的部门预算草案后,对部门预算草案的编制是否合法合规、是否符合经济效益性作出书面或者口头表态;二是参加财政部门与各部门的处级谈判,提出参考性建议、意见;三是对比较大的项目的可行性报告进行研究,作出评估审核。在预算审批阶段,审计院主要参与议院预算委员会对所有部门预算草案的审查工作,从建议者的层面对预算发表建议。在预算执行和决算阶段,审计院审计年终决算以及预算执行和其他财政执行的合法合规性和经济效益性。财政部门于每年的 1 月完成上一年度的决算草案编制并提交审计院和议院预算委员会下属的审计委员会,审计院从 1 月至 10 月对决算草案进行审计,其中有一半的时间到各部门实地审计。10 月,审计院向议会、政府提交年度审计报告,同时在新闻发布会上向社会公布。审计的方式有重点审查方式、横向审查方式和项目审查方式等,通过抽查办法对部门进行审计,审计的项目由审计院年度工作计划和联邦议院委员会提出的要求来共同决定,审计的预算数额一般占总预算规模的 0.1%。审计院除以年度报告的形式就审计所发现的主要问题作出报告,还可随时对具有特殊意义的事件提出特别报告。各部门对本单位的问题是否被列入报告十分重视。因为,审计院虽然没有处罚权,但审计院在把审计结论写入年度报告之前,都要征求被审计单位的意见,是否将该单位的问题列入报告就成为了审计院迫使各部门改正违规行为的重要手段。

资料来源:王晓萍.关于德国政府预算执行的管理情况.财政部财政科学研究所网站,http://www.crifs.org.cn

案例分析:

德国预算执行管理具有法制化程度高、预算执行的原则性和灵活性相结合等特点。对预算执行的检查监督主要是在预算收支数据分析的基础上进行的。由审计委员会与联邦审计院共同对预算执行进行审计监督。

案例讨论:

结合德国预算执行管理特点,谈谈你对我国预算执行管理改革的建议。

思考题

1. 简答政府预算执行的重要性。
2. 简答我国政府预算执行任务。
3. 简述我国政府预算执行的组织体系构成。
4. 简述各级政府部门在政府预算执行中的职责。
5. 简述财政部门是政府预算执行中的职责。
6. 简述政府预算执行具体机构及其职责。
7. 简答政府预算收入执行的要求。
8. 政府预算收入缴款依据有哪些？
9. 按程序划分政府预算收入的缴库方式有哪些？
10. 按计算依据划分政府预算收入的缴库方式有哪些？
11. 简答政府预算收入缴款程序。
12. 如何确认政府预算收入？
13. 政府预算收入的退库项目有哪些？
14. 简述预算收入退库审查应主要的问题？
15. 简述预算收入退库的审批程序。
16. 简答办理预算收入退库的程序和方法。
17. 简答政府预算支出执行的基本要求。
18. 简答政府预算拨款原则。
19. 简答预算执行检查分析的步骤。
20. 简答我国政府预算支出的拨款方式。
21. 简答政府预算支出的数字核算基础。
22. 简述政府预算调整的方法。
23. 简述政府预算执行分析的内容。
24. 简述预算执行分析的程序。
25. 简答政府预算执行分析的方法。
26. 简答政府预算执行分析的形式。

第7章 政府决算与管理

本章导读

　　本章主要介绍政府决算的含义与构成、意义、编制原则,编制政府决算的准备工作,政府决算的编制程序与方法,政府决算审查和批复。通过学习本章,应掌握政府决算的含义、构成,政府决算的编制程序与方法,政府决算审查和批复内容,理解政府决算的编制程序与方法,政府决算审查的方法和形式,了解政府决算的意义、编制原则及编制政府决算的准备工作。

第一节　政府决算概述

一、政府决算的含义与构成

　　政府决算是指经法定程序批准的年度预算执行结果的会计报告,是政府预算执行效果的总结。政府决算由决算报表和文字说明两部分构成,包括中央级决算和地方总决算。根据预算法规定,各级政府、各部门、各单位在每一预算年度终了后,应按国务院规定的时间编制决算,以便及时对预算执行情况进行总结。

　　各级财政机关是具体负责组织政府预算执行的机关,也是政府决算的编制机关。中央决算草案和地方各级政府的决算草案具体由各级财政机关的预算部门负责编制。

　　我国政府决算包括中央决算和地方决算。中央决算由中央各部门(含直属单位)决算组成,并包括地方向中央上解的收入数额和中央对地方返还或者给予补助的数额。地方决算由各省、自治区、直辖市总决算组成。地方各级总决算由本级政府决算和汇总下一级总决算组织。地方各级政府决算由本级各部门(含直属单位)的决算组成。地方各级政府决算包括下级政府向上级政府上解收入数额和上级政府对下级政府返还或者给予补助的数额。各部门决算由本部门所属的单位决算组成。1994年以前,我国政府决算的编审是从执行预算的基层单位开始,采取自下而上的编制程序,并逐级审核汇总,最后由财政部根据报送的各省(自治区、直辖市)总决算汇编成地方总决算,再加上财政部编制的中央级总决算最后汇总为政府总决算,报全国人民代表大会常务委员会审批。

二、政府决算的意义

（一）政府决算是国家政治经济活动在财政上的集中反映

政府决算是国家政治经济活动在财政上的集中反映,体现着一个预算年度间政府实际经济活动的范围和方向。通过政府决算的编制,可以掌握政府预算和国民经济计划的实际执行情况,全面、系统地了解政府有关方针、政策的贯彻执行情况以及年度内财政资金运动的流量和流向。并通过分析其执行的实际情况,总结经验。

（二）政府决算反映政府预算执行的结果

政府决算反映政府预算实际执行的结果。其中,政府决算收入反映年度预算收入的规模、来源和构成,体现国家集中资金的程度和国家资金积累的水平;政府决算支出反映年度预算支出的规模、方向、构成,以及各种重要的比例关系,体现着国家经济建设和社会事业发展的规模和速度;决算中的有关基本数字,体现着各项事业发展的速度以及取得的成果。

（三）政府决算为政府经济决策提供依据

通过政府决算的编制和分析,可以从资金积累和资金分配的角度总结一年来各项经济活动在贯彻执行政府有关方针、政策方面的情况,为国家领导机关研究经济问题、进行经济决策提供信息资料和依据。可见,政府决算是研究和修订国家财政经济政策的基本依据。另外,政府决算也是系统整理和积累财政统计资料的主要来源。通过政府决算的编制,可以系统地整理反映预算执行的最终实际数字,这是财政统计资料的主要来源。通过统计资料的分析,总结一年来预算编制、预算执行、预算管理、平衡预算收支、资金效果和财政监督等方面的经验教训,提出改进意见和措施,可以为提高下年度的预算管理工作水平创造条件,并为制订下年度预算收支控制指标提供数字基础。

（四）政府决算有利于公告预、决算信息,促进民主理财

在现代公共财政体制中,预算编制和执行都要接受纳税人的监督。由于是运用纳税人的资金提供公共产品,所以纳税人对财政资金的筹集和运用拥有知情权。这对财政部门来说,是一种有效的外部制约机制。在我国,每年都要在国内重要报刊上公告预、决算数字,这就是政府向人民披露信息的制度。这一制度不仅有利于财政部门加强内部监管,而且能增加政府资金运作的透明度,解决政府与纳税人之间的信息不对称问题,从而促进纳税人参政议政意识的提高,对推动民主理财、深化市场经济改革都有重要意义。

第二节　政府决算编制与管理

一、政府决算的编制原则

（一）统一领导、分工协作、按程序办事

这是编制决算草案在组织工作和程序上应遵循的原则。决算工作涉及国家各级政权

组织以及成千上万的企、事业单位,涉及预算、税务、财会、统计等部门,具有涉及面广、政策性强的特点,这就决定了必须在统一领导下,分工明确,并需要从中央到地方各部门之间,从主管部门到各单位,协调配合,共同行动,严格按法定程序办事,才能保证年度决算工作按期顺利完成。

（二）符合法规、掌握政策

这是编制决算草案在政策上应遵守的原则。决算过程是一项政策性强的具体工作,为了保证决算质量,关键是各级领导及工作人员必须掌握政策。法律和行政法规是全国人大、国务院制定的,适用于全国各地区、各部门,各地区、各部门要严格按照法律、行政法规,编制决算草案。《中华人民共和国预算法》对决算的编制要求、报送审批程序及决算审查中有关部门的职责、权限作出了相应的规定。

（三）真实、准确、全面、及时

这是决算编审工作中在技术上应遵守的原则,由于技术中有政策,需要通过讨论对技术规范达成共识,要强化决算的质量意识,提高财政决算水平。"真实、准确、全面、及时"八字方针是在决算工作实践中总结出的经验,也是对决算编审工作最基本的要求。真实、准确在现阶段还要求决算收支数额按照现收现付制的原则真实填报,凡当年已发生的财政收支,都要如实作为预算收支列入决算。

二、编制政府决算的准备工作

（一）财政部拟定和下达政府决算的编制办法

政府决算的编报办法一般包括以下内容:

1.根据当年政府预算执行的特点和提高预算管理工作水平的要求,提出进一步抓紧做好增收节支和平衡预算工作。

2.认真做好年终收支清理核实当年各项收支数字。财政、税收和国家金库要密切合作,作好对账工作。各级政府预算收入以当年 12 月 31 日缴入基层国库的预算收入数列报,政府预算支出以 12 月 31 日各基层单位从银行支取数列报。

3.加强编报决算的组织领导,提出严格审查决算的重点和提高决算质量的具体要求。每年决算办法的重点和原则根据情况不同而有所区别,一般包括中央与地方之间收入分成、上解、补助以及借垫款项等结算办法,地方预算结余处理、允许结转下年继续使用的支出项目以及其他需要明确规定的具体处理问题。

4.编报决算的方法和对审查中发现问题的处理原则与办法。

5.决算编审工作的组织领导要求。

6.决算报送的期限和份数。

此外,财政部还要拟定和颁发国有企业财务决算和基本建设财务决算的具体编报办法,作为政府决算编报办法的具体补充文件逐级下达执行。国家金库和国家税务总局也要分别颁发、编制国库年报和税收年报的具体补充文件。

（二）组织年终收支清理工作

年终清理是指各级财政部门和行政事业单位、企业单位、基本建设单位,在年终对预算收支、会计账目、财产物资进行的全面核对、清查与结算。

年终清理的内容主要包括以下几项：

1.核对年终预算收支数字。预算数字是考核决算数字的依据，也是进行财政、财务决算的基础数字。

2.清理本年预算应收应支。一切应缴库的预算收入均应在年终前按政策收上来；一切应列的支出均应在年终前办理完毕；一切虚列的支出均应予以剔除。

3.结清预算拨借款。各级财政部门之间，财政部门与各主管部门之间，主管部门与所属企业单位之间的拨借款项，都应在12月31日前结算清楚。各级财政部门之间的预算补助款或预算上解款，要按政府预算管理体制的规定和确定的收入分成比例，结合借垫款项进行结算，多退少补。

4.清理往来款项。为了保证决算数字的真实性，各级财政部门、企业、基建、事业、行政等单位之间的暂收暂付、应收应付等往来款项，都要在年终前认真清理结算，做到人欠收回，欠人归还；应转作本年预算收入或预算支出的款项，要转入本年度预算收支账户中；该上缴的上缴，该列支的列支、编入本年决算，不得以往来科目长期挂账。单位预算的代管经费也应在年终前与委托单位结清账务。一切往来款项，在编制决算时，账上原则上应无余额。

5.清查财产物资。年终前，各级财政和一切执行预算的单位、机关都要对固定资产、库存材料等所有的财产进行认真清查盘点，做到账实相符、账账相符，保证国家财产的安全和有关决算数字的真实与准确。

6.进行决算收支数字的对账工作。为了保证各项决算收入数字的准确性，年终后，各级财政部门、企业利润监缴机关、国家金库要会同预算缴款单位将决算收入数字共同核对一致，填制对账单办理签证后，分别按系统上报；各级财政部门要会同主管部门、用款单位和开户银行，把决算支出数字共同核对一致，按照规定的程序逐级进行年终对账签证，要保证各级财政总预算、企业财务决算、行政单位决算、事业单位决算、基本建设财务决算、国库年报、税收年报等有关决算收支数字衔接一致。

（三）年终结算

年终结算指各级财政在年终清理的基础上，结清上下级财政总预算之间的预算调拨收支和往来款项。

按照我国政府预算执行的一般规律和现行预算管理体制，中央财政与地方财政之间、地方各级财政之间的年终结算事项，主要有以下几种情况：

1.专项拨款不纳入收支包干基数，需另行结算。按现行预算管理体制规定，有些预算支出虽然划为地方预算支出的范围，但因为这些支出不是经常性的支出，可变性大，在地区间如何分配是不固定的，所以，就不纳入支出包干基数，年初由中央集中掌握，在年度预算执行过程中，按照国家计划和具体情况，采取对地方专项拨款的办法，作为追加地方支出预算处理。这样，这部分专项拨款就要在支出包干基数之外进行年终结算，相应作为增加中央对地方的定额补助或减少地方上解支出处理。目前，实行专项拨款的项目，主要有特大自然灾害救济费、特大抗旱防汛经费、支援经济不发达地区发展基金、边境建设事业补助费、战备支前费等项。

2.企业事业单位和基本建设单位隶属关系改变后要进行上、下划指标和基数的调整，需进行年终结算。在一年一定或几年一定的地方收支基数确定后,根据经济体制改革或事业发展的需要,中央、地方企业事业单位和基本建设单位的隶属关系发生上划和下划的变动,引起的两级预算收支的转移,要在年终由中央财政与地方财政进行结算。

3.国家统一采取的重大财经措施,引起的中央与地方财政资金的转移,有的需要单独结算。随着一国政治经济形势发展的需要,国家往往要采取统一的重大财经措施,来调整各种经济分配关系,例如:调整价格、增加工资、增加财政补贴、开征新税种、合并老税种、调整税率、减免税收和调整银行利率,汇率等。对于收支包干基数影响大的项目,需要结算处理。

中央财政与地方财政的年终结算,主要是明确当年有哪些结算事项及如何结算。实行分税制财政体制后,中央与地方的年终结算事项包括以下几个部分:

(1)税收返还结算。实行分税制财政体制后,中央对地方的税收返还,以 1993 年地方净上划中央的数额为基数。1994 年以后,税收返还额在 1993 年基数上逐年递增,递增按各地增值税和消费税增长率的 1:0.3 系数确定,即各地增值税和消费税每增长 1%,中央预算对地方的税收返还增长 0.3%。1994 年地方上划中央收入达不到 1993 年基数的,相应扣减税收返还数。

(2)体制结算。一是体制上解结算,这是指按原财政包干体制确定的有关地区,应上解中央的那部分数额的结算。二是体制补助结算,这是指按原包干体制确定的中央补助有关地区的数额的结算。

(3)定额结算。分税制体制规定:地方 1993 年承担的 20% 部分出口退税以及其他年度结算的上解和补助项目相抵后,确定一个数额,作为一般上解和补助处理,以后年度按此定额结算。1994 年起,外贸出口退税专项上解、办案费用补助改列支出、地方经贸行政人员经费、港澳台和外商投资企业所得税、价格补贴由收入改列支出等约 20 多个结算事项,其上解数和补助数相抵,最后确定一个定额,由地方财政专项上解中央财政。

(4)单项结算。包括专项拨款和预算划转等。

第一,农业税减免的结算。经财政部批准减免的农业税,其影响地方的收入部分,由中央财政给予补助,年终单独结算。

第二,经济技术开发区新增收入返还的结算。开发区上缴中央的新增收入包括随原体制上解的部分和实行分税制后中央集中的增量部分。年终结算时由中央财政向地方财政办理税收退还,再加上地方财政的部分,由地方财政一并返还给开发区。

第三,返还地方柴油消费税的结算。为了鼓励企业多生产柴油,满足国内需求,对柴油消费税每吨返还 30 元。对纳入国家统一分配计划的地方炼油厂返还柴油消费税问题,由石化总公司统一向财政部提供分地区、分企业的柴油计划供应数量及实际销售凭证(消费税专用发票复印件),由财政部预算司在办理地方财政结算时按实际销售量予以返还。地方财政应如数转拨给有关企业。

第四,出口免抵退税的结算。对有进出口经营权的生产企业自营(委托)出口货物实行"免一、抵、退"税办法后,一是中央财政对影响地方财政收入部分,根据当地财政监察专员办事处审核签章的"免、抵"税数额,计算影响地方财政增值税的 25% 部分和地方税收返还部分,确定中央财政对地方财政的年补助数额;二是预算年度要对上年结算数额进行清算,凡上年末实行结算的出口货物"免、抵"税部分,或结算数与实际发生的进口货物"免、抵"税数有差额的,均在预算年度处理,多退少补。

第五,预算划转的结算。企事业单位预算划转后,影响中央(或地方)收入部分,年终结算时由地方上解中央(或中央补助地方)。

(5)政策结算。对国家重大财经措施引起中央与地方财政资金转移,对收支基数影响较大,但事先不能确定结算数额的,可按年终实际数字进行单独结算。

(6)其他结算。包括股份制试点企业所得税结算、联营企业所得税结算、保险企业所得税结算、矿产资源补偿费结算、地方检查中央单位补交收入分成结算等结算事项。地方大检查办公室组织查出本行政区域内的中央单位和地方股份制银行、非银行金融企业已缴入中央财政的违法违纪款项,地方财政可分成20%;查出已缴中央财政的消费税及其罚款和滞纳金,地方财政可分成10%。地方所得分成收入,年终由中央财政返还,纳入地方财政预算。地方审计部门审计中央单位补交收入分成的结算:地方审计部门(审计署特派员办事处除外)凡根据审计署的授权,审计中央在地方的企业事业单位查出的违纪金额,经审核后中央财政按实际入库数给予地方财政20%的分成,年终单独结算。

(四)修订和颁发决算表格

决算表格是编制决算的重要工具,是国家决算数字的表现载体。通过决算科学设计和合理应用,可以简明清晰地概括和反映国家决算的全貌。通常情况下,每年在拟定和下达决算编审工作的同时修订和颁发决算表格。制定决算表格应遵循以下原则:

(1)有利于本年度预算执行情况的总结,并兼顾下年度的预算设计和管理;

(2)有利于保持决算表格的稳定,一般要求在上年决算表格的基础上进行修订,保持决算表格的项目、内容和格式的统一,保证政府决算的统一编制;

(3)既简明扼要、易于编汇,又要满足工作发展的需要。

决算表格的种类按使用范围分为两种:各级财政部门使用的总决算表格和主管部门、单位预算机关使用的单位决算表格。现行的决算表格是按其反映内容进行分类的,主要包括正表、基本数字表和附表三大类。

1.正表部分。即决算收支表和资金活动情况表,是主要用来反映预算收支实际上的执行结果和年终预算资金活动结果的会计报表,根据总预算或单位预算会计账簿编制。主要包括以下各表:

(1)政府决算收支总表。这是国家决算的主要表格,通过它可以反映各级预算收入、预算支出以及执行结余的情况,是向同级人大报告决算的基本数字资料,是政府决算收支的对照表。其填制必须按国务院、财政部颁布的决算收支科目、分类分款逐项填列预算数和决算数。

(2)政府决算收入明细表。反映各级财政总预算部门收入的明细表,详细反映了各项预算收入的执行情况及各部门的执行结果。明细收入数字包括国有企业所得税、上缴利润收入及企业计划亏损利润补贴等。在地方总决算中为了减少重复,决算收入的明细数字一般并入"政府决算收支总表"中。

(3)政府决算支出明细表。这是反映各级财政总预算和单位预算支出用途明细数字的报表,各级总预算按预算科目类别分部门填列决算表。

(4)政府决算收支分级表。是反映各省、自治区、直辖市本级总决算和所属设区的市(州)、县(不设区的市)、乡(镇)各级总决算情况的报表,反映了地方各级政府预算收支执行结果,是研究预算管理体制的重要参考资料,按国家预算科目分类填列决算数。

(5)民族自治地区政府决算收支表。反映民族地区总决算收入和支出情况的表格,是研究民族地区财政预算的参考资料,按照国家预算科目分类填制预算数和决算数。

(6)政府预算支出结余结转下年度使用情况表。反映各级总预算、行政事业单位预算执行结余和结转下年使用情况。

(7)资产负债表。1998年1月1日起执行的新预算会计制度和会计准则规定,年终资金活动情况表所反映的内容由资产负债表替代。资产负债表是反映各级总预算和单位预算的财务收支情况和执行结果的报表,按照预算会计制度和单位预算会计制度规定的会计科目填列期初数和期末数。

(8)财政基金收支决算总表。反映各级总预算基金收支执行情况的报表。

(9)财政基金预算收支决算明细表。反映各级政府基金收支明细数字的报表。

(10)往来款项明细表。对于各种未清理完毕的往来款项,分项目填列,并说明未结清的原因,提出处理意见。

(11)预算支出变动明细表。即最后调整的预算支出变动情况表,是反映各级总预算支出最后调整变动情况的报表。

2.基本数字表。这是反映各项行政事业单位的机构、人员、开支标准等定员定额执行情况和事业成果的财务统计报表,由各单位预算机关根据财务统计和业务统计资料整理编制。

3.附表部分。这是上述决算各表和决算说明书的必要补充资料。根据预算执行情况和决算分析需要,财政部每年都要制定相应的附属表格作为上述各表的补充。这类表格按其内容基本上可以分为两种:一种属于决算各表的明细资料,另一种报告一些与预算收支有关的财务收支情况。概括起来有:财政部门预算外资金财政专户决算总表、各部门基本数字表、城市维护建设资金收支决算表、支援不发达地区发展资金使用情况表、救灾经费决算支出表、地(市)县级主要经济指标情况表、财政周转金资产年负债表等主要经济指标情况表。此外,税收年报、国库年报也是政府决算的附表。

三、政府决算的编制程序与方法

预算年度终了,整个决算的组织管理工作就从决算的准备阶段转入决算的编制阶段。我国决算的编制程序是从执行预算的基层单位开始的,在搞好年终清理和结算的基础上,根据决算编报办法的规定和决算表格的内容,自下而上编制、审核和汇总。

(一)单位决算的编制程序和方法

单位决算的编制程序是:基层单位完成决算编制后,连同单位决算说明书,经单位负责同志审阅盖章后正式报送主管部门,汇总编成部门的汇总单位决算。然后由主管部门报送同级财政部门,作为财政部门汇编本级总决算的依据。

基层单位决算报表填报的数字按内容分为以下三类:

(1)预算数字。它是用以考核预算执行和事业计划完成情况的依据。应按照年终清理核对无误后的年度预算(计划)数填列。

（2）会计数字。它是反映单位预算执行结果的决算数。根据单位预算会计有关账簿产生的数字填列。各单位预算会计在年终结算后，应根据决算表格内容的要求，分别将有关科目的年终余额或全年累计数填入有关的决算表格的有关栏内。

（3）基本数字。它反映事业行政单位的机构数、人员数以及事业发展计划的完成情况，用以考核事业规模和预算资金的使用效果。根据有关财务统计和业务统计资料填入基本数字表的有关栏内。

各基层单位决算报表编成后，应当认真进行单位预算执行情况的总结，编写决算说明书，经有关领导审阅签字，正式报送上级单位。单位决算说明书的内容包括：

（1）各项事业发展的成果和费用开支水平、定员定额的分析比较情况；

（2）预算管理、财务管理等方面采取的主要措施、取得经验和存在问题以及今后提高管理水平的改进意见等。单位决算说明书写完后，连同单位决算一并上报。

（二）财政总决算的编制程序和方法

总决算分为中央总决算和地方总决算，其中，中央总决算由财政部根据中央主管部门汇总的所属行政、事业单位决算、企业财务决算、基本建设财务决算以及国库年报、税收年报等汇编而成；地方总决算的汇编从乡（镇）级开始，从下至上逐级汇编，最后汇编省（市、区）总决算。具体做法是：各级财政部门在收到本级主管部门报来的汇总单位决算后，应及时进行核对审查，连同总预算会计账簿的有关数字进行汇总，编制该级财政总决算。上级地方部门根据所在地方财政部门上报的财政总决算、本级各主管部门报送的汇总单位预算以及本级财政总预算会计账簿中的有关数字汇总，编制该级财政总决算，填报总决算各表数字。

地方各级财政部门汇编的总决算报表的数字按内容分为以下三类：

（1）预算数字。它是考核各级总预算执行情况的依据，按照年终清理核对无误的数字，分别填列"上级核定预算数"和"本级调整预算数"。其中，前者根据上级下达的预算数填列，包括年初下达数和预算执行中经上级批准的追加追减和预算划转数字；后者根据本级人民政府在上级核定预算数的基础上，加上动用本级机动财力以及预算收支科目之间进行调剂后的数字填列。

（2）决算数字。它是反映各级总预算执行结果的数字，分为决算收入和决算支出两部分。本年决算收入数根据总预算会计收入明细账的全年累计数填列；本级决算支出数根据主管部门报送的汇总单位决算报表中的"银行支出数"填列，对于财政部门直接经办的支出，按照财政总预算会计的有关支出明细填列。上级财政部门汇总编制的总决算应根据所属地方总决算报表、本级各部门的单位决算报表以及本级总预算会计账簿中的相关数字填列。

（3）基本数字。它是反映全国或某地区的行政事业单位的机构数、人员数和事业计划完成情况及效果的数字。基本数字根据所属各地方、各主管部门编报的基本数字各表汇总填列。

（三）决算说明书的编写

决算说明书是年度预算执行和预算管理的书面总结。它是研究政策、分析问题的重要资料，也是决算的重要组成部分。决算说明书分为单位决算说明书和总决算说明书两类。

1. 单位决算说明书。是年度单位预算执行和预算管理的书面总结，其内容一般包括：

（1）一年来单位预算执行的情况，收入超收或短收、支出超支或结余的原因。

（2）业务计划完成情况及其原因分析。

（3）事业发展的成果和问题。

（4）预算管理、财务管理等方面的经验、问题，以及今后提高管理水平的改进意见等。

单位决算说明书写好后，与单位决算一并送交单位领导审阅签字后正式报送上级单位。

2.总决算说明书。即年度总预算执行和预算管理的书面报告。其内容主要包括：

（1）收入方面。结合年度预算安排及国民经济和社会发展计划完成情况，分析收入超收或短收的原因，分析资金积累水平、税收政策的贯彻执行情况和税源变化情况。

（2）支出方面。结合年度预算安排和基本建设计划、各项事业计划、定员定额等，分析各种主要支出的结余或超支的主要原因，分析成本费用水平、资金运用和改善经营管理等情况，说明决算支出数字的编制基础，主要经济事业效果和存在的主要问题。

（3）结余方面。分析全年总收支结余的情况、原因，决算收支平衡情况和存在的问题。

（4）预算执行中的调整、调剂方面。包括预算的全面调整和局部调整，预算的追加或追减，上划下划，科目流用以及动用预备费和动用上年结余安排支出等情况。

（5）总结一年来贯彻执行各项财政方针政策、管理体制、规章制度的情况和问题。

（6）其他方面。如工资和物价的调整、制度办法的变动对预算收支的影响等。

（7）编制总决算的主要经验和存在的问题，探索预算管理的规律。

总决算说明书写好后，随同总决算一并上报到有关部门。

第三节　政府决算的审查与批准

一、政府决算审查的层次及其机构

政府决算的审查层次和机构自下而上为：

1.上级对下级决算进行的审查。包括：一是上级单位对下级单位决算进行的审查，如主管单位对二级单位的审查、二级单位对基层单位的审查；二是上级财政对下级财政总决算进行的审查。

2.财政部门对同级主管部门的部门决算的审查。

3.立法机关对政府总预算的审查。

4.政府审计部门对政府预算的审查。

在上级对下级、财政对部门的决算审查中，决算审查工作和决算汇编工作交叉进行。

二、政府决算审查的内容

1.政策性审查

政策性审查主要是从贯彻执行党和国家的各项方针、政策、财政制度、财经纪律等方面进行审查分析。审查的具体内容一般有以下几个方面：

（1）收入审查。审查决算所列的预算数是否与上级核定数一致；上年结余数和上年决算的年终结余是否一致；属于本年的预算收入是否按政策、预算体制和缴款方法及时足额地缴入国库,编入本年决算;各级总预算之间的分成收入划分是否符合预算体制的要求;预算收入和预算外收入是否划分清楚;收入退库项目是否符合国家规定;决算收入数与12月份预算会计报表所列全年累计收入数是否一致等。

(2)支出审查。审查是否按规定的拨款程序、拨款进度和预算级次安排预算支出;总决算支出数是否与上级核定的预算支出数相一致;地方预算调整数同上级核定的预算数之间的差额是否与调入资金和上年结余一致;本年支出决算是否符合本年收支期限划分的规定;预算支出是否符合正常规律,年终有无突击花钱;决算支出数与12月份预算会计报表所列全年累计支出数是否一致;政府决算支出与地方财政专户的预算外支出是否划分清楚;各种资金之间是否相互挪用、挤占,有无将不应列入政府决算的支出挤入预算内报销的现象;根据决算数和预算数的对比差距,审查结余和超支的主要原因;决算支出是否已编列齐全,已报决算支出是否逐级汇总,有无估列代编情况等。

(3)结余审查。审查未实行单位预算包干的单位预算拨款结余是否已如数缴回财政总预算,有无将结余列入决算报销、结转单位"其他存款"的情况;在决算结余中,按规定结转下年继续使用的资金是否符合规定;结转项目是否符合规定的范围;检查金库开户情况,有无将预算内资金转入预算外存款的现象,有无未列入总决算的其他存款;检查预算收支平衡情况等。

(4)资产负债审查。审查单位库存现金是否符合规定额度,库存材料有无积压损失,暂付款是否清理完毕以及未结清的原因,固定资产是否记账;审核各级财政总预算之间、总预算与单位预算之间的拨借款项是否结算清楚,借垫款项未结清的原因;审核暂存、暂付等其他各项往来款项是否符合规定,有无应清未清或应作本年决算收入、支出的款项等。

2. 技术性审查

技术性审查主要是对决算报表的数字关系方面进行审查。主要包括以下几个方面:

(1)数字关系审查。审核决算报表之间的有关数字是否一致;上下年度有关的数字是否一致;上下级财政总决算之间、财政总决算与单位决算之间的有关上解、补助和拨借款数字是否一致;各业务部门的统计年报与财政总决算的有关数字是否一致等。

(2)决算完整性和及时性审查。审查规定的各种决算报表是否填报齐全,有无缺报漏报;已报的决算各表的栏次、科目、项目填列是否正确完整,计算口径是否符合规定;有无决算说明书,编写的质量如何;决算是否经过法定程序审核签章;决算报送时间是否超过规定期限等。

三、政府决算审查的方法和形式

决算审查的方法一般可分为就地审查、书面审查和派人到上级机关汇报审查三种。书面审查是主要的审查方法,就地审查和派人到上级机关汇报通常作为书面审查的补充,有时也交叉使用。

决算审查的形式有自审、联审互查和上级审查三种。自审是指预算单位领导组织力量对本单位的决算进行审查。一般是单位财会部门自审和职工群众审查有机结合,它有利于调动群众当家理财、实行群众监督的积极性。二是联审互查。主管部门或财政部门把本部门或本地区的预算、财会人员组织起来,对本部门的单位决算或本地区的财政总决算进行审核分析。它是交流经验、互相学习、提高决算质量、加快决算汇编进度的好形式。一般运用于基层单位。三是上级审查。即上级财政部门或上级领导部门对所属地方决算或所属企业、行政事业单位等决算的审查。

四、政府决算草案的审批

《中华人民共和国预算法》第61条规定：各部门对所属各单位的决算草案，应当审核并汇总编制本部门的决算草案，在规定的期限内报本级政府财政部门审核。决算草案的审核主要包括对企业、事业、行政单位和基本建设财务决算草案的审核。

《中华人民共和国预算法》第62条规定：国务院财政部门编制中央决算草案，报国务院审定后，由国务院提请全国人民代表大会常务委员会审查和批准。县级以上地方各级政府财政部门编制本级决算草案，报本级政府审定后，由本级政府提请本级人民代表大会常务委员会审查和批准。乡、民族乡、镇政府编制本级决算草案，提请本级人民代表大会常务委员会审查和批准。

过去全国人民代表大会及其常务委员会审批的政府决算包括了地方决算，地方各级人民代表大会及其常务委员会审批的本级总决算中包括了下一级总决算，这就造成同一级决算要由上下级人大常委会重复审批，使决算审批的法律关系不清。全国人民代表大会一般在3月份召开，而当年政府决算草案一般要在次年5、6月份才能编制出来，规定由全国人民代表大会审查和批准上年政府决算草案，实际上做不到。地方各级也存在着类似的问题。

《中华人民共和国宪法》规定乡、民族乡、镇人民代表大会不设常务委员会，因此，不能规定乡、民族乡、镇决算草案由其人民代表大会常务委员会审批。到目前为止，尚有一些乡、民族乡、镇还未建立财政机构，因此，不能规定乡级决算草案由其财政部门编制。

各级总决算由同级政府审查后，报请同级人大常委会审查和批准，再上报上一级汇编；省、自治区、直辖市总决算经本级政府审查后，报请本级人大常委会审查和批准，然后上报财政部汇编政府决算。政府决算包括中央决算和地方总决算，中央决算草案由财政部报国务院审定后，由国务院提请全国人大常委会审查和批准。经过逐级审核汇总编制的政府决算，由财政部连同决算说明书呈报国务院审查；经国务院核定后，由国务院提请全国人民代表大会审查。

国务院和县级以上地方各级政府对下一级政府报送备案的决算，认为有同法律、行政法规相抵触或者有其他不适之处，需要撤销批准该项决算的决议的，应当提请本级人民代表大会常务委员会审议决定；经审议决定撤销的，该下级人民代表大会常务委员会应当责成本级政府依法重新编制决算草案，提请本级人民代表大会常务委员会审查和批准。

通常，上年政府决算是和当年政府预算同时审查批准的，基本程序是：财政部长向全国人民代表大会报告年度预算执行情况，说明预算收支的完成数字，未完成计划的原因，并提出改进预算管理的建议。经过反复讨论，代表们如基本上没有意见，即可通过批准。

政府决算经全国人民代表大会审查批准后，财政部即代表国务院批复各省（市、区）总决算。中央各主管部门的单位决算，由国务院授权财政部批复。中央各主管部门根据已经批准的决算，分别批准所属单位决算。地方各级总决算由地方财政部门报送同级人民政府讨论通过后，提请同级人大常委会审查批准。

◆ 本章小结

本章主要介绍政府决算的含义与构成,政府决算的意义。政府决算的编制应遵循统一领导、分工协作、按程序办事,符合法规、掌握政策,真实、准确、全面、及时等原则。政府决算编制前,财政部应先拟定和下达政府决算的编制办法,组织年终收支清理工作,做好年终结算,修订和颁发决算表格。

决算说明书是年度预算执行和预算管理的书面总结。决算说明书分为单位决算说明书和总决算说明书两类。

政府决算的审查层次和机构自下而上为:上级对下级决算进行的审查、财政部门对同级主管部门的部门决算的审查、立法机关对政府总预算的审查、政府审计部门对政府预算的审查。

政府决算审查的内容包括政策性审查、技术性审查。政府决算审查的方法一般可分为就地审查、书面审查和派人到上级机关汇报审查三种。书面审查是主要的审查方法。

决算审查的形式有自审、联审互查和上级审查三种。

国务院财政部门编制中央决算草案,报国务院审定后,由国务院提请全国人民代表大会常务委员会审查和批准。县级以上地方各级政府财政部门编制本级决算草案,报本级政府审定后,由本级政府提请本级人民代表大会常务委员会审查和批准。乡、民族乡、镇政府编制本级决算草案,提请本级人民代表大会常务委员会审查和批准。

政府决算经全国人民代表大会审查批准后,财政部即代表国务院批复各省(市、区)总决算。中央各主管部门的单位决算,由国务院授权财政部批复。中央各主管部门根据已经批准的决算,分别批准所属单位决算。地方各级总决算由地方财政部门报送同级人民政府讨论通过后,提请同级人大常委会审查批准。

◆ 案例

国家税务局系统 2011 年部门决算
2012 年 7 月 19 日

目 录

第一部分　国家税务局系统基本情况

一、主要职能

（一）具体起草税收法律法规草案及实施细则并提出税收政策建议,与财政部共同上报和下发,制订贯彻落实的措施。负责对税收法律法规执行过程中的征管和一般性税政问题进行解释,事后向财政部备案。

（二）承担组织实施中央税、共享税及法律法规规定的基金（费）的征收管理责任,力争税款应收尽收。

（三）参与研究宏观经济政策、中央与地方的税权划分并提出完善分税制的建议,研究税负总水平并提出运用税收手段进行宏观调控的建议。

（四）负责组织实施税收征收管理体制改革,起草税收征收管理法律法规草案并制定实施细则,制定和监督执行税收业务、征收管理的规章制度,监督检查税收法律法规、政策的贯彻执行,指导和监督地方税务工作。

（五）负责规划和组织实施纳税服务体系建设,制定纳税服务管理制度,规范纳税服务行为,制定和监督执行纳税人权益保障制度,保护纳税人合法权益,履行提供便捷、优质、高效纳税服务的义务,组织实施税收宣传,拟订注册税务师管理政策并监督实施。

（六）组织实施对纳税人进行分类管理和专业化服务,组织实施对大型企业的纳税服务和税源管理。

（七）负责编报税收收入中长期规划和年度计划,开展税源调查,加强税收收入的分析预测,组织办理税收减免等具体事项。

（八）负责制定税收管理信息化制度,拟订税收管理信息化建设中长期规划,组织实施金税工程建设。

（九）开展税收领域的国际交流与合作,参加国家（地区）间税收关系谈判,草签和执行有关的协议、协定。

（十）办理进出口商品的税收及出口退税业务。

（十一）对全国国税系统实行垂直管理,协同省级人民政府对省级地方税务局实行双重领导,对省级地方税务局局长任免提出意见。

（十二）承办国务院交办的其他事项。

二、部门决算单位构成

国家税务总局的部门决算由3 605个预算单位构成,包括税务总局本级、总局各直属单位、各省（市、区）国家税务局、各地（市）国家税务局以及县（区）级国家税务局决算,如下图:

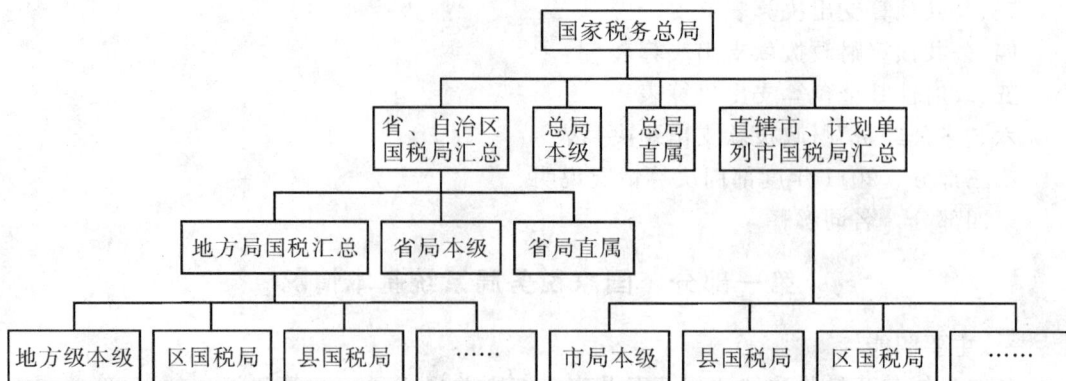

按单位级次分,一级预算单位1个、二级预算单位42个、三级预算单位602个、四级预算单位2 960个;按单位性质分,行政单位3 547个,事业单位58个。截至2011年底,国税系统干部职工58.23万人。

第二部分 2011年部门决算报表

表 1 公共预算收入支出决算总表(公开 01 表)

部门:国家税务总局   单位:万元

收入			支出		
项目	行次	决算数	项目	行次	决算数
栏次		1	栏次		2
一、财政拨款收入	1	4 754 964.11	一、一般公共服务	13	6 588 195.10
二、事业收入	2	27 789.94	二、文化体育与传媒	14	109.00
三、经营收入	3	14 057.96	三、社会保障和就业	15	454 639.33
四、其他收入	4	2 545 939.14	四、地震灾后恢复重建支出	16	25 566.30
	5		五、住房保障支出	17	220 403.86
	6		六、其他支出	18	31.28
	7			19	
本年收入合计	8	7 342 751.15	本年支出合计	20	7 288 944.87
用事业基金弥补收支差额	9	1 487.45	结余分配	21	11 826.81
上年结转和结余	10	2 070 685.39	年末结转和结余	22	2 114 152.31
	11			23	
合计	12	9 414 923.99	合计	24	9 414 923.99

注:本表反映部门本年度的总收支和年末结转结余情况。

8行=(1+2+3+4)行;12行=(8+9+10)行;20行=(13+14+15+16+17+18)行;24行=(20+21+22)行。

表 2 公共预算收入决算表(公开02表)

部门:国家税务总局 单位:万元

项目编码	科目名称	本年收入合计	财政拨款	上级补助收入	事业收入	经营收入	附属单位缴款	其他收入
	栏次	1	2	3	4	5	6	7
	合计	7 342 751.15	4 754 964.11		27 789.94	14 057.96		2 545 939.14
201	一般公共服务	6 655 758.45	4 067 971.41		27 789.94	14 057.96		2 545 939.14
20107	税收事务	6 655 758.45	4 067 971.41		27 789.94	14 057.96		2 545 939.14
2010701	行政运行	5 399 690.91	2 878 171.27					2 521 519.64
2010702	一般行政管理事务	580 231.78	580 231.78					
2010703	机关服务	160.00	160.00					
2010704	税务办案	170 500.00	170 500.00					
2010705	税务登记证及发票管理	122 500.00	122 500.00					
2010706	代扣代收代征税款手续费	256 695.00	256 695.00					
2010707	税务宣传	12 740.00	12 740.00					
2010708	协税护税	800.00	800.00					
2010750	事业运行	98 987.04	32 719.64		27 789.94	14 057.96		24 419.50
2010799	其他税收事务支出	13 453.72	13 453.72					
207	文化体育与传媒	109.00	109.00					
20799	其他文化体育与传媒支出	109.00	109.00					
2079999	其他文化体育与传媒支出	109.00	109.00					
208	社会保障和就业	464 605.70	464 605.70					
20805	行政事业单位离退休	464 605.70	464 605.70					
2080501	归口管理的行政单位离退休	464 484.70	464 484.70					
2080503	离退休人员管理机构	121.00	121.00					
221	住房保障支出	222 278.00	222 278.00					
22102	住房改革支出	222 278.00	222 278.00					
2210201	住房公积金	184 794.00	184 794.00					
2210202	提租补贴	836.00	836.00					
2210203	购房补贴	36 648.00	36 648.00					

注:本表反映部门本年度取得的各项收入情况。1栏=(2+3+4+5+6+7)栏。

表3　公共预算支出决算表(公开03表)

部门:国家税务总局

单位:万元

项目编码	科目名称	本年支出合计	基本支出	项目支出	上缴上级支出	经营支出	对附属单位补助支出
	栏次	1	2	3	4	5	6
	合计	7 288 944.87	5 976 763.07	1 295 223.54		16 958.26	
201	一般公共服务	6 588 195.10	5 301 688.60	1 269 548.24		16 958.26	
20107	税收事务	6 588 195.10	5 301 688.60	1 269 548.24		16 958.26	
2010701	行政运行	5 258 147.04	5 218 082.54	40 064.50			
2010702	一般行政管理事务	589 149.68		589 149.68			
2010703	机关服务	145.18	145.18				
2010704	税务办案	172 000.22		172 000.22			
2010705	税务登记证及发票管理	131 085.31		131 085.31			
2010706	代扣代收代征税款手续费	267 272.93		267 272.93			
2010707	税务宣传	15 199.46		15 199.46			
2010708	协税护税	872.21		872.21			
2010709	信息化建设	22 875.75		22 875.75			
2010750	事业运行	100 946.49	83 460.88	527.35		16 958.26	
2010799	其他税收事务支出	30 500.83		30 500.83			
207	文化体育与传媒	109.00		109.00			
20799	其他文化体育与传媒支出	109.00		109.00			
2079999	其他文化体育与传媒支出	109.00		109.00			
208	社会保障和就业	454 639.33	454 639.33				
20805	行政事业单位离退休	454 639.33	454 639.33				
2080501	归口管理的行政单位离退休	454 518.33	454 518.33				
2080503	离退休人员管理机构	121.00	121.00				
218	地震灾后恢复重建支出	25 566.30		25 566.30			
21806	党政机关恢复重建	25 566.30		25 566.30			
2180601	一般公共服务机关恢复重建支出	25 566.30		25,566.30			

续表

项目编码	科目名称	本年支出合计	基本支出	项目支出	上缴上级支出	经营支出	对附属单位补助支出
221	住房保障支出	220 403.86	220 403.86				
22102	住房改革支出	220 403.86	220 403.86				
2210201	住房公积金	179 958.06	179 958.06				
2210202	提租补贴	870.14	870.14				
2210203	购房补贴	39 575.66	39 575.66				
229	其他支出	31.28	31.28				
22999	其他支出	31.28	31.28				
2299901	其他支出	31.28	31.28				

注:本表反映部门本年度各项支出情况。1栏=(2+3+4+5+6)栏。

表4 公共预算财政拨款支出决算表(公开04表)

部门:国家税务总局　　　　　　　　　　　　　　　　　　单位:万元

科目编码	科目名称	合计	基本支出	项目支出
栏次		1	2	3
合计		4 803 074.67	3 548 442.98	1 254 631.69
201	一般公共服务	4 102 324.90	2 873 368.51	1 228 956.39
20107	税收事务	4 102 324.90	2 873 368.51	1 228 956.39
2010701	行政运行	2 841 190.54	2 841 190.54	
2010702	一般行政管理事务	589 149.68		589 149.68
2010703	机关服务	145.18	145.18	
2010704	税务办案	172 000.22		172 000.22
2010705	税务登记证及发票管理	131 085.31		131,085.31
2010706	代扣代收代征税款手续费	267 272.93		267,272.93
2010707	税务宣传	15 199.46		15 199.46
2010708	协税护税	872.21		872.21
2010709	信息化建设	22 875.75		22 875.75
2010750	事业运行	32 032.79	32 032.79	
2010799	其他税收事务支出	30 500.83		30 500.83
207	文化体育与传媒	109.00		109.00
20799	其他文化体育与传媒支出	109.00		109.00

续表

项目		合计	基本支出	项目支出
科目编码	科目名称			
2079999	其他文化体育与传媒支出	109.00		109.00
208	社会保障和就业	454 639.33	454 639.33	
20805	行政事业单位离退休	454 639.33	454 639.33	
2080501	归口管理的行政单位离退休	454 518.33	454 518.33	
2080503	离退休人员管理机构	121.00	121.00	
218	地震灾后恢复重建支出	25 566.30		25 566.30
21806	党政机关恢复重建	25 566.30		25 566.30
2180601	一般公共服务机关恢复重建支出	25 566.30		25 566.30
221	住房保障支出	220 403.86	220 403.86	
22102	住房改革支出	220 403.86	220 403.86	
2210201	住房公积金	179 958.06	179 958.06	
2210202	提租补贴	870.14	870.14	
2210203	购房补贴	39 575.66	39 575.66	
229	其他支出	31.28	31.28	
22999	其他支出	31.28	31.28	
2299901	其他支出	31.28	31.28	

注:本表反映部门本年度公共预算财政拨款实际支出情况。1栏=(2+3)栏。

表5 政府性基金预算支出决算表(公开05表)

部门:国家税务总局 　　　　　　　　　　　　　　　　　　　　　　　　　　单位:万元

项目		合计	基本支出	项目支出
科目编码	科目名称			
栏次		1	2	3
合计				

注:本表反映部门本年度公共预算财政拨款实际支出情况。1栏=(2+3)栏。

说明:国税系统没有使用政府性基金预算安排的基本支出和项目支出,故本表无数据。

表6 "三公经费"财政拨款支出预决算表(公开06表)

部门:国家税务总局   单位:万元

2011年决算数				2012年预算数			
合计	因公出国(境)费	公务用车购置及运行费	公务接待费	合计	因公出国(境)费	公务用车购置及运行费	公务接待费
203 842.15	1 130.34	137 078.69	65 633.12	213 289.77	1 538.05	145 048.41	66 703.31

注:(1)"2011年决算数"指"三公经费"当年财政拨款预算和以前年度财政拨款结转结余资金安排的实际支出。

(2)"2012年预算数"指"三公经费"2012年当年财政拨款支出预算。

(3)国税系统"三公经费"2010年决算数216 631.68万元,2011年预算数213 834.9万元。2011年决算数与2010年决算数相比减少12 789.53万元,减少5.91%;与2011年预算数相比减少9 992.75万元,减少4.68%。2012年预算数与2011年预算数相比,减少545.1万元,减少0.26%。

第三部分　2011年部门决算情况说明

一、关于公共预算收入支出决算总体情况说明

(一)收入总计9 414 923.99万元。包括:

1.本年收入7 342 751.15万元,其中:

(1)财政拨款收入4 754 964.11万元,为中央财政当年拨付的资金。

(2)事业收入27 789.94万元,为事业单位开展业务活动取得的收入。

(3)经营收入14 057.96万元,为事业单位业务活动之外开展非独立核算经营活动取得的收入。

(4)其他收入2 545 939.14万元,为"财政拨款收入"、"事业收入"、"经营收入"之外取得的收入。包括地方财政补助收入、售房收入、存款利息收入等。

2.用事业基金弥补收支差额1 487.45万元,为事业单位在当年"财政拨款收入"、"事业收入"、"经营收入"和"其他收入"不足的情况下,用以前年度积累的事业基金弥补当年收支缺口的资金。

3.上年结转和结余2 070 685.39万元,因以前年度支出预算由于客观条件变化未执行完毕,而结转到本年度按规定继续使用的资金。

(二)支出总计9 414 923.99万元。包括:

1.本年支出7 288 944.87万元,其中:

(1)一般公共服务(类)6 588 195.10万元:主要用于保障国税系统所属行政事业单位正常运转的基本支出以及税务办案、税务登记证及发票管理、代扣代收代征税款手续费、税务宣传、协税护税等税务管理事务方面的项目支出。

(2)文化体育与传媒(类)109万元:主要用于总局直属经营性文化事业单位按照国家文化产业发展规划转企改制的支出。

(3)社会保障和就业(类)454 639.33万元:主要用于国税系统所属单位离退休干部的人员经费支出以及为离退休人员提供管理和服务的离退休干部局工作经费支出。

(4)地震灾后恢复重建支出(类)25 566.30万元:主要用于"5·12"汶川地震之后四

川、陕西、甘肃省国税局所属受灾单位办公用房修缮加固、办公设备购置等恢复重建支出。

(5)住房保障支出(类)220 403.86 万元:主要用于国税系统所属行政事业单位按照国家政策规定向职工发放的住房公积金、提租补贴、购房补贴等住房改革方面的支出。

(6)其他支出(类)31.28 万元:主要用于弥补国税系统部分所属行政事业单位正常运转的基本支出。

2.结余分配 11 826.81 万元:主要是执行事业单位会计制度的单位按规定提取的职工福利基金和事业基金。

3.年末结转和结余 2 114 152.31 万元:主要是当年或以前年度支出预算未完成,需要延迟到以后年度按有关规定继续使用的资金。

二、关于公共预算收入决算情况说明

2011 年,国税系统经费总收入 7 342 751.15 万元,其中:中央财政拨款收入 4 754 964.11 万元,占总收入的 64.76%;其他收入 2 545 939.14 万元,占总收入的 34.67%;事业收入 27 789.94 万元,占总收入 0.38%;事业单位经营收入 14 057.96 万元,占总收入 0.19%。

三、关于公共预算支出决算情况说明

2011 年,国税系统经费总支出 7 288 944.87 万元,其中:基本支出 5 976 763.07 万元,占总支出的 82%;项目支出 1 295 223.54 万元,占总支出的 17.77%;经营支出 16 958.26 万元,占总支出的 0.23%。

四、关于公共预算财政拨款支出决算情况说明

本表按支出功能分类科目编制,反映国家税务局系统 2011 年度部门决算中央财政拨款支出的总体情况。本表中的财政拨款支出数既包括使用当年从中央财政取得的财政拨款发生的支出,也包括使用以前年度财政拨款结转和结余资金发生的支出,因此,本表财政拨款支出数大于《公共预算收入支出决算总表》中的财政拨款收入数。

(一)财政拨款支出决算构成情况

国家税务局系统 2011 年财政拨款总支出 4 803 074.67 万元,主要用于以下几个方面:一般公共服务(类)支出 4 102 324.90 万元,文化体育与传媒(类)支出 109 万元,社会保障和就业(类)支出 454 639.33 万元,地震灾后恢复重建支出(类)支出 25 566.30 万元,住房保障支出(类)支出 220 403.86 万元,其他支出(类)支出 31.28 万元。

(二)财政拨款支出决算的具体情况:

1.一般公共服务(类)税收事务(款)支出 4 102 324.90 万元,包括:

行政运行支出 2 841 190.54 万元,主要用于保障国税系统所属行政单位及参照公务员管理的事业单位正常运转的基本支出,包括基本工资、津贴补贴等人员经费以及办公费、印刷费、水电费、差旅费、会议费、办公设备购置费等日常公用经费方面的支出。

一般行政管理事务支出 589 149.68 万元,主要用于国税系统所属行政单位及参照公务员管理的事业单位为完成特定的行政工作任务或事业发展目标而发生的项目支出。包括金税运行、基建经费、救灾经费等。

机关服务支出 145.18 万元,主要用于为税务总局机关提供后勤保障服务的机关服务中心的支出。

税务办案支出 172 000.22 万元,主要用于国税系统税务稽查机构办案的支出。

税务登记证和发票管理支出 131 085.31 万元,主要用于税务登记证和发票的印刷、储运、管理等方面的支出。

代扣代收代征税款手续费支出 267 272.93 万元,主要用于国税系统基层征收机构支付的代扣代缴、代收代缴和委托代征税款手续费。

税务宣传支出 15 199.46 万元,主要用于国税系统税务宣传、纳税服务方面的支出。

协税护税支出 872.21 万元,主要用于国税系统协税护税报酬、有奖发票等方面的支出。

信息化建设支出 22 875.75 万元,主要用于国税系统"金税工程"等信息化建设方面的软件开发、硬件购置与安装等支出。

事业运行支出 32 032.79 万元,主要用于保障国税系统所属事业单位正常运转的基本支出。

其他税收事务支出 30 500.83 万元,主要用于国税系统所属事业单位为完成特定的工作任务或事业发展目标而发生的项目支出。

2.文化体育与传媒支出 109 万元,主要用于税务总局直属经营性文化事业单位按照国家文化产业发展规划转企改制的支出。

3.社会保障和就业(类)行政事业单位离退休(款)支出 454 639.33 万元。包括:

归口管理的行政单位离退休支出 454 518.33 万元,主要用于国税系统所属单位开支的离退休人员经费。

离退休人员管理机构支出 121 万元,主要用于税务总局离退休干部局为离退休人员提供管理和服务而发生的工作支出。

4.地震灾后恢复重建支出(类)党政机关恢复重建(款)支出 25 566.30 万元。包括:

一般公共服务机关恢复重建支出 25 566.30 万元,主要用于"5·12"汶川地震之后国税系统所属四川、陕西、甘肃基层受灾单位办公用房修缮加固、办公设备购置等恢复重建支出。

5.住房保障支出(类)住房改革支出(款)220 403.86 万元。包括:

住房公积金支出 179 958.06 万元,主要用于按照国家统一标准,为职工按规定比例缴纳的住房公积金支出。

提租补贴支出 870.14 万元,主要用于按照规定向职工发放的租金补贴。

购房补贴支出 39 575.66 万元,主要用于 1998 年住房分配货币化改革之后,按照国家房改政策规定,向无房职工、住房面积未达到规定标准的职工发放的住房补贴。

6.其他支出(类)其他支出(款)支出 31.28 万元,主要用于弥补国税系统部分所属行政事业单位正常运转的基本支出。

五、关于"三公经费"财政拨款支出 2011 年决算情况和 2012 年预算情况说明

(一)2011 年度"三公经费"财政拨款支出决算情况说明

国税系统"三公经费"财政拨款支出是指税务总局及所属行政事业单位用财政拨款开支的因公出国(境)费、公务用车购置及运行费、公务接待费。2011 年,国税系统"三公经费"财政拨款决算支出 203 842.15 万元,与 2011 年预算 213 834.9 万元相比,减少

9 992.75万元,主要原因是2011年国税系统公车治理减少了车辆更新。具体情况如下:

1.因公出国(境)支出1 130.34万元。主要用于单位工作人员公务出国(境)的住宿费、旅费、伙食补助费、杂费、培训费等支出。国税系统因公出国(境)费主要用于参加国际税收会议、税收协定谈判等支出。2011年共安排出访团组71个,559人次,其中参加联合国专家委员会第7次会议、SGATAR第13届工作级别会议、IMF亚洲高层税收研讨会、国际财税协会年会、OECD专业会议等国际会议30项;税收协定谈判、双边磋商等工作出访项目10项;金税工程技术培训、对跨国企业的税收管理和反避税调查培训、OECD专业培训等培训项目17项。

2.公务用车购置及运行费支出137 078.69万元。其中,购置费支出4 739.52万元,主要用于国税系统报废车辆更新;运行费132 339.17万元,主要用于税务稽查、税收征管、纳税服务等执法执勤用车和一般公务用车的燃料费、维修费、过路过桥费、保险费等支出。至2011年底,国税系统共有执法执勤用车和一般公务用车保有量49 850辆。

3.公务接待费支出65 633.12万元。主要用于各级国税部门与社会相关部门开展税收协作,跨地区税务部门之间的税收征管、税务稽查、联合办税等发生的接待费支出,包括会场租赁费、车辆租用费、工作餐费等,以及国(境)外团组接待费支出。

(二)国税系统2012年"三公经费"财政拨款支出预算情况说明

国税系统2012年"三公经费"财政拨款预算213 289.77万元,其中,因公出国(境)费预算1 538.05万元,公务用车购置及运行费预算145 048.41万元,公务接待费预算66 703.31万元。2012年"三公经费"财政拨款预算数与2011年预算数213 834.9万元相比,基本持平。

六、关于2011年度行政经费支出统计数

行政经费指行政单位(含参照公务员法管理的事业单位)履行一般行政管理职能,维持机关日常运转所必须开支的费用,包括基本支出和项目支出。基本支出包括用于工资、津贴及奖金等方面的人员经费和用于办公、水电等方面的公用经费。项目支出包括办公用房维修租赁、执法部门办案等用于一般行政管理事务方面的支出。

汇总国税系统2011年度行政单位(含参照公务员法管理的事业单位)履行行政管理职责、维持机关运行而开支的行政经费,合计3 929 807.91万元。

第四部分　名词解释

一、收入科目

(一)财政拨款收入:指中央财政当年拨付的资金。

(二)事业收入:指事业单位开展专业业务活动及辅助活动所取得的收入。

(三)经营收入:指事业单位在专业业务活动及其辅助活动之外开展非独立核算经营活动取得的收入。

(四)其他收入:指除上述"财政拨款收入"、"事业收入"、"经营收入"等以外的收入。包括地方财政补助收入、售房收入、存款利息收入等。

(五)用事业基金弥补收支差额:指事业单位在预计用当年的"财政拨款收入"、"事业收入"、"经营收入"、"其他收入"不足以安排当年支出的情况下,使用以前年度积累的事业基金(事业单位当年收支相抵后按国家规定提取、用于弥补以后年度收支差额的基金)弥补本年度收支缺口的资金。

(六)上年结转和结余:指以前年度尚未完成、结转到本年仍按原规定用途继续使用的资金和支出预算工作目标已完成,或由于受政策变化、计划调整等因素影响工作终止,当年剩余的资金。

二、支出科目

(一)一般公共服务(类)税收事务(款):指用于各级国税机关及所属单位为保障机构正常运转、开展税收征管活动所发生的基本支出和项目支出。

1.行政运行(项):指国税系统行政单位及参照公务员法管理的事业单位用于保障机构正常运转的基本支出。

2.一般行政管理事务(项):指国税系统行政单位及参照公务员管理的事业单位未单独设置项级科目的其他项目支出,包括金税运行、基建经费、救灾经费等。

3.机关服务(项):指为税务总局机关提供后勤保障服务的机关服务中心的支出。

4.税务办案(项):指税务稽查机构办案的支出。

5.税务登记证及发票管理(项):指税务登记证和发票管理的印刷、储运、管理等方面的支出。

6.代扣代收代征税款手续费(项):指国税系统支付的代扣代缴、代收代缴和委托代征税款手续费。

7.税务宣传(项):指国税系统用于税务宣传、纳税服务方面的支出。

8.协税护税(项):指国税系统用于协税护税报酬、有奖发票等方面的支出。

9.信息化建设(项):指国税系统用于"金税工程"等信息化建设方面的支出。

10.事业运行(项):指国税系统所属事业单位(不含参照公务员管理的事业单位,下同)用于保障机构正常运转的基本支出。

11.其他税收事务支出(项):指国税系统所属事业单位为完成相关工作任务或事业发展目标,用于专项业务工作的项目支出。

(二)文化体育与传媒(类)其他文化体育与传媒(款):指按照国家文化产业发展规划,用于税务总局直属经营性文化事业单位转企改制支出。

(三)社会保障和就业(类)行政事业单位离退休(款):指国税系统所属单位开支的离退休人员经费和离退休干部管理机构为离退休人员提供管理和服务所发生的工作支出。

1.归口管理的行政单位离退休(项):指国税系统所属单位开支的离退休人员经费支出。

2.离退休人员管理机构(项):指税务总局离退休干部管理局为离退休人员提供管理和服务所发生的工作支出。

(四)地震灾后恢复重建(类)党政机关恢复重建(款):指"5·12"汶川地震之后国税系统所属四川、陕西、甘肃基层受灾单位办公用房修缮加固、设备购置等恢复重建支出。

地震灾后恢复重建(项):指"5·12"汶川地震之后四川、陕西、甘肃基层受灾单位办公用房修缮加固、设备购置等恢复重建支出。

(五)住房保障支出(类)住房改革支出(款):指按照国家政策规定向职工发放的住房公积金、提租补贴、购房补贴等住房改革方面的支出。

1.住房公积金:指按照《住房公积金管理条例》和其他相关规定,由单位及其在职职工以职工工资为缴存基数,分别按照一定比例缴存的长期住房储金。行政单位缴存基数包括国家统一规定的公务员职务工资、级别工资、机关工人岗位工资和技术等级(职务)工资、年终一次性奖金、特殊岗位津贴、规范后发放的工作性津贴和生活性补贴等;事业单位缴存基数包括国家统一规定的岗位工资、薪级工资、绩效工资、特殊岗位津贴等。单位和职工住房公积金缴存比例均不得低于5%,不得高于12%。

2.提租补贴:指按照国家有关政策规定,自2000年开始,针对在京中央单位职工因公有住房租金标准提高发放的补贴,人均标准90元/月。

3.购房补贴:指根据《国务院关于进一步深化城镇住房制度改革加快住房建设的通知》(国发〔1998〕23号)规定,自1998年停止实物分房后,对房价收入比超过4倍以上地区的无房和住房未达标职工发放的住房货币化改革补贴资金。目前,在京中央单位按照《中共中央办公厅国务院办公厅转发建设部等单位〈关于完善在京中央和国家机关住房制度的若干意见〉的通知》(厅字〔2005〕8号)规定的标准执行,京外中央单位按照所在地人民政府住房分配货币化改革的政策规定和标准执行。

(六)基本支出:指为保障机构正常运转、完成日常工作任务而发生的支出,包括人员经费和公用经费两部分。人员经费是指维持机构正常运转且可归集到个人的各项支出。公用经费是指维持机构正常运转但不能归集到个人的各项支出。

(七)项目支出:指为完成特定行政工作任务或事业发展目标,在基本支出之外发生的支出,包括基本建设、有关事业发展专项计划、专项业务费、大型修缮、大型购置、大型会议等支出。

(八)经营支出:指事业单位在业务之外开展非独立核算经营活动发生的支出。

(九)行政经费:指行政单位(含参照公务员法管理的事业单位)履行一般行政管理职能,维持机关日常运转所必须开支的费用,包括基本支出和项目支出。基本支出包括用于工资、津贴及奖金等的人员经费和用于办公、水电费等的公用经费。项目支出包括办公用房维修租赁、执法部门办案费等用于一般行政管理事务方面的支出。

(十)"三公经费"财政拨款支出:指通过财政拨款资金安排的因公出国(境)费、公务用车购置及运行费和公务接待费支出。其中,因公出国(境)费指单位工作人员公务出国(境)的往返机票费、住宿费、伙食费、培训费等支出;公务用车购置及运行费指单位购置公务用车支出及公务用车使用过程中所发生的租用费、燃料费、维修费、过路过桥费、保险费等支出;公务接待费指单位按规定开支的各类公务接待(含外宾接待)支出。

三、年末结转和结余:指本年度或以前年度预算安排、因客观条件发生变化无法按原计划实施,需要延迟到以后年度按有关规定继续使用的资金,既包括财政拨款结转和结余,也包括事业收入、经营收入、其他收入的结转和结余。

四、结余分配:指事业单位按规定提取的职工福利基金、事业基金和缴纳的所得税,以及建设单位按规定应交回的基本建设竣工项目结余资金。

资料来源:国家税务总局网站,http://www.chinatax.gov.cn

案例分析：

上述案例资料反映国家税务局系统 2011 年部门决算情况,并对部门公共预算收入、支出、"三公经费"财政拨款支出等情况做了具体说明。

案例讨论：

结合案例材料,谈谈政府决算说明书需要说明的内容。

思考题

1. 阐明政府决算的内涵。
2. 简述我国政府决算编制机关及政府决算组成。
3. 简述政府决算的意义。
4. 简述政府决算的编制原则。
5. 编制政府决算前应做好哪些准备工作?
6. 政府决算的编报办法一般包括哪些内容?
7. 政府预算年终清理的主要内容包括哪些?
8. 年终结算事项主要有哪几种情况?
9. 制定政府决算表格应遵循哪些原则?
10. 政府决算表格有哪些类型?
11. 简述单位决算的编制程序和方法。
12. 简述我国财政总决算的编制程序和方法?
13. 简述决算说明书的内容。
14. 简述政府决算审查的层次及其机构。
15. 简述政府决算审查的内容。
16. 简述政府决算审查的方法和形式。
17. 简述政府决算草案的审批主体及其权限划分。

第8章
政府预算绩效评价

本章导读

　　本章主要介绍政府预算绩效评价的基本概念,我国政府预算绩效评价的现状、问题,完善、我国政府预算绩效评价的内容及实施情况。通过学习本章,应掌握政府预算绩效评价的基本概念,理解政府预算绩效评价主体、绩效评价指标的分类及我国政府预算绩效评价的内容和改革取向,了解我国中央部门预算绩效考评实施情况。

第一节　政府预算绩效评价概述

　　绩效预算的核心和关键在于财政资金支出绩效评价。财政支出绩效评价是绩效预算得以实施的主要工具和载体,而绩效预算又进一步为改善政府管理提供新视角——基于投入产出角度来观察政府绩效、政府职能履行等情况。如果没有财政支出绩效评估,绩效预算则与传统预算无本质区别。在绩效预算体制下,要削减财政赤字,减轻财政支出压力,就必须对大量各类政府财政支出项目进行绩效评估。政府预算绩效评价主要是指政府预算支出绩效评价。

一、绩效预算的起因和概念

　　绩效预算自20世纪40年代提出以来,目前已经有50多个国家不同程度地实施了绩效预算。从国际经验角度看,绩效预算的产生有特定的背景条件,伴随着绩效预算的完善过程,这种预算模式也形成了稳定的基本内容。

　　(一)西方国家绩效预算的起因

　　绩效预算理念萌芽于1907年美国纽约市政研究局提供的"改进管理控制计划"的报告中,该报告强调"通过对已批准项目的管理,提高资源使用效率"。绩效预算理念最早用于实践则开始于20世纪30年代,田纳西流域管理局和美国农业部采纳了绩效预算,在一定程度上提高了部门运作效率。到了20世纪40年代,美国的"重组政府"运动方兴未艾,

1947年起,胡佛委员会就提出了要在预算编制中强调产出而不是投入,将成本融入公共财政的领域。第一届胡佛委员会在1949年的报告中,完整地定义了绩效预算,从而定下了绩效预算改革的基调,此后,政府预算的"绩效、效率"观念开始深入人心。在尼克松、卡特时期,围绕着如何提高政府的效率与效益,在预算管理上进行了一系列改革。到了里根和克林顿时期,以绩效预算为核心进行的"政府革命",使美国政府在实现国家目标、促进经济持续增长上取得了良好的效果,使美国走上了历史上最长的发展时期。因此,实现绩效预算以及财政支出绩效评价体系的根本出发点,就是提高政府工作的效率与效益。按中国的表达方式,就是为了提高政府的"执政能力"。

自20世纪70年代末至80年代初开始,西方各国掀起了一场声势浩大且旷日持久的政府改革运动,它起源于英国、美国、新西兰和澳大利亚,并迅速扩展到其他西方国家,这就是"新公共管理(New Public Management)"运动。"新公共管理"的理论代表了政府公共管理研究领域发展的新阶段,它是在对传统的公共行政学理论批判的基础上逐步形成的。

传统的公共行政学诞生于19世纪末20世纪初,是随着西方诸国工业化的完成而建立起来的,其主要理论基础是政治学特别是韦伯的官僚体制理论和威尔逊、古德诺等人的政治与行政二分法的理论。其主要特点是:政府管理体制以科层理论为基础,权力集中,层级分明;法规繁多,职能广泛;规模庞大,程序复杂;官员照章办事、循规而行;官员行为标准化、非人格化;运用相对固定的行政程序来实现既定的目标。

20世纪70年代之后,特别是80年代以来,西方社会乃至整个世界发生了根本性的变化。公众的价值观念多元化、需求多样化,民众民主意识、参政意识增强,时代的变化对政府提出了新的要求。政府必须更加灵活,更加高效,具有较强的应变能力和创造力,对公众的要求更具有影响力,更多地使公众参与管理。传统公共管理体制僵化、迟钝,具有使行政机构规模和公共预算总额产生最大化的倾向,易于导致高成本、低效率的问题愈来愈突出。西方各国在七八十年代普遍面临的政府开支过大、经济停滞、财政危机严重、福利制度走入困境、政府部门工作效率低下、公众对政府的不满越来越强烈等问题,也促使人们开始变革传统的公共行政体制。

在这种背景下,一种突破了传统公共行政学的学科界限,把当代西方经济学、工商管理学、政策科学(政策分析)、政治学、社会学等学科的理论、原则、方法及技术融合进公共部门管理的研究之中,以寻求高效、高质量、低成本、应变力强、响应力强、有更健全的责任机制的"新公共管理"模式应运而生。

"新公共管理"自七八十年代起源于英国、美国、新西兰和澳大利亚之后,迅速扩展到加拿大、荷兰、瑞典、法国等欧洲国家,进入90年代之后,一些新兴工业化国家和发展中国家,如韩国、菲律宾等国也加入了改革的大潮。各国改革的内容、方式和措施并不完全相同,理论界也给这些改革冠以不同的名字,比如"重塑政府(Reinventing Government)"、"再造公共部门(Reengineering the Public Sector)"等。这场"新公共管理"运动对于西方公共部门管理尤其是政府管理的理论与实践产生了重大而深远的影响。绩效预算,既是新公共管理的重要组成部分,更是推动新公共管理理论转化为实际制度安排的重要工具。因此,我们完全可以这样理解:绩效预算产生的背景,就是政府改革,或者说是新公共管理的兴起,绩效预算的产生是公众压力和化解财政资源需求的无限性与供给的有限性之间尖锐矛盾的结果。很显然,研究绩效预算必须把预算制度和政府体制结合起来进行。

（二）绩效预算的含义

对绩效预算确切含义的理解直接决定着如何编制绩效预算、如何认识推行绩效预算的可行性、如何分阶段完善绩效预算与行政管理体制运行之间的关系。

西方国家虽然推行绩效预算已有较长时间,但对究竟什么是绩效预算仍然争论不休。人们普遍认可的是,绩效预算是一种结果导向的预算,争议的焦点在于如何给出一个完整的定义。

世界银行专家沙利文认为:绩效预算是一种以目标为导向、以项目成本为衡量、以业绩评估为核心的预算体制,具体来说就是把资源分配的增加与绩效的提高紧密结合的预算系统。瑞典的决策部门认为:绩效管理并不是单纯的一些措施或方法,而是一个非常广义的概念。绩效管理的目的就是要实现成效和效率,成效是指应该做的事,效率是指要合理、高效地做事。澳大利亚把绩效预算分成五个部分:一是政府要办的事;二是配置预算资源;三是以结果为中心制定绩效目标;四是评价目标实现状况的标准;五是评价绩效的指标体系。由此可看出澳大利亚是把绩效预算归结为政府行政活动的资金支持体系的评价模式。

推行绩效预算在我国还处于理论准备和可行性研究阶段。此间,人们首先想到的就是搞清楚什么叫绩效预算。一些人认为可直接引用西方国家的定义,一些人则认为应该从我国的实际情况出发给出适合改革方向要求的定义。现在突出的问题就是作为绩效预算发源地的西方国家也没有在绩效预算定义上达成共识,作为仍处于构建适应公共财政要求的预算体制的中国当然更是在定义上争议不休。但有必要指出:中国在讨论什么是绩效预算概念时,似乎没有区别开一些基本概念之间的差别,进一步说就是有时把绩效预算、支出评价、预算绩效三个概念混为一谈。必须看到,这三个概念是完全不同的,具体而言,绩效预算是一个大系统,支出评价和预算绩效是这个大系统中的子系统。如果把三者混为一谈,无疑就是扭曲了绩效预算的本质特征。

应该承认,把握绩效预算的确切含义确非易事。从已有的国内外争论来看,人们认识上的不统一,原因之一在于对绩效预算的理解角度的差别。当人们从预算编制方法角度去给绩效预算下定义时,似乎非常难以说清绩效预算与基数法和零基法之间的确切差别,因而提不出令人信服的定义;而当人们从预算执行结果角度去定义绩效预算时,又往往难以搞清楚投入与产出之间的联系。

那么,究竟什么是绩效预算?怎样定义才相对合理呢?我们认为:解决这个问题必须把握好定义的角度。确定角度,应从理想模式与可能模式之间的关系去进行。进一步说,我们在给绩效预算下定义时,既要从预期目标出发,又要充分考虑已有的实践给予人们的启示;既要把握公共财政条件下预算制度的基本特征,又要认清绩效预算的特殊要求。由此,可以说,绩效预算首先是一种新式预算理念,它要求人们在编制预算时要以机构绩效为依据,进一步说,就是要把拨款和要做的事的结果联系起来。应该承认,这种理念并没有量的显示,然而必须看到,这种理念相对于以往单纯分配资金的预算确实是一种突破,本质上是把行政目标与预算资源配置沟通起来了。其次可以说,绩效预算又是绩效的核算,进一步说,就是从资金使用的角度去分别规划政府各个机构在单一预算年度内可能取得的绩效。再次,绩效预算体现的是以民为本的执政观念,进一步说,就是预算资源的使用必须产生某种社会效益,而这种效益应是社会公众所需要的,并非简单地由政府认为应该取得的效益。概言之:绩效预算是一种以业绩和效果为导向的预算模式。

三、绩效与绩效评价的概念

绩效这一术语最早产生于工商管理界,主要应用于包括项目管理、人力资源管理和企业管理方面。自 20 世纪 70 年代美国管理学者首次使用绩效(performance)一词以来,如今绩效在管理学界和实务领域已发展成为热门词汇。若仅从中文字面分析,绩效是将"绩"和"效"组合起来使用,绩是指工作成绩、业绩、实绩,它主要看是否实现了预定目标、预设任务是否完成、产出是什么等,侧重于反映量的内容;而效则指效果、效益、效率,包括产生了何种影响或效益、完成任务的资源投入产出效率如何及资金节约如何等,侧重于反映质的成果。从中可以看到绩效既是产出和影响(结果)的统一,也是质与量的统一,具有比效益、效率等概念要远为丰富的内涵。在管理活动中,绩效一般是指组织活动或组织成员个人的行为、产出及结果等内容。

在绩效一词的含义界定上,由于应用领域和观察视角不同,西方管理学界曾一度出现过"绩效结果(产出)说"、"绩效行为说"和"绩效能力说"等不同观点。如 Bernardin(1995)认为"绩效应该定义为工作的结果,以为这些工作结果与组织的战略目标、顾客满意感及所投资金的关系最为密切";Murphy(1991)给绩效下的定义是"绩效是与一个人在其中工作的组织或单元的目标有关的一组行为";咨询公司 McBer 及其总裁 Spencer 则认为"绩效即能力"。上述观点虽从不同角度对"绩效"进行了概括,但都存在局限性。

普雷姆詹德后来则全面将绩效综合为"包含了效率、产品与服务的质量及数量、机构所做的贡献与质量,包含了节约、效益和效率"。从中可以看出人们对绩效一词赋予的内涵日渐丰富。目前取得一定共识的看法是,绩效至少包含效率(efficiency)、效益(effectiveness)、经济(economics)三方面的内容,即所谓"3E"理论。英国财政部对"3E"界定是比较清晰的:"经济——指输入成本的降低程度,它通常以低成本投入而获得的金钱节省为量度,如通过市场检验或使用较低等投入而获得的成本降低。效率——一种活动或一个组织的产出及其投入之间的关系。最常用的效率测定概念是劳动生产率及其单位成本。效果——指产出对最终目标所做贡献的大小。"即绩效既要看过程,也要看结果;既要看行为,又要看能力;同时还要结合资源投入和活动产出综合对比分析,而选择效率、效益、经济三方面可以比较全面地衡量上述内容。由此可看出绩效是一个多维建构的复合概念。应该说,用绩效取代管理学界曾经广泛使用的效率、效益、经济等概念,体现出学者对管理实践活动认识的一个深化,也就是管理实践活动的目标无法用单一的效率、效益或经济等概念来全面考量,或者说重视其中之一的内容无法全面实现管理的最终目的。尽管随着新公共管理运动的兴起,一些学者又增添了绩效更多的维度,包括了公平、责任、回应等内容,但就目前现阶段而言,3E 已成为分析绩效的最好出发点,因为它们是建立在一个相当清楚的模式之上的,这个模式是可以被用来测评的。评价是对事物或人的价值的判定或判断,是客体信息和主体意识标准结合的产物。评价活动是人所固有的社会活动,评价活动目的有两个:一是判断客体的实际状态是否与主体期望状态(目标)吻合,是否出现了偏差;二是为总结经验、纠正目标与实际的偏差提供依据。评价活动与管理活动密不可分。在管理活动中,计划、组织、决策、指挥、控制等诸多职能的履行,都需要依据评价活动而展开。因此在某种意义上,可以认为评价构成了管理活动的基础环节。绩效评价则是依据一定的原则、标准和程序,对组织或个人活动的绩效进行计量、分析、考核和鉴定,它既是对组织或个人过去绩效的总结,也是对未来组织或个人创造更高绩效活动的指导。绩效评价应用于人力资源管理,是指对"员工在既定时期内对组织的贡献作出评价的过程,从数量和质量两方面对其工作的优缺点进行系统的描述";从企业管理的角度看,是"对企业占有、使用、管理与配置经济资源的效果进行的评判";从公共管理学科的角度去看,是指"政府体系的产出在多大程度上满足社会公共需要",反映出政府的公共生产力水平究竟如何。

四、政府预算支出绩效评价的内涵界定

关于对政府预算支出绩效评价内涵的认识,集中表现在"制度说"与"行为说"上。国内学术界主要持"制度说"的观点,把预算支出绩效评价看成是一项对预算支出进行有效管理的制度。例如马国贤认为:"预算支出效益(绩效)评价是根据投入产出原理,借助一定的分析工具,对预算支出的效果进行分析和评价的制度。"陈工、袁星侯认为:"预算支出绩效评价就是依据一些指标体系,借助于一定的分析工具,对预算支出的效果进行分析和评价的制度。"

我国财政管理部门则持"行为说"的观点,这种观点的落脚点在于预算支出绩效评价的行为活动认识上。如朱志刚课题组(财政部统计评价司)认为:"预算支出绩效评价是指运用科学、规范的绩效评价方法,对照统一的评价标准,按照绩效的内在原则,对预算支出行为过程及其效果(包括经济绩效、政治绩效和社会绩效)进行科学、客观、公正的衡量比较和综合评价。"张少春课题组(财政部教科文司)认为政府预算支出绩效评价是"对政府公共支出的目标、结果、影响等方面进行的综合性考核与评价"。

财政部在《中央部门预算支出绩效评价管理暂行办法》中将预算支出绩效评价定义为:是指运用一定的考核方法、量化指标及评价标准,对中央部门为实现其职能所确定的绩效目标的实现程度,以及为实现这一目标安排预算的执行结果所进行的综合性考核与评价。

应该说"制度说"和"行为说"区别在于对预算支出绩效评价的认识角度和认识阶段上。"制度说"把预算支出绩效评价工作作为一项制度来看待,目的在于看重制度的稳定性、规范性上。而"行为说"把预算支出绩效评价工作看成是一种探索实践活动,更看重行为本身的灵活性、具体性,针对的是目前我国预算支出绩效评价工作起步时间不长,相关理论体系也尚未建立,绩效评价工作处于摸索试点阶段,需要财政实务部门绩效评价实践活动的大胆创新和积累经验。而在指导具体绩效评价实践活动中和评价工作取得成功经验时,又需要将绩效评价作为一项制度来发挥其依据作用和规范作用。综上分析,笔者认为在预算支出绩效评价的概念界定上应将"制度说"与"行为说"结合起来。即本书中认

为,预算支出绩效评价是指为实现预算支出管理目标,依据特定的原则,选择运用科学、规范的绩效评价方法及评价技术,对预算支出过程和结果进行经济、效率、效益等方面的综合评价活动及相关评价制度体系的总和。

五、政府预算绩效评价主体

政府绩效评价的主体问题所要解决的是由谁、由哪些组织或机构来组织政府绩效评价的问题。广义地说,政府服务的消费者(顾客),包括全体公众、企业和其他组织都是政府绩效评价的重要主体。政府绩效评价的目的与功能决定评价主体包括四大基本类型:

(一)国家机关

国家机关包括国家权力机构和国家行政机关。

国家权力机关是行使国家立法权的国家机关,其最主要的功能是立法和监督。在西方国家,国家权力机关称为国会或议会。我国宪法规定我国的国家权力机关是全国人民代表大会和地方各级人民代表大会。政府预算绩效评价本身仍然是一种国家意志的表达方式。国家权力机关通过行使立法权,制定政府预算绩效评价的法律法规,使政府预算绩效评价有法可依。通过对政府部门财政预算、决算和管理工作的审议监督,建立和推行以绩效为本的预算制度,使政府部门的财政拨款、财政支出和对财政的支配能力与其管理绩效相联系。国家权力机关对评价结果的最后施行具有重要意义。

国家行政机关是指根据宪法和法律组建的行使国家行政权力、执行行政职能、推行政务、管理社会和国家公共事务的国家机关体系。行政机关作为政府预算绩效评价的主体时,主要是针对行政系统内部的绩效评价而言,也就是行政机关如何在政府部门对其所属工作人员的工作绩效、上级机关对下级机关及其所属各分支机构的工作绩效进行评估时发挥作用。政府的责任是确定这些部门所提供服务的质量与价格标准,抓好绩效管理,提高公共服务的效率;对其所属的各部门和分支机构、下级政府、政府所属工作人员的工作绩效进行评价;建立中央政府所属各部门之间、中央政府与地方各级政府之间、政府部门与国家权力机关之间、政府与公众之间的政府预算绩效评价信息沟通机制。

(二)国家机关性质的专门绩效评价机构

这是指由国家和行政机关根据法律和组织原则,按法定程序建立的专门绩效评价机构,例如功绩制保护委员会、全国绩效审查委员会等。这一类绩效评价机构属于政府机构的范畴和组成部分。

(三)中介机构性质的专门绩效评价机构

这是指依据各类社会中介组织、教学研究机构的章程,经申请批准而成立的专门绩效评价机构,属于社会组织的范畴,分属于企业组织、事业组织和群团组织。

(四)公民个人

公民个人是政府服务最大、最广泛的消费者,因而也应当是政府服务、政府提供的产品的评判者,是政府绩效的评价主体。

公民个人参与政府绩效评价的意义在于:

1.是当代公共行政科学化、民主化和行政法治原则的必然要求。

2.是完善行政管理体制、发展新的监督和公共责任机制、实现社会善治的必然要求。

3.是实现民主管理、完善公共政策过程的有效途径。

4.是提高行政效率、行政能力和政府服务质量,改善公众对政府部门信任关系和树立政府形象的必然要求。

5.是建立和完善信息交流与沟通机制,适应信息时代和知识经济发展的必然要求。

但是,在决定公民个人是政府绩效评价的主体的时候应当注意两个问题:

1.虽然公民个人作为政府绩效评价的主体,是公民的一项权利,但是,在实际操作过程中应当考虑公民的政策水平、法律意识和公共责任意识等综合素质的条件限制,并不是所有公民都有能力参与政府绩效评价的。

2.公民个人作为政府绩效评价主体对政府绩效进行评价时,并不是公民个人随心所欲地完全根据自己利益的满足或实现程度来进行评价,而是按照法律规范确定的政府服务标准、政府行为规范来评判政府绩效。公民个人作为政府绩效评价主体对政府绩效进行评价的尺度是反映了公众利益和意志要求的政府服务标准、政府行为规范等法律,而不是公民个人利益的实现程度。否则,公民个人价值最大化的"经济人"特性,会使政府绩效评价变成凡是对实现自己利益有利的就是绩效好、凡是阻碍自己利益实现的就是绩效不好,从而使政府绩效评价偏离维护和实现公共利益、发展公共责任机制的目的。我国在开展普适性、专项性政府绩效评价时,都没有注重公民个人作为政府绩效评价主体的制度建构,导致政府绩效评价并不能有效发挥公民个人的主动性、积极性和创造性。

六、绩效评价指标的分类

绩效评价指标就是评价因子或评价项目,指的是从哪些方面来对被评价对象的绩效进行衡量或评价。用于衡量被评价对象的实际行为结果是否达到绩效目标或达到什么程度,是绩效评价内容的载体,是被评价对象职能或岗位工作职责加以具体化的外在表现。绩效评价需要由多个绩效评价指标、多层级评价指标组成一个完整的、有机体系来实现,包括数量方面的指标、质量方面的指标、时效性方面的指标、成本和产出方面的指标等。

评价绩效的指标不是单一的一个指标,而是由多个相关评价指标构成的评价指标体系,否则,绩效评价的内容就不全面。要准确、科学地评价政府绩效,就必须建立一套科学、综合的绩效评价指标体系。

我国以往在开展政府绩效评价方面,就违背了绩效评价指标的概念原理。国内生产总值、国内生产总值增长率等经济指标是近年来被用来评价我国地方政府绩效和衡量地方党政"一把手"政绩的核心指标,对促进我国经济社会发展具有指挥棒的作用。但是,实践证明,不注重建立科学、综合的评价指标体系,片面地将经济指标等同于政府绩效评价指标的全部,这种表面化的绩效评价进一步助长了政府部门及其领导者把政府部门的主要精力放在见效快、表面化程度高的行政事务上,挥霍公共财政,刻意制造政绩工程;导致资源的巨大浪费、环境的严重破坏和地区发展差距、收入分配差距的进一步拉大等社会问题;助长了一些政府部门及公务人员只对上负责、不对下负责、不对人民负责的从政理念,影响了经济与社会的可持续发展。

建立科学的政府绩效评价体系,按照评价程序对政府绩效进行科学的评价,依据评价结果改进政府工作、改善政府预算、提升政府绩效,这是当代国际上很多国家通行的做法。

在构建评价指标体系时,既要考虑行为的经济效益和社会效益,也要考虑短期效应和长期效应、直接效应和间接效应;要建立定性与定量相结合、统一性指标与部门和岗位等特殊性指标相结合的多层次的绩效评价体系;要充分听取各方面专家和社会公众的意见,避免出现绩效评价指标对被评价者产生逆向激励效应。

构成政府绩效评价体系的政府绩效评价指标可依据不同的标准分类。

1. 根据绩效评价的内容分类

政府绩效评价的内容是政府部门行政职能与职责的具体体现,从通用标准的角度,一般可以划分为反映履行职能与职责情况的行政业绩评价、行政能力评价、工作潜力评价和工作态度评价四类。实际上,工作潜力评价往往就是通过行政能力评价进行推断而作出的。

(1)行政业绩评价指标。所谓行政业绩就是指政府部门履行职能与职责所产生的结果及其社会影响。对于行政业绩的评价结果直接反映了绩效管理的最终目的——提高政府的整体绩效以实现既定的行政目标。

反映政府部门行政业绩的评价指标,具体表现为政府部门完成工作的数量指标、质量指标、行政效率指标以及成本费用指标。

(2)行政能力评价指标。行政业绩较高,很可能是由于所从事的职务较为简单;相反,那些从事的工作较为困难的部门无法获得较高的行政业绩,但并不意味着他们的贡献就一定小于前者。不同的部门行使不同的职能,所要求的行政能力也是不同的。因此,只有在政府绩效评价指标体系中加入行政能力方面的评价指标,才可能使绩效评价结果真正反映出政府部门的整体绩效。另外,还能够通过行政能力指标的设计引导政府部门提高与职能履行相关的行政能力,并通过行政能力评价的结果作出行为调整、培训决定。

(3)工作态度评价指标。在实际的政府绩效评价中常常可以见到这样的现象:工作态度是影响政府绩效等级、影响政府在公众中的形象的重要因素,是反映政府行政质量和服务质量的重要方面。因此,为了对政府部门的行为进行引导从而达到绩效管理的目的,在政府绩效评价中应加上对工作态度进行评价的指标。

行政业绩、行政能力和工作态度是相互影响的有机整体。行政能力与工作态度在一定程度上共同决定了一个部门的实际行政业绩。但是,即使工作态度很好,行政能力也未必能够全部得到发挥并转化为相应的行政业绩。这是因为从行政能力、工作态度向行政业绩转化的过程中,还会受到许多因素的影响,包括职能配置是否合理、行政体制是否健全、行政流程是否优化高效、行政手段是否先进有力,以及行政文化、行政观念、行政环境、设备条件等等。这进一步说明了政府绩效评价的复杂性。

2. 根据评价指标的性质分类

根据评价指标的性质不同,政府绩效评价指标分为硬指标和软指标两大类。

(1)硬指标。所谓硬指标指的是那些以统计数据为基础,把统计数据作为主要评价信息,建立评价数学模型,以数学手段求得评价结果,并能够以数量表示评价结果的评价指标。硬指标也就是可以量化的定量指标。尽可能量化,建立定量指标,是当代政府绩效评价的发展趋势。

使用硬指标进行绩效评价能够摆脱个人经验和主观意识的影响,具有一定的客观性和可靠性。当处理硬指标的评价结果时,如果需要完成复杂或多变的计算过程,还可借助电子计算机等工具来进行数据的挖掘与分析,并能够有效地提高绩效评价的准确性。

难以量化是政府绩效评价的重要特点。因此,当政府绩效评价的指标难以量化时,硬指标的评价结果就难以客观和准确了。另外,硬指标评价的过程往往较为死板,在评价的过程中缺少人的主观性对评价过程的影响,产生了缺乏灵活性的弊端。毕竟统计数据本身并不能完全说明所要评价绩效的事实情况。

(2)软指标。软指标指的是通过运用人的知识、经验进行判断和主观评价方能得出评价结果的评价指标。在实际的绩效评价过程中,这种主观评价往往表现为专家评价,由评价专家对系统的输出作出主观的分析,直接给被评价对象打分或作出模糊评判(如,很好、好、一般、不太好、不好)。这种评价指标完全依赖于评价者的知识和经验来作出判断和评价,容易受各种主观因素的影响。所以,软指标的评价通常由多个评价主体共同进行,有时甚至由一个特定的集体共同作出一个评价结论,以彼此相互补充与印证,从而产生一个比较准确、客观的结论。

在实际的绩效评价过程中,这种软指标的主观评价往往表现为专家评价,是因为这种主观评价在客观上要求评价主体必须对被评价对象所从事的工作相当内行,能够通过不完整的数据资料,在利用大量感性资料的基础上看到事物的本质,作出相对准确的评价。

运用软指标的优点在于,这类指标不受统计数据的限制,可以把被评价对象放在一定的具体环境条件下进行评价,能够充分发挥人的经验,体现被评价对象的个性化特点。在这个主观评价的过程中往往能够综合更多的因素,把问题考虑得更加全面,避免或减少统计数据可能产生的片面性和局限性。另外,当评价所需的数据很不充分、不可靠或评价指标难以量化的时候,软指标有利于作出更有效的判断。随着新科学的发展和模糊数学的应用,软指标评价技术获得了迅猛的发展。通过评价软指标并对评价结果进行科学的统计分析,我们能够将软指标评价结果与硬指标评价结果共同运用于各种判断和推断,以提高绩效评价结果的科学性、实用性和准确性。

但是,软指标同时也具有不可忽视的弱点。对软指标进行评价的结果容易受评价主体主观意识的影响和经验的局限,其客观性和准确性在很大程度上取决于评价主体的素质。对软指标进行评价得出的评价结果往往缺乏稳定性,尤其在民主气氛不足的环境中,个人专断性的主观判断经常造成严重的不公平,容易引起被评价对象对评价结果的强烈不满。

在实际政府绩效评价中,单纯使用硬指标或单纯使用软指标进行评价,都是不可取的。因此,要将硬指标与软指标各自的长处加以综合应用,实行硬指标与软指标的有机结合,以弥补各自的不足。这种结合表现为:

在数据比较充足的情况下,以硬指标为主,辅以软指标进行评价;在数据比较缺乏的情况下则以软指标为主,辅以硬指标进行评价。在绩效评价中,对于硬指标的评价往往也需要一个定性分析的过程,而对于软指标评价的结果也要应用模糊数学进行一个定量化的换算过程。因此,我们在建立指标体系的时候,应尽量将指标量化,收集相关的统计资料,提高评价结果的精确度。同时还要考虑评价对象的具体情况,将硬指标和软指标的评价技术有效地结合起来使用。

在政府绩效评价中,实际上更多使用的是软指标的评价方法,评价主体的主观判断在很大程度上影响着绩效评价的结果。需要注意的是,软指标与非量化指标并非一个概念。软指标和硬指标的区分强调的是评价方式上的区别,而量化指标和非量化指标则强调评价结论的表现方式上的区别。我们可以进一步地认为,政府绩效评价更要求我们运用系统理论的思维方式进行分析和评价,将系统论运用于评价中就形成了系统评价理论。在系统评价理论的指导下进行绩效评价指标体系的设计,对于理清评价思路、提高评价的质量具有非常现实的意义。系统评价理论就是将评价对象视为一个系统,评价指标、指标的权重和评价中运用的方法均按照系统最优的方式进行运作。

第二节 我国政府预算绩效评价的现状、问题与完善

长期以来,我国对预算支出绩效评价缺乏全面、系统的理论研究,预算支出绩效评价的实践经验不足。经过近几年的探索,在预算支出绩效评价的理论和实践两方面都取得了一定成效,但由于预算支出绩效评价体系的构建刚刚起步,也存在着一些问题,需要在以后的改革中逐步完善。

一、我国政府预算绩效评价工作的进展

(一)中央和各地政府积极开展预算绩效评价工作试点

随着我国改革开放的深入,政府有关部门和机构陆续开展了一些针对政府政策、发展规划、计划等项目的评价工作。国务院自 20 世纪 90 年代以来每年都组织包括政治学、经济学、社会学、自然科学等各方面专家在内的课题组,对我国的社会、政治、经济发展状况进行回顾与分析,并预测下一年度的发展趋势,从宏观的角度进行评价。此外,一些隶属于政府管理部门的评价机构也相继建立起来,国务院各部委,诸如国家发展和改革委员会、审计署、农业部、交通部等,在 20 世纪 90 年代先后建立了评价管理部门。一些专门研究国家宏观政策的评价机构也开始出现,如国家体改委经济体制改革研究院、中国社会科学院政策科学研究中心、复旦大学发展研究院等。2005 年 1 月 3 日,兰州大学成立中国首家高校地方政府绩效评价中心。该中心已经开始对甘肃省 14 个市州和 39 个省直部门和单位进行评价活动。2005 年 5 月财政部印发了《中央部门预算支出绩效考评管理办法(试行)》(财预〔2005〕86 号)。

随着我国公共财政框架的建立,对具体预算支出的绩效评价工作也在逐步展开。2000 年,湖北省财政厅根据财政部的安排,率先在该省恩施土家族苗族自治州选择了 5 个行政事业单位,进行预算支出绩效评价试点工作。2002 年,湖北省又在全省范围内进行扩大试点,湖南、河北、福建等地也进行了小规模试点。

2004 年 8 月,广东省成立评价预算支出绩效的专门机构—财政厅绩效评价处。同时,广东省财政厅会同审计厅、监察厅和人事厅等四部门联合制定的《广东省预算支出绩效评价试行方案》(简称《试行方案》)开始生效。2007 年 8 月山东省财政厅制定了《山东省省级预算重点项目支出绩效考评管理办法(试行)》,对省政府确定的农业、教育、科技、

卫生、抚恤和社会保障、文化体育和计划生育、支持经济发展和公检法建设等方面的重点项目实施绩效考评。2009 年 3 月,安徽省财政厅印发《安徽省预算支出绩效考评实施办法》,对绩效考评的总体要求、主要依据、内容和方法、指标、组织管理、工作程序以及结果的应用作出全面安排。为充分调动各地开展预算绩效管理工作的积极性、主动性和创造性,促进预算绩效管理工作的制度化、规范化,2011 年 9 月,浙江省财政厅印发了《浙江省预算绩效管理工作考核办法(试行)》。

通过近几年各地开展预算支出绩效评价试点工作,我国的预算支出绩效评价工作已经初步取得以下成效:一是摸索出了一套较为合理的工作流程。二是初步确定了评价指标体系设计和绩效评价方法。在制订评价指标体系时,采用长期效益评价和短期效益评价相结合、定量和定性相结合、统一性指标和专门性指标相结合的办法,将支出评价指标体系的主体结构初步设计为通用指标、专用指标和补充指标三个部分。三是建立了预算支出绩效评价的有关制度。开展试点工作以来,许多试点地方相继制定了预算支出绩效评价实施办法、专家咨询组工作规则、部门联席会议制度、支出评价报告撰写规则和要求等办法和规定,并将制度、方法在具体项目中实施应用,为规范预算支出绩效评价行为和程序提供了制度保障,也为进一步开展预算支出绩效评价工作奠定了基础。

二、我国政府预算绩效评价工作存在的问题

预算支出绩效评价涉及面广、工作量大,这项工作在我国起步较晚,虽然已有初步基础,但由于缺乏系统性研究,还没有形成一套完整的理论体系和方法体系,仍无法适应我国市场经济发展与财政改革的客观需要。总的来看,我国的预算支出绩效评价工作主要存在以下问题:

(一)绩效评价管理机构尚不明确

从 OECD 成员国的预算支出绩效评价实践来看,这些国家都有专门的机构(一般是财政和预算管理部门)作为预算支出绩效评价执行主体。而在我国大部分地区还缺少这样一个有权威性的预算支出绩效评价综合管理机构,预算支出绩效评价工作职能分散在各管理部门进行,各部门又主要是从技术性能、项目工程管理方面进行预算支出绩效评价,绩效评价指标、方法和组织程序差异大,难以形成统一的、全面的预算支出绩效评价体系。标准不统一,预算支出绩效评价结果差异大,缺乏可比性,难以保障评价结果的客观公正性。

(二)缺乏科学、规范、合理的绩效评价指标体系

虽然我国很多地方已经初步确定了绩效评价指标体系设计和应用方法,但这些预算支出绩效评价指标主要是通过若干固定的财务、技术和工程管理指标进行全过程评价,侧重于技术、工程与资金使用合规性的评价。同时,各部门评价指标设置呈平面化和单一性特征,缺乏一套建立在严密数据分析基础上的科学、统一、完整的指标体系,还不能满足从不同层面、不同行业、不同支出性质等方面进行综合、立体评价的要求。此外,预算支出的公共性与复杂性特征,使共性指标的选取和项目多样化具有明显的对立关系,导致在建立共性指标时,要么只能选取十分简单浅易的指标,要么对项目类型尽量细分。但这两种方法都与评价的规范性与可比性的内在要求相背离。

（三）绩效评价内容不完整

由于我国预算支出绩效评价工作缺乏科学、规范、合理的方法指标体系和健全的组织工作体系，使得预算支出绩效评价工作内容不完整。一方面，目前绩效评价对象只包括支出项目，还没有将单位预算绩效、部门预算绩效和财政支出综合绩效等三个更高层次绩效评价包含在内；另一方面，在对支出项目进行绩效评价时，评价范围仅局限于支出项目本身，忽视了项目内外因素的综合分析。预算支出绩效评价工作不仅涉及支出项目过程的审核和对该项目投资与回报的评价，而且包括各种宏观因素的评价，如投资的社会环境对投资行为的影响，支出项目对行业、社会及整个经济运行的影响等。但目前的绩效评价工作尚不包括这些内容，使预算支出绩效评价工作无法达到为政府宏观决策服务的目的。

（四）绩效评价缺乏法律保障

从国外预算支出绩效评价工作的发展实际看，预算支出绩效评价工作要取得实效，必须得到必要的立法支持，这样才能确保预算支出绩效评价制度化、规范化。而我国公共投资部门虽然也提出要完善项目投资决策程序，对国家重点投资项目要从立项决策、建设决策、竣工验收直到财政支出绩效评价实行全过程管理，但我国迄今尚未出台有关预算支出绩效评价工作的统一法律，使我国预算支出绩效评价工作缺乏法律约束和制度保障。对于预算支出项目中的成绩、问题和相关责任，由于缺乏法律规范，绩效评价结果多是作为各有关部门项目建设档案保存，既没有成为财政部门安排支出的依据，也没有成为有关部门新上项目的参考。评价结果对于预算资源配置和投资项目管理应有的参考作用、导向作用和制约作用没有得到体现，不仅使评价工作流于形式，而且也影响评价工作的权威性与工作的深入开展。

三、我国政府预算绩效评价的改革取向

（一）建立健全统一的政府预算绩效评价法规制度体系

政府预算绩效评价是一项涉及范围广、内容复杂的系统工程，无论是评价工作的组织实施，还是评价结果的具体应用，都必须遵循一定的制度规范。法规制度保障是开展财政支出绩效考评的奠基石，中央政府要对预算项目绩效考评制度专门立法，各地方政府因地制宜出台相关的预算项目绩效考评与管理的规章制度，确保绩效评价有法可依，从而为预算支出绩效考评提供法律约束和制度保障。首先，建立我国的政府预算绩效评价体系的基础是要研究制定《政府预算绩效评价办法》、《政府预算绩效评价方法选择及工作程序》、《政府预算绩效评价指标设置及标准选择》、《政府预算绩效评价结果应用》等一系列统一的制度规范，对全国政府预算绩效评价工作规则、工作程序、组织方式及结果应用等给予明确，并对相关行为主体的权利和义务进行界定等。其次，要在财政资金运行各环节建立政府预算绩效评价制度。财政资金总是处于不断运动过程中，在收缴环节，采取集中收缴方式明显要比分期收缴具有更高的效率；在库存环节，开展有效的现金管理可以提高资金效益与加强财政控制；在分配环节，预算目标数量化、分类细化有助于对财政支出进行监督和评价，还可清晰地衡量预算分配环节的成本与效益；在购买环节，实行政府采购制度可以取得分期采购方式下不可能取得的规模效益；在支付环节，采取电子化的集中式直接支付方法，是提高财政资金绩效的有效途径。因此，财政支出各环节上都存在绩效问题，

应该研究在财政资金运行各环节都建立政府预算绩效评价制度。再次,要做好财政部门、预算单位、审计和财政监督机构、社会中介机构在政府预算绩效评价工作中职责和业务分工的划分等制度建设,以从多个方面强化和推进对财政支出绩效的评价。

(二)完善政府预算绩效评价指标体系

根据我国的实际情况,政府预算绩效评价指标体系的建立必须遵循短期效益与长期效益相结合、定量与定性相结合、统一与专门指标相结合的原则。我国政府预算绩效评价的指标体系设置的目标就是形成一套完整的政府预算绩效评价的指标库,这种指标库的形成不仅需要理论上的探索和研究,更依赖于在实践中逐步完善和健全。政府预算绩效评价指标体系是开展财政预算支出绩效评价工作的关键环节,为合理考核预算支出绩效,需要根据政府预算绩效评价的层次,在财政支出分类的基础上,应分别建立财政支出项目绩效评价、单位政府预算绩效评价、部门政府预算绩效评价、财政支出综合绩效评价指标库。从指标的适用性角度考虑,各类指标均可划分为通用指标、专用指标、补充指标和评议指标四种类型。并且根据指标的性质不同,可以将各类政府预算绩效评价指标划分为定量指标和定性指标,建立一个立体型、多层次和多元评估主体的动态绩效考评指标体系。

(三)制定科学的政府预算绩效评价标准

政府预算绩效评价标准是指以一定量的有效样本为基础,测算出来的标准样本数据,用来衡量和评价财政支出的绩效水平。它是准确衡量绩效的尺度,标准的正确选择对政府预算绩效评价结果具有较大影响,评价标准的制定既是政府预算绩效评价体系建立的主要环节,也是政府预算绩效评价具体工作所面临的一个重要工作步骤。政府预算绩效评价标准按照可计量性分为定量标准和定性标准。定量标准和定性标准又可根据标准的取值基础不同,分为行业标准、计划标准、经验标准和历史标准四种类型;按照时效性,可以分为当期标准和历史标准;按照标准形成的方法,可以分为测算标准和经验标准;按照区域,可以划分为国际标准和国内标准。在我国要全面推行政府预算绩效评价工作,除要建立科学、合理、规范的指标体系外,还必须对政府预算绩效评价的标准进行总体规划设计,研究指标与标准的对应关系,研究不同评价对象的标准选择,通过各种渠道广泛收集整理各种分类标准数据,在条件成熟时要研究建立绩效评价标准数据库。标准并非是固定的和一成不变的,会随着经济的发展和客观环境的变化不断变化,因此,如何建立和维护更新标准库也是一项非常重要的工作。为提高有关评价标准的权威性,财政部门及有关部门可以效仿企业绩效评价,定期发布有关评价标准。一般来讲,评价财政支出的经济效益指标都可以表示为成本效益的比例,收益、成本的具体内容视不同效益指标而异;评价财政支出社会效益指标的标准往往由于支出项目涉及不同的经济和社会领域而各不相同,为此在政府预算绩效评价标准体系的研究中,财政支出所产生的社会效益指标的量化标准就成为一个关键环节。由于不同性质的财政支出,在政府活动中所起的作用和目的不同,要衡量和判断这些支出的绩效须对应不同的评价指标,而政府预算绩效评价的标准则要根据评价的具体目标、组织实施机构、评价对象来确定。

(四)创新政府预算绩效评价方法

良好的政府预算绩效评价方法是政府预算绩效评价体系重要组成部分,对政府预算绩效评价结果的准确性具有决定性影响。目前理论界提出了成本效益分析法、最低成本法、综合指数法、因素分析法、生产函数法、模糊数学法、方案比较法、历史动态比较法、目标评价法、公众评判法等多种方法。其中,比较法、因素分析法、公众评价法和成本效益分析法已经被《中央部门预算支出绩效考评管理办法(试行)》所采纳,应用到实践中。在市场经济条件下的公共财政体制框架中,社会效益评价是政府预算绩效评价的重点内容,而现有评价方法中,能够简便、精准地评价财政支出社会效益,满足政府预算绩效评价工作实际需要的方法还有待于进一步研究。今后在政府预算绩效评价的方法研究上,要着眼于增加政府工作与财政资金管理的科学性与公开性,提高政府理财的民主性和社会参与性,深入研究公众评判法等适用于社会效益评价的基本方法,按照民主、科学、简便、精准的原则创新绩效评价方法,引入听证会制度,创新绩效评价的方法体系,构建政府预算绩效评价方法体系。

(五)设立政府预算绩效评价机构

政府预算绩效评价机构是政府预算绩效评价体系的工作主体,为了改变目前我国政府预算绩效评价工作零碎涣散,缺乏独立性和权威性的状况,使政府预算绩效评价工作制度化、规范化和法制化,真正形成对计划、决策、管理的监督和制约,应在财政部门建立专门的政府预算绩效评价机构,对全国政府预算绩效评价工作实施统一管理。同时,在各政府部门设立专门的绩效评价机构,按照全国统一的政府预算绩效评价体系的有关要求组织做好本部门、所属单位以及财政支出项目的具体评价工作。鉴于政府预算绩效评价对财政支出管理的监督作用,必须赋予工作机构及相关人员以必要的职权,如在信息查询、资料获取、独立取证以及行政处罚建议等方面给予一些特定的权力。

第三节 我国政府预算绩效考评的内容

一、我国政府预算绩效考评的原则与目的

(一)绩效考评的原则

1.统一领导原则。绩效考评工作由各级财政部门统一领导,各级政府部门具体组织实施,各预算单位协助配合。

2.分类管理原则。绩效考评工作采用规范的程序和定性与定量相结合的考评方法,科学、公正地评价预算单位支出的绩效情况。各级财政部门、各预算单位要根据被考评对象的部门、行业、项目特点,制定分类的绩效考评具体实施办法。

3.客观公正原则。绩效考评应以国家法律、行政法规等为基本依据,按照"公开、公平、公正"的原则进行。以影响经济社会发展的重大项目为主,重点评价预算支出的经济效益和社会效益。

4.科学规范原则。绩效考评工作应采用规范的程序和定性与定量相结合的考评方法,准确、合理地评价部门预算支出的绩效情况。

(二)绩效考评的目的

绩效考评的目的是通过对部门绩效目标的综合考评,合理配置资源,优化支出结构,

规范预算资金分配,提高预算资金使用效益和效率。

二、我国政府预算绩效考评的依据

1.国家相关法律、行政法规和规章制度,政府和财政部门制定的各类专项资金管理办法。如《预算法》、财务会计制度等。

2.国家确定的方针、政策,各级党委、政府相关工作的决策部署。政府预算支出的安排是否体现国家确定的方针政策是绩效考评的重要内容。

3.各级财政部门和政府部门制定的绩效考评工作规范。

4.预算部门、预算单位的职责。

5.预算部门、预算单位的年度工作计划、中长期发展规划及相关支出绩效目标。

6.预算部门、预算单位申报预算的相关材料和财政部门的预算批复文件。

7.预算部门、预算单位的预算申报文本、预算批复文件、可行性研究报告、预算执行总结材料、项目预算申报论证材料和项目验收报告及绩效自评报告及其他财务会计资料。

8.预算部门、预算单位的预算支出决算报告。

9.审计部门对预算部门、预算单位的预算执行情况的年度审计报告。

10.其他相关资料。

三、我国政府预算绩效考评的内容

我国绩效考评包括以部门全部支出为对象的部门预算绩效考评或以项目支出为对象的项目支出绩效考评,重点以项目支出绩效考评为主。而项目支出预算绩效考评又包括重大项目和一般性项目支出预算绩效考评,其中重大项目是指资金数额较大、社会影响较广、具有明显社会效益的本部门或者跨部门的项目。绩效考评以预算年度为周期实施年度考评,其中重大跨年度支出项目可根据项目完成情况实施阶段性考评,也可以在项目全部完工以后一次性考评。

绩效考评的主要内容包括:(1)绩效目标的完成情况,执行的偏差及偏差分析;(2)为实现绩效目标安排的预算支出效益、使用情况和财务管理状况;(3)预算部门、预算单位为实现绩效目标采取的管理制度、措施等;(4)预算部门、预算单位根据实际情况确定的其他考核内容;(5)财政部门认为有必要考核的其他内容。

四、我国政府预算绩效考评的方法

绩效考评的具体方法主要包括比较法、因素分析法、公众评价法、成本效益分析法等。

(一)比较法

比较法是指通过对绩效目标与绩效结果、历史情况和考评期情况、不同部门和地区同类支出的比较,综合分析考评绩效目标完成情况和经济社会效益状况的考评方法。

(二)因素分析法

因素分析法是指通过分析影响目标、结果及成本的内外因素,综合分析考评绩效目标完成情况和经济社会效益状况的考评方法。

（三）公众评价法

公众评价法是指对无法直接用指标计量其效果的支出,通过专家评估、公众问卷及抽样调查,对各项绩效考评内容完成情况进行打分,并根据分值考评绩效目标完成情况和经济社会效益状况的考评方法。

（四）成本效益分析法

成本效益分析法是指将一定时期内的支出与效益进行对比分析,来考评绩效目标完成情况和经济社会效益状况的考评方法。

五、我国政府预算绩效考评指标

（一）选择政府预算绩效考评指标的原则

1. 相关性原则,即选定的绩效考评指标与部门的绩效目标有直接的联系;

2. 可比性原则,即对具有相似目的的工作选定共同的绩效考评指标,保证考评结果可以相互比较;

3. 重要性原则,即对绩效考评指标在整个考评工作中的地位和作用进行筛选,选择最具代表性、最能反映考评要求的绩效考评指标;

4. 经济性原则,即绩效考评指标的选择要考虑现实条件和可操作性,在合理成本的基础上实行考评。

（二）政府预算绩效考评指标

绩效考评指标分为共性考评指标和个性考评指标。共性考评指标是适用于所有部门、单位和项目的绩效考评指标,个性考评指标是针对部门、单位、行业和项目特点确定的,适用于不同部门、单位、行业和项目的绩效考评指标。各绩效考评指标视重要情况给予不同的分值。

绩效考评共性指标主要是指一、二级指标。一级指标包括业务指标和财务指标两大类;二级指标是在一级指标的基础上进行的细化分类,一般包括:绩效目标设定情况、绩效目标完成程度、组织管理水平、效益实现情况、可持续性影响、资金落实情况、实际支出情况、会计信息质量、财务管理状况、资产的配置和使用情况。

绩效考评个性指标由政府职能部门商财政部门根据被考评对象的具体情况和绩效目标制定。绩效考评个性指标主要指三级和三级以下的指标。

六、政府预算绩效考评的工作程序

政府预算绩效考评工作程序一般分为准备、实施、撰写和提交绩效考评报告三个阶段。

（一）准备阶段

1. 确定考评对象和下达考评通知。政府主管部门商财政部门根据绩效目标以及预算管理的要求确定绩效考评对象,下达考评通知(内容主要包括考评目的、内容、任务、依据、考评时间、考评的具体实施者等)。对确定的绩效考评对象,政府主管部门应在向财政部门编报"二上"预算时,对绩效目标作出规定;根据财政部门"二下"批复的预算,政府主管部门对绩效目标作出调整的,应报财政部门备案。

2. 拟定考评工作方案。考评的具体实施者根据绩效考评对象和考评通知拟订具体考评工作方案,报政府主管部门审定。

(二)实施阶段

1.形式审查。考评的具体实施者应当对政府主管部门提交的绩效报告及相关资料的格式和内容进行审查。政府主管部门对所提供资料的真实性和准确性负责。

2.现场和非现场考评。绩效考评的形式包括现场考评和非现场考评,考评的具体实施者可根据具体情况,结合考评对象的特点采取不同的考评形式。

现场考评,是指考评的具体实施者到现场采取勘察、询查、复核等方式,对有关情况进行核实,并对所掌握的有关信息资料进行分类、整理和分析,提出考评意见。

非现场考评,是指考评的具体实施者在对政府主管部门提交的资料进行分类、整理和分析的基础上,提出考评意见。

3.综合评价。考评的具体实施者在现场和非现场考评的基础上,运用相关考评方法对绩效情况进行综合评价,形成考评结论。考评结论包括定性分析和定量分析两个方面。

(三)撰写和提交绩效考评报告阶段

1.撰写报告。考评的具体实施者按照规定的文本格式和要求撰写绩效考评报告。绩效考评报告应依据充分,内容完整,数据准确,分析透彻,逻辑清晰。具体见中央部门预算支出绩效考评报告(范本一、范本二)。

2.提交报告。绩效考评报告应当在规定时间内提交,并将绩效考评结论通知政府主管部门。

中央部门预算支出绩效考评报告(范本一)
(年度)

部门名称(公章)_____

考评对象名称_____

考评实施人_____

考评时间_____

一、综合考评意见
二、业务目标考评意见
三、效益考评意见
四、财务考评意见

续表

五、其他需要说明的问题

六、相关附件和附表
附件： 部门绩效考评办法、依据； 部门绩效考评指标、评分标准、分值及结果； 考评专家意见。 …… 附表： ……

七、考评组人员名单

姓名	工作单位	职务	职称	专业

考评工作组负责人：

考评实施人：　　　　　　　　　　　　　　签章
　　　　　　　　　　　　　　　　　年　　月　　日

中央部门预算支出绩效报告（范本二）
（　　　年度）

部门名称_____

考评对象名称_____

填报单位_____（公章）

填报日期_____

部门负责人		联系电话	
财务负责人		联系电话	
单位地址		邮编	

一、部门概况

（一）部门职能（概述）

填写说明：
• 部门职能：要以国务院"三定"方案为依据；
• 下属单位职能：按主管部门批准的"三定"方案为依据，填写单位职能；
• 对主要职能阐述要明确，一般职能从简。

续表

(二)部门组织机构及人员情况 填写说明： • 部门组织机构概况； • 人员情况：编制人员数、在编人员数、离退休人数，超编及临时人员情况。
(三)部门资产状况
二、部门的绩效目标
部门(单位)绩效目标 绩效目标1： 绩效目标2： 绩效目标3： 填写说明： • 部门绩效目标建议填写部门(单位)年度工作计划和中长期规划目标，主要包括职能目标与业务目标两个方面； • 项目绩效目标填写立项时的项目总目标和阶段性目标，包括内容、数量、质量及结果的形式等； • 项目是指年度部门预算安排的支出项目，不包括承担其他部门的项目。
三、部门年度绩效目标的完成情况
主要工作绩效1： 主要工作绩效2： 主要工作绩效3： …… 填写说明： • 部门(单位)实际工作绩效包括基本支出和项目支出两方面的工作绩效，项目的实际工作绩效逐项按照绩效目标对照填写； • 填写时要有分类归纳，突出重点，条理清晰。
(四)一致性对比及差异性原因分析 填写说明： • 该项内容的填写主要是对二、三填写的工作计划绩效目标与实际工作绩效进行比较，得出职能目标、业务目标的完成情况，哪些职能、业务其目标与绩效一致，哪些不一致； • 差异性是对上述对比分析中不一致的内容，如超计划完成或尚未完成的内容进行经验和原因分析，包括主观、客观、技术等方面的原因分析。
四、年度部门完成绩效目标实现的效益

续表

五、年度部门预算执行情况

年度基本支出预算与实际支出比较（项目绩效报告不填写此项）
年度项目支出预算与实际支出比较
年度实际支出与上年度实际支出比较

填写说明：
- 年度预算经费和内容与实际支出情况和内容比较；
- 若有调整，说明调整的理由、内容、原因及调整手续；
- 部门在填报本单位绩效报告时，重点考评项目应逐项描述，对照预算和目标与实际支出明细比较，一般性项目也应比照上述方法填写；
- 在填报项目绩效报告时，除对照预算和目标与实际支出明细比较外，还应结合项目开支的情况作相应的明细说明；
- 此项填写要结合第七部分来填写。主要是阐述本年比上年经费支出、绩效的增减变动以及原因分析；
- 此项应结合本年度绩效目标中可提供的公共产品或公共服务的成本效益和投入产出的有关指标，与上年度进行对比分析，以反映本年度成本的变动情况及其合理性；
- 资源配置的合理性分析：单位/部门的各项经费分配的费用构成、经费结构及其资源配置与相关规定的相符性，并分析与上年比较的变化情况。

六、部门财务管理状况

部门预算管理状况；
部门财务制度建设与执行状况；
部门财务管理内部控制机制；
财务管理机构状况。

填写说明：
- 部门预算管理状况包括预算编制、分配的情况及其合理性分析；
- 部门财务制度建设与执行状况应附上财务制度清单；
- 部门财务管理内部控制机制是指部门内部为保证预算编制、执行及保障资金和资产安全的制约机制，包括部门财务管理的程序、管理人员的权限等。

七、关于下年度部门绩效目标、经费需求和财务管理的建议

填写说明：
- 主要是填写考核年度以后对加强部门绩效目标、部门预算管理和财务管理的一些建议。

填报说明

一、本报告由单位负责人组织填写，所有内容必须客观、真实、全面。

二、试点的中央部门均须填报此报告及附表，二级预算单位填报的报告及附表须经上级部门审核签章。

三、封面填写说明

1."部门名称"：须填写中央部门全称。

2."考评对象名称"：须填写作为考评对象的部门或项目名称。

3."填报单位"：须填写单位全称，并加盖单位公章。

四、"基本支出"、"项目支出"按照考评年度的预算科目进行归类填列。

五、"预算批复时间"是指财政部批复"部门预算"的时间以及年度追加经费的批复时间。

六、"其他需要说明的问题"主要是指预算执行调整的理由、是否经过报批以及政策、技术、资金、管理、不可预见等因素的说明。

七、"部门职能"以国务院审定的"三定"方案为依据,并根据中央部门和单位的职能和工作需要进行细化明确。

八、重大项目和重要事项须以专题报告形式提交并将相关材料附后。

第四节 我国中央部门预算绩效考评实施情况 ——以国家林业局为例

一、考评指标

(一)绩效考评共性指标主要指一、二级指标

一级指标包括业务指标和财务指标两大类;二级指标是在一级指标的基础上进行的细化分类,原则上主要分为 10 小类:绩效目标设定情况、绩效目标完成程度、组织管理水平、效益实现情况、可持续性影响、资金落实情况、实际支出情况、会计信息质量、财务管理状况、资产的配置和使用情况。二级指标原则上根据"国家林业局中央部门预算项目支出绩效考评指标参考一览表"(见附1)加以确定,并依据有关情况适当调整。

(二)绩效考评个性指标主要指三级和三级以下的指标

个性指标由国家林业局根据被考评对象的具体情况和绩效考评目标等来加以制定。

二、绩效考评指标分值

业务指标和财务指标(一级指标)分值(权重)为 60(60%)和 40(40%);二级指标的分值(权重)主要参考"国家林业局中央部门预算项目支出绩效考评指标参考一览表",不同被考评对象分值会有所变化;三级和三级以下指标及分值(权重)结合不同被考评对象设计、确定和赋值。

三、绩效考评等级的评定

根据既定各项绩效考评指标的评分标准,对考评项目进行计分和综合评价。考评等级分为优、良、合格和不合格四个等级。综合得分在 90 分(含 90 分)以上为优,80～89 分为良,70～79 分为合格,70 分以下为不合格。详见附1。

四、我国国家林业局中央部门预算绩效考评的组织方式分类

绩效考评按组织方式分类,分为单位自评、国家林业局组织考评和配合财政部组织考评三种方式。

(一)单位自评

单位自评是指由国家林业局根据年度绩效考评工作安排,确定需要进行自评的项目和单位后,由单位按照相关要求进行自评并提交"国家林业局中央部门预算项目支出绩效自评报告",详见附2。

单位自评由被考评单位对绩效阶段性目标完成情况和资金使用情况等进行自评,自评结束后,按照规定时间将自评报告报送国家林业局。自评报告由表格和文字说明两个部分组成,具体内容包括基本概况、项目绩效目标、项目执行情况、自评结论、问题与建议等。

（二）国家林业局组织考评

国家林业局组织考评是指由国家林业局直接组织相关人员、专家等组成考评工作组,或委托具有相应资质的中介机构,开展具体考评工作。

被考评单位应积极配合完成绩效考评工作。考评工作组或受委托中介机构负责撰写、提交"国家林业局中央部门预算项目支出绩效考评报告",详见附3。报告的主要内容包括项目基本情况、项目实施情况、项目绩效考评结果、其他需要说明的问题等。考评报告包括表格和文字说明两个部分。国家林业局在考评结束后1个月内将考评报告报送财政部门备案。

（三）配合财政部组织考评

根据财政部对部门预算管理要求和绩效考评工作开展需要,国家林业局积极配合财政部,对一些具有代表性和一定影响力的重点项目按规定程序进行考评。

五、我国国家林业局中央部门预算绩效考评的工作程序

我国国家林业局中央部门预算绩效考评工作依照规范的工作程序进行,做到绩效考评过程公开透明,考评结果客观公正。绩效考评具体工作程序一般分为前期准备、实施、撰写和提交绩效考评报告三个阶段。

（一）前期准备阶段

1.确定考评对象。国家林业局在向财政部编报"一上"预算时,依据部门预算情况商财政部确定绩效考评对象。

2.拟定绩效目标。对确定的绩效考评对象,国家林业局在向财政部编报"二上"预算时,对绩效目标作出规定;并根据财政部"二下"批复的预算具体组织绩效考评工作。绩效目标由国家林业局根据有关规定商相关部门、单位确定。

3.成立领导机构。国家林业局根据批复的绩效考评对象和目标,成立考评组织领导机构,负责考评工作的领导、协调、指导等工作。

（二）实施阶段

1.成立绩效考评工作组。根据考评工作的需要,国家林业局直接组织成立考评工作组,或由受委托的中介机构组成考评工作组。考评工作组在国家林业局指导下负责具体的考评工作。

2.制定绩效考评工作方案。考评工作组根据考评工作规范,针对考评对象,拟定具体考评工作方案。工作方案包括考评依据、考评目的、考评内容和任务、考评时间、考评的具体实施者等主要内容。同时,考评工作组需根据确定的考评对象,初步拟定绩效考评指标,并确定考评标准和考评方法等。考评工作方案报经国家林业局审核批准后执行。

3.下达考评通知书,完成考评对象的初步自评。国家林业局根据考评工作的总体安排和确定的考评工作方案,向相关单位下达考评通知书。考评通知书内容包括考评任务、目的、依据、考评人员、考评时间和有关要求等。考评工作组按照下达的考评通知书,督促、指导相关单位开展自评工作,并在现场考评前完成初步的自评工作。自评结束后相关

单位将自评报告提交考评工作组。

4.考评工作组现场考评。具体工作包括：

(1)收集基础数据和资料。考评工作组根据考评工作要求,在考评现场采取勘查、问卷、复核等方式收集、整理基础数据和资料,包括考评对象的基本情况、资金使用情况及其他相关资料等。

(2)验证拟定的绩效考评指标体系。通过现场考评和调查,检验工作方案中所拟定指标体系的合理性和可操作性,在现场调研基础上提出修正和完善指标体系的意见。

(3)整理数据计算结果。考评工作组根据被考评单位提供的基础资料,核实基础数据的全面性、真实性,核实指标口径的一致性,根据实际情况对指标和标准进行必要的调整,并辅助以专家问卷等定性指标的分析,计算出考评结果。

5.修正具体指标。考评工作组完成现场考评后,对考评工作方案拟定的具体指标进行修正和调整,并将修正和调整后的具体指标及时反馈给被考评单位,被考评单位应根据修正和调整后的具体指标完善自评报告。

(三)撰写和提交绩效考评报告阶段

1.形成初步考评结论。考评工作组本着独立、客观和公正的立场,根据调查的实际情况和计算的初步考评结果,撰写考评初步分析报告。

2.完成正式的考评报告。初步考评结果反馈被考评单位,由被考评单位核实确认后,形成正式的考评报告。

3.提交报告。绩效考评报告应当在规定时间内提交国家林业局,绩效考评报告包括考评结论、问题和建议等。

4.总结建档。考评工作完成以后,国家林业局组织考评工作组和相关单位进行工作总结,并将绩效考评报告的相关资料建立工作档案。

附1　国家林业局中央部门预算项目支出绩效考评指标参考一览表

一级指标（分值）	二级指标（分值）	三级指标		备注
		指标名称（分值）	评分标准	
业务指标（60）	目标设定情况（10）	依据的充分性（　）	充分、基本充分、不充分	共性指标
		目标的明确度（　）	明确、基本明确、不明确	共性指标
		目标的合理性（　）	合理、基本合理、不合理	共性指标
		完成的可能性（　）	可能、基本可能、不可能	共性指标
	目标完成程度（20）	目标完成程度（　）	完成、基本完成、未完成	共性指标＋个性指标
		目标完成质量（　）	高、一般、低	共性指标＋个性指标
		完成的及时性（　）	及时、基本及时、不及时	共性指标
		验收的有效性（　）	有效、基本有效、无效	共性指标
	组织管理水平（5）	管理制度保障（　）	有保障、基本保障、无保障	共性指标
		机构人才保障（　）	有保障、基本保障、无保障	共性指标

续表

一级指标（分值）	二级指标（分值）	三级指标		备注
		指标名称（分值）	评分标准	
	效益实现情况（15）	经济效益（　）	好、较好、一般、不明显	个性指标—实例说明
		生态效益（　）	好、较好、一般、不明显	个性指标—实例说明
		社会效益（　）	好、较好、一般、不明显	个性指标—实例说明
	可持续性影响（10）	项目本身长远影响（　）	有、不明显、没有	个性指标—实例说明
		项目对外相关影响（　）	有、不明显、没有	个性指标—实例说明
财务指标（40）	资金落实情况（12）	资金到位率（　）	高（>95%）、一般（80%～95%）、低（<80%）	共性指标
		资金到位及时性（　）	及时、基本及时、不及时	共性指标
		财政投入乘数＊（　）	高（>80%）、一般（40%～80%）、低（<40%）	共性指标
	实际支出情况（12）	资金使用率（　）	高（>90%）、一般（70%～90%）、低（<70%）	共性指标
		支出的相符性（　）	相符、基本相符、不相符	共性指标
		支出的合规性（　）	合规、基本合规、不合规	共性指标
	会计信息质量（4）	核算资料的完整性（　）	完整、基本完整、不完整	共性指标
		会计核算的真实性（　）	真实、基本真实、失真	共性指标
	财务管理状况（6）	制度的健全性（　）	健全、基本健全、不够健全	共性指标
		管理的有效性（　）	有效、基本有效、不明显	共性指标
	资产配置与使用（6）	配置的有效性（　）	有效、基本有效、不明显	共性指标
		固定资产利用率（　）	高（>90%）、一般（70%～90%）、低（<70%）	共性指标

注:1.指标体系设置说明:

按照财政支出的功能,项目考评对象具有共同点,又具有不同点:针对项目考评的共同点,在财政部基本指标设定的基础上,对其中的共性指标进行了细化和分设,形成了"国家林业局中央部门预算项目支出绩效考评指标参考一览表",包括2个一级指标,10个二级指标和27个三级指标;其中确定了一级、二级指标,基本形成了具有指导性和参考性的三级指标。同时,由于各类项目支出的功能和目标又存在较大差异,在具体考评项目时,仍需对项目目标的设定、经济效益、社会效益和生态环境效益等个性指标进行分设,对这些基本指标中的三级以下的指标,应根据项目的特点和实际情况进一步细化或选择,共同构成某一项目完整的考评指标体系。

2.指标内涵说明:

（1）目标设定情况

指对预定目标的设定、规划情况是否科学、合理,能否体现财政支出的经济性、效率性和有效性等。可细化为以下几个具体指标:

①依据的充分性:项目资金设立依据是否充分。

②目标的明确度:项目资金使用的预定目标是否明确。

③目标的合理性:项目资金使用的预定目标设置是否客观、科学,能否体现财政支出的经济性、效率性和有效性等。

④完成的可能性:根据项目实际进展情况,预测项目预定目标实现的可能性(适用于项目实施过程考评)。

(2)目标完成程度

指项目总体目标或阶段目标的完成情况。可细化为以下几个具体指标:

⑤目标完成率＝目标完成数/预定目标数×100%。

⑥目标完成质量＝实际达到的效果/预定目标×100%。

⑦完成的及时性:项目资金使用的预定目标是否如期完成,未完成的理由是否充分。

⑧验收的有效性:项目验收方式的合理性、验收机构的权威性和验收结果的公正性等。

(3)组织管理水平

指按照国家政策法规和实际情况,逐步形成和运用的组织结构、管理模式、基础管理制度、激励与约束机制、信息支持系统以及由此形成的组织、协调和管理措施等。可细化为以下几个具体指标:

⑨管理制度保障:项目的相关管理制度是否健全以及落实到位情况;项目合同书、验收报告、技术鉴定等资料是否齐全并及时归档。

⑩机构人才保障:项目承担单位的机构、人员等支撑条件的保障情况。

(4)效益实现情况

根据项目的实际情况,具体设置效益指标,分别体现其效益实现情况。

⑪经济效益:(略)

⑫社会效益:(略)

⑬生态环境:(略)

(5)可持续性影响

根据项目的实际情况,具体设置相关指标,反映项目的本身长远影响和项目对外所产生的相关影响。

⑭项目的本身长远影响:(略)

⑮项目对外的相关影响:(略)

(6)资金落实情况

主要反映项目的计划投入、资金到位等情况。可细化为以下几个具体指标:

⑯资金到位率＝实际拨付金额/计划投入资金×100%。

⑰资金到位及时性:各项资金是否按项目进度及时到位。

⑱财政投入乘数＝财政投入后带动其他资金投入总额/财政投入金额。

(7)实际支出情况

主要反映实际支出结构的合理性、超支或结余情况、资金利用效率等。可细化为以下几个具体指标:

⑲资金使用率＝实际使用金额/实际拨付金额×100%。

⑳支出的相符性:项目的实际支出与预算批复(或合同规定)的用途是否相符,项目经费收支的平衡情况以及支出调整的合理性(只计算财政拨款部分)。

㉑支出的合规性:项目的实际支出是否符合国家财经法规和财务管理制度以及有关专项资金管理办法等情况。

(8)会计信息质量

主要反映会计信息资料的真实性、完整性、准确性和及时性等。可细化为以下几个具体指标:

㉒核算资料的完整性:项目资金投入、支出、资产等会计核算资料的完整性。

㉓会计核算的真实性:项目实际发生支出的会计核算是否真实、准确和规范。

(9)财务管理状况

主要反映财务管理制度健全性及财务管理有效性等。可细化为以下几个具体指标:

㉔制度的健全性:项目单位的内部财务管理制度、会计核算制度的完整性和合法性;是否有项目资金管理办法,并符合有关财务会计管理制度的规定。

㉕管理的有效性:项目的重大开支是否经过评估论证,资金的拨付是否有完整的审批程序和手续;财务管理制度是否按规定有效执行。

(10)资产配置与使用

主要反映资产配置的合理性和资产使用情况等。可细化为以下几个具体指标：

㉖配置的有效性：资产(资源)配置是否满足工作需要，是否合理、有效，重要资产使用的保证程度等。

㉗固定资产利用率＝实际在用固定资产/所有固定资产×100%。

3.建立三级以下个性指标的举例：

(1)服务对象满意率＝项目区被调查人数中表示满意的人数(户数)/被调查人数(户数)×100%。

(2)单位投入森林覆盖率提高量＝(项目实施后的森林覆盖率－项目实施前的森林覆盖率)/财政投入。

(3)单位投入新增人均绿地面积＝(项目实施后的人均绿地面积－项目实施前的人均绿地面积)/财政投入。

(4)单位投入水土流失减少量＝(项目实施前的水土流失量－项目实施后的水土流失量)/财政投入。

(5)单位投入森林资源保护面积＝项目森林资源保护面积/财政投入。

(6)单位投入野生动物保护量＝项目野生动物保护量/财政投入。

附2 国家林业局中央部门预算项目支出绩效自评报告

(范本)

(年度)

考评类型 实施过程项目考评□ 完成结果项目考评□

项目名称

项目编码 □□□□□□□□□□□□

项目单位 (公章)

主管部门(单位)

年 月 日

国家林业局 制

填报说明

一、本报告由项目单位组织填写，所有内容必须客观真实。

二、封面编写说明

1."考评类型"：在项目所属类型后的方框内打√。

2."项目名称"：须与项目批复文件中的项目名称一致。

3."项目编码"：按财政部项目库管理的有关要求填写。

4."项目单位"：名称用全称填写，不能省略，须加盖单位公章。

5."主管部门(单位)"：名称用全称填写，不能省略。

三、报告内容编写说明

1."预算科目类别"、"项目类型"等设有"□"的选择项：将本项目所属类别后的方框涂黑成"■"。

2."项目起止时间"：需与申报文本中的起止时间一致。

3."项目实施基本信息"：对"项目立项情况"、"本年度项目实施情况"和"项目完成情况"的填写需做到数字准确无误，所列文件需真实存在，对不适合本项目的内容，需以"—"填满，不得留空。

4."备注"：对表中所未能完全表述的内容进行补充，前后内容须一致。

5."自我评价"：项目单位对项目绩效目标实现程度的总结和评价。

6."项目执行情况报告"：是对"项目绩效情况介绍"的丰富和补充，项目单位应根据编写提纲对各项内容进行详细说明,并提交所需的有关文件资料。

一、项目基本情况

项目名称				
项目编码				
项目单位			主管部门(单位)	
单位地址			邮政编码	
项目负责人	姓名:	性别:	职务:	联系电话:
预算科目类别	1.外交□　　2.教育□　　3.科学技术□　　4.农林水事务-林业支出□ 5.其他□			
项目类型	1.事业发展专项计划、工程、基金项目□　　2.专项业务项目□　　3.大型修缮□ 4.大型购置□　　5.大型会议□　　6.其他□			
项目密级	绝密□　　机密□　　秘密□　　无密级□			
项目起止时间	开始时间	年　月　日	截止时间	年　月　日

	阶段目标 起止时间		
	第一阶段	年　月　日～	年　月　日
	第二阶段	年　月　日～	年　月　日
	……	年　月　日～	年　月　日
	……	年　月　日～	年　月　日
	……	年　月　日～	年　月　日

项目经费	总经费	万元	其中:中央财政拨款	万元
项目是否得 到其他计划/ 基金资助	□是 计划名称 计划名称 计划名称 □否	资助年度　　年 资助年度　　年 资助年度　　年	资助金额　　万元 资助金额　　万元 资助金额　　万元	

二、项目实施基本信息

1.项目立项情况

立项目标	项目总体目标:	
立项依据	依据1:	
	依据2:	
	依据3:	
立项资料清单	1.	2.
	3.	4.
	5.	6.
	7.	8.
	9.	10.

续表

2.本年度项目实施情况

本年度项起始时间	开始时间	年 月 日	截止时间	年 月 日	
本年度项阶段目标	目标1:				
	目标2:				
	目标3:				
本年度项目资金投入情况	中央财政拨款到位时间	年 月 日	其他方式筹款到位时间	年 月 日	
本年度项目参加人员情况	项目总人数	人			
	管理人员	人	专业技术人员	人	其他人员 人
本年度项目管理情况	项目管理办法	□有 办法名称:1. 2. 3. □无			
	项目合作单位	1. 2. 3.		合作方式	□合同 □行政隶属 □其它
本年度项目财务运行情况	项目资金实际支出	万元	其中: 直接费用 万元	其中: 间接费用 万元	
	资金管理办法	□有 办法名称:1. 2. □无			
本年度项目实施风险情况	业务事故	□有 事故内容: 1. 2. □无			
	财务、经济事故	□有 事故内容: 1. 2. □无			

续表

3.项目目标完成情况

本年度项目实际完成情况	项目完成内容	1.				
		2.				
		3.				
	项目成果	发表论文数	国际性刊物	篇	获奖情况	国家级　人次
			国家级刊物	篇		省部级　人次
			省部级刊物	篇		其　它　人次
		获得专利、技术数	获得专利数	项	其他成果	
			获得技术数	项		
	项目收益	1.项目年度收入	万元			
		2.本年上缴利税	万元	上年上缴利税	万元	
		3.本年项目资产	万元	上年项目资产	万元	
		4.其他*				
	项目是否有验收	□有　　　　□无				
	验收机构（组织）	1.				
		2.				
	验收结论	1.				
		2.				

　*：项目单位根据自身项目的具体情况，可填列其他方面的"项目收益"情况。

项目基本概况	一、项目单位建立的时间、性质、职能
	二、项目单位组织机构与人员
	三、项目单位资产状况
	填写说明： 单位性质、职能以"三定"方案为依据 人员以人事档案为依据 资产状况以考评年度单位的资产负债表为依据
项目绩效目标	一、绩效目标
	二、绩效目标完成情况和实现的效益
	填写说明： 绩效目标可根据计划、规划和可行性研究报告等确定的项目总目标和阶段性目标（包括内容、数量、质量、结果等） 绩效目标完成情况可根据项目的实际工作绩效，分类归纳、突出重点、条理清晰地总结

续表

项目执行情况	一、本年项目支出预算与实际支出比较
	二、本年实际支出与上年实际支出比较
	填写说明： 预算如有调整,应说明调整的理由、内容、金额及调整手续 应结合绩效目标完成情况,说明本年项目支出的关联性和合理性 说明支出构成及资源配置与相关规定的相符程度
自我评价	一、自评结论 (一)项目绩效目标完成情况的评价 (二)项目执行情况的评价 二、问题与建议 填写说明： 绩效目标完成情况的评价包括目标完成程度、目标的合理性、社会经济效益、可持续影响 项目执行情况的评价包括支出的关联性、合理性、资金落实情况、项目组织管理水平、财务信息质量等 项目负责人：　　　　　　　　　　项目单位负责人：(公章) 　　　年　　月　　日　　　　　　　　　　　年　　月　　日
备注	

××项目执行情况自评报告
（编写提纲）

一、项目立项情况

(一)项目内容；项目申报的可行性、必要性及其论证过程；

(二)绩效总目标及其阶段性绩效目标情况；

(三)项目预期投入情况；

(四)主要预期经济效益或社会效益。

二、项目执行情况和绩效目标实现的自评

(一)项目的进展及目标、计划调整情况；

(二)绩效总目标和阶段性绩效目标的完成情况(项目支出前该项目单位的基本情况,项目支出实施后主要的经济、政治和社会效益具体体现,项目支出对环境和对社会的持续影响,项目支出后实际状况与申报绩效目标的对比分析)；

(三)项目总投入、财政拨款、自筹资金落实情况；

(四)实际支出情况(包括人、财、物等方面)；

（五）主要社会经济效益、环境影响、持续影响等情况；

（六）项目管理、财务管理制度及执行情况；

（七）项目实施的经验、存在的问题及改进措施；项目后续工作安排；

（八）有关建议及其他需要说明的问题。

三、附件

（一）项目预算批复文件、预算执行或决算报告；

（二）项目验收报告、审计报告；

（三）项目单位有关项目管理的具体规定；

（四）主管部门认为需要提供的其它相关资料。

附3　国家林业局中央部门预算项目支出绩效考评报告

（范本）

（　　　　年度）

考评类型　　实施过程项目考评□　　　完成结果项目考评□

项目名称

项目编码　　□□□□□□□□□□□□□□□

项目单位

主管部门

考评机构　　　　　　　　（公章）

考评方式：中介机构□　　　专家组□　　　考评组□

考评时间　　　　年　　月　　日至　　　年　　月　　日

国家林业局 制

填报说明

一、本报告由考评机构组织填写，所有内容必须客观真实。

二、封面编写说明

1."考评类型"：将项目所属类型后的方框涂黑■。

2."项目名称"：需与预算批复文件中的项目名称一致。

3."项目单位"：名称用全称填写，不能省略。

4."主管部门（单位）"：名称用全称填写，不能省略。

5."考评机构"：名称用全称填写，不能省略，并加盖考评机构公章。

6."考评方式"：将项目考评所属方式后的方框"□"涂黑成"■"。

7."考评时间"：起止时间为接受项目考评委托和提交绩效考评报告的时间。

三、报告内容编写说明

（一）项目基本情况

1."预算科目类别"、"项目类型"、"项目密级"、"是否资助"等设有"□"的选择项：将项目所属类型后的方框涂黑成"■"。

2."项目名称"：需与项目预算批复文件中的项目名称一致。

3."项目编码"：按财政部项目库管理的有关要求填写。

4."项目概况"：对项目绩效目标实现程度、项目执行情况、项目效益及影响等进行总结性描述。

（二）业务考评

已列出指标类别，并根据国家林业局确定的计算方法和专家评分结果填写"分值"和"考评得分"。

（三）财务考评

已列出指标类别，并根据国家林业局确定的计算方法和专家评分结果填写"分值"和"考评得分"。

（四）考评综合得分

根据该报告得分结果得出。

（五）考评意见

根据该报告的内容及评价结果进行总结，并出具详细的综合考评结论。

（六）考评组人员

填写参与项目考评的所有成员名单，并由各成员签字确认；项目组长和中介机构负责人签字后，并加盖单位公章。

（七）附表

1.专家评分汇总表：需根据考评专家的评分结果据实填写。

2.专家综合意见表：由考评专家填写项目考评综合意见，专家负责人需签字确认。

一、项目基本情况

项目名称				
项目编码				
项目单位			主管部门（单位）	
单位地址			邮政编码	
项目负责人	姓名：	性别：	职务：	联系电话：
预算科目类别	1.外交□　2.教育□　3.科学技术□　4.农林水事务－林业支出□ 5.其他□			
项目类型	1.事业发展专项计划、工程、基金项目□　2.专项业务项目□　3.大型修缮□ 4.大型购置□　5.大型会议□　6.其他□			
项目密级	绝密□　　机密□　　秘密□　　无密级□			
项目起止时间	开始时间	年 月 日	截止时间	年 月 日
项目经费	项目总投入金额　　万元		其中:中央财政拨款　　万元	
	项目实际到位金额　　万元		其中:中央财政拨款　　万元	
	项目实际支出金额　　万元		其中:中央财政拨款　　万元	
项目是否得到其他计划/基金资助	□是 计划名称　　资助年度　年　资助金额　　万元 计划名称　　资助年度　年　资助金额　　万元 计划名称　　资助年度　年　资助金额　　万元 □否			

二、项目实施情况

续表

三、项目绩效考评结果

一级指标	分值	得分	二级指标	分值	得分
业务指标	60		目标设定情况		
			目标完成程度		
			组织管理水平		
			实现效益情况		
			可持续影响		
财务指标	40		资金落实情况		
			实际支出情况		
			会计信息质量		
			财务管理状况		
			资产配置与使用		
考评总体得分	100				

综合考评意见

1.业务目标考评意见

2.效益考评意见

3.财务考评意见

4.总体评价

四、其他需要说明的问题

五、考评组成员

姓名	专业	职称	单 位	签字

续表

姓名	专业	职称	单 位	签字

六、附表

附表一:专家评分汇总表
附表二:专家综合意见表

考评组长(签字):		
	年 月 日	
审　　　校(签字):		考评机构负责人:(公章)
	年 月 日	年 月 日

国家林业局中央部门预算项目支出绩效考评报告编写提纲

(范本)

一、项目概况

(一)项目立项概况

对项目申报的可行性、必要性及其论证过程,项目的实施依据、涉及范围、主要内容、用途、作用、绩效目标以及对预期主要经济、社会、生态环境效益做出说明。

(二)项目执行概况

项目的进展及目标、计划调整情况;绩效总目标和阶段性绩效目标的完成情况;项目总投入,财政拨款、自筹资金落实情况;实际支出情况,包括人、财、物等方面;主要社会经济效益、环境影响、持续影响等情况;财务管理情况;项目管理制度及执行情况等。

二、考评依据与绩效目标

(一)考评依据

主要包括:国家和地方有关法律、行政法规及规章制度;财政部门、主管部门制定的绩效考评工作规范;国家关于项目发展的有关方针、政策,项目发展规划(计划)及绩效目标;项目申报文本、可行性研究报告、立项评估报告;项目预算批复文件、预算执行的决算报告、审计报告及其他财务会计资料;项目的验收报告;项目实施单位的有关制度管理规定;其他相关资料。

(二)绩效目标

主要包括:项目绩效总目标、项目绩效阶段性目标;项目预期投入产出情况;预期主要的经济、政治和社会效益。

三、考评结论

根据项目执行过程中目标、计划调整情况及采取的相关措施、绩效目标(阶段性目标)完成情况、项目总投入及实际支出情况、项目财务管理状况、项目管理制度及执行情况、项目支出后实际状况与申报绩效目标的对比分析;根据选定的评价方法和评价指标,对项目实施后所取得的绩效情况、环境和对社会的持续影响情况进行总结,并给出相应的考评等次。

四、问题与建议

对考评过程中发现的问题,进行详细的分析与说明,并提出相应的改进意见或建议。

五、附件

考评机构认为需要作为本报告附件的有关文件、资料等，以对本报告相关内容做进一步的解释与说明。

本章小结

绩效预算是新公共管理兴起的结果。它是一种新式预算理念，要求人们在编制预算时要以机构绩效为依据，是一种以业绩和效果为导向的预算模式。

一般来说，预算支出绩效考评是指政府部门运用科学、规范的绩效评价方法，对照统一的评价标准，按照绩效的内在原则，对财政支出行为过程及其经济、政治和社会效果进行科学、客观、公正的衡量比较和综合评判，并将考评结果融入预算编制的财政管理活动。

广义地说，政府预算绩效评价主体包括全体公众、企业和其他组织。具体包括国家机关、国家机关性质的专门绩效评价机构、中介机构性质的专门绩效评价机构和公民个人四大基本类型。

根据绩效评价的内容分类，绩效评价指标可分为行政业绩评价、行政能力评价、工作潜力评价和工作态度评价四类。

根据绩效评价指标的性质分类，绩效评价指标可分为硬指标和软指标。

硬指标指的是那些以统计数据为基础，可以量化的定量指标。软指标指的是通过运用人的知识、经验进行判断和主观评价方能得出评价结果的评价指标。

目前我国的预算支出绩效评价工作主要存在绩效评价管理机构尚不明确，缺乏科学、规范、合理的绩效评价指标体系，绩效评价内容不完整，绩效评价缺乏法律保障等问题。未来应从建立健全统一的政府预算绩效评价法规制度体系、完善政府预算绩效评价指标体系、制定科学的政府预算绩效评价标准、创新政府预算绩效评价方法和设立政府预算绩效评价机构等方面进行改革。

我国政府预算绩效考评的原则包括统一领导原则、分类管理原则、客观公正原则、科学规范原则。绩效考评的目的是通过对部门绩效目标的综合考评，合理配置资源，优化支出结构，规范预算资金分配，提高预算资金使用效益和效率。

我国政府预算绩效考评的依据包括国家相关法律、行政法规和规章制度；方针、政策；各级财政部门和政府部门制定的绩效考评工作规范；预算部门、预算单位的职责；年度工作计划、中长期发展规划及相关支出绩效目标；预算批复文件；预算支出决算报告；预算执行情况的年度审计报告。

我国政府预算绩效考评的主要内容包括：(1)绩效目标的完成情况，执行的偏差及偏差分析；(2)为实现绩效目标安排的预算支出效益、使用情况和财务管理状况；(3)预算部门、预算单位为实现绩效目标采取的管理制度、措施等；(4)预算部门、预算单位根据实际情况确定的其他考核内容；(5)财政部门认为有必要考核的其他内容。

我国政府预算预算绩效考评的具体方法主要包括比较法、因素分析法、公众评价法、成本效益分析法等。

政府预算绩效考评的工作程序一般分为准备、实施、撰写和提交绩效考评报告三个阶段。

案例

财政部《关于推进预算绩效管理的指导意见》

(财预〔2011〕416 号)

党中央有关部门,国务院各部委、各直属机构,总后勤部,武警各部队,全国人大常委会办公厅,全国政协办公厅,高法院,高检院,有关人民团体,各省、自治区、直辖市、计划单列市财政厅(局),新疆生产建设兵团财务局,有关中央管理企业:

为了深入贯彻落实科学发展观,完善公共财政体系,推进财政科学化精细化管理,强化预算支出的责任和效率,提高财政资金使用效益,现就推进预算绩效管理提出如下意见:

一、充分认识推进预算绩效管理的重要性

预算绩效是指预算资金所达到的产出和结果。预算绩效管理是政府绩效管理的重要组成部分,是一种以支出结果为导向的预算管理模式。它强化政府预算为民服务的理念,强调预算支出的责任和效率,要求在预算编制、执行、监督的全过程中更加关注预算资金的产出和结果,要求政府部门不断改进服务水平和质量,花尽量少的资金、办尽量多的实事,向社会公众提供更多、更好的公共产品和公共服务,使政府行为更加务实、高效。推进预算绩效管理,有利于提升预算管理水平、增强单位支出责任、提高公共服务质量、优化公共资源配置、节约公共支出成本。这是深入贯彻落实科学发展观的必然要求,是深化行政体制改革的重要举措,也是财政科学化、精细化管理的重要内容,对于加快经济发展方式的转变和和谐社会的构建,促进高效、责任、透明政府的建设具有重大的政治、经济和社会意义。

党中央、国务院高度重视预算绩效管理工作,多次强调要深化预算制度改革,加强预算绩效管理,提高预算资金的使用效益和政府工作效率。党的十六届三中全会提出"建立预算绩效评价体系",党的十七届二中、五中全会提出"推行政府绩效管理和行政问责制度","完善政府绩效评估制度"。2011 年 3 月,国务院成立政府绩效管理工作部际联席会议,指导和推动政府绩效管理工作。近年来,各级财政部门和预算单位按照党中央、国务院的要求和财政部的部署,积极研究探索预算绩效管理工作,开展预算支出绩效评价试点,取得了一定成效。但从总体上看,我国的预算绩效管理工作仍处于起步阶段,思想认识还不够统一,制度建设相对滞后,试点范围较小,地区发展不平衡,与党中央、国务院对加强预算绩效管理的要求还有一定的差距。推进预算绩效管理,已成为当前和今后财政预算管理工作的重要内容。

二、推进预算绩效管理的指导思想和基本原则

当前和今后一段时期推进预算绩效管理的指导思想是:全面贯彻党的十七大、十七届五中全会精神,以邓小平理论和"三个代表"重要思想为指导,深入贯彻落实科学发展观,借鉴市场经济国家预算绩效管理的成功经验,按照党中央、国务院关于加强政府绩效和预算绩效管理的总体要求,强化预算支出责任和效率,统筹规划、分级管理、因地制宜、重点突破,逐步建立以绩效目标实现为导向,以绩效评价为手段,以结果应用为保障,以改进预算管理、优化资源配置、控制节约成本、提高公共产品质量和公共服务水平为目的,覆盖所有财政性资金,贯穿预算编制、执行、监督全过程的具有中国特色的预算绩效管理体系。

推进预算绩效管理的基本原则:

(一)统一领导,分级管理。各级财政部门负责预算绩效管理工作的统一领导,组织对重点支出进行绩效评价和再评价。财政部负责预算绩效管理工作的总体规划和顶层制度的设计,组织并指导下级财政部门和本级预算单位预算绩效管理工作;地方各级财政部门负责本行政区域预算绩效管理工作。各预算单位是本单位预算绩效管理的主体,负责组织、指导单位本级和所属单位的预算绩效管理工作。

(二)积极试点,稳步推进。各级财政部门和预算单位要结合本地区、本单位实际情况,勇于探索,先易后难,优先选择重点民生支出和社会公益性较强的项目等进行预算绩效管理试点,积累经验,在此基础上稳步推进基本支出绩效管理试点、单位整体支出绩效管理试点和财政综合绩效管理试点。

(三)程序规范,重点突出。建立规范的预算绩效管理工作流程,健全预算绩效管理运行机制,强化全过程预算绩效管理。加强绩效目标管理,突出重点,建立和完善绩效目标申报、审核、批复机制。

(四)客观公正,公开透明。预算绩效管理要符合真实、客观、公平、公正的要求,评价指标要科学,基础数据要准确,评价方法要合理,评价结果要依法公开,接受监督。

三、推进预算绩效管理的主要内容

预算绩效管理是一个由绩效目标管理、绩效运行跟踪监控管理、绩效评价实施管理、绩效评价结果反馈和应用管理共同组成的综合系统。推进预算绩效管理,要将绩效理念融入预算管理全过程,使之与预算编制、预算执行、预算监督一起成为预算管理的有机组成部分,逐步建立"预算编制有目标、预算执行有监控、预算完成有评价、评价结果有反馈、反馈结果有应用"的预算绩效管理机制。

(一)绩效目标管理

1.绩效目标设定。绩效目标是预算绩效管理的基础,是整个预算绩效管理系统的前提,包括绩效内容、绩效指标和绩效标准。预算单位在编制下一年度预算时,要根据国务院编制预算的总体要求和财政部门的具体部署、国民经济和社会发展规划、部门职能及事业发展规划,科学、合理地测算资金需求,编制预算绩效计划,报送绩效目标。报送的绩效目标应与部门目标高度相关,并且是具体的、可衡量的、一定时期内可实现的。预算绩效计划要详细说明为达到绩效目标拟采取的工作程序、方式方法、资金需求、信息资源等,并有明确的职责和分工。

2.绩效目标审核。财政部门要依据国家相关政策、财政支出方向和重点、部门职能及事业发展规划等对单位提出的绩效目标进行审核,包括绩效目标与部门职能的相关性、绩效目标的实现所采取措施的可行性、绩效指标设置的科学性、实现绩效目标所需资金的合理性等。绩效目标不符合要求的,财政部门应要求报送单位调整、修改;审核合格的,进入下一步预算编审流程。

3.绩效目标批复。财政预算经各级人民代表大会审查批准后,财政部门应在单位预算批复中同时批复绩效目标。批复的绩效目标应当清晰、可量化,以便在预算执行过程中进行监控和预算完成后实施绩效评价时对照比较。

（二）绩效运行跟踪监控管理

预算绩效运行跟踪监控管理是预算绩效管理的重要环节。各级财政部门和预算单位要建立绩效运行跟踪监控机制，定期采集绩效运行信息并汇总分析，对绩效目标运行情况进行跟踪管理和督促检查，纠偏扬长，促进绩效目标的顺利实现。跟踪监控中发现绩效运行目标与预期绩效目标发生偏离时，要及时采取措施予以纠正。

（三）绩效评价实施管理

预算支出绩效评价是预算绩效管理的核心。预算执行结束后，要及时对预算资金的产出和结果进行绩效评价，重点评价产出和结果的经济性、效率性和效益性。实施绩效评价要编制绩效评价方案，拟定评价计划，选择评价工具，确定评价方法，设计评价指标。预算具体执行单位要对预算执行情况进行自我评价，提交预算绩效报告，要将实际取得的绩效与绩效目标进行对比，如未实现绩效目标，须说明理由。组织开展预算支出绩效评价工作的单位要提交绩效评价报告，认真分析研究评价结果所反映的问题，努力查找资金使用和管理中的薄弱环节，制定改进和提高工作的措施。财政部门对预算单位的绩效评价工作进行指导、监督和检查，并对其报送的绩效评价报告进行审核，提出进一步改进预算管理、提高预算支出绩效的意见和建议。

（四）绩效评价结果反馈和应用管理

建立预算支出绩效评价结果反馈和应用制度，将绩效评价结果及时反馈给预算具体执行单位，要求其根据绩效评价结果，完善管理制度，改进管理措施，提高管理水平，降低支出成本，增强支出责任；将绩效评价结果作为安排以后年度预算的重要依据，优化资源配置；将绩效评价结果向同级人民政府报告，为政府决策提供参考，并作为实施行政问责的重要依据。逐步提高绩效评价结果的透明度，将绩效评价结果，尤其是一些社会关注度高、影响力大的民生项目和重点项目支出绩效情况，依法向社会公开，接受社会监督。

四、推进预算绩效管理的工作要求

各级财政部门和预算单位要高度重视，充分认识推进预算绩效管理的重要性和必要性，切实把思想认识统一到党中央、国务院决策要求和工作部署上来，把推进预算绩效管理作为当前和今后一个时期深化预算管理改革的一项重要工作来抓。

（一）加强组织领导。各级财政部门要切实加强对预算绩效管理的统一领导，健全组织，充实人员，统筹规划，合理安排，理顺工作机制，理清工作思路，明确工作目标，制定具体措施。各预算单位要按照财政部门的统一部署，积极推进预算绩效管理试点。财政部门和预算单位之间要加强沟通，密切配合，形成工作合力。

（二）建立健全制度。抓紧研究制定预算绩效管理规章制度，完善预算支出绩效评价办法，健全预算绩效评价指标体系，建立绩效评价结果反馈制度，推进预算绩效管理信息系统建设，为预算绩效管理提供制度和技术支撑。

（三）推进相关改革。完善政府预算体系，研究完善政府会计制度，探索实施中、长期预算管理，编制滚动预算。深化部门预算、国库集中收付等制度改革，将所有政府性收入全部纳入预算管理，加强国有资产管理，促进资产管理与预算管理有机结合。按照《中华人民共和国政府信息公开条例》的要求，积极推进预算公开，接受社会监督。

（四）加强宣传培训。要充分利用各种新闻媒体、政府网络平台等，积极宣传预算绩效管理理念,培育绩效管理文化,增强预算绩效意识,为预算绩效管理创造良好的舆论环境;要加强预算绩效管理专业知识培训,增强预算绩效管理工作人员的业务素质,提高预算绩效管理的工作水平。

(五)建立考核机制。采取重点督查、随机检查等方式,加强预算绩效管理推进工作的督促检查,发现问题及时解决。建立预算绩效管理推进工作考核制度,对工作做得好的地区和单位予以表扬,对工作做得不好的地区和单位予以通报。

财政部
二〇一一年七月五日

案例分析:

　　财政部《关于推进预算绩效管理的指导意见》的出台表明我国政府预算绩效管理制度开始着手建立,但只是开始,制度还很不完善,未来还有很多工作要做,如只是部门制度,未上升为法律,内容还不完善等。

案例讨论:

　　我国政府预算绩效管理制度还需从哪些方面完善?

思考题

1. 政府预算支出绩效评价的内涵是什么?
2. 政府预算绩效评价主体及其作用有哪些?
3. 根据内容不同,政府预算绩效评价指标可分为哪些类型?
4. 根据手段不同,政府预算绩效评价指标可分为哪些类型?
5. 我国政府预算绩效评价工作存在的问题有哪些?
6. 简述我国政府预算绩效评价的改革取向。
7. 我国政府预算绩效考评应遵循哪些原则?
8. 我国政府预算绩效考评的依据有哪些?
9. 我国政府预算绩效考评包括哪些内容?
10. 我国政府预算预算绩效考评方法有哪些?
11. 简述政府预算绩效考评的工作程序。

第9章

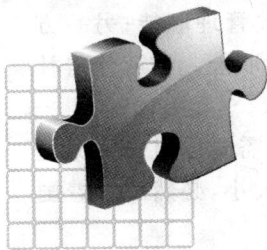

政府预算管理体制

本章导读

　　本章主要介绍政府预算管理体制的含义、内容,我国政府预算管理体制的演变及现行分税制预算管理体制。通过学习本章,应掌握政府预算管理体制的含义、内容、类型,理解我国现行分税制预算管理体制存在的问题以及未来的改革趋势,了解政府预算管理体制的演变过程。

第一节　国家预算管理体制概述

一、预算管理体制的含义

　　预算管理体制是在中央与地方政府以及地方各级政府之间规定预算收支范围和预算管理职权的一项制度。它是财政管理体制的核心,是各级预算主体的独立自主程度以及集权和分权的关系问题。

　　预算管理体制与财政管理体制有着密切联系。财政管理体制有广义和狭义之分。广义的财政管理体制是规定各级政府之间以及国家同企业、事业单位在财政资金分配和管理职权方面的制度。它包括预算管理体制、税收管理体制、企业财务管理体制、行政事业财务管理体制、基本建设财务管理体制等。其中,预算管理体制是财政管理体制的主导环节。狭义的财政管理体制即是指预算管理体制。

二、预算管理体制的实质

　　预算管理体制的实质是正确处理中央政府与地方政府之间在财政资金上的集中与分散,在财政管理权限上的集权与分权的相互关系。

　　决定财力与财权集中与分散程度的主要因素有:

　　(1)国家政权的结构。指一个国家的中央政权机关与地方政权机关的组织形式是单一制的还是联邦制的。一般来说,单一制国家的财力和财权的集中程度要高于联邦制国家。

（3）国家的性质和职能。在社会主义国家,生产资料以公有制为基础,国家具有双重身份、双重职能。一方面国家作为政权机构,具有政治权利,行使行政管理职能;另一方面,国家又是生产资料全民所有制的代表,具有经济权利,行使所有者职能。这就使得社会主义国家的财力和财权的集中程度通常高于以私有制为基础的国家。

（3）国家对社会经济生活的干预程度。国家对社会经济生活干预需要以财力的分配为工具,因此,财政参与国民收入分配的比重和中央政府集中的财力大小,必然反映着国家对经济生活干预程度的强弱。

（4）国家的经济体制。预算管理体制是整个经济管理体制的一个重要组成部分,并受其制约。当一国的经济管理体制属于集中型时,必然要求财力和财权也是高度集中的,反之亦然。

三、预算管理体制的内容

（一）预算管理职权的划分

预算管理权是指国家预算方针政策、预算管理法律法规的制定权、解释权和修订权;国家预决算的编制和审批权;预算执行、调整和监督权等。在我国,凡全国性的财政方针政策、法律法令都由中央统一制定,其解释权、修订权也归中央。各地方有权制定地区性的财政预算管理制度,但不能违反全国的统一规定,并应注意对毗邻地区的影响。

根据《中华人民共和国预算法》,预算管理相关职权的具体划分如下:

各级人民代表大会是审查、批准预决算的权力机关。各级人民代表大会审查本级总预算草案及本级总预算执行情况的报告;改变或者撤销本级人民代表大会常务委员会关于预算、决算的不恰当的决定或命令。各级人民代表大会常务委员会监督预算执行;审批本级预算调整方案;审批本级政府决算;撤销本级人民政府和下一级人民代表大会关于预决算不恰当的决定或命令。

各级人民政府是预算管理的国家行政机关。各级人民政府有权制定预算管理体制具体办法;组织编制本级预算草案,向本级人民代表大会报告本级总预算草案;组织本级总预算执行;决定本级政府预备费;编制本级预算调整方案;监督本级各部门和下一级人民政府的执行;改变或者撤销本级各部门和下一级人民政府关于预算方面不恰当的决定或命令;组织编制本级决算草案,并向本级人民代表大会报告。

各级财政部门是预算管理的职能部门。其职责是具体编制本级预算草案;具体组织本级总预算的执行;提出本级预算预备费用动用方案;编制本级预算的调整方案;定期向本级人民政府和上一级财政部门报告本级预算的执行情况;具体编制本级决算草案。

各部门的预算管理权。政府各部门应根据国家预算法律、法规的规定制定本部门预算具体执行办法;编制本部门预算草案;组织和监督本部门预算的执行;定期向本级财政部门报告预算的执行情况;编制本部门决算草案。

各单位的预算管理权。各单位负责编制本单位的预决算草案,按照规定上缴预算收入,安排预算支出;接受国家有关部门的监督。

（二）预算收支范围的划分

预算收支范围的划分实际是确定中央与地方以及地方各级政府各自的事权和财权。收支范围划分是否合理，关系到国家预算管理体制的运行是否有效率，各级政府的职能能否充分实现，各层次的公共需要能否得到有效满足，因而是预算管理体制设计的核心问题。预算收支范围的划分包括划分的依据和划分的方法两个基本问题。

1. 关于收支划分的依据

可以这样说，各级政府的职责任务即事权是划分各级收支范围的基本依据。实际上，各级政府的事权是财政职能在各级政府体界定的结果。如前所述，现代市场经济中的财政职能包括资源配置、收入分配和经济稳定与发展，而不同级次的政府所承担职能的侧重面有所不同。资源配置职能要根据公共产品的受益范围在各级政府间具体划分。全国性公共产品的受益范围覆盖整个国家，凡本国公民或居民都可以无偿地享有它带来的利益，因而适合于由中央政府来提供；地方性公共产品受益范围局限于本地区以内，适合于由地方政府来提供；而受益具有跨地区性的公共产品，则适合由中央与地方联合提供，或由地方为主、中央资助，或由中央为主、地方适量出资。收入分配职能的划分首先应以全国范围内实现公平目标的要求来考虑。

2. 关于收支划分的方法

收支划分的方法体现在具体的预算管理体制模式中，具有现实性和可操作性。我国实行过计划经济，在当时的预算管理体制模式下，预算收支的划分曾采取过统收统支、收入分类分成、总额分成、增收（超收）分成、收支包干等具体办法。市场经济条件下的预算管理体制模式通常采用分税制，但分税制的具体做法在各国也不尽相同。如就收入划分而言，美国的联邦财政收入主要为个人所得税、社会保险税和公司所得税；在法国，增值税在中央政府收入中占有十分重要的地位；按我国现行分税制，增值税和消费税在中央政府收入中居主导地位。一般而言，收支划分的方法与一国的政治、经济和财政体制模式、历史传统、税制结构等具有内在联系。

（三）政府间转移支付制度

政府间的转移支付制度是中央政府根据各地方政府的财力状况，协调地区的经济和社会发展，对全国整体经济实施宏观调控，将中央掌握的一部分财力转移给地方政府使用的一种预算调节制度，是财政管理体制的重要组成部分。在分税制条件下，转移支付制度对完善国家财政关系而言，是一项非常重要的配套制度。建立这一制度的目的在于：一是为地方财政提供额外的收入来源，弥补收支差额，以增强其满足社会公共需要的能力；二是中央政府通过对地方财政的财力补助，对地方的财政支出实施调控，使其行为符合中央政府宏观政策的要求；三是由于地方政府提供的某些公共需要或服务所产生的利益不仅为本辖区的居民所享受，而且外溢到其他区域，客观上要求上级政府采取一定的形式对该地方政府予以补助，以示鼓励；四是在分级财政体制下，由于地区之间经济社会发展的不平衡，从而造成地区的财政能力往往相差悬殊，为此，中央政府通过转移支付制度的实施，可以促进各地区间财力状态均衡化；五是中央政府可以利用转移支付制度促进国家某些特殊社会目标的实现。

第二节　1950—1993 年我国政府预算管理体制的演进过程

新中国成立以来至 1993 年我国政府预算管理体制的演化过程大致经历了三个阶段。

一、统收统支的财政预算体制阶段(1949—1952)

1949 年新中国成立前,中国共产党领导下的新老解放区的财政基本上是各自为战、分散经营,没有统一的预算安排,财政运行相当紧张,主要是为了应对新政权的建设和庞大的军费开支。1950 年到 1952 年是我国国民经济经过长期战争后的恢复时期财政预算体制实行统收统支的体制,这是一种中央高度集权的体制。之所以实行统收统支的财政预算体制,有模仿学习苏联的因素,更重要的是有其特殊的历史背景,当时的我国财政经济状况非常困难,物价飞涨,开支骤增,大量发行纸币,财政平衡缺乏物质基础。造成这种状况的原因主要有三:一是国民党留下的烂摊子,生产力下降,物资匮乏;二是人民解放战争军费开支,公职人员薪金增加,财政供给增多,1950 年财政供养人员达 900 万人;三是国际环境严峻,受美国等资本主义国家的经济封锁,对外贸易困难。这是我们党从推翻国民党政府到掌握全国政权过程中所面临的新课题。

为及时有效解决财政困难,1949 年 12 月,中央人民政府通过了年度财政收支概算和发行人民胜利折实公债的决定。这是新中国的第一个国家财政预算。由于这份预算执行起来相当困难,支出突破预算,收入无法完成,为此,1950 年 2 月政务院召开全国财政会议,提出节约支出,整顿收入,统一全国财政的工作方针。这是新中国财政经济工作的历史性会议,从此,财政经济工作进入了由分散经营到基本上集中统一的时期。接着政务院颁发了《关于统一全国财政经济工作的决定》,要求结束以往财政经济管理的分散经营,统一全国的财政收支、物资调度和现金管理,把国家的财力集中起来用于克服财政上的困难,稳定经济,并为恢复国民经济创造条件。这是新中国成立后在财经工作方面采取的第一个重大措施。同年 6 月,中共中央召开了七届三中全会,提出了"为争取国家财政经济状况根本好转而斗争"的口号。毛泽东在这次会议上明确指出:"要获得财政经济状况的根本好转,需要三个条件,即:(一)土地改革的完成;(二)现有工商业的合理调整;(三)国家机构所需经费的大量节减。"接着又出台了争取财政状况根本好转的一些措施。这样,我国财政经济形势出现了根本性的变化,1950 年全国财政收入较原概算超出了 31.7%,支出则相对缩减,财政收支完全平衡并有结余。

在预算体制方面,1949 年新中国成立后,整个财经工作只统一了财政支出,尚未统一财政收入,基本还是分散经营。针对这种状况,陈云于 1950 年 3 月指出:"财经工作要从基本上分散经营,前进到基本上统一管理。也就是说,虽然分散经营的成分仍然有,但主要的将是统一管理。这种改变,是适应目前在地域、交通、物资交流、关内币制等等方面已经统一的情况的。"接着国家财政预算体制也作了某些改动,实行中央、大行政区、省(市)三级预算制度。但是,地方财政仍相当紧张,直到 1952 年,划归地方的预算收入实际上只能抵充原来的中央拨款,地方机动财力依然有限。

应该说,解放初期实行高度集中、统收统支的预算管理体制,集中收入,节约支出,统一管理,在短期内改变了过去长期分散管理的局面,平衡了财政收支,稳定了市场物价,保证了军事上消灭残敌、经济上重点恢复的资金需要,促进了财政经济状况的好转。但是,随着政治经济形势的发展,这种高度集中的预算管理体制就不相适应了。

二、实行统一领导、分级管理的财政预算体制(1953—1980)

1953 年,我国进入有计划的大规模经济建设和社会主义改造时期。在新形势下,预算管理体制适当降低了集中的程度,采取侧重集中统一,同时又有一定的灵活性和适当分散的办法。周恩来在 1953 年 8 月全国财经会议上提出,国家预算实行中央、省(市)、县三级预算制度,改变了原来的中央、大行政区、省(市)三级管理体制,削弱了大行政区的财政地位;在具体操作上,划分中央和地方的收支范围,按照主次轻重及集中和分散的情况,分配中央和地方的大体比例。总的来说,1953 年至 1978 年是我国实行计划经济进行社会主义建设的时期。由于各种因素的影响,治国思想、政治经济体制都处于探索阶段,变动较多、较大,与此相适应的财政预算体制在计划体制的整体框架内也处于多变的过程中。1954 年政务院对预算管理作出了划分收支、分级管理的决定,实行分类分成的办法,将国家预算收入中的国营企业事业收入和各项税收划分为固定收入、固定比例分成收入和调剂收入三类。以后几年国家预算管理体制的具体内容虽然有一些变化,但没有改变分类分成办法的格局。1957 年 11 月,国务院发布关于改进财政管理体制的规定,要求从 1958 年开始扩大地方财政权限,既要保国家重点建设的资金需要,又要让地方有适当的机动财力,对地方收支的范围、收入项目和分成比例改为五年不变。这种探索适合我国国情的责、权、利相结合的预算体制,调动了地方增收节支的积极性。1961 年中共中央提出对国民经济实行调整、巩固、提高、充实的方针,需要统一调配人力、物力和财力,预算体制必须实行比较集中的办法,强调财权管理的集中统一,把国家财权重新集中在中央、大区和省一级,缩小专区、县、公社的财权。"文化大革命"期间预算管理体制采取了多种维持办法,1968 年由于生产停滞、财政收入下降,有些地方省区入不敷出,中央不得不实行收支两条线的办法,收入全部上缴,支出全部由中央拨付。1971 年至 1973 年实行过收支包干体制;1974 年至 1975 年又改为固定比例留成、超收另定分成比例,支出按指标包干的体制;1976 年又实行"收支挂钩,总额分成"的体制。1953 年至 1980 年我国的财政预算体制总的特点是根据当时的政治经济环境,调整变化较多、较大。不过,计划经济时代的财政预算管理体制的基本指导思想是"统一领导、分级管理"。在处理集权与分权关系问题上,强调的主要是中央的统一领导,因而这种财政预算体制的实质就是高度统一,统收统支。

三、划分收支、分级包干的财政预算体制(1980—1993)

(一)1980—1984 年的"划分收支,分级包干"体制

该体制也称为"分灶吃饭"体制。主要内容是:

(1)按照经济体制规定的隶属关系,明确划分中央和地方的收支范围。在收入方面,分为固定收入、固定比例分成收入和调剂收入。属于中央的固定收入包括:中央所属企业

事业的收入、关税收入和中央的其他收入。属于地方的固定收入包括：地方所属企业事业的收入、盐税、农业税、工商所得税、地方税和地方的其他收入。工商税作为中央和地方的调剂收入。在支出方面，属于中央的支出包括：中央级的基本建设投资拨款，中央企业的流动资金，挖潜改造资金和新产品试制费，地质勘探，国防战备费，对外援助支出，国家物资储备支出，中央级的文教科学卫生事业费，农林、水利、气象等事业费，行政管理费，国外借款和国库券的还本付息支出，以及中央级的其他支出。属于地方的支出包括：地方的基本建设投资拨款，地方企业的流动资金，挖潜改造资金和新产品试制费，支援农村人民公社支出，农林、水利、气象等部门的事业费，工业、交通、商业部门的事业费，城市维护费，文教科学卫生事业费，抚恤和社会救济费，行政管理费，以及地方的其他支出。少数专项支出，如特大自然灾害救济费，特大抗旱防汛补助费，支援经济不发达地区的发展资金等，由中央专案拨款，不列入地方包干范围。

（2）地方预算收支的包干基数，按照上述划分收支的范围，以1979年预算收支执行数为基础，经过适当调整后计算确定。基数确定以后，地方的预算支出，首先用地方的固定收入和固定比例分成收入抵补，如有多余，上交中央，如有不足，则用调剂收入弥补。如果固定收入、固定比例分成收入、调剂收入全部留给地方，仍不足弥补地方支出的，则由中央按差额给予定额补助。

（3）地方的上缴比例、调剂收入分成比例和定额补助数核定以后，原则上五年不变。地方在划定的收支范围内，多收多支，少收少支，自求收支平衡。

（4）地方预算支出的安排，均由地方根据国民经济计划的要求和自己的财力情况统筹安排，中央各部门不再下达支出指标。

（5）北京、天津、上海、江苏、广东、福建等6个省市采用有别于大多数省、自治区的体制，如三个直辖市仍然实行"总额分成，一年一定"的体制；江苏省继续实行固定比例包干办法；广东、福建实行大包干体制等。

（二）1985—1987年的"划分税种，核定收支，分级包干"体制

该体制是在总结"划分收支，分级包干"体制经验的基础上，适应经济发展和经济体制改革的需要，以及第二步"利改税"的新变化而制定的。其主要内容是：

（1）收入划分，原则上按税种划分各级预算收入。收入分为三大类：中央预算固定收入、地方预算固定收入、中央和地方预算共享收入。在固定收入中，石油部、电力部、石化总公司、有色金属总公司所属企业的产品税、营业税、增值税，以其70%作为中央预算固定收入，30%作为地方预算的固定收入。

（2）支出划分，仍按企业事业单位隶属关系划分中央与地方的预算支出，包括的范围和"划分收支，分级包干"体制的范围基本相同，只作个别调整。

（3）各省、自治区、直辖市在按照规定划分收支范围以后，凡地方固定收入大于地方支出的，定额上解中央；地方固定收入小于地方支出的，从中央地方共享收入中确定一个分成比例，留给地方；地方固定收入和中央地方共享收入全部留给地方，还不足以抵补其支出的，由中央定额补助。收入的分成比例或上解、补助的数额确定以后，一定"五年不变"。地方多收入可以多支出，少收入就要少支出，自求收支平衡。

（4）考虑到经济体制改革中变化因素较多，为了更好地处理中央与地方之间的财政分

配关系,在 1985 年和 1986 年,暂时实行"总额分成"的过渡办法,即除了中央的固定收入不参加分成之外,把地方的固定收入和中央地方共享收入加在一起,同地方预算支出挂钩,确定一个分成比例,实行总额分成。

(5)广东、福建两省继续实行大包干办法,民族自治区和视同民族自治区待遇的省,仍实行原体制。

(三)1988—1993 年实行的包干财政体制

为调动地方组织收入,特别是收入上解地区的积极性,解决部分地区收入下滑的问题,更好地处理中央与地方之间的关系,1988 年对地方实行财政包干的办法进行了改进,规定全国 39 个省、自治区、直辖市和计划单列市,除广州市、西安市财政关系仍分别与广东、陕西两省联系外,对其余 37 个地区分别实行不同形式的包干办法,包括收入递增包干、总额分成、总额分成加增长分成、上解递增包干、定额上解、定额补助等。

(四)关于包干财政体制的基本评价

1980—1993 年,政府间财政分配关系三次调整的共同特征就是"包干",因此,这一时期的财政体制可统称为包干体制。

(1)包干体制的历史作用

这几次财政体制改革都是在特定历史条件下进行的。每一次改革都是对原有体制某种程度的完善,在保证改革开放的顺利进行和国民经济持续、稳定发展等方面,发挥了重要作用,对克服财政困难也产生了积极影响。

一是改变了财权高度集中的状况。在包干办法中,逐步扩大地方财政的自主权,调动了地方各级政府当家理财的积极性,地方财政由原来被动地安排财政收支转变为主动参与经济管理,增强了责任心,较好地体现了"统一领导、分级管理"和权责利相结合的原则。

二是财力分配由"条条"为主改为"块块"为主。传统体制下,各项财政支出原则上都是由"条条"分配,地方很难统筹安排、调剂使用。"分灶吃饭"之后,对于应当由地方安排的支出,中央各职能部门不再下达指标,大大增强了地方政府的财权,有利于各地区因地制宜地规划和发展。

三是财政体制一经确定,几年不变,稳定性、透明度有所增强。在传统体制下,每个财政年度都核定收支,形成"年初吵盘子、年中吵追加、年终吵遗留"的局面,矛盾较多。改革后,分成比例或补助数额一定几年不变,不再年年吵基数、争指标,有利于地方制定和执行长远规划,保持经济与各项事业协调发展。

四是支持和配合了其他领域的改革。财政体制改革作为整个经济体制改革的突破口,对其他领域的发展具有示范、带动、促进作用,同时,财政体制改革激发出的活力,带动了各级财政收入的增长,为其他改革提供了直接的财力支持。

(2)包干体制的主要弊端

伴随经济的发展和改革的深化,包干体制越来越不能适应形势发展的需要,弊端也日益明显:

一是体制形式不统一、不规范。从 1980 年到 1993 年,财政体制改革大体分为三个阶段,每一个阶段实行的体制都有多种实现形式。如"分灶吃饭"体制下有"固定收入比例分成"、"调剂收入比例分成"、"民族地区财政体制"、"大包干体制"、"定额补助体制"等体制形式；包干体制下对不同的地区分别实行"收入递增包干"、"总额分成"、"总额分成加增长分成"、"上解递增包干"、"定额上解"和"定额补助"的体制形式。体制形式的多样化，本身就意味着政府间财政分配关系的不规范。由于不同体制形式下地方财政收入的增长弹性对地方财力的影响不一，加之体制形式选择方面存在机会不均等、信息不对称、决策不透明等因素，难免出现财力分配不合理的现象。

二是体制的政策目标不明确，调节效果不明显。政府间财政分配关系变革始终围绕财力的分割、财权的集散而展开，并侧重纵向间财力分配，较少考虑横向的财政分配关系，没有形成完整的横向财政调整制度和机制，影响了财力的均衡分配。财政体制对产业结构的调节作用也难以发挥。例如，在包干体制下，受利益驱动，地方政府往往支持税率较高的产业发展，导致产业结构趋同，加剧重复建设。尽管中央财政采取了对烟酒产品税实行增长分成的辅助办法，但仍未能对产业结构的逆向发展起到应有的调节作用。

三是中央政府的宏观调控缺乏必要的财力基础。财力的集中度是衡量宏观调控能力的主要标尺。由于包干体制大多是包死上交中央数或低弹性增长，因此，中央财政在新增长率收入中的份额逐步下降，导致中央财力拮据，宏观调控能力弱化。

四是政府间事权划分存在交叉、重叠问题。包干体制下的几次体制变革，一般都是侧重收入划分的调整与收支基数核定方法的变化，在政府间事权及支出划分上，几乎没有做改动。

第三节　分税制预算管理体制

一、分税制预算管理体制的建立及调整

(一)1994年分税制预算体制改革的主要内容

根据国务院的决定，1994年1月1日起，在全国范围内全面实行了分税制财政体制。此后，在实际运行中又进行了一系列的调整，使分税制度财政体制的内容不断丰富。这次改革主要包括以下几方面：

一是中央与地方的事权和支出划分。根据当时中央政府与地方政府事权的划分，中央财政主要承担国家安全、外交和中央国家机关运转所需经费，调整国民经济结构、协调地区发展、实施宏观调控所必需的支出以及由中央直接管理的事业发展支出。具体包括：国防费，武警经费，外交和援外支出，中央级行政管理费，中央统管的基本建设投资，中央直属企业的技术改造和新产品试制费，地质勘探费，由中央本级负担的公检法支出和文化、教育、卫生、科学等各项事业费支出。

二是中央与地方的收入划分。根据事权与财权相结合的原则，按税种划分中央收入和地方收入。将维护国家权益、实施宏观所必需的税种划分为中央税；将同经济发展直接相关的主要税种划分为中央与地方共享税；将适合地方征管的税种划分为地方税，充实地方税税种，增加地方税收入。分设中央与地方两套税务机构，中央税务机构征收中央税和共享税，地方税务机构征收地方税。收入具体划分如下：

中央固定收入包括：关税，海关代征的消费税和增值税，消费税，中央企业所得税，非银行金融企业所得税，铁道、各银行总行、保险总公司等部门集中缴纳的收入（包括营业税、所得税、利润和城市维护建设税），中央企业上缴利润等收入。外贸企业出口退税，除1993年地方实际负担的20％部分列入地方财政上缴中央基数外，以后发生的出口退税全部由中央财政负担。

地方固定收入包括：营业税（不含各银行总行、铁道、各保险总公司集中缴纳的营业税），地方企业所得税（不含上述地方银行和外资银行及非银行金融企业所得税），地方企业上缴利润，个人所得税，城镇土地使用税，固定资产投资方向调节税，城市维护建设税（不含各银行总行、铁道、各保险总公司集中缴纳的部分），房产税，车船使用税，印花税，屠宰税，农牧业税，农业特产税，耕地占用税，契税，国有土地有偿使用收入等。

中央与地方共享收入包括：增值税，资源税，证券交易（印花）税。增值税中央分享75％，地方分享25％。资源税按不同的资源品种划分，海洋石油资源税作为中央收入，其他资源税作为地方收入。证券交易（印花）税，中央与地方各分享50％。

三是中央财政对地方税收返还数额的确定。为了保持地方既得利益格局，逐步达到改革的目标，中央财政税收返还数额以1993年为基期年核定。按照1993年地方实际收入以及税制改革和中央地方收入划分情况，核定1993年中央从地方净上划的收入数额（消费税＋75％的增值税－中央下划收入）。1993年中央净上划收入，全额返还地方，保证地方既得利益，并以此作为以后中央对地方税收返还基数。1994年以后，税收返还数额在1993年基数上逐年递增，递增率按本地区增值税和消费税增长率的1∶0.3系数确定，即本地区两税每增长1％，对地方的返还则增长0.3％。如果1994年以后上划中央收入达不到1993年的基数，则相应扣减税收返还数额。

四是原体制中央补助、地方上解及有关结算事项的处理。为顺利推进分税制改革，1994年实行分税制以后，原体制的分配格局暂时不变，过渡一段时间再逐步规范化。原来中央拨给地方的各项专款，该下拨的继续下拨。地方承担的20％出口退税以及其他年度的上解和补助项目相抵后，确定一个数额，作为一般上解或补助处理，以后年度按此定额结算。

(二)分税制财政管理体制的调整

近年来，根据分税制运行情况和宏观调控的需要，对分税制财政管理体制进行了必要的调整。一是对收入划分的调整。主要包括对证券交易（印花）税的分享比例、金融保险业营业税税率和国有土地有偿使用收入分配三个方面进行了调整，目的在于增大中央财政分配的权限。二是设立过渡时期转移支付制度。分税制平稳运行后，迫切需要实施规范的转移支付制度，这不仅是完善分税制财政体制的需要，而且也是地方财政运行的现实要求。但是，由于受中央财力等因素的制约，转移支付制度的规范化建设只能采取"总体设计、分步实施"的战略。在此背景下，1995年出台了过渡期转移支付办法。该办法是在不触动地方既得利益的条件下，由中央财政安排一部分资金，按照相对规范的办法，用于对欠发达地区的一般性财政补助，并向民族地区适度倾斜。与以往的政府间财力分配方式相比，其突出的特点是办法规范，决策过程透明。即按照影响财政支出的因素，核定各地的标准支出数额，并考虑财力水平与收入努力程度，计算各地的财力缺口，作为确定转移支付的依据。

(三)分税制预算管理体制需要继续加以完善

1.现行分税制体制的成效与缺陷

几年来的实践证明,1994分税制财政管理体制改革,是我国财政管理体制上一次卓有成效的制度创新,初步建立起了与社会主义市场经济发展相适应的财政管理体制和运行机制。它明显地理顺了中央与地方的分配关系,调动了各级政府理财的积极性,建立了财政收入稳定增长机制;提高了中央财政收入占全国财政收入的比重,增强了中央的宏观调控能力;优化了财政税务机构的建设,改变了过去中央与地方"委托—代理"的征收关系,两套税务机构开始发挥效能,对分税制财政管理体制的正常运转和加强税收管理起到了重要的保障作用;促进了地方各级政府理财思路的转变,使财源建设与产业结构调整和资源优化配置有效地结合起来。

分税制财政管理体制还有其自身的一些缺陷,需要继续加以改进:

(1)政府事权和支出范围划分还不够科学、规范。政府职能的界定和政府间事权划分是分税制财政管理体制的基础。1994年财政体制改革是在当时中央与地方事权划分基础上进行的,基本维持了原来的支出范围。由于在市场经济体制下政府职能的重新界定是一个全新的课题,因此目前在政府与市场之间的关系上,仍然存在不够具体和规范的方面。这在一定程度上制约着政府的事权划分和财政收支划分。另外,中央政府与地方政府之间的事权和支出范围的划分,还缺乏明确的法律界定,政府间的职责权限不够明了,特别是在经济性事务的划分上较为模糊。

(2)收入划分不尽合理、规范。分税制财政管理体制改革是与工商税制改革同时配套进行的,基本上是按照现行税制的税种划分收入,并已形成接近于目标模式的分配格局。但某些收入划分不够规范,随着经济体制改革的深入,仍需进一步调整。例如,现行分税制财政管理体制中,企业所得税还是按行政隶属关系进行划分。随着改革开放的深入,企业重组、合资、联营以及股份制等跨所有制、跨地区的企业组织形式不断涌现,这种按行政隶属关系划分企业所得税收入的做法越来越不适应形势的发展。

(3)政府间财政转移支付制度不够规范、科学。实行分税制财政管理体制后,我国政府间财政转移支付由体制补助、税收返还、专项补助等多种形式构成,1995年之后又实行了过渡期转移支付办法,增加对一部分困难地区的补助。但是,目前的转移支付制度还不够规范、科学,离公共服务水平基本均等化的目标有很大差距。首先,分税制改革后实行的税收返还,按照国际货币基金组织实行的政府财政统计口径,属于一般性转移支付形式,但由于这是在原体制基数法上演变而来的,对地区间财力分配的均衡作用不明显。1995年后实行了过渡期转移支付办法,增加了中央财政对困难地区的补助,但由于中央财政本身比较困难,过渡期转移支付资金的规模还不够大。其次,中央对地方的专项补助(拨款)的分配和使用与财政分级管理的原则不相适应。相当一部分专款用于地方事权范围和支出,体现中央事权和宏观调控的作用不够,分配的办法也有待进一步规范。再次,中央政府有关部门管理的某些补助地方的资金,如预算内基本建设投资、技术改造、农业开发投资等,还没有统一纳入中央政府对地方的转移支付范畴,与财政转移支付资金的统筹运用存在脱节现象。

最后,省以下财政管理体制还不够完善。近几年,各地按照中央对省的分税制改革的基本原则与模式,结合本地区的实际情况实施了对下级政府的分税制财政管理体制。但是,较为普通的现象是,多数收入划为共享收入;有的地方县市财政还缺乏稳定收入来源;有些地方资金调度不落实,中央财政在核定地方资金调度比例时,曾明确规定各地必须将资金调度比例逐级核定到县,但个别地区执行不够彻底,在一定程度上影响了县级财政的正常资金需要。另外,各地都采取了一些财力均衡措施,但是均衡方式不够规范,均衡的力度有限,各省辖区内的地区间财力差距依然较大。

2.进一步完善分税制财政管理体制的取向

我国分税制财政管理体制的进一步完善,必须遵从社会主义市场经济运行的基本原则,以科学界定政府职能为前提,以合理划分中央政府与地方政府以及地方各级政府之间的事权为基础,以政府预算和税收制度改革为手段,合理设计满足公共财政目标模式要求的财政管理体制。

中央政府的事权和财政支出范围,大体可分为三类:一是体现国家整体利益的公共支出项目,需要集中管理,由中央政府直接负责的社会事务,经费由中央财政安排,主要包括中央政府的各类行政机构和少数由中央政府负责的社会公共事业,主要指国防、外交、中央国家机关和少数全国性科研、教育、卫生、文化等社会公益事业的支出。二是中央和地方共同承担的社会事务,经费应由中央与地方共同承担,主要包括一些跨区域的基础设施建设和公共安全、环境保护、社会统计、气象观测等公共福利事业,在具体项目中应确定中央财政与地方财政各自承担的支出数量或支出比例。三是中央负有间接责任,但应通过地方政府来具体负责实施的社会事务,诸如基础教育、公共医疗等,中央政府通过对地方的一般性转移支付来补助,同时要提出具体的原则、标准或要求,由地方政府来具体实施。其他一些明显带有地域性的公共支出,明显属于地方的事权,应由地方财政安排相应的经费。

同时,应结合我国政府职能转变的实际,对分税制财政管理体制下政府间收入的划分作适当调整,如改变企业所得税按照行政隶属关系共享的做法,按国际惯例实行分率计征或比例分享,等等。另外,要积极引导推动省以下分税制财政管理体制的改革和完善,使之在地方收入划分和中央返还收入划分上更趋合理。

借鉴各国的成功经验,应进一步改进和完善我国政府间财政转移支付制度。首先,稳定税收返还的绝对规模,扩大过渡期转移支付。从技术层面看,过渡期转移支付的框架与规范转移支付制度已经比较接近。为了进一步发挥过渡期转移支付的均衡效应,今后应随着中央财力的增加,逐步扩大其规模。其次,以缩小地区间财力差距为目标,在条件允许时将税收返还逐步纳入规范的转移支付范围。再次,清理专项拨款,改进拨款办法,逐步将其纳入规范的转移支付制度体系。要在对专项拨款进行清理和分类的基础上,引入因素法核定专项拨款数额,除特殊情况外,专项拨款要尽量按照规范的程序和公式化方法计算对各地的补助额。

分税制财政体制改革与预算管理制度改革是我国 20 世纪 90 年代财政改革的两项核心工作。我国在复式预算编制形式、部门预算组织形式、零基预算编制方法和国库集中收付管理上进行了制度创新与实践,并取得了一定成果。今后,要围绕公共财政制度的建立,加大预算管理制度改革的力度,尤其是深化国库管理制度改革,不断提高政府理财的效率。

国家预算管理体制是处理一国财政体系中各级政府间财政分配关系的一项基本制度,其核心问题是各级政府预算收支范围及管理职权的划分和相互制衡关系。分税制是国家预算管理体制中的一种重要形式,我国目前已经初步形成了分税制预算管理体制框架。分税制预算管理体制进一步完善的基础是政府间职能的合理界定,核心是税收收入、税收管理权限如何划分,规范的政府间转移支付制度是分税制完善的关键。

本章小结

预算管理体制是在中央与地方政府以及地方各级政府之间规定预算收支范围和预算管理职权的一项制度。它是财政管理体制的核心,是各级预算主体的独立自主程度以及集权和分权的关系问题。狭义的财政管理体制即是指预算管理体制。

预算管理体制的实质是正确处理中央政府与地方政府之间在财政资金上的集中与分散,在财政管理权限上的集权与分权的相互关系。

决定财力与财权集中与分散程度的主要因素有:国家政权的结构、国家的性质和职能、国家对社会经济生活的干预程度、国家的经济体制。

预算管理体制的内容包括以下三方面:预算管理职权的划分、预算收支范围的划分、政府间转移支付制度。

新中国成立以来至1993年我国政府预算管理体制的演化过程大致经历了三个阶段。高度集中、统收统支的财政预算体制阶段(1950—1952);实行统一领导,分级管理的财政预算体制(1953—1980);划分收支、分级包干的财政预算体制(1980—1993)。

包干财政体制作用表现为改变了财权高度集中的状况;财力分配由“条条”为主改为“块块”为主;财政体制一经确定,几年不变,稳定性、透明度有所增强;支持和配合了其他领域的改革。

包干财政体制弊端表现为体制形式不统一、不规范;体制的政策目标不明确,调节效果不明显;中央政府的宏观调控缺乏必要的财力基础;政府间事权划分存在交叉、重叠问题。

1994年我国分税制预算体制改革的主要内容包括:一是中央与地方的事权和支出划分;二是中央与地方的收入划分;三是中央财政对地方税收返还数额的确定;四是原体制中央补助、地方上解及有关结算事项的处理。

我国现行分税制预算管理体制存在的问题主要有:政府事权和支出范围划分还不够科学、规范;收入划分不尽合理、规范;政府间财政转移支付制度不够规范、科学。省以下财政管理体制还不够完善。

我国分税制预算管理体制未来改革取向:规范政府事权和支出范围划分;规范收入划分;完善政府间财政转移支付制度;完善省以下分税制预算管理体制改革,实施彻底的“分税制”。

案例

"十二五"期间地方分税制改革研究

从地方层面而言,中央政府关于财税配套改革释放出的重要信号:一是健全省以下财政管理体制,赋予地方适当税政管理权;二是进一步理顺各级政府间财政分配关系。具体而言就是要在逐步完善税制过程中充实地方税体系,适当壮大地方税收收入,提高地方公共服务的保障能力。笔者认为,"十二五"期间地方分税制改革将突出以下几个方面:

一、财政扁平化改革将继续深入

1994年分税制改革以来,中央财权大幅上收,事权层层下放,造成的结果便是目前相当一部分县乡政府的财力无力承担越来越多的公共事务。一些乡镇的财政收入除了一般性转移支付外,税收方面只留有耕地占用税、契税等税种。这种情形也导致了超生社会抚养费、罚款等成为乡镇财政收入的主要手段。

对于制度上的缺陷,贾康指出,当前,省以下不能够贯彻落实分税制,实际上形成了五花八门、复杂易变、讨价还价色彩非常严重的"分成制"和"包干制"。中国的实际情况是,地方总体而言没有进入分税制状态;从省往下走,就走不通了。地方高端层级上提财权、下压事权的空间大,转移支付做不实。

"十二五"时期公共财政体制改革的主要方向是着力创新财政体制,积极探索和推进财政扁平化改革,增强分税制财税体制的稳定性和内在协调性,特别是使之在省以下能够得到实质性的贯彻。其基本导向是按照三级的基本架构和"一级政权、一级事权、一级财权、一级税基、一级预算、一级产权、一级举债权"的原则,力求实现省以下财政层级的减少即扁平化,塑造上下贯通、可有序运行的与市场经济相契合的分税分级财政体制。根据国家管理和经济社会发展的需要,同时考虑到简化政府级次难度较大,宜着眼于精简效能和减轻负担的要求,在一段时期还不得不保留五级政府架构的基础上,首先减少财政层次,通过推行省直管县、乡财县管和乡镇综合改革等改革措施,形成中央、省、市县的三级财政架构。财政层级"扁平化",也可望进而拉动中央已明确强调的"减少行政层级"的综合配套改革,有效降低行政成本,并促使各级政府在事权合理化、清晰化方面取得实质性进展,构建与事权相匹配的分级财税体制,提高行政体系运行的绩效水平。

二、房产税和资源税未来将成为地方税收的重要支柱

地方政府为履行提供区域性公共产品和优化辖区投资环境的职能,应当掌握流动性弱、具有信息优势和征管优势、能与履行职能形成良性循环的税种如不动产税(即物业税,或称房地产税)和资源税等。

2011年1月27日,上海与重庆市政府决定自1月28日起对个人住房征收房产税,由此拉开了我国对个人住房征收房产税的序幕。房产税的改革无疑开辟了地方政府新的财源,将有利于地方政府"内生地"把主要注意力放到优化本地投资环境和公共服务上面,有利于促进房地产业健康发展和调节收入分配。尽管实施效果还不尽如人意,但毕竟迈出了关键一步,通过积累经验,把方案进一步合理化,最终形成示范效应。未来房产税将

是地方政府重要而稳定的税源。

2010年6月1日,新疆维吾尔自治区开始试点实行资源税的改革,即原油、天然气资源税由从量计征改为从价计征,税率为5%。资源税改革增加新疆地方财力效应已经显现。据报道:新疆在2010年共计征收资源税32.47亿元,较上年增加20.1亿元,增长幅度高达164.4%。2011年新疆资源税征收额有望达到54亿元。资源税将跃居地方税收的第二大税种。资源大省山西被认为将是资源税改革下一个试点地区。资源税改革未来五年将会推广至整个西部,品种包括石油、天然气、煤和其他资源,在促进资源合理开发节约使用和环境保护的同时,增加地方主要是中西部具有资源比较优势而经济欠发达地区的税收收入。

三、将赋予地方一定的税收立法权

现行税收体制中,中央高度集权,所有税收立法权高度集中在中央,地方税也都是通过中央立法确立,地方连解释的权力都没有。地方财权与事权相匹配,根本层面是要赋予地方税收立法权。真正意义上的地方税的形成和地方财政体系的形成,是要包括一部分纯粹属于地方性的税收,它的开征减免停征等等都应该由地方决定。

地方政府具有税收立法上的优势。地方政府作为地方的财政主管,对当地税收的税源、税收结构、纳税人等方面最为了解,所以可以根据当地的经济布局调整税收结构。特别是地方税种,例如房产税、土地增值税,由地方政府制定则更有优势和吸引力。同时能够很好地起到示范作用。地方政府的税收立法相当于试验田,地方政府可以根据实施的效果进行归纳和总结,同时将成熟经验上报国务院,由国务院决定是否在全国实施。

"十二五"规划建议明确,要合理界定事权,在此基础上按照事权与财力相匹配的原则完善中央地方财税体制。地方立法要遵循中央给出的框架、原则和程序。这样就解决了中央授权以后,地方立法控制和规范的问题,不至于地方各行其是。重庆、上海的房产税试点改革工作可以说是在这方面的有益尝试。

四、地方税收分成比例将逐步加大

1994年税制改革后,中央财权相对集中,中央财政收入占全国财政收入的比重大幅上升,已经从1993年的22%上升至2009年的53%,地方政府陷入了财力不支的困境,2009年地方财政缺口高达28 000亿元。

另一个值得关注的是营业税改革,即在"十二五"期间将营业税划入到增值税。营业税的课征对象主要是服务业,其收入大多归属地方财政,此项改革也将大大降低地方财政收入。

中央和地方目前在增值税上的分成比例为75∶25,企业所得税的分成比例为60∶40,2008年全国地方财政支出中,省级支出占22.6%,市级支出占27.4%,县级支出占43.1%,乡级支出占6.8%,按事权与财力相匹配的要求,增值税收入地方分享中应压缩省、市级比例,适当提高县级比例,从而增强基层政府提供公共服务的能力。

建议增加地方政府在财税收入中的分配比例,相应减少中央政府和省政府的财政转移支付。目前财政转移支付的金额巨大,不仅增加了行政成本,而且容易滋生腐败。笔者认为,增值税中央留60%,地方拿40%;企业所得税方面,地方政府留60%,中央财政拿走40%。企业所得税留给地方,可以更好地支持地方企业发展。

五、规范转移支付且增强地方预算透明度

现在税收大量归中央,地方财力主要靠转移支付,而转移支付本身没有规范,连行政法规都没有,不是一个制度化的运行,不是按照以支定收。现在很多时候实行的还是基数法,即根据上年基数确立转移支付,整个计算带有很大的随意性,而不是根据因素法,必须通过建立某种模型,根据其中各种细节要素来确定所需财政开支来确定转移支付。

政府用钱时,必须要有透明度,要让公众知情,接受公众监督。公众有权质询,有权参与,有权通过人民代表大会最后形成预算决策。这是一个历史潮流,这是必须解决的机制。具体可注重以下几方面:第一,规范预算分配机制,细化预算编制,提高预算编制水平;第二,通过进一步严格预算调整和加强结余资金管理来深化预算执行改革;第三,全面推进部门综合财政预算改革,强化预算约束;第四,完善政府采购制度体系,规范公共采购行为;第五,全面深化国库集中收付制度改革,落实全程监督机制;第六,积极引进绩效管理的理念和方法,尽快建立科学、合理的预算绩效评价体系,建立有效的问责机制;第七,进一步推进金财工程建设,以现代信息技术提高预算透明度和管理水平。

六、正式启动市政债券制度

所谓市政债券又称地方政府债券,是指由地方政府或其授权的机构为满足市政运转或经营建设需要而发行的债务性融资工具。一般可分为两类:一类是一般责任债券,偿债来源是发行人的税收收入;另一类是收入债券,偿债来源是所发债项目的未来收入。发行市政债券的目的也非常明确,那就是解决地方在城市建设和公共事业发展过程中的资金问题。

允许地方政府发行债券,是实行分税分级财政体制国家的普遍做法。当地方政府税收收入不能满足其财政支出需求时,地方政府可以发行债券为基础设施建设及公共产品筹资,如英国、美国、德国和日本等国家,地方政府债券在其财政收入及债券市场体系中都占有重要地位。目前,发展地方政府债券市场也已成为新兴市场国家以及其他一些发展中国家的政策重点。

实行分级财政体制国家倡导,一级政府一级财权,债权则是财权的内容之一。各国内普遍发生争议的是究竟各级政府应该有多大的财权,地方政府总是希望自己有举债权,中央政府则要控制地方政府举债规模,平衡两者立场的选择有两个:一是赋予地方发债权;二是禁止地方发债。发达经济体普遍允许自主地方发债(如美国),新兴经济体则极力控制地方发债,巴西则采取有限禁止(地方发债规模与上交中央政府的保证金规模挂钩)。通观各国情况,地方发债主要是为了解决城市建设融资问题,即市政债券发行是问题的焦点。

我国地方政府没有举债权与财政体制特征有内在联系,至为突出的表现是基本财政制度决策权的中央集权本质排斥任何一项重要制度安排决策权的下放,因为"点"的突破会连带出"面"的塌陷,比如,可以想象出的连锁反应一旦允许地方发债,地方会强烈要求税政自主权,集权特征就会被分权化取代。很显然,这是要尽力避免出现的情况。

但同时又要看到,分级财政的内在含义就是强调各级财政相对独立运行,要赋予各级财政相应财权,由此可说地方政府举债权在逻辑上说得通,显然我国处在一种矛盾状态。那么,怎样处理矛盾呢? 2008 年起实施新一轮积极财政政策时,中央政府再次代地方发

债,与 1998 年不同,这次的代发债收入全额列入地方一般预算支出,由地方政府安排使用,这是一种制度安排上的进步,实际上是中央政府直接控制下的地方发债。抛开临时性宏观调控政策不说,其内核值得思考。由此可以引出一个设想,即:今后中国应能够选择中央政府控制型地方发债模式。具体思路是首先建立地方市政债券发行制度、发行额度、发行方式、债券利率等由中央政府审批的模式。这是妥善处理分级财政体制特征与地方政府市政建设融资之间关系的有效途径。

七、结论

从目前税制改革的趋势看,靠个别税种的修补、开征和取消来达到税制改革的目的很难实现,只有对我国整体税制进行渐进改革,才能从根本上扭转地方财力不足问题。全面改革分税制财政体制是一个利益大调整的过程,容易遭致相关利益各方的阻力。全面重构势必影响中央和地方的财力分配格局,影响不同地方的财力分配格局。利益受损方必会以稳定为借口阻碍改革的进行。所以进行地方分税制改革涉及中央和地方政府之间的博弈和利益平衡,可谓任重而道远。

但是,房产税和资源税改革正在重点城市推广、预算法的修改也已提上议事日程、地方政府发行市政债券也在研究论证过程当中。种种迹象表明,我国地方分税制改革正稳步前行。当然,分税制改革往往会牵一发而动全身,这就需要改革者通盘考虑和谨慎布局。只有做好顶层架构,才能达到分税制改革的目标和效果。

资料来源:丁凯.“十二五”期间地方分税制改革研究.财经视线,2011(33)

案例分析:

我国地方分税制在预算层级、收支划分、转移支付制度等方面均还存在不少问题,应从适当下放税政管理权,理顺地方各级政府间财政分配关系,充实地方税体系提高地方公共服务的保障能力等方面实施改革。

案例讨论:

就我国地方分税制存在的问题及改革趋势谈谈看法。

思考题

1. 简答预算管理体制的含义和实质。
2. 决定财力与财权集中与分散程度的主要因素有哪些?
3. 预算管理体制的内容有哪些?
4. 阐述 1950—1993 年我国政府预算管理体制的演进过程。
5. 1994 年我国分税制预算体制改革的主要内容包括哪些?
6. 我国现行分税制预算管理体制存在的问题主要有哪些?
7. 简述我国分税制预算管理体制未来改革取向。

第10章 国库制度与管理

本章导读

　　本章介绍了国库制度的基本概念及其产生与发展、国外国库管理制度,阐述了我国国库管理制度和国库集中收付制度主要内容以及现代国库管理运行机制。通过本章学习,要求学生掌握国库概念、国库管理体制类型以及国库集中收付内容,了解国外国库管理制度以及现代国库管理运行机制。

第一节　国库制度概述

一、国库制度及其类型

(一)国家金库概念

　　国库是国家金库的简称,是负责办理国家财政预算资金收纳、支出的专门机构。我国国库分为中央国库和地方国库。国家的全部预算收入必须按规定期限全部缴入国库,国家的一切预算支出,必须按规定通过国库拨付。因此,国库是国家预算执行的重要组成部分。国库工作的稳健、高效运行,对保障国家预算执行,促进社会经济发展,维护社会稳定,加强财政政策与货币政策的协调配合具有十分重要的作用。

　　国家金库,原指国家储存财物的总机关。太平天国洪秀全在《天朝田亩制度》中记载:"凡当收成时,两司马督伍长,除足其二十五家每人所食可接新谷外,馀则归国库。"民国廖仲恺在《钱币革命与建设》文中写到:"现时金之流通,几全借纸币或金券,而金之本身,藏诸国库。"

　　目前,国际上对国库职能的定位,一般采用国际货币基金组织(IMF)的定义,即国库不单是指国家金库,更重要的是指财政代表政府控制预算执行,保管政府资产和负债的一系列管理职能。

　　每个国家都有自己的国库制度。如日本的国库由财务省主管,但绝大部分具体业务委托中央银行——日本银行来实施。又如1993年,俄罗斯政府颁布了建立联邦国库的政府令,在俄财政部设立了联邦国库管理局,委托中央银行具体管理。例如美国的国库预算由财政部管理,但财政部主要是管理资金的使用,具体保管是由美国国库局来执行。美国国库局是财政部的下属单位,具体负责印制美元、铸造硬币、灌注金锭,以及保管这些钱财,是美国政府真正的"钱袋子"。

表面上,国库是国家储藏财富的仓库,是一个存放具体实物、货币和黄金的库房。但实质上国库是负责办理国家财政预算收支的部门,担负着国家预算资金吸纳和库款的支拨、代理政府债券的发行与兑付、反映国家预算执行情况等重任。现代的国库有保管国家财政资金,掌握预算执行情况等一系列国家财政职能。具是控制政府预算内、外资金,管理政府现金、债务等全面财政管理功能。

（二）国库管理体制类型

从国库管理理论看,国库管理体制主要分为三类,即委托国库制、独立国库制和银行存款制。在委托国库制下,国家不单独设立专门的国库管理机构,而是委托相关机构履行国库职能。在独立国库制下,国家设置专门的国库管理机构,独立负责财政资金的收纳、保管和拨付等工作。在银行存款制下,国家将财政资金作为普通存款存放于商业银行,商业银行可以按商业化营运原则自由支配使用财政资金存款。

目前,国外绝大多数国家实行委托国库制,个别国家（如芬兰）实行独立国库制,一些西方国家地方政府实行银行存款制。在实行委托国库制的国家,一般都在法律中对委托机构作出明确规定。如《美国联邦储备法案》第15章规定,"联邦储备银行作为美国政府的存款银行和财务代理机构,应按照财政部长的指令,履行美国政府的财政代理职能";《澳大利亚储备银行法案1959》规定,"澳大利亚储备银行应作为联邦政府财政代理机构"。

我国采用委托国库制,虽然国库的机构设置和人员编制都在中国人民银行——中央银行（简称央行）,但国库在业务性质上是有别于央行其他部门的。国库担负着对财政性资金进行收纳、划分、留解、拨付和清算的任务,是为实现国家预算收支任务服务的。国库工作实质上是整个国家预算执行工作的一个重要组成部分。按照国务院批准的"三定"方案,财政部的一项重要职责就是对央行国库业务进行指导和监督。国库在机构设置和业务性质上的双重归属,是导致"经理"、"代理"国库之争的一个重要原因。

经理国库体现了央行在国库单一账户及其资金核算中的管理职能。在我国,人大、财政部、人民银行、审计署在政府预算管理以及国库管理中,各部门分工配合,各司其职,经理国库制度是我国国库管理体制中保障相关部门独立行使职责、体现制衡机制的基本制度之一。但实际上,由于我国行政管理和预算管理体制方面的原因,国库管理权限在部门间分配上仍然过于集中,预算编制、执行、监督、管理未实现合理分离。

与世界大多数国家一样,我国也建立了涵盖国库资金运转的事前、事中和事后的国库监督体系。其中,人大对政府预算的审批、决策体现了人大在预算管理和国库资金运转中的事前监督;财政部门对预算收支进行日常管理和监督;审计机构通过对预算资金的审计检查实施了对政府预算和国库资金运转的事后监督。而人民银行通过办理国库业务,能够对预算收支的合规性进行实时监督,从而发挥国库事中监督作用。人民银行是国库监督体系中的重要一环,不仅保障了国库资金安全完整,而且为人大、财政、审计等各部门开展各类监督提供了详细的数据资源,为国库监督体系的有效运转提供了基础资料。

二、我国国库的产生及其沿革

国库是随着人类社会的进步、社会生产力水平的提高、国家的产生而发展起来的,是社会生产发展到一定阶段的必然产物。

(一)中国最早的国库雏形

随着社会生产力的发展和物物交换的出现,产生了私有制,逐步形成了阶级和阶级剥削,社会开始分裂为奴隶主阶级和奴隶阶级。统治者为了执行国家职能,因此向公民征税。捐税是国库收入的最初形式。也就是说,有了国家,有了财政,必然要有国库。在中国黄帝、尧、舜时代,税赋现象发生渐渐增多,到了禹的时代,传说才有不少财政的现象。公元前 11 世纪,周朝建立后,设有大府、玉府、内府、外府等专司府库之职,专门负责管理各种财务的出纳。从国库职能作用来看,这便是中国最早的国库雏形。

(二)民国时期的国库制度

国库原称金库,又称公库,为国家或各级政府财政资金收支的出纳机关。国库制度,是国家各级政府预算收支的出纳制度。组织系统分为国库、省(市)库及县(市)库三级。我国的国库制度,在民国时期采取银行存款制。

民国初年,北洋政府订有各省解款细则、金库出纳款项暂行办法等规章。南京国民政府成立后,财政部发布的《会计则例》,对各机关收款的程序列有专门规定;民国 22 年(1933 年)1 月,财政部拟订各机关经管收支款项由国库统一处理办法,经国民政府核准后于 2 月 1 日起执行。

(三)新中国成立后的国库制度

中华人民共和国成立后,我国实行委托国库制,国库业务由中国人民银行办理。国库体制经历了从代理到经理的发展转变。1950 年 3 月政务院发布的《中央金库条例》和1985 年 7 月国务院发布的《中华人民共和国国家金库条例》(以下简称"国家金库条例")均规定,各级国库由中国人民银行办理。

1. 国库代理制

1950 年,中央人民政府政务院发布了《中央金库条例》及其《施行细则》,规定中央人民政府设中央总金库,各大行政区设中央区金库,各省(市)设中央分金库,各县(市)设中央支金库,各级金库均由人民银行代理,国家的一切财政收入全部缴入同级金库。各征收机关的一切财政收入(包括公安、司法部门收入的罚金)均必须及时全部解缴当地金库,不得积存机关内或挪用。上级金库有权检查督促各征收机关的收入按时解缴入库。各用款机关领取的款项,除必须保留部分现金备作直接开支外,均须存入当地金库,机关内不得留存大批现金,在与公私企业间收支时,一律使用支票转账。机关的经费存库情况,要接受各级金库的检查督促。

从 1980 年 7 月 1 日起,中央分支金库均由中国人民银行分支行代理,金库主任由各级银行行长兼任。中央分金库设在市分行,中央支金库设在银行各区办事处及各县支行。金库工作分别由分行会计出纳处和区办、县支行会计出纳科股负责管理。金库不设独立会计,其账务作为银行账务的一部分。银行各营业部、营业所及办理企业业务的分理处和派出专柜均为金库经收处,接受单位、居民缴纳和收入机关汇缴预算收入。

2.国库经理制

1985 年,国务院颁布了《国家金库条例》,确定由"中国人民银行具体经理国库",将"代理"改为"经理"。1983 年以前,我国还没有独立的商业银行,人民银行扮演了中央银行和商业银行双重角色,由此形成了人民银行代理国库体制。1983 年人民银行成为国务院组成部门后,国务院决定从 1984 年 1 月 1 日起,人民银行专门行使中央银行职能。1985 年,主要基于"保障国库资金安全"、"有利监督制约"、"有利两大政策协调"、"加强财政管理"等考虑,国务院颁布《国家金库条例》,将"代理"改为"经理",确立了现行的人民银行经理国库体制,并先后在《中华人民共和国预算法》(以下简称《预算法》)、《预算法实施条例》、《中国人民银行法》以及有关重要制度中明确了国库的概念、管理体制、职责和权限等。如 1994 年颁布的《预算法》,明确中央国库业务由中国人民银行经理。1995 年颁布的《预算法实施条例》明确地方国库业务由中国人民银行分支机构经理。又如 1995 年颁布和 2003 年修订的《中国人民银行法》,对经理国库的具体职责又进行了细化,进一步确立了人民银行经理国库的法律地位。

(四)现代国库管理制度

传统意义上的国库是指负责办理财政收入收纳、划分、留解和库款支拨的国家金库。随着经济与政府财政活动的日益扩展,现代国库职能逐渐拓展到公共财政管理的诸多方面。从国际货币基金组织(IMF)给出的定义可以看出,国库不仅仅是指国家金库,更重要的是指财政代表政府控制预算执行,保管政府资产和负债的一系列管理职能。国库集中收付管理、国债管理和国库现金管理构成现代国库管理制度的核心内容,三者相互促进,有机一体,与其他国库管理制度共同构成现代国库管理制度,较好地实现了国库的一系列管理职能,是一个科学的财政管理体系。与传统国库相比,现代国库制度不仅内涵丰富,更重要的是确立新的制度安排和运行机制,创新管理方式和手段,革除传统国库存在的资金分散收付、运行效率和使用效益较低、透明度不高等弊端,实现了财政管理制度的革命。

1.国库集中收付管理

国库集中收付管理作为现代国库管理的基本制度,是指通过建立国库单一账户体系,规范财政资金收入和支付运行机制,进而提高预算执行的透明度以及资金运行效率和使用效益的财政管理活动。

国库集中收付管理为现代国库管理制度的建立奠定了基础。国库集中收付管理通过设立设计科学的账户制度和资金收支运行机制,可以提高财政资金运行的透明度,使财政部门在预算执行上程序透明,使每一笔财政资金的支付使用过程透明,保障财政资金支付使用的安全性、规范性和有效性;可以简化财政资金收付流程,减少资金运行中间环节,提高资金入库和支付效率。更为重要的是,国库集中收付管理还可以使所有尚未支付的财政资金保留在国库单一账户中,统一归于国库管理,实现财政部门对政府现金流的有效控制;同时,财政部门在及时了解国库库款变动和预算执行情况的基础上,通过建立国库现金收支基础数据库、加强财政用款的计划性和选择科学有效的预测方法等一系列措施,能够对未来某一时间段(如美国为 9 个月、英国为 5 个月)每日国库现金流量进行滚动预测。

财政部门控制政府现金流、实现对国库现金流的准确滚动预测,为开展国库现金管理和加强国债管理与国库库款紧密衔接提供了条件,为实现提高财政资金运行效益、降低财政筹资成本奠定了基础。2001年,国务院办公厅印发了《国务院办公厅关于财政国库管理制度改革方案有关问题的通知》(国办函〔2001〕18号),财政部会同人民银行印发了《财政国库管理制度改革试点方案》。开启了我国现代国库管理制度改革之门。

2.国债管理

国债管理是在控制国债规模和国债风险的前提下,通过国债发行、兑付、交易等一系列管理活动,长期以最小的成本满足财政筹资需要,同时促进国债市场发展。

国债管理是现代国库管理制度负债管理职能的重要体现,它与国库现金管理密切配合,可以大大提高资产负债管理的效率和效益。特别在国债余额管理方式下,通过准确预测国库现金流,可以合理安排国债发行时间和节奏,使国债管理和国库库款更好地衔接,尽可能降低国债筹资成本;通过发行1年期以下的短期国债,可以保证财政部每天都有足够的现金余额满足财政支付需要,有效规避可能因国库资金不足造成的财政支付风险,为国库现金管理运作创造了灵活的机制。国债余额管理还可以使债务管理当局更加科学灵活地制定国债发行品种和期限结构,特别是短期国债的大量发行,有利于建立完善的市场收益率曲线,确立国债收益率的市场基准地位,有利于扩展债券市场,促进金融市场的发展和完善,为国库现金管理的市场化运作创造良好的货币市场环境。

3.国库现金管理。财政国库现金是指财政部门尚未支付而暂时闲置在国库单一账户的财政资金。财政国库现金管理是指在确保国库现金支出需要的前提下,以实现国库闲置现金余额最小化而投资收益最大化为目标的一系列财政管理活动,是财政国库管理的重要组成部分,也简称为国库现金管理。

国库现金管理是现代国库管理制度改革的重要特征。从国外国库管理制度改革的经验看,建立现代国库管理制度是一个层层推进、逐步深化的过程。首先是推行国库集中收付管理,建立国库管理的基础性制度,有效加强财政对国库资金的控制,使原来滞留在各预算单位账户的闲置资金集中到国库单一账户,国库现金余额增多。开展国库现金管理,通过一系列财政管理活动实现国库闲置现金最小化和投资收益最大化,对实现科学理财、提高财政管理水平有重要意义。国库现金管理的开展,还可以使国库单一账户上的现金余额保持基本稳定,有利于减少国库库款变化对货币政策的冲击,实现货币政策与财政政策在更高层次上的协调配合。

国库集中收付管理、国债管理和国库现金管理三位一体,共同构成现代国库管理制度的核心体系。国库集中收付管理奠定了现代国库管理制度的基础,为开展国库现金管理和高效国债管理提供了条件。国债管理,特别是国债余额管理,推进了现代国库管理制度的发展和完善,为开展国库现金管理创造了灵活的机制。国库现金管理实现了现代国库管理制度的高层次目标,通过加强财政自身管理实现科学理财,提高财政资金效益。为此,现代国库管理制度被经济合作与发展组织(OECD)称为"财政革命"。

三、国库的组织机构

根据1985年7月国务院颁发的国家金库条例和1986年1月中国人民银行、财政部发布的《中华人民共和国国家金库条例施行细则(试行)》规定,一级政府有一级财政,一级财政预算设立一级国库,全国分为总库、分库、中心支库和支库四级。国家总库业务由中国人民银行主管;国库分库设在人民银行省市区分行,其业务受总库垂直领导,具体业务由各商业银行办理。支库以下的国库经收业务,由中国工商银行、中国农业银行、中国建设银行和中国银行等商业银行所属的支行、办事处办理。经收处的业务受分支金库领导。国库分库、中心支库、支库既是总库的分支机构,也是省、市和区、县的地方国库。乡(镇)有关国家预算内、外的收入,直接解缴县金库;有关支出,采取由县财政拨款的办法;分成收入,按县对乡(镇)财政管理体制办法,在年终结算后,由县财政拨给。

《预算法》第 48 条也明确规定:(1)县级以上各级预算必须设立国库,具备条件的乡、民族乡、镇也应当设立国库。(2)中央国库业务由中国人民银行经理,地方国库业务依据国务院的有关规定办理。(3)各级国库必须按照国家有关规定,及时准确地办理收入的收纳、划分、留解和预算支出的拨付。(4)各级国库库款的支配权属于本级政府财政部门。(5)各级政府应当加强对本级国库的管理和监督。

四、国库的职责与权限

(一)国库的主要权限

按照《国家金库条例》的规定,国库的主要权限有六项:(1)督促检查各经收处和收入机关所收之款是否按规定全部缴入国库,发现违规不缴的,应及时查究处理。(2)国库对擅自变更各级财政之间收入划分范围、分成留解比例,以及随意调整库款账户之间存款余额的情况,有权拒绝执行。(3)国库对不符合国家规定要求办理退库的情况有权拒绝办理。(4)监督财政存款的开户和财政库款的支拨。(5)国库对不符合规定的凭证,有权拒绝受理。(6)国库对任何单位和个人强令办理违反规定的事项,有权拒绝执行,并及时向上级报告。

(二)国库的职责

目前法律法规确立的财政部与人民银行的职责分工是:财政部门支配库款,人民银行具体经理国库,并负责组织管理国库工作。这种职责分工本身就是一种有效的国库监督制约机制,符合"决策权、执行权、监督权既相互制约又相互协调"的行政管理体制改革精神和"收入征管与收纳分离、支出决策与执行分离"的财政管理要求。

20 世纪 80—90 年代,根据 1985 年 7 月国务院发布的《国家金库条例》的规定,我国国库的基本职责有:(1)准确及时办理国家预算收入的收纳、划分和留解;(2)办理国家预算支出的拨付;(3)向上级国库和同级财政机关反映预算收支执行情况;(4)协助财政、税务机关督促企业和其他经济收入的单位及时向国家缴纳应缴款项,对于屡催不缴的,应依照税法协助扣收入库;(5)组织管理和检查指导下级国库工作;(6)办理国家交办的同国库有关的其他工作。

21 世纪初,我国建立国库单一账户体系后,国库的职责主要有:(1)组织各级国库准确、及时办理国家预算收入的收纳、划分和留解。(2)为财政部门开设国库单一账户,负责管理国库单一账户;及时办理财政库款的支付、汇划和清算;对商业银行零余额账户进行监督管理。(3)组织各级国库对财政库款和预算收支进行会计账务核算,按期向政府财政部门、征收机关报送日报、句报、月报和年度报表,定期与财政部门、征收机关对账。(4)监督、管理、指导各级国库及国库经收处的工作;监督管理预算资金的收纳、支拨、退付等事项,对其过程中存在的问题提出解决办法;负责国库内控管理,防范国库资金风险,会同有关部门对发生的国库案件及时进行处理。(5)参与制定和完善国库管理改革办法,指导地方财政国库管理制度改革。(6)参与修订国家金库条例,修订《〈国家金库条例〉实施细则》,研究制定国库管理规章制度,并组织实施。(7)协调财政、税务、海关、审计等部门与国库之间的业务关系;监督检查财政、税务、海关等机关在开户、拨款和退库方面的情况,对违规问题会同有关部门及时进行处理;核查审计、财政等对国库部门检查时提出的问题,落实改进意见。(8)拟订国库电算化发展规划,会同科技部门编制、开发、推广国库系统计算机程序;与财政、税务、海关等部门协调,做好横向联网工作。(9)编制国库收支统计各类报表,分析财政预算执行情况,监测国库资金流量与存量的变化情况,预测国库资金变化趋势;调查研究当前宏观经济、财税金融等领域的重大改革对财政资金运行的影响,为更好地实施货币政策、促进两大宏观经济政策的协调提供参考性建议。(10)参与制定国债政策和国债一级市场的管理,制定国债发行、兑付的制度办法;组织商业银行及其他金融机构的国债发行、兑付、防伪反假工作;对国债发行规模、发行方式、发行条件和社会承受能力调查研究,提出国债发行改革建议。

第二节　西方国家国库制度介绍

一、法国的国库管理制度

(一)国库单一账户管理

法国实行国库单一账户制度,即由经济财政部门在中央银行(法兰西银行)开立国库单一账户,将所有政府现金资源集中于该账户统一管理,同时设置国库分类账户与国库单一账户配套使用。其中,国库分类账户是国库为所有政府支出部门分别开设的,用以记录政府资金变动和各部门资金使用的分账户,但实际的付款过程通过国库单一账户处理。

(二)国库现金管理

国库现金管理由经济财政部下属的公共会计司负责,后者在政府部门和全国各地区都派驻有公共会计师,全国公共会计师约有 3 000 名,全部是财政部的公务员。各级地方政府的预算由地方政府负责制定,但收支账目由经济财政部派出的公共会计师负责管理。每个支出部门都在法兰西银行开设一个账户,这些账户全部与法兰西银行总行联网。每日营业终了,经济财政部公共会计司与法兰西银行通过计算机汇总各部门支付总额,确定国库现金余额。

(三)资金的收纳和支付程序

在收入缴纳和报解方面,在无异议的情况下,由纳税人向税务机关或任何一家银行以支票的形式缴纳税款,支出通过银行清算系统上划国库单一账户。

财政资金支付程序是:当国库实际支付给商品服务供应商时,才将资金从国库单一账户中划转出去,包括四个步骤:(1)支出部门签订购买商品与服务的合同;(2)支出部门审核供应商的发票,计算国库应支付的资金数额;(3)支出部门附上相关的凭证提出支付指令,同财政部派驻各部门的公共会计师审核并签发支付令;(4)出纳署通过银行清算系统将资金由国库单一账户支付给供应商。

（四）国库的监控机制

在监管方面,除了经济财政部侧重对国库的日常业务监管外,还有审计法院侧重事后监管。前者的监管包括:财政监察专员对中央各支部和大区的财政监管;公共会计师对资金拨付的监管;直属经济财政部的财政监察总署对部门领导下的税务总局、海关总署及国库司、预算司等业务司的账目和执法质量与工作效率的检查。审计是国家最高的经济监督机关,独立于议会和政府。除审计国家决算外,审计法院的主要工作是依法对公共会计师和公共支出决策人进行监督。公共会计师每年都要把账目送交地方审计法庭或审计法院接受详细审计,发现问题视情节轻重予以赔偿损失、撤销会计资格、开除公职、取消退休金保障等处罚,直至追究刑事责任。对支出决策人员的监督同样严格,如果发现在决策过程中有违反财政法规的行为或其他问题,可视情节轻重,由审计法院通过检察院向财政预算法院或刑事法院提起诉讼。

二、意大利的国库管理制度

（一）国库的机构设置

在意大利,国库部的全称为国库、预算及经济计划部,国库业务主要由国库部下属的国库司负责管理。国库司下设秘书处,私有化及财政经济计划处,公共债务处,国际财政与经济事务处,市场、财政及信贷系统监察处,反洗钱、国库收入及货币争议事务处,以及国家援助、竞争及拨款处等7个处。另外,还设有总体事务服务部,负责人事管理和运作事务;专家科技委员会,包括科技组和专家组;中央审查办公室,负责管理政府资金资源和政府债务,监督现金和债务流量,处理国际财政经济事务。

（二）国库单一账户管理

意大利于1976年开始实行国库单一账户制度,即将政府部门的所有现金资源(包括税收和其他预算内外收入)全部集中到国库在央行开设的国库单一账户,实行集中收付管理。同时,国库建立分类账册管理信息系统,管理政府部门的财务信息账户。每个部门(包括大区、市政)在国库部都有自己的分类账册,由国库统一记录资金流量和运用情况。但是,当涉及实际付款时,则由国库部门通过设在央行的国库单一账户来处理。

（三）资金的收纳和支付程序

由于国库分类账册系统与央行的商业银行的结算系统是相互连接的,国库在进行资金收付管理时主要借助银行结算系统进行清算。中央财政的税收征管程序是:纳税人先向执收部门申报纳税,待执收部门核定金额后,直接到商业银行缴纳税款。一方面执收部门通过计算机系统将纳税信息上报国库,由国库记录收入数量等有关信息;另一方面商业银行通过结算系统将资金划转到央行的国库单一账户。中央财政的资金拨付程序是:预算支出单位在年初应向国库提交财务计划,说明各个时段(如季、月)的现金开支需要,国库部根据现金流量管理需要为每个支出单位确定分时段的资金使用限额。当支出单位需要支付某笔款项时,首先应向国库部(或分支机构)提出用款申请;其次国库部在确定所分配的资金使用限额足够支付、单一账户的现金余额充分以及核实有关商品或服务提供的凭证之后,承诺付款;最后由国库部通知央行从国库单一账户中将款项直接向商品或劳务供应商支付。

(四)与央行的关系

意大利国库部与央行之间的分工协作关系有明确的规定。国库将国库单一账户设在央行,并负责该账户的有关政策管理,国库单一账户的所有收支都必须严格按照国库部的通知要求进行处理。央行负责国库单一账户的具体操作业务,包括收入划转和资金拨付。

国库部将国库单一账户设在央行,一方面便于银行结算系统进行清算,另一方面可保证资金的安全性。央行承担国库单一账户业务,既可以加大银行资金周转量,提高其信誉,又可以获得充分的财政资金运转信息,强化基础货币管理和财政货币政策协调。因此,虽然国库部支付给央行的代理费用相当低,几乎可以说没有,但央行也愿意承担该项业务。

三、美国的国库现金管理方法

(一)国库现金的日常操作

美国财政部除在央行开立存款账户外(在央行账户的日终现金余额基本保持在50亿美元左右),其余大量现金则存入几家大型商业银行,即"税收与贷款账户"。根据每天国库收支预测,当央行账户日终现金余额可能低于50亿美元时,财政部在当天或次日上午11时以前,从商业银行"税收与贷款账户"调入现金补足;当央行账户日终现金余额可能高于50亿美元时,财政部即将多余现金转入"税收与贷款账户",赚取利息收入。

(二)定期发行短期债券

美国财政部通过定期发行短期债券的方法,来平衡年度内季节性国库收支余缺,实现熨平国库现金流量波动和提高国库现金使用效率的目标。通常短期债券是定期发行的,季度内每次发行的额度大致相同,以便使投资者形成稳定的预期和投资决策;而季度之间每次发行额有所不同,它是根据季度国库收支预测决定的。美国期限为13个星期和26个星期的短期债每星期发行一次。除定期发行外,发达国家偶尔还不定期发行期限在13个星期以内的债券,即现金管理债券,以满足国库支出的临时性需要。

四、英国的国库现金管理方法

(一)进入货币市场进行日常运作

英国财政部只在英格兰银行开设存款账户,目前日终现金余额保持在2亿英镑左右。根据每天的国库收支预测,若央行账户日终现金余额可能低于2亿英镑时,英国债务管理局在发行短期债券外,会卖出或回购所持有的金融工具,筹集国库所需现金。回购是指债务管理局暂时卖出优质金融工具,并放弃所有权,待约定时间过后再按既定价格购回金融工具,并收回所有权。若央行账户日终现金余额可能高于2亿英镑时,英国债务管理局会买入或回购优质金融工具,并拥有所有权,待约定时间过后再按既定价格售出金融工具并放弃所有权。

（二）保证国库现金安全性的做法

为了充分保证国库现金的安全性和所持金融工具的流动性，从而随时保证国库支出的需要，英国债务管理局规定：（1）回购或回售交易，必须具有十足的优质金融工具作为抵押；（2）买入或卖出的优质金融工具，其剩余期限最长不能超出半年；（3）优质金融工具包括英国政府债券，信誉卓著的商业银行发行的英镑短期票据，以及美国政府债券和德国、法国发行的欧元政府债券等；（4）按照《马斯特里赫特条约》的规定，欧盟各国的央行不能向本国财政部发行隔夜信贷来弥补其预算收支差额，为此英国债务管理局与几家大型清算银行签订了《备用透支协议》，以应付国库的资金急需。

第三节　我国国库管理制度改革

国库集中收付改革，是我国国库管理制度改革的一项重要内容，是针对传统征收机关和预算单位设立多重财政资金存款账户为基础的分级分散收付制度而实施的一项改革，目的是通过改革逐步建立起以国库单一账户体系为基础、资金缴拨以国库集中收付为主要形式的现代国库收付制度。改革的主要内容是建立国库单一账户体系，所有财政性资金都纳入国库单一账户体系管理，收入直接缴入国库或财政专户，支出通过国库单一账户体系支付到商品、劳务供应商或用款单位。

一、我国传统国库制度存在的弊端

改革开放以来，我国财税体制进行了一系列改革，重点是调整收入分配关系，基本未对预算管理和国库管理制度进行大的调整。传统的财政性资金缴库和支付方式，主要是通过征收机关和预算单位设立多重账户分散进行的，这种办法适应了一定时期的预算管理方式，发挥了当时应有的作用。随着社会主义市场经济体制下公共财政的建立和发展，这种在传统国库制度（指国库集中收付制度改革前的国库制度）下形成的运作方式显露的弊端越来越突出。主要表现在：一是重复和分散设置账户，导致财政性资金活动透明度不高，不利于对其实施有效管理和全面监督；二是财政收入执行中征管不严，财政资金的入库不够及时、退库不够规范，财政收入流失问题时有发生；三是财政支出拨款环节多，支出执行中资金分散拨付，大量财政资金滞留在预算单位，出现截留、挤占、挪用等问题，既降低资金使用效率，又容易诱发腐败现象；四是财政性资金使用缺乏事前监督，截留、挤占、挪用、坐支应缴未缴资金现象严重，甚至出现腐败现象，人民银行国库发生多起盗取财政资金案件，多的达上千万元；五是财政收支信息反馈迟缓，难以及时为预算编制、执行分析和宏观调控提供准确、可靠依据。因此，这种在传统体制下形成的财政国库管理制度，越来越不适应社会主义市场经济体制下公共财政的发展要求，必须要加以改革。

二、实施国库集中收付制度的必要性

随着现代公民意识的不断提高，随着政府依法行政的需要，随着市场经济的纵深发展，改革传统财政国库管理制度，推行和完善以单一账户为基础的国库集中收付制度，是建立社会主义市场经济条件下公共财政基本框架的一项重要内容,也是财政管理方式的重大变革。

(一)改革传统财政国库管理制度是贯彻落实党中央、国务院党风廉政建设、反腐败工作的根本举措

建立以国库单一账户为基础、资金缴拨以国库集中收付为主要形式的财政国库管理制度,是党中央、国务院提出的积极推进财政预算管理制度改革的要求,是社会主义市场经济体制下公共财政发展的需要,是预算执行机制和财政收支管理的制度性创新,它有利于规范财政收支行为,是加强财政资金管理、提高资金使用效益的根本性措施,也是深化改革、加大治本力度,从源头上预防和治理腐败的重要举措,具有重大的政治意义、经济意义和社会意义。

(二)改革传统财政国库管理制度是与国际接轨的必然要求

改革传统财政国库管理制度,并非我国独创,是国际通行的做法,世界上主要市场经济国家也是这么做的。目前,国际上对国库概念的解释,一般采用国际货币基金组织的定义,即国库不单指国家金库,更重要的是指财政代表政府控制预算执行,保管政府资产和负债的一系列管理职能。衡量一个国家国库管理水平的关键性指标,一是对国库现金和债务管理的效率;二是能否及时准确地提供完整的预算执行报告,为财政管理和宏观调控提供依据。为了实现这个指标,现代国库管理制度均以国库单一账户为基础,实行规范、高效的财政资金运作方式。在这方面,市场经济国家的国库管理制度普遍具有下列特征:

1.财政部门设立国库单一账户

多数国家开设在中央银行,也有些国家开设在商业银行。所有财政性资金,都通过国库单一账户核算。尽管由于各国的政治、经济、文化背景不同,从而对国库单一账户的称谓也各不相同,如法国叫"国库特别账户",经济合作与发展组织(OECD)国家多称之为"单独账户",但其内涵基本是相同的,即将所有政府现金资源(包括预算内和预算外资金,税收收入和其他非税收入)集中在中央银行账户,不准在其他银行开设账户。与国库单一账户配套使用的是国库分类账户,即国库为所有政府支出部门分别开设分账户用以记录政府资金的变动和各政府支出部门以及机构的资金运用,并向政府提供相关信息,当涉及实际拨付时,则通过国库单一账户来处理。

2.财政资金收付方式规范

税收收入经过纳税人申报和税务机关审核后,直接缴入银行,并同时通过银行清算系统划入国库单一账户。财政支出实行财政直接支付或授权预算单位支付,通过代理银行将款项支付到商品和劳务供应者或用款单位,再与国库单一账户清算,财政资金的余额只保存在国库单一账户。财政资金采取直接收付方式,有利于对财政资金流向的有效控制,保障财政资金安全,也有利于加强对资金使用情况的管理监督。

财政收入的收纳报解程序一般是:纳税人向税收管理部门申报,若无异议,纳税人向征税机关或任何一家银行以支票的形式缴纳税款,支票通过银行清算系统直接上划国库单一账户中。国库单一账户的设置充分体现了预算完整性的原则,可以充分反映以政府为主体的各类资金收支活动的全貌,为实现政府科学决策提供完备的信息资料,有利于政府调控各类财政资金的来源和方向,完善财政分配、调节和监督职能。

国库单一账户下的财政支出一般程序是：在财政预算审批通过后，预算单位根据预算支出计划安排支出；当预算单位购买商品或劳务时，由财政部门开出支付凭证，经国库部门审核无误后，通过银行资金清算系统或政府支出信息管理系统，从国库单一账户中划拨资金。与集权化政府支出模式相适应，在财政部门设立专门履行国库现金管理和支付职能的执行机构，实现对财政资金流向全过程监控，确保财政资金在支付行为实际发生前都保存在国库单一账户中，中间环节不发生支付业务，提高财政资金的运行效率。

3.财政专门设立国库现金管理和支付执行机构

实行国库单一账户制度的国家，普遍设有不同形式的专门履行财政国库现金管理和支付职能的执行机构。设立专门的财政国库现金管理和支付执行机构，不仅可以保证财政资金支付的安全、高效，使财政资金在支付行为发生前都保存在国库单一账户，而且可以获得较好的国库资金管理效益。发达的市场经济国家已经将其作为政府调控经济的一项新手段。

此外，国库资金使用效率最大化是国库管理的根本目标，财政资金使用公开化、透明化是保证国库资金高效率运转的基本前提。所以在发达市场经济国家中，国库资金以效率化、透明化为使用原则，采用债券化、货币化的国库现金管理模式，即国库现金管理通常是国家财政部门通过定期发行短期债券和每天运作国库现金等方式，实现熨平国库现金流量波动和提高国库现金使用效率的目标。由此可见，我国财政国库管理制度改革也是我国加入 WTO 后，与国际接轨的必然要求。

三、改革传统财政国库管理制度的重要意义

国库集中收付制度改革成为传统国库制度向现代国库制度转变的分水岭。推行财政国库集中管理制度改革，建立和完善以国库单一账户为基础的国库集中收付制度，是对传统预算制度的根本性变革，也是对财政收支管理的一次创新。这项改革关系到各级财政预算执行能否规范，直接反映出预算执行的质量，与此同时，必将带来财政部门和各预算单位理财观念和理财方式的更新。

2001 年，国务院批准财政部和人民银行共同上报的《财政国库管理制度改革方案》，我国开始实施以国库单一账户体系为基础、资金缴拨以国库集中收付为主要形式的现代国库管理制度，实行与国际惯例接轨的委托国库制。改革传统财政国库制度的重要意义主要体现在下面四个方面：

（一）有利于规范财政管理和监督，提高财政资金使用效率

在传统财政性资金缴库和支付制度下，单位多重和分散设置账户，财政性资金的入库不够及时，退库不够规范，财政性资金支出采取层层转拨多环节转账，这既给我们的财政监管和控制增加了难度，也人为造成了大量财政资金沉淀不能得到及时使用。改革现行的财政国库管理制度，将所有的财政性资金都按规范的程序在国库单一账户体系内运作，收入缴库和支出拨付的整个过程都处于财政的有效管理监控之下，财政资金的运行速度将大大提高。

（二）有利于真实反映财政支出和结余，正确进行财政决策

改革前反映的支出预算执行情况是财政支出数而不是实际支出数，财政掌握的库款

结余是局部，而有相当一部分结余层层沉淀在各预算单位。实行国库集中支付制度，以预算执行为准，财政按实际支付数反映支出，财政资金的结余全部反映在财政国库，这既有利于财政资金的调度，也有利于减少短期国债融资，今后在政策允许的条件下，可以进行库款资金的运作。

（三）有利于提高预算执行效果，维护预算的严肃性

在分散支付制度下，财政难以掌握单位是否按预算要求使用财政拨款，难以避免有些单位一方面将资金挪作他用，另一方面又要求追加支出这种人为增加财政压力的现象。实行国库集中支付制度后，支出财政资金的前提必须有相应的预算，预算的实际执行与财政资金的实际支用在时间上做到了一致，这样就可以从资金使用的源头上促使单位按预算规定支用财政资金，防止人为挪用财政资金，降低了财政资金的风险。

（四）有利于财政深化改革，加大治本力度，从源头上预防和治理腐败

在新的财政国库管理制度体系下，财政国库管理部门能够运用信息网络系统全过程监测试点单位资金的支付活动，对预算单位支付每一笔资金的支付金额、付款科目、付款用途、付款账户、收款人、收款账户、交易时间、付款入账户余额等付款要素进行实时监测。一旦发现问题和疑点，能够迅速进行检查。财政资金运转的透明度大大提高，监管力度明显加强，有效地保障了财政资金支付的安全和高效，从制度上保证了财政深化改革、加大治本力度，从源头上预防和治理腐败。

四、财政国库管理制度改革的概况

（一）财政现代国库制度改革现状

改革开放以来，围绕建立社会主义市场经济体制的目标，我国的财政体制和预算管理制度进行了一系列重大改革，逐步建立健全了中国特色的公共财政体系。

20世纪90年代末期，一些省市财政部门就对国库集中支付制度改革进行了尝试，基本做法是：成立了隶属于财政部门的会计核算中心，取消了单位会计人员，撤销了单位账户，对单位财务实行集中核算，体现了国库集中支付管理的部分功能。但由于核算中心在商业银行开设了财政收入和支出过渡账户，不是真正意义上的国库单一账户，因此，这种国库集中支付制度不够规范和完善。

按照《中共中央关于完善社会主义市场经济体制若干问题的决定》和国务院批准的《财政国库管理制度改革方案》，我国自21世纪初开始实施国库集中收付制度改革，目标是建立以国库单一账户体系为基础、资金缴拨以国库集中收付为主要形式的现代国库管理制度。

为了规范财政国库集中支付制度改革工作，经国务院批准，财政部和中国人民银行在2001年联合制定下发了《财政国库管理制度改革试点方案》，对改革的模式进行了统一要求，并把国库集中支付工作作为"金财工程"的重要组成部分。按照"金财工程""五统一"（统一领导、统一规划、统一技术标准、统一系统平台和统一组织实施）的要求，财政部统一开发研制了国库集中支付软件系统，并要求省、地一级必须采用全国统一的软件系统，为今后实现全国性的网络连接奠定基础。

为从机制上解决传统制度存在的弊端，在广泛借鉴国际先进经验基础上，结合我国实

际,从 2001 年开始实施以国库集中收付制度为主要内容的财政国库管理制度改革。在具体工作的实施上:

1.国库集中支付改革全面推进

财政国库管理制度改革初期,按照《财政国库管理制度改革方案》的总体要求,重点进行制度建设和创新,财政部先后制定了《中央单位财政国库管理制度改革试点资金支付管理办法》、《财政国库管理制度改革试点会计核算办法》、《中央单位财政国库管理制度改革试点资金银行支付清算办法》、《预算外资金收入收缴管理制度改革方案》、《中央单位预算外资金收入收缴管理改革试点办法》、《国库存款计付利息管理暂行办法》和《财政国库管理制度改革试点预算结余资金处理的有关规定》等有关财政资金支出支付、收入收缴和结余管理的新制度,初步形成了规范、统一的国库集中收付制度框架。这项改革从中央到地方、从上往下逐级推进,中央改革试点工作取得成功,为地方推进改革发挥了示范和引导作用。在制度建设迈出坚实步伐的基础上,中央单位财政国库管理制度改革试点实施工作也大规模展开,支出支付改革试点和收入收缴改革试点都取得了顺利进展。

2001 年 2 月,国务院批准《财政国库管理制度改革方案》,确定当年财政部、水利部、科技部、国务院法制办、中国科学院和国家自然科学基金会等 6 个中央部门进行国库集中支付试点。2002 年,又增加了人事部、外交部、文化部、教育部、海关总署等 20 多个试点单位。2003 年改革力度加大,新增试点单位的数量超过了前两次之和。2005 年年底,中央所有部门和地方所有 36 个省、自治区、直辖市和计划单列市全面实施改革,实现了国务院提出的"十五"期间全面推行改革的目标。2006 年以来中央单位改革范围覆盖到三级预算单位,至 2007 年年底,中央所有部门及所属 9 300 多个基层预算单位实施了国库集中支付改革,改革的资金范围从中央本级预算资金扩展到部分中央补助地方专项资金。全国 36 个省、自治区、直辖市和计划单列市本级,300 多个地市,1 300 多个县(区),超过 23 万个基层预算单位实施了国库集中支付改革。绝大部分省份的省本级预算单位已全部实施改革,并进一步扩大改革的资金范围,将政府性基金、预算外资金纳入改革范围。大部分省份已经将改革推进到地市,并积极将改革向县延伸。

截至 2012 年 6 月底,中央 170 个部门及所属 4 万多个基层预算单位,地方 36 个省(自治区、直辖市、计划单列市)本级、330 多个地(市)、2 800 多个县(区),超过 44 万个基层预算单位实施了国库集中支付制度改革;中央 99 个部门,地方 36 个省(自治区、直辖市和计划单列市)本级、320 多个地(市)、2 500 多个县(区)、超过 34 万个执收单位实施了非税收入收缴管理改革。农村义务教育经费保障机制改革中央专项资金、新型农村合作医疗补助资金、化解农村义务教育普九债务资金、民口科技重大专项资金、家电下乡补贴等体现国家重大政策以及保障和改善民生的中央专项资金,实行国库集中支付,中央财政依托预算执行动态监控系统能够对每一笔资金的支付情况进行动态监控,极大强化了预算执行的事中监督,切实保证了资金所承载政策目标的实现。

2.国库集中收缴改革不断深化

收入收缴改革包括税收收入收缴改革和非税收入收缴改革。改革首先以非税收入收缴管理为重点推进,从 2002 年开始实施,之后不断扩大范围,进展迅速。截至 2007 年年底,中央改革的部门扩大到近 50 个,35 个财政专员办事处执收的非税收入也纳入改革范围。目前已全部纳入非税收入改革范围。改革的资金范围已扩大到政府性基金、行政事业性收费、罚没收入、国有资本经营收入等所有政府非税收入。非税收入规模不断扩大，财政部公布数据显示，我国财政中非税收入 2011 年为 14 020 亿元，2012 年为 16 609 亿元，2013 年为 18 646 亿元。税收收入收缴改革方面，在与国家税务总局、人民银行充分研究协商的基础上，研究制定了《财税库银税收收入电子缴库横向联网实施方案》和《税收收入电子缴库横向联网管理暂行办法》，2007 年 6 月份正式颁布。电子缴税横向联网稳步实施，有近 20 个横向联网试点省份已经取得初步成效，不仅方便缴款人缴纳税款，提高税款入库速度和透明度，而且实现税款信息共享，提升了预算执行管理水平。

（二）财政现代国库制度的完善

自国库集中收付制度改革实施以来，党中央、国务院对推进改革作出一系列部署。《中共中央关于完善社会主义市场经济体制若干问题的决定》把深化国库集中收付制度改革作为推进财政管理体制改革的重要内容。国民经济和社会发展"十五"计划、"十一五"和"十二五"规划纲要均提出，要深化国库集中收付制度改革。目前，国库集中收付制度改革已在中央各部门及所属基层预算单位和地方省、市两级实现基本覆盖，大部分县级和一部分乡级也实施了改革；公务卡制度和预算执行动态监控机制在中央和省两级基本建立，市、县两级进展势头良好。

通过改革建立的现代国库管理运行机制，已得到广泛认同，显著提升了我国预算执行管理的效率、效益和透明度，也极大地促进了财政管理整体水平的提升。但也要看到，全面推进改革还面临进展不平衡、措施不到位、方式不规范等问题，尤其是县乡两级改革明显滞后，大量财政资金从国库转拨到财政专户管理，很大程度上制约着现代国库管理运行机制的完善发展和新制度基础性作用的发挥。

下一步推进改革的关键是认真贯彻落实党中央、国务院指示要求，按照《财政国库"十二五"规划》确定的目标，采取有效措施，全面推进各项改革，打好改革的攻坚战，落实国务院对国库集中收付制度改革的决策部署。

1. 大力推进国库集中支付制度改革。随着改革的逐步深入，下一步工作重点要放到县乡两级改革。要采取各种有效措施，确保今年年底前将国库集中支付制度覆盖到县以上各级所有预算单位以及有条件的乡级预算单位。要将公共财政预算资金、政府性基金预算资金全部纳入国库集中支付范围，编制国有资本经营预算的地方，国有资本经营预算资金也要实行国库集中支付。

2. 积极推进非税收入收缴管理改革。非税收入收缴管理改革改变了执收单位层层上缴、层层滞留非税收入的传统运行方式，建立了新型收缴账户体系和信息系统，资金当天即可缴入国库或财政专户，实现了非税收入从"层层缴"到"零在途"的一次飞跃，不仅大大加快了非税收入入库速度和运转效率，也有效规范了执收单位收缴行为。2012 年年底前，地方所有省、市、县级执收单位要全部实施非税收入收缴管理改革，具备条件的乡级执收单位也要实施改革。行政事业性收费、政府性基金、罚没收入、国有资本经营收益等所有非税收入都要纳入改革范围，教育收费、彩票销售机构业务费用等纳入财政专户管理的收入，也要比照改革模式进行收缴。要加大信息技术在非税收入收缴管理中的应用力度，力争实现非税收入全电子化缴款。

3.着力推进财税库银税收收入电子缴库横向联网。"财税库银"税收收入电子缴库横向联网实现了税款征缴全过程电子化操作,不仅提供更加安全、便捷、高效的收缴服务,也提高收缴的规范性,加快税款入库速度,增强政府部门公共服务能力和行政效能。各级财政部门要主动加强与税务机关、人民银行的沟通协调,推进横向联网在市、县级的全覆盖,并加大宣传力度,使越来越多的纳税人通过横向联网方式缴纳税款。要按照横向联网手续费计付管理有关规定,合理补偿商业银行办理税收收缴业务成本,调动商业银行积极性,促其提高服务质量。

4.加快推进公务卡制度改革。公务卡制度能够有效解决现金支付管理漏洞,加强对公务支出行为的监督管理,增强政府公务支出信息透明度。这项改革得到中央纪委和监察部的高度重视,国家预防腐败工作联席会议第五次会议对公务卡制度改革作了专门研究和部署。社会各界对推进公务卡制度改革的呼声也非常高。各地要进一步加快改革进程,今年年底前,各级政府及所属预算单位要全面推行公务卡制度改革。省、市两级财政部门要结合本地实际,于今年年底前建立公务卡强制结算目录制度,预算单位差旅费、招待费和会议费等公务支出凡具备刷卡条件的,一律使用公务卡消费。有条件的县级财政部门也要建立公务卡强制结算目录制度。要积极协调有关方面,改善公务卡市场受理环境,加大 POS 机具布设的数量和密度,满足强制结算范围内的公务支出刷卡需要。

5.切实加强预算执行动态监控机制建设。预算执行动态监控机制是以国库集中支付制度为基础,综合利用现代信息网络技术的新型财政监控模式。这种模式可以实时监控财政资金运行全过程,切实强化事中监管,对违规支付行为形成有效威慑。各地在推进国库集中支付制度改革的同时,要同步加强预算执行动态监控机制建设,力争今年年底前初步建立起预警高效、反馈迅速、纠偏及时、控制有力的覆盖各级财政的预算执行动态监控体系。要不断完善预算执行动态监控系统,达到系统实时动态、智能预警、综合分析、实用兼容等核心主体功能目标。要加快建立健全预算执行动态监控运作机制,逐步将动态监控范围扩大到所有财政资金和全部预算单位。

6.彻底规范财政专户管理。规范财政专户管理与推进国库集中收付制度改革相辅相成。如果大量的财政资金都存放到财政专户管理,必然侵蚀已建立起的现代国库管理运行机制。要在巩固 2011 年清理整顿财政专户成果基础上,认真贯彻落实国务院和财政部有关规定,进一步精简压缩专户数量,严格控制专户设置,强化专户资金管理,坚决杜绝违规开设专户、违规使用专户资金问题。特别是要将专户清理整顿工作与推进国库集中支付制度改革紧密结合起来,按规定应实行国库集中支付的资金禁止从国库单一账户转入财政专户;按规定应当撤销的专项支出财政专户,要一律撤销,专户撤销后,专项支出要切实执行国库集中支付制度。

7.稳步实施地方国库现金管理。地方国库现金管理是我国国库现金管理体系的重要组成部分,也是"十二五"时期深化地方国库集中收付制度改革的一项重要工作。开展国库现金管理试点的省级财政部门,要按照有关规定,在彻底清理不合规财政专户并确保库款安全基础上,积极探索建立适合本地实际的国库现金管理模式。财政部将会同人民银行抓紧制定地方国库现金管理试点办法。总体考虑是,地方国库现金管理应遵循安全性、流动性和收益性相结合的原则,安全性第一,在确保国库资金安全和国库支付需要基础上稳步有序推进。

8.全面加强财政国库管理法制化建设。随着改革覆盖面的逐步扩大,加强国库管理法制化建设成为一项紧迫的任务。目前,以国务院批准的《财政国库管理制度改革方案》为统领,以中央发布的一系列资金支付、收入收缴制度为核心,以地方出台的大量规范性文件为基础的国库集中收付制度体系已日趋完善,并且在《预算法修正案(草案)》中得以体现。按照法律和实施条例同步实施的要求,下一步的重点是要配合做好《预算法实施条例》修订工作。《预算法实施条例》修订工作非常重要,现行有效的财政国库管理制度规定哪些需要上升为行政法规,在行政法规中细化到何种程度都需要反复斟酌,认真考量。《预算法》及其实施条例修订后,修订《国家金库条例》及其实施细则,研究制定《财政资金支付条例》工作要迅速跟进,既全面提升国库管理制度的法律层次,又使有关国库管理规定更具操作性。

第四节　国库集中收付制度内容

21世纪初启动实施的国库集中收付制度改革,是我国改革开放以来,继分税制改革之后,对预算管理制度进行的一次根本性重大变革,被称为一场"财政革命"。经过10多年的不断改革完善,这项改革已经取得了决定性进展和重大历史性成就,具有重要的政治和经济意义。国库集中收付制度已成为我国预算管理的基本制度。根据国务院批准的《财政国库管理制度改革方案》和《财政部、中国人民银行关于印发〈财政国库管理制度改革试点方案〉的通知》(财库〔2001〕24号)精神,并结合福建省国库管理制度改革的实际,对国库集中收付制度内容介绍如下:

一、财政国库集中收付制度改革的目标、指导思想和原则

(一)财政国库集中收付制度改革的目标

财政国库集中支付改革的总体目标是全面建立以国库单一账户体系为基础的国库集中支付制度,确立这项制度在财政财务管理中的基础地位。

(二)财政国库集中收付制度改革的指导思想

财政国库集中收付制度改革的指导思想:按照社会主义市场经济体制下公共财政的发展要求,借鉴国际通行做法和成功经验,建立以国库单一账户体系为基础、资金缴拨以国库集中收付为主要形式的财政国库管理制度,有利于规范财政收支行为,加强财政性资金管理与监督,提高资金运行效率和使用效益。

(三)财政国库集中收付制度改革的原则

1.法制原则。鉴于国库集中支付这项改革尚处于试验阶段,为了规范其运行和防止出现偏差。近期内在没有正式的相关法律出台之前,仍应以财政部、中国人民银行联合颁布的《财政国库管理制度改革方案》、财政部国库司制定的《中央单位财政国库管理制度改革试点资金支付管理办法》、《财政国库管理制度改革试点会计核算办法》、《财政国库管理制度改革试点资金支付银行清算办法》为基本法规依据。

2.规范原则。要合理确定财政部门、征收单位、预算单位、中国人民银行和代理银行等部门单位的管理职责,增强财政收支活动透明度,使所有财政性收支都按规范的程序在

国库单一账户体系内运作,收入缴库和支出拨付的整个过程都处于有效的管理监督之下。

3.效益原则。在推行这项改革的过程中,必须坚持效益原则,加强财政对资金的统一调度和管理,有效遏制资金挤占、转移、挪用等现象,降低财政资金划拨支付成本,提高财政资金使用效益。要减少资金流转环节,逐步使财政收入直接缴库,支出直接支付到商品、劳务供应者或用款单位,加快资金运行速度,提高资金使用效率。

4.便利原则。在法制和规范的前提下,国库集中支付要使各部门、各单位用款更加方便,解决过去财政资金层层拨付,流转环节多,资金滞留、沉淀和流转慢的问题。在制定各项改革措施、办法或操作流程时,要在保证财政资金得到有效监督管理的基础上,减少资金申请和拨付环节,使预算单位用款更加及时和便利,最大限度满足单位方便用款的需要。

5.分步实施的原则。改革既要有前瞻性,又要体现系统性,使改革目标逐步得到实现。改革传统的财政国库管理制度,是一项涉及多方利益的复杂系统工程,必须先进行试点,取得经验后再逐步推开,确保改革目标逐步实现。具体实施时,要先易后难,对各种资金合理分类,分步实行集中支付。

二、财政国库集中收付制度改革的主要内容

（一）建立财政国库支付执行机构

改革传统财政国库管理制度,实行财政性资金集中支付,大量的财政性资金支付业务将由预算单位转到财政部门直接办理。为了有效管理监督,按照财政国库管理与支付执行相分开的要求,财政部门建立了财政国库支付执行机构（即国库支付中心）,负责办理财政性资金集中支付的具体业务,并进行相关的会计核算和监督检查等工作。

（二）建立国库单一账户体系

现代财政国库管理制度的基本框架是:建立国库单一账户体系,所有财政性资金都纳入国库单一账户体系管理,收入直接缴入国库或财政专户,支出通过国库单一账户体系支付到商品和劳务供应者或用款单位。

财政国库单一账户体系是以财政国库存款账户为核心的各类财政性资金账户的集合,所有财政性资金的收入、支出、存储及资金清算活动均在该账户体系运行。财政国库单一账户体系的构成及其功能如下:

1.财政国库管理机构在中国人民银行开设国库单一账户（即国库存款账户）,按收入和支出设置分类账,按预算收支科目和单位设置明细账。国库单一账户,用于记录、核算和反映纳入预算管理的一般预算资金和基金预算资金的收入和支出活动,并用于与财政零余额账户、单位零余额账户（预算内）和特设专户进行清算。

2.财政国库支付执行机构按资金使用性质在商业银行开设财政零余额账户、预算外资金支付专户。财政零余额账户,用于财政预算资金直接支付和与国库单一账户进行清算。预算外资金支付专户,用于记录、核算和反映预算外资金的拨入和支出活动,并用于与单位零余额账户（预算外）进行清算。

3.财政部门在商业银行为预算单位开设单位零余额账户。单位零余额账户分设单位预算内、预算外零余额账户,用于预算单位财政授权支付（含为零星支出的支付需要提取的小额现金）及与国库单一账户、预算外资金支付专户进行清算。

4.财政部门在商业银行开设的统发工资专户。

5.财政部门在商业银行开发预算外资金财政专户,按收入和拨付设置分类账。预算外资金财政专户,用于记录、核算和反映预算外资金的收入缴款、拨付情况。

6.按国务院、财政部和省人民政府、市人民政府规定,经财政部批准,在政策性银行或商业银行开设特殊过渡性资金专户(以下简称特设专户)。特设专户,用于记录、核算和反映财政特殊专项资金的收入和支出活动,并用于与国库单一账户进行清算。

建立国库单一账户体系后,财政一般预算、基金预算资金和财政专户管理的预算外资金等,均通过国库单一账户体系统一存储和实行财政集中支付。财政国库单一账户体系中的国库单一账户和预算外专户按专用存款账户管理。财政及预算单位零余额账户分别用于财政直接支付和财政授权支付及资金清算,代理银行对通过零余额账户支付的资金在当日营业终了前与国库单一账户、预算外专户进行清算,每日清算后账户余额为零。财政部门是持有和管理国库单一账户体系的职能部门,任何单位不得擅自设立、变更或撤销国库单一账户体系中的各类银行账户。人民银行按照有关规定,加强对国库单一账户体系和代理银行的管理、监督。

(三)规范财政资金的收入收缴程序

财政国库集中收付制度改革,对所有财政资金的收入收缴流程都要求做到规范,取消各执收单位自行开设和管理的各类收入过渡账户,由预算单位或缴款人按法律法规规定,直接将收入缴入国库,属预算外资金的,则直接缴入预算外资金财政专户。同时,将原属预算外资金管理的行政事业性收费、政府性基金等项收入逐步纳入预算管理。

1.收入类型

按照政府收入分类标准,对财政收入实行分类。按我国预算管理要求进行分类,财政收入包括预算内和预算外收入;同时,财政预算内收入按政府收入分类科目进行分类,预算外收入按收入部门和项目分类。

2.收缴方式

根据财政国库集中收付制度的改革要求,新的收缴方式分为直接缴库和集中汇缴两种:

(1)直接缴库是由预算单位或缴款人按法律法规规定,直接将收入缴入国库单一账户或预算外资金财政专户。

(2)集中汇缴是由征收机关和依法享有征收权限的单位按法律法规的规定,将所收的应缴收入汇总直接缴入国库单一账户或预算外资金财政专户。

3.收缴程序

收缴程序根据财政收入的收缴方式,分为直接缴库程序和集中汇缴程序。

(1)直接缴库程序。直接缴库的税收收入,由纳税人或税务代理人提出纳税申报,经征收机关审核无误后,由纳税人通过开户银行将税款缴入国库单一账户。直接缴库的其他收入,比照上述程序直接缴入国库单一账户或预算外资金财政专户。

(2)集中汇缴程序。小额零散税收和法律法规另有规定的应缴收入,由征收机关于收缴收入的当日汇总缴入国库单一账户。非税收入中的现金缴款,比照上述程序汇总缴入国库单一账户或预算外资金财政专户。对于级次多、层次复杂的单位,经主管部门申请,由财政部门委托的商业银行为执收单位开设财政汇缴专户。财政汇缴专户只能用于资金的收入收缴,不得用于执收单位的支出,并实行零余额管理,每日营业终了,通过银行资金汇划清算系统,财政汇缴专户资金自动划转财政专户。

4.规范收入退库管理

涉及从国库中退库的,依据法律、行政法规有关国库管理的规定执行(详见图10-1)。

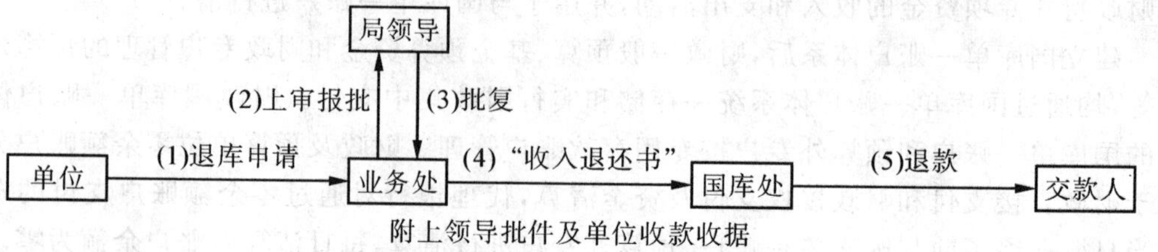

图 10-1　收入退库流程图

注释:

(1)单位向业务处提出退库申请,申请时要提供入库凭证等相关资料;

(2)业务处根据退库申请或税务部门提供的材料提出退库处理意见,上报局领导审批;

(3)局领导批复。

(4)业务处填写"收入退还书",附上领导批件及单位的收款收据,交国库处办理退库手续;

(5)将款项退还给交款人。

(6)涉及个人办理退库手续的,还应提供已入库的凭证。

(四)规范财政资金的支付程序

建立国库单一账户体系后,财政一般预算、基金预算资金和财政专户管理的预算外资金等财政性资金,均应通过国库单一账户体系—存储和实行国库集中支付。

1.支付方式

财政性资金的支付实行财政集中支付方式,按照不同的支付主体,对不同类型的支出,实行财政直接支付和财政授权支付两种方式。

(1)财政直接支付,财政直接支付是指由财政部门向代理银行签发支付指令,代理银行根据支付指令通过国库单一账户体系将资金直接支付到收款人或用款单位账户。财政直接支付的范围包括工资支出、工程支出、一类会议费支出、政府采购支出、部门预算安排到项目且列到用款单位的支出,例如工会经费、科技三项费用、医疗保险费、转拨二级单位的经费等。直接支付的结算方式只能是转账支付。

(2)财政授权支付,财政授权支付是指预算单位按照财政部门的授权,向代理银行签发支付指令,代理银行根据支付指令,在财政部门核准下达的授权用款额度内,通过国库单一账户体系将财政性资金支付到收款人账户。授权支付的范围是除去直接支付和实拨的,其余都是授权,预算单位其他资金和特设专户资金比照授权支付程序办理。授权支付的结算方式包括转账支付和现金支付。

2.支出分类

财政性资金支出总体上分为购买性支出和转移性支出。根据支付管理需要,可具体分为人员支出、公用支出、对个人和家庭的补助支出、专项支出和转移支出。

(1)人员支出中在职在编人员的基本工资、津贴等财政统发工资支出，实行财政直接支付；非财政统发工资支出及其他人员（长期聘用人员、临时工，病假两个月以上人员）工资及加班工资等支出，实行财政授权支付。

(2)公用支出，凡列入政府采购范围（不含需用外汇结算的政府采购项目）的公用支出，实行财政直接支付；列入财政统发工资条的工会费，实现财政直接支付；剔除政府采购支出和统发工资条的工会费后的其他公用支出，实行财政授权支付。

(3)对个人和家庭的补助支出中的离退休金、住房补贴支出等财政统发工资支出，实行财政直接支付；非财政统发工资支出，实行财政授权支付；对个人和家庭的其他补助支出，实行财政授权支付。

(4)专项支出，即预算单位年度预算中有确定项目和用途的固定资产购建和大修理支出及其他专项支出，包括建筑物购建费、办公设备、专用设备、交通工具购置费、基础设施建设费、大修理和更新改造费，以及会议费等其他专项支出。对专项支出采取如下办法支付：凡列入政府采购范围的专项支出，实行财政直接支付。暂未实行政府采购的专项支出中，对支付对象明确，可以直接支付的，实行财政直接支付；对暂不能直接支付的，可实行财政授权支付。

(5)转移支出，即对企业的补贴支出、对非本级预算中单位的经费补助及上下级财政结算事项（税收返还、原体制补助、转移支付、结算补助等）的支出等，仍按原办法办理。

财政直接支付和财政授权支付的具体支出项目，由财政部门在确定部门预算和具体划分改革试点单位试点资金范围时确定。

3.支付程序

(1)财政直接支付程序。财政直接支付主要通过转账方式进行。预算单位按照批复的部门预算和资金使用计划向财政部分提出支付申请，财政部门根据批复的部门预算和用款计划及相关要求对支付申请审核无误后，向人民银行国库或代理银行开具支付令，财政性资金通过国库单一账户体系划拨到收款人的银行账户。

(2)财政授权支付程序。预算单位按照批复的部门预算和资金使用计划，向财政部门申请授权支付的分月用款计划，财政部门将批准后的分月用款计划通知代理银行和预算单位，并通知中国人民银行国库部门。预算单位在分月用款计划内，自行向代理银行开具支付令，代理银行通过银行清算系统先行付款，并在每日轧账前与国库单一账户清算。

三、国库单一账户体系开设账户程序

国库单一账户体系包括国库单一账户、预算外资金专户、财政零余额账户、预算单位零余额账户和特设账户等。其中预算单位零余额账户作为单位的基本户管理，一个单位只能有一个零余额账户，特设账户包括财政特设账户和预算单位特设账户，预算单位特设账户根据单位需要经批准后设置。

(一)财政部门开设账户的程序

1.国库单一账户开设。人民银行为本级财政部门开设国库单一账户，用于与财政零余额账户、预算单位零余额账户清算。开户时，财政部门需向人民银行提交开户申请并预

留印鉴。

2.财政零余额账户和预算外专户开设。代理银行按本级财政部门的书面通知,依据《银行账户管理办法》的规定,为本级财政部门开设财政零余额账户和预算外专户。开户时,财政部门需向代理银行提交开户申请并预留印鉴。

(二)预算单位开设账户的程序

预算单位开设零余额账户和特设账户的程序为:预算单位写出开户申请,加盖单位行政公章后报主管财政部门国库处(科)审批;实行国库集中支付的预算单位,应按照规定的程序和要求,向主管财政部门提出开设零余额账户申请,并办理预留印鉴手续。基层预算单位申请开设零余额账户,由一级预算单位审核汇总后,报财政部门批准。人民银行根据《银行账户管理办法》的规定,做好相关审核工作。

1.基层预算单位申请开设零余额账户,由一级预算单位审定后填报《财政授权支付银行开户情况汇总申请表》,经财政部门审查同意后,基层预算单位填制《财政授权支付零余额账户预留印鉴卡》,分别留存预算单位、代理银行、财政部门。印鉴卡必须按规定的格式和要求填写。

2.国库处审批后以正式文件通知人行、代理银行和预算单位;财政部门审核同意预算单位填制的《预算单位资金拨款印鉴卡》后,书面通知代理银行,为预算单位开立零余额账户。

3.预算单位填制《预算单位账户印鉴卡》,预算单位、支付中心、代理银行各一份。《预算单位账户印鉴卡》必须按要要求填写完整。

4.预算单位到代理银行办理预留印鉴手续。

5.代理银行将预算单位的开户银行名称及账号以书面形式报人行、财政部门国库处和支付中心。

四、国库单一账户体系的管理和使用

(一)国库单一账户、预算外专户的使用和管理

1.财政国库单一账户用于记录、核算、反映财政预算资金和纳入预算管理的政府性基金的收入、支出和存储;预算外专户用于记录、核算、反映纳入财政专户管理的预算外资金的收入、支出和存储。

2.代理银行应按日将支付的财政性资金按资金性质分别与国库单一账户、预算外专户进行清算。

3.代理银行为财政部门开设的财政零余额账户应严格按规定办理资金支付和清算业务,日终账户余额为零。

(二)零余额账户的使用和管理

1.财政零余额账户用于财政直接支付,该账户每日发生的支付,应实时或当日营业终了前由代理银行按资金性质分别与国库单一账户、预算外专户进行资金清算。

2.预算单位零余额账户用于财政授权支付,该账户每日发生的支付,应实时或当日营业终了前由代理银行在财政部门批准的授权支付用款额度内按资金性质分别与国库单一账户、预算外专户进行资金清算。

3.财政授权支付的转账和支用现金等结算业务一律通过预算单位零余额账户办理。支取现金必须按照中国人民银行《现金管理条例》和参照《中央国库现金管理暂行办法》规定办理。预算单位零余额账户要按照《现金管理暂行条例》等有关规定和财政部门批准的用款额度,具体办理转账和现金支付,日终账户余额为零。

代理银行应为预算单位设立现金支付登记簿,控制预算单位现金支取。

4.预算单位零余额账户用于经本级财政部门授权预算单位支付的范围和授权额度内的资金支付,除经财政批准支付工会经费等特殊款项外,不得违反规定从该账户向预算单位其他账户或上级主管单位、所属下级单位账户划拨资金。

5.代理银行应当按照中国人民银行、财政部门有关财政性资金银行清算办法的规定办理清算。

(三)特设专户的使用和管理

1.特设专户用于核算经本级政府或本级政府授权财政部门批准的特殊专项支出。

2.预算单位不得将特设专户资金转入本单位的其他银行账户,也不得将本单位的其他银行账户资金转入特设专户。

3.代理银行按照市财政部门要求和账户管理规定,具体办理特设专户支付业务。

五、国库集中支付业务操作流程

财政性资金的支付,总的控制规则是:预算指标控制用款计划,用款计划控制资金支付,资金支付控制资金清算,并实现对预算执行进度及资金支付具体情况的实时、动态反映。下面以××市财政国库集中支付业务操作流程为例介绍。

(一)预算指标管理

1.预算指标的通知。政府预算草案在本级人民代表大会批准前,归口业务处应以上一年同期的预算支出数额为控制数,下达临时用款指标。预算草案经市人民代表大会批准后,归口业务处应及时取消临时用款指标,并按批准后的预算草案下达正式预算指标。年度执行中发生的预算调整事项(如省专项指标、预算追加、追减、科目调整等),分别按照各个调整事项现有的管理规定办理有关预算调整手续,待预算调整事项正式下达后,预算处、综合处、归口业务处应及时通知国库支付经办部门。所有预算指标的下达以纸质和网络系统方式通知国库支付经办部门。

2.预算指标接收。(1)预算指标信息系统和国库集中支付系统接口未完善之前,由归口业务处将已细化分配可执行的预算指标(按预算类款和项目)录入国库集中支付管理系统;(2)预算指标信息系统和国库集中支付系统接口完善后,由预算处向国库集中支付管理系统按归口业务处导入已细化分配可执行的预算指标,归口业务处应对其可执行预算指标导入和接收的及时性、准确性进行确认,以控制对预算部门用款计划的申报、审批。

3.国库统付工资累计支出数可以据实支付,年底前统一结算,相应追加、追减预算指标。

(二)用款计划编报和控制

预算单位应根据批准的部门预算编制分月用款计划,分月用款计划是办理财政性资金支付的依据。分月用款计划按季分月编制,用款计划按月编审,包括财政直接支付和财政授权支付的用款计划两部分。预算单位应当根据不同的资金性质和用途编制《预算单位分月用款计划申请表》。分月用款计划应区分基本支出和项目支出,基本支出按年度均衡性原则编制,项目支出用款计划按项目实施进度编制。

"预算单位根据批准的部门预算和本办法的规定编制分月用款计划。分月用款计划是办理财政性资金支付的依据。基本支出,按预算科目(类款项)和年度内相对均衡性的原则编审分月用款计划;项目支出,按预算项目和项目进度编审分月用款计划。"

1.用款计划的编报依据

预算单位根据财政部门批复的部门预算和追加预算指标编制用款计划。"年度预算指标正式下达前,根据预算控制数编审用款计划;年度预算指标正式下达后,按照细化的部门预算编审用款计划;年度执行中的预算指标追加追减调整,按预算调整事项相应编审调整用款计划。""从纳入预算内管理的行政事业性收费、政府性基金和纳入财政专户管理的预算外资金收入中安排支出的用款计划不得超收缴进度编审。"

在部门预算正式批复前,市财政局根据预算单位部门预算"二上"的数据经调整后作为年初预算执行的控制指标导入国库集中支付系统,预算单位据以编制月度用款计划。在部门预算正式批复后,财政局通过系统更新将正式指标替换原来的控制指标,连同当年追加的指标,作为控制预算单位编报用款计划的依据。

已导入国库集中支付系统的预算指标,都是已明确具体单位和用途的可执行指标。部门预算中的机动指标、财政局各业务处室管理的待分配指标,要由财政预算和业务处室在预算管理系统作进一步分配,明确具体用款单位和用途后,再作为预算单位的可执行指标,导入国库集中支付系统。可执行指标一般为预算单位本身使用的指标,下达到市县区的指标原则通过财政转移支付结算办理。

2.指标的分类和国库集中支付控制明细程度

原则上,部门预算下达后即应按照预算严格执行,编报用款计划也要按照部门预算编制的明细指标即详细到目级甚至节级科目来控制。但鉴于我国预算管理制度改革刚刚起步,部门预算的编报尚不能完全做到科学、严谨,实事求是,如果严格按照部门预算细化指标来控制执行,势必造成预算科目之间调整过多、过频,甚至不得不串用、挪用的现象。通过国库集中支付控制预算执行的目的也就难以达到。在国库集中支付试点期间,预算执行原则上控制到按经济科目分类的目级科目合计。即:所有国库集中支付系统中的可执行指标除按政府收支科目规定的类、款、项分列外,还分列到人员经费、一般公用经费、项目的公用专项经费、对个人和家庭补助支出、分项目的发展和建设专项经费五类明细科目。用款计划要按照五类明细科目分别填报,各类之间不得串用。若需要在科目之间调剂使用,需按正常渠道报局预算部门批准,并在系统中将可执行指标进行调增、调减处理。

对所有实行财政直接支付的资金都要细化到具体项目即"目级",并填写项目名称和编码,项目编码由财政局统一分配。对于采用财政授权支付的资金,不需要填写项目名称和编码,细化到功能分类的项级科目即可。"预算数(预算控制数)":填写预算细化后对应每个预算科目功能分类的预算数或预算控制数。

3. 直接支付和授权支付范围的划分

按照各国推行国库集中支付的普遍做法,国库集中支付直接和授权支付范围的划分都有一个分散——集中——分散的过程,即从开始试点时的授权支付为主逐步向财政直接支付为主,但随着部门预算的编制指导思想由投入预算向产出预算发展,现在澳大利亚等国家又开始回到授权支付为主。在试点期间,除纳入财政统发部分的工资、政府集中采购的财政资金实行直接支付外,其他专项资金适合直接支付的也应直接支付。直接支付和授权支付范围的划分,在部门预算"二上"后,财政将布置各预算单位参照"二上"项目申报,财政批复划分授权范围。对一些部分适合直接支付的项目,目前财政部以单笔支付金额作为限定标准。

4. 用款计划编审的基本要求

(1)基本支出,按照年度内相对均衡性原则编审;项目支出,按项目用款进度编审。(2)年度预算指标正式下达前,根据预算控制数编审;年初预算及年度执行中的预算调整正式下达后,按照细化的部门预算分预算类款、支出目级、预算项目编审。(3)从纳入预算内管理的行政事业性收费、政府性基金和纳入财政专户管理的预算外资金收入中安排支出的分月用款计划不得超收缴进度编审。(4)用款计划应分别按财政直接支付和财政授权支付及不同资金性质编审。

5. 用款计划编审的程序。

(1)分月用款计划(不含国库统一支付工资部分)由预算单位申报,局归口业务处审核,国库支付经办部门汇总并结合库款情况核定下达预算单位,国库支付经办部门根据已核定的财政授权支付分月用款计划,及时通知人民银行及预算外资金财政专户的开户行,并向代理支付银行发送财政授权支付额度通知书。

(2)国库统付工资的用款计划,由国库支付经办部门根据国库统一支付工资系统核准的数据导入自动生成,预算单位不再申报。

(3)用款计划的编审实行电子化管理,即:在国库集中支付管理系统上,按岗位职责设定权限,实行无纸化操作。各岗位人员必须严密管好操作密码,初始密码应及时更改,密码长度要求 6 位数以上并且符合复杂性要求。

6. 用款计划编审时间要求

(1)正常用款计划。主管部门审核汇总所属基层预算单位编制的用款计划于每月 15 日前(节假日相应提前,下同)向财政申报,归口业务处于每月 20 日前对预算单位申报的用款计划进行审核,国库支付部门根据业务处的审核建议数及库款情况,合理调度资金,核定每月财政直接支付、授权支付的用款计划额度,于每月 25 日前下达预算部门。

(2)调整用款计划。遇到预算指标追加追减等特殊情况,需进行用款计划调整时,相关处室应当按照规定的报批程序办理预算指标的追加追减后 3 个日内及时办理用款计划的调整。

7. 用款计划的结余处理

预算单位每月用款计划额度结余年度内滚存使用,年终用款计划额度结余数经业务处重新调整确认后,根据权责发生制原则列当年支出。可用额度结余数结转次年继续使用。

8.用款计划的审批

计划审批的流程详见图 10-2。

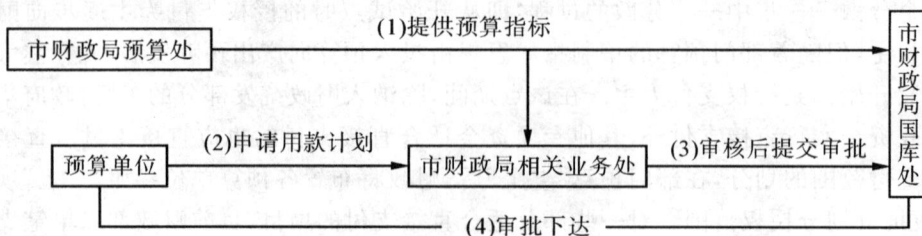

图 10-2　用款计划操作流程图

注释：

(1)预算处向市财政局国库处、业务处提供预算指标；

(2)预算单位每月 15 号之前向市财政局相关业务处申请次月用款计划；

(3)业务处审核用款计划后提交国库处审批；

(4)国库处每月 28 号之前审批下达次下月用款计划，预算单位依据用款计划办理财政直接支付用款申请和财政授权支付手续。

特别要注意各审批环节对用款计划进行审核的内容：用款内容是否和预算指标相符；是否符合进度要求；支出类型是否符合直接支付和授权支付划分范围等。各审批环节经办人对用款计划可提出修改，并提出修改意见；既可修改数据，也可通过修改数据，修改支付类型。各环节负责人只能审核，不能修改，不同意的退回。每环节修改都有历史记录和颜色提醒标志。

计划审批的控制截止时间是：基层预算单位编制本单位的分月用款计划(不含国库统一支付工资部分)，并逐级上报主管单位审核汇总，由一级预算单位审核汇总后于每月 15 日前(节假日相应提前，下同)报市财政局。

市财政局审核汇总核定后于每月 25 日前下达给预算部门。财政国库支付部门将已核定的财政授权支付分月用款计划于每月 26 日前通知人民银行和预算外专户的开户行、代理银行。"国库统一支付工资"的用款计划，由市财政局国库支付部门根据国库统一支付工资系统核准的数据导入自动生成，预算部门不再重复申报。

9.计划的批复和执行

市财政局负责人签批计划后，国库处在网上批复各预算单位。在试点期间，同时将汇总的计划书面批复主管部门和基层预算单位，并抄送国库支付中心、人民银行。

预算单位、财政局、代理银行、人民银行应严格按照核定的用款计划规定的资金使用范围和额度内办理资金支付及清算。

(三)财政直接支付程序

实行国库集中支付的预算单位，其财政性资金集中在国库单一账户体系内统一管理。国库支付中心根据已核定下达的用款计划和预算单位有效支付申请，将资金直接支付到商品和劳务供应者或用款单位；预算单位在国库集中支付管理系统的监控下，在财政授权范围和额度内，根据需要自行开具支付令，将资金直接支付到商品和劳务供应者或用款单位。

1.财政直接支付的定义及范围

财政直接支付,是指由用款单位(预算单位)提出申请,交国库支付中心审核后开具《财政直接支付凭证》送代理银行,通过财政零余额账户和预算外资金支付专户,将资金直接支付到收款人或用款单位账户。

"实行财政直接支付的财政性资金原则上包括工资支出、工程采购支出、物品和服务采购支出、转移支出。"财政直接支付的资金主要有:人员支出中在职在编人员的基本工资、津贴等财政统发工资支出;公用支出中列入政府采购范围(暂不含需要用外汇结算的政府采购项目,下同)的支出;公用支出中列入财政统发工资条的工会费支出;对个人和家庭的补助支出中的离退休金、住房补贴等财政统发工资支出;专项支出中列入政府采购范围的支出,以及支付对象明确、可以实行直接支付的支出。

2.财政直接支付涉及的表格

(1)预算单位填写的表格:《财政直接支付申请书》;

(2)国库支付中心填写的表格:《财政直接支付凭证》、《财政直接支付汇总清算资金通知单》、《财政支出日/月报表》;

(3)代理银行填写的表格:《财政直接支付汇总清算单》、《财政直接支付入账通知书》。

3.财政直接支付需提供的凭证和资料

属于下列情况的,预算单位经办人员须持向支付中心提供有关资料:

(1)工资:财政局工资统发的批复文件、工资数据盘。

(2)政府采购:属于政府采购的,预算单位需向支付中心提交政府采购中标通知书、经政府采购科统一编号的政府采购合同、政府采购货物验收清单、经单位财务负责人签字的原始凭证等有关资料的原件及复印件。政府集中采购——政府采购货物验收单、政府采购合同(定点采购除外)、发票原件的复印件;定点采购——政府采购货物验收单、发票原件的复印件(加盖使用单位财务部门印章)。

(3)工程采购支出:属于工程支出的,预算单位需向支付中心提交工程合同、项目监理签署意见的完工工程量与造价清单、经单位财务负责人签字的原始凭证等有关资料的原件及复印件。概算批复或调概批复、年度投资计划批复、用款计划批复文件、施工合同、监理合同、工程价款结单、购货合同、发票(视情况而定)。

4.财政直接支付的工作流程(见图10-3)

财政直接支付由基层预算单位提出申请,直接报国库支付中心。目前按下列步骤办理:

第一步,预算单位支用财政直接支付额度时,应先填制《财政直接支付申请书》并加盖单位预留印鉴,报支付中心。

第二步,支付中心审核用款申请无误后,开具《财政资金支付凭证》和银行结算票据并加盖支付中心预留印鉴退预算单位,由预算单位送代理银行。

第三步,代理银行审核《财政资金支付凭证》和银行结算票据无误后,通过财政零余额账户将资金直接支付到收款人账户。第四步,支付中心收到代理银行传递的支付凭证回单后,为预算单位打印《财政直接支付入账通知书》,作为预算单位收付财政性资金的入账凭据。

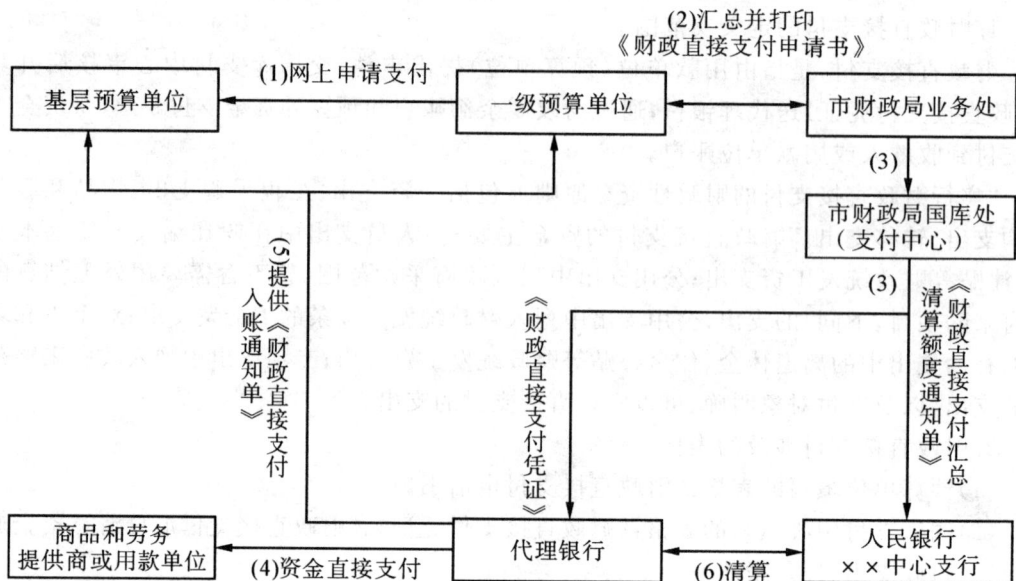

图 10-3　直接支付流程图

注释：

(1)基层单位网上申请直接支付；

(2)一级预算单位网上审核、汇总并打印出《财政直接支付汇总申请书》；

(3)市财政局业务处审核确认后，财政国库支付执行机构开具《财政直接支付汇总清算额度通知单》和《财政直接支付凭证》分别送中国人民银行××市中心支行和代理银行；

(4)代理银行根据《财政直接支付凭证》及时将资金直接支付给收款人或用款单位，并在支付资金的当日将支付信息反馈给市财政局；

(5)代理银行办理资金支付后，出具《财政直接支付入账通知书》，分别送一级预算单位及各所属预算单位，作为收到和付出相应款项的凭证；

(6)代理银行与中国人民银行××市中心支行当日清算。

(四)财政授权支付程序

1.财政授权支付的定义

财政授权支付，是指预算单位根据授权支付用款计划自行开具《财政授权支付凭证》送代理银行，代理银行根据《财政授权支付凭证》，在财政局下达的用款额度（计划）内，通过该单位零余额账户，将资金支付到收款人或用款单位账户。"财政授权支付适用于未纳入工资支出，工程采购支出，物品、服务采购支出等财政直接支付的购买支出、零星支出及经财政核准的其他支出。"

财政授权支付的资金主要有：人员支出中的非财政统发工资人员支出、其他人员支出等；公用支出中剔除政府采购支出和统发工资中的工会费后的其他公用支出；对个人和家庭的补助支出中除财政统发工资支出外，其他对个人和家庭的补助支出；专项支出中暂未实行政府采购、暂不能直接支付的支出。

2.财政授权支付涉及的表式

(1)预算单位填写的表格：《财政授权支付凭证》；(2)国库支付中心填写的表格：《预算

单位财政授权支付额度(计划)通知单》、《财政支出日/月报表》。(3)代理银行填写的表格:《财政授权支付汇总清算单》。

3.财政授权支付的工作流程

第一步,支付中心收到国库处下达的授权支付额度时,应及时为预算单位打印《财政授权支付额度到账通知书》,作为预算单位收到财政性资金的入账凭据。

第二步,预算单位支用财政授权支付额度时,填写《财政授权支付凭证》并加盖单位预留印鉴报支付中心审核签章后,连同单位开具的银行结算票据及时送交代理银行。

第三步,代理银行审核单位提交的《财政授权支付凭证》和银行结算票据无误后,通过预算单位零余额账户及时办理资金支付。

第四步,预算单位根据支付凭证回单(第三联)、银行结算票据存根和原始凭证做账务处理。

详见授权支付流程图 10-4。

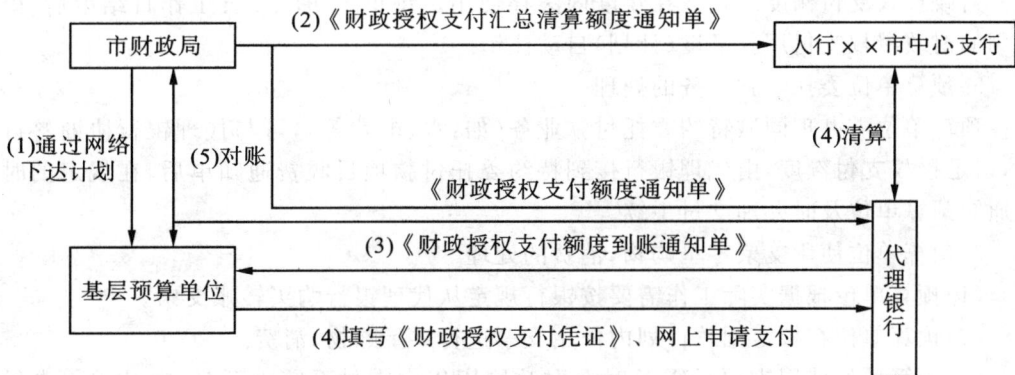

图 10-4 授权支付流程图

注释:

(1)市财政局通过网络向基层预算单位下达计划;

(2)每月 28 日前,市财政局根据批准的一级预算单位用款计划中各基层预算单位的月度授权支付额度,分别以《财政授权支付汇总清算额度通知单》和《财政授权支付额度通知单》形式向人行厦门市中心支行和代理银行签发预算单位下月授权支付额度;

(3)代理银行在收到市财政局下达的《财政授权支付额度通知单》后,通知其所属各有关分支机构,各分支机构再向相关预算单位发出《财政授权支付额度到账通知书》;

(4)实际支付时,预算单位依据批复的本单位用款额度自行通过网络填写并打印《财政授权支付凭证》,连同支付结算凭证送交代理银行,由代理银行办理资金支付;代理银行支付成功后,每日与人民银行进行资金清算;

(5)代理银行每月初 3 个工作日内,按上月实际发生的明细业务,向基层预算单位发出对账单,按月与基层预算单位对账。市财政局定期与预算单位和代理银行对账。

4.预算单位财政授权支付额度的控制与下达程序

(1)财政局国库处在每月 25 日前统一将《预算单位财政性资金_____月用款计划表》批复给一级预算单位和基层预算单位。

（2）国库支付中心在每月 27 日前依据指定的《预算单位财政性资金_____月用款计划表》，编制《预算单位财政授权支付额度（计划）通知单》送代理银行。

（3）代理银行收到《预算单位财政授权支付额度（计划）通知单》在 2 个工作日内将基层预算单位的财政授权支付额度（计划）分解通知到各分支机构。

代理银行按《预算单位财政授权支付额度（计划）通知单》确定的金额（年度内预算单位可以累加使用）控制预算单位的支付金额，人民银行按《预算单位财政性资金分月用款计划表》控制代理银行的清算金额。

代理银行应按《财政授权支付额度汇总通知单》确定的额度控制预算单位的支付金额，自行超额度支付的资金不得参与财政资金清算，超支造成的损失由代理银行承担。

人民银行、预算外专户的开户行在《财政授权支付额度汇总清算通知单》确定的累计余额内，根据代理银行每日按实际发生的财政性资金支付金额填制的划款申请与代理银行进行资金清算。

财政授权支付额度结余数在年度内滚存使用。每年 12 月 31 日工作日结束后，尚未使用的财政授权支付用款额度（计划）自动注销。

5.预算单位委托收款业务的处理

预算单位需办理同城特约委托付款业务（如：水、电费等），可与代理银行协商签订协议，留足授权支付额度，由代理银行接到特约委托付款项目收费通知单后，在规定的时间内通知预算单位及时办理支付手续。

6.预算单位使用支票零星购物，消费的处理

（1）预算单位根据实际工作需要按银行规定从代理银行购买转账支票。

（2）预算单位在核定用款计划内使用支票进行零星购物、消费。

（3）预算单位使用支票后需及时在财政国库集中支付系统中开具《财政授权支付凭证》，其中结算方式栏需填写所用的支票号码，预算单位无须将纸质的《财政授权支付凭证》送交代理银行。

（4）代理银行收到该支票在网上与预算单位开具的《财政授权支付凭证》核对确认后，予以支付和清算。

（5）代理银行收到该支票但在网上查找不到单位开出的《财政授权支付凭证》，将支票退回。

7.预算单位提取现金

（1）预算单位从代理银行购买现金支票。

（2）预算单位在财政国库集中支付系统中开具《财政授权支付凭证》，其中结算方式栏填写现金及使用的现金支票号码，将现金支票连同纸质的《财政授权支付凭证》送交代理银行。

（3）提取现金需遵守人民银行现金管理规定，提取大额现金需提前预约。

（4）提取现金时间截止在每个工作日下午 3:00。

（五）预算单位其他资金和特设专户资金支付程序

1.按照规定，预算单位其他资金收入一律缴入预算单位零余额账户，特设专户资金收入一律缴入预算单位特设专户。

2.预算单位支用其他资金或特设专户资金时,应填写《预算单位其他/特设专户资金支付凭证》并加盖单位预留印鉴报支付中心审核签章后,连同单位开具的银行结算票据及时送交代理银行。

3.代理银行审核单位提交的《预算单位其他/特设专户资金支付凭证》和银行结算票据无误后,通过预算单位零余额账户或特设专户及时办理资金支付。

4.预算单位根据支付凭证回单(第三联)、银行结算票据存根和原始凭证做账务处理。

(六)特殊业务办理程序

1.财政局国库科下达的财政性资金用款额度不得随意转入预算单位特设账户或零余额账户。特殊情况确需划转的,由预算单位写出书面情况说明,经单位财务负责人签字并加盖单位财务专用章后报支付中心,由受理审核人员提出初步意见经中心主任签字后加盖支付业务专用章,报市财政局国库科审批。预算单位将审批后的原件交支付中心,复印件交代理银行。

部门预算安排到项目且列到用款单位的支出(如:市法院的备用金、实执费、市交通局的交通战备办公室经费、市教育局的业务费等),国库科以直接支付的方式将额度下达到支付中心,支付中心根据预算单位录入的用款申请,通过财政零余额账户将资金直接转入预算单位特设账户。

2.零余额账户和特设账户之间、特设账户与特设账户之间不得随意划转资金。特殊情况确需划转的,由预算单位写出书面情况说明,经单位财务负责人签字并加盖单位财务专用章后报支付中心,由受理审核人员提出初步意见报中心主任签批后加盖支付业务专用章。预算单位将审批后的原件交支付中心,复印件交代理银行。

3.预算单位使用其他资金或特设专户资金时,需要用现金支付的,单笔大额现金支付不得超过3万元(含3万元),特殊情况需支付大额现金(3万元以上)的,由预算单位填制《大额现金支取申请表》报支付中心审核办理。

4.基建户(不含个人集资建房户)的管理费需要提取现金时,应向支付中心提供相关的经单位财务负责人签字的原始凭证,支付金额不能超过按规定标准核定的基建管理费限额;预算单位从基建户支付工程款时,需向支付中心提交工程合同、项目监理签署意见的完工工程量与造价清单、经单位财务负责人签字的原始凭证等有关资料的原件及复印件。

5.属于政府采购的支出(仅限于财政性资金),预算单位需按规定向支付中心提交有关资料的原件及复印件。由于特殊原因不能按要求及时提供有关资料的,预算单位须写出书面情况说明并加盖单位财务专用章报市财政局政府采购科,由政府采购科签署意见后交支付中心办理支付手续。预算单位事后应及时补交有关资料。

(七)资金支付清算

1.清算范围。财政性资金的清算,包括财政零余额账户与国库单一账户、预算外专户清算;预算单位零余额账户与国库单一账户、预算外专户清算;财政性资金在代理银行内部以及跨系统银行之间的清算。

国库单一账户、预算外专户与财政零余额账户、预算单位零余额账户之间直接进行清算。人民银行在规定清算时间内收到《代理银行申请划款凭证》,当日将资金划往代理银行,在规定清算时间之后收到的,于下一营业日将资金划往代理银行;预算外专户开户行于当日营业终了前将资金划往代理银行。

2.国库单一账户与特设专户之间的资金清算通过预算单位零余额账户进行。预算单位零余额账户在规定清算时间至停止对外营业的时间内,受理的符合规定的下列财政授权支付业务,确实当日来不及清算的资金采取当日垫付资金(不含预算外资金),于下一营业日清算的方式处理:(1)预算单位提取现金业务。(2)人民银行规定的支付系统业务截止时间之前受理的转账和汇兑并实际支付的业务。(3)通过人民银行规定的最晚场次同城票据交换收到的,当天必须支付的票据和结算凭证。

3.代理银行根据"国库集中支付垫款户"资金收付情况,与《明细表》载明的垫付资金信息核对后,汇总填写《明细表》及《代理银行垫付资金计息汇总表》(以下简称《汇总表》),于结息日后5个工作日内报人民银行及财政局。《汇总表》应附按日汇总的"国库集中支付垫款户"余额表和汇总后的《明细表》电子文档。

4.人民银行将代理银行提交的《汇总表》及《明细表》电子文档与"国库集中支付垫款户"余额表进行核对,并于收到《汇总表》5个工作日内,将加盖印章的《汇总表》附《明细表》电子文档提交财政局。

5.财政局根据人民银行核对的信息,对代理银行提交的《汇总表》及《明细表》电子文档审核后,按照规定的资金支付程序,按季对代理银行垫付资金计付利息,结息日分别为每季末月的20日,计息利率参照单位一般存款利率执行。结息期内如遇利率调整,以结息日挂牌利率为准计付利息,不分段计息。

6.清算手续:

(1)代理银行根据已办理支付的财政直接支付、财政授权支付分别预算内、外资金填制《代理银行申请划款凭证》,同时,按一级预算单位和类、款级预算科目分别填制预算内或预算外资金《申请财政性资金汇总清单》作为《代理银行申请划款凭证》的附件。分别于规定清算时间前与国库单一账户、营业终了前与本行的预算外专户进行清算。

(2)代理银行将《代理银行申请划款凭证》附《申请财政性资金汇总清单》在人民银行规定的清算时间前传递至人民银行,营业终了前传递至预算外专户开户银行,同时提交"凭证交接登记簿"办理相关登记手续。

(3)人民银行国库部门、预算外专户开户行收到申请划款凭证后,须认真审核下列事项:凭证的基本要素。若要素不合规或所盖印鉴不符的,则拒绝清算;《代理银行直接(授权)申请划款凭证》的金额与《申请财政性资金汇总清单》的合计金额是否一致,若不一致,则拒绝清算;代理银行按财政直接支付金额填制《代理银行申请划款凭证》及所附《申请财政性资金汇总清单》的申请划款金额,是否超出财政直接支付汇总清算额度通知单规定的数额。若超出,则拒绝清算;代理银行按财政授权支付金额填制《代理银行申请划款凭证》的申请划款金额,是否超出《财政授权支付汇总清算额度通知单》规定的累计额度。若超出,则拒绝清算;代理银行申请划款资金用途不符合有关制度规定的,则拒绝清算。

(4)人民银行、预算外专户开户行对上述各项审核无误后,将资金划往财政零余额账户和预算单位零余额账户。

(5)代理银行于清算次日将预算外专户进行清算后加盖转讫章的预算外资金《代理银行申请划款凭证》和预算外专户的支出信息报送财政局。

（6）人民银行、预算外专户开户行以《代理银行申请划款凭证》第一联作记账凭证，第二联作支付划款凭证，第三、四两联由人民银行国库部门、预算外专户开户行加盖转讫章后分别退财政局国库支付相关部门和财政局。

（7）代理银行根据国库单一账户、预算外专户划回的清算资金，分别结平财政零余额账户、预算单位零余额账户。

7.退款清算手续：

（1）国库单一账户退款清算手续。代理银行根据财政零余额账户和预算单位零余额账户的贷方余额，主动将退划资金通过支付系统划转人民银行，并在支付报文的附言中注明：国库单一账户划退及明细清单的报表顺序号字样，同时按一级预算单位和类、款级预算科目填制并提交《申请财政性资金汇总清单》（以红字表示）。

（2）预算外专户退款清算手续。代理银行根据内部账务处理程序通过内部清算系统将退划资金划至预算外专户。

第五节　我国《国家金库条例》内容简介

国家金库条例是中华人民共和国国库工作的基本法规。1950年3月3日中央人民政府政务院曾颁布的《中央金库条例》，是中华人民共和国建立后的第一个国家金库条例。现行国家金库条例是1985年7月27日由国务院颁布实施的《国家金库条例》，该条例分总则、国库的组织机构、国库的职责权限、库款收纳、库款退付和附则，共6章23条。主要内容如下：

一、基本规定

国家金库负责办理国家预算资金的收入和支出。在执行任务中，必须认真贯彻国家的方针、政策和财经制度，发挥国库的促进和监督作用。中国人民银行具体经理国库。组织管理国库工作是人民银行的一项重要职责。

各级国库库款的支配权，按照国家财政体制的规定，分别属于同级财政机关。各级人民政府应加强对同级国库的领导，监督所属部门、单位，不得超越国家规定的范围动用国库库款。

二、国库的组织机构

国库机构按照国家财政管理体制设立，原则上一级财政设立一级国库。中央设立总库；省、自治区、直辖市设立分库；省辖市、自治州设立中心支库；县和相当于县的市、区设立支库。支库以下经收处的业务，由专业银行的基层机构代理。各级国库的主任，由各该级人民银行行长兼任，副主任由主管国库工作的副行长兼任。不设人民银行机构的地方，国库业务由人民银行委托当地专业银行办理，工作上受上级国库领导，受委托的专业银行行长兼国库主任。

国库业务工作实行垂直领导。各省、自治区、直辖市分库及其所属各级支库，既是中央国库的分支机构,也是地方国库。

各级国库应当设立专门的工作机构办理国库业务。机构设置按照本条例第六条规定,四级国库分别为司、处、科、股。人员应当稳定,编制单列。业务量不大的县支库,可不设专门机构,但要有专人办理国库业务。

三、国库的职责权限

国库的基本职责如下:(一)办理国家预算收入的收纳、划分和留解。(二)办理国家预算支出的拨付。(三)向上级国库和同级财政机关反映预算收支执行情况。(四)协助财政、税务机关督促企业和其他有经济收入的单位及时向国家缴纳应缴款项,对于屡催不缴的,应依照税法协助扣收入库。(五)组织管理和检查指导下级国库的工作。(六)办理国家交办的同国库有关的其他工作。

国库的主要权限如下:(一)督促检查各经收处和收入机关所收之款是否按规定全部缴入国库,发现违法不缴的,应及时查究处理。(二)对擅自变更各级财政之间收入划分范围、分成留解比例,以及随意调整库款账户之间存款余额的,国库有权拒绝执行。(三)对不符合国家规定要求办理退库的,国库有权拒绝办理。(四)监督财政存款的开户和财政库款的支拨。(五)任何单位和个人强令国库办理违反国家规定的事项,国库有权拒绝执行,并及时向上级报告。(六)对不符合规定的凭证,国库有权拒绝受理。

四、库款的收纳与退付

国家的一切预算收入,应按照规定全部缴入国库,任何单位不得截留、坐支或自行保管。国家各项预算收入,分别由各级财政机关、税务机关和海关负责管理,并监督缴入国库。缴库方式由财政部和中国人民银行总行另行规定。

国库收纳库款以人民币为限。以金银、外币等缴款,应当向当地银行兑换成人民币后缴纳。经济特区缴纳库款的办法,中外合资经营企业、中外合作经营企业和外籍人员缴纳库款的办法,由财政部和中国人民银行总行另行规定。

预算收入的退付,必须在国家统一规定的退库范围内办理。必须从收入中退库的,应严格按照财政管理体制的规定,从各该级预算收入的有关项目中退付。

五、库款的支拨

国家的一切预算支出,一律凭各级财政机关的拨款凭证,经国库统一办理拨付。中央预算支出,采取实拨资金和限额管理两种方式(注:上述两种支付方式在实施国库集中收付制度后不再使用)。中央级行政事业经费,实行限额管理。地方预算支出,采用实拨资金的方式;如果采用限额管理,财政应随限额拨足资金,不由银行垫款。各级国库库款的支拨,必须在同级财政存款余额内支付。只办理转账,不支付现金。

六、其他规定

国家金库条例实施细则,由财政部和中国人民银行总行共同制定。专业银行代办国库业务的具体办法,由中国人民银行总行另行制定。

本章小结

国库是国家金库的简称,原指国家储存财物的总机关。目前一般是指负责办理国家预算资金收纳、支出的专门机构。现代国库制度不单是指国家金库,更重要的是指财政代表政府控制预算执行,保管政府资产和负债的一系列管理职能。国库集中收付管理、国债管理和国库现金管理构成现代国库管理制度的核心内容,三者相互促进,有机一体,与其他国库管理制度共同构成现代国库管理制度,较好地实现了国库的一系列管理职能,是一个科学的财政管理体系。

从国库管理理论看,国库管理体制主要分为三类,即委托国库制、独立国库制和银行存款制。目前,国外绝大多数国家实行委托国库制,个别国家(如芬兰)实行独立国库制,一些西方国家地方政府实行银行存款制。

中华人民共和国成立后,我国实行委托国库制,国库业务由中国人民银行办理。国库体制经历了从代理到经理的发展转变。

我国国库分为中央国库和地方国库。一级财政预算设立一级国库,全国分为总库、分库、中心支库和支库四级。国家总库业务,由中国人民银行主管;国库分库设在人民银行省市区分行,其业务受总库垂直领导;具体业务,由各商业银行办理。支库以下的国库经收业务,由工商银行、农业银行、建设银行和中国银行等商业银行所属的支行、办事处办理。经收处的业务受分支金库领导。国库分、中心支库、支库既是总库的分支机构,也是省、市和区、县的地方国库。

按照预算法和国家金库条例等法律法规的规定,国库拥有一定的权限,并且要履行相应的职责。

我国自21世纪初开始实施国库集中收付制度改革,目标是建立以国库单一账户体系为基础、资金缴拨以国库集中收付为主要形式的现代国库管理制度。

财政国库集中收付制度改革应遵循法制原则、规范原则、效益原则、便利原则和分步实施的原则。

财政国库单一账户体系是以财政国库存款账户为核心的各类财政性资金账户的集合,所有财政性资金的收入、支出、存储及资金清算活动均在该账户体系运行。财政国库单一账户体系主要构成及其功能如下:财政国库管理机构在中国人民银行开设国库单一账户。国库单一账户,用于记录、核算和反映纳入预算管理的一般预算资金和基金预算资金的收入和支出活动,并用于与财政零余额账户、单位零余额账户(预算内)和特设专户进行清算。财政国库支付执行机构按资金使用性质在商业银行开设财政零余额账户、预算外资金支付专户。财政零余额账户,用于财政预算资金直接支付和与国库唯一账户进行清算。预算外资金支付专户,用于记录、核算和反映预算外资金的拨入和支出活动,并用于与单位零余额账户(预算外)进行清算。财政部门在商业银行为预算单位开设单位零余额账户。单位零余额账户分设单位预算内、预算外零余额账户,用于预算单位财政授权支付(含为零星支出的支付需要提取的小额现金)及与国库单一账户、预算外资金支付专户进行清算。财政部门在商业银行开设的统发工资专户。财政部门在商业银行开发预算外资金财政专户,按收入和拨付设置分类账。预算外资金财政专户,用于记录、核算和反映预算外资金的收入缴款、拨付情况。按国务院、财政部和省人民政府、市人民政府规定,经财政部批准,在政策性银行或商业银行开设特殊过渡性资金专户(以下简称特设专户)。特设专户,用于记录、核算和反映财政特殊专项资金的收入和支出活动,并用于与国库单一账户进行清算。

根据财政国库集中收付制度的改革要求,新的收缴方式分为直接缴库和集中汇缴两种。直接缴库是由预算单位或缴款人按法律法规规定,直接将收入缴入国库单一账户或预算外资金财政专户。集中汇缴是由征收机关和依法享有征收权限的单位按法律法规的规定,将所收的应缴收入汇总直接缴入国库单一账户或预算外资金财政专户。

财政性资金的支付实行财政集中支付方式,按照不同的支付主体,对不同类型的支出,实行财政直接支付和财政授权支付两种方式。财政直接支付,财政直接支付是指由财政部门向代理银行签发支付指令,代理银行根据支付指令通过国库单一账户体系将资金直接支付到收款人或用款单位账户。财政授权支付,即预算单位根据财政部门授权和批准的用款计划,自行开具支付令,通过单位零余额账户将财政性资金支付到收款人账户。

案例

5 大账户新构财政收支体系　国库改革直捣腐败

"国库资金要收利息了。"一进入 2003 年,这条消息就被议论纷纷。《财经时报》近日在财政部获得了证实,但有关人士表示,"计息算不上什么大事,真正有意义的是国库资金管理制度将发生重要变化——计息只不过是国库管理制度改革体系中顺理成章的细节而已"。

他所说的"有意义"的事,是财政国库资金管理开始实行国库单一账户制度,以往各预算单位手里拥有"成千上万财政资金账户"的局面将就此改变。

"所谓国库单一账户,简单地理解就是,所有预算单位共用一个国库单一账户。所有的财政资金来源统一,直接进入这个账户;同时,所有预算单位的资金支付也都在该国库单一账户体系下进行。"财政部介绍说。

一、"单一"代替成千上万

3月下旬,财政部组织召开了"2003年财政国库管理制度改革新增试点单位座谈会"。分管国库改革的财政部副部长肖捷在会上宣布:2003 年将加大国库改革力度,新增约 40个中央部门进行支付改革试点,约 20 个中央部门进行收入收缴改革试点。

同时他指出:"今后两三年内,中央所有部门都要实施这项改革。在'十五'末期基本上把新的国库收付制度框架建立起来;到 2005 年后,财政资金的收付大体上都按照新的收付制度运行。"

新的国库收付制度的基础是国库单一账户。具体实施办法是:财政部代表政府在中国人民银行设立一个账户,即国库单一账户;所有财政性资金都通过该账户核算,同时,国库单一账户还用于记录和反映财政资金的收入和支出活动。

谈及以往预算单位的银行账户,财政部监督检查司一位负责人用了"成千上万"来形容。为配合国库单一账户的改革,检察部、财政部等国务院四个部门曾分别于 2001 年、2002 年对中央单位的银行账户进行过抽样检查。结果显示,各部门所设银行账户无一符合规定。有些预算单位,连他们的财务主管部门都不清楚自己在银行开设了多少账户。

国库单一账户制度,改变了预算单位银行账户的设置方法,由自行设置、重复设置,变为由财政部门代为设置,而且只设一个。

也正因如此,财政国库资金管理制度的改革,不仅被认为是财政领域"机制性、革命性、根本性的改革",中央、中纪委还将其作为从制度和从源头上治理腐败、加强党风政风建设的一项根本举措。国务院有关领导将其评价为对老百姓的一大"德政"。

二、5 账户统管财政国库

"严格地讲,国库单一账户应该称为'国库单一账户体系'"。财政部国库司一位专家特别强调了"体系"二字。

目前,国库单一账户体系有 5 个账户构成,分别为国库单一账户(财政部在中国人民银行开设)、零余额账户(财政部在商业银行开设)、预算单位零余额账户(财政部为预算单位在商业银行开设)、预算外资金账户(财政部在商业银行开设)、特设账户(经国务院批准或国务院授权财政部批准为预算单位在商业银行开设的特殊专户)。

其中,国库单一账户和预算外资金专户按专用存款账户管理;零余额账户和预算单位零余额账户为支出账户。至于特设账户,则是缘于目前中国还有一些政策性支出项目,它们需要通过政策性银行封闭运行。

5 个账户中,国库单一账户处于"领导"地位,它记录、核算和反映纳入预算管理的一切财政收入和支出。零余额账户用于预算资金的日常支付和与国库单一账户的清算。

这 5 个账户集合组成的国库单一账户体系,正是目前新的财政国库管理制度的基础。财政部是持有和管理国库这 5 个账户的职能部门。此外,任何单位不得擅自设立、变更或撤销这一体系中的各类银行账户。

但这并不意味着这 5 个账户是国库单一账户体系的最终选择。从目前看,这 5 个账户既涵盖了所有财政性资金管理,又容纳了某些过渡性规定。某些账户的过渡性性质,决定了国库单一账户体系的账户数量有减少的趋势。如预算外资金账户,一旦取消了财政收入的预算内和预算外之间的区别,该账户也就失去了存在的意义。再如特设账户,据了解,到目前为止,还未用过。

三、5 分钟查明资金去向

"我们现在开出的是空头支票。"某试点单位人士在接受《财经时报》采访时半开玩笑地说。

按照正常的银行账户管理,如果账户上的余额是零,那么基于这种账户开具的支票就是空头支票。在新的财政国库资金支付方式下,预算单位的零余额账户如何支付?预算单位支出是否真的在开"空头支票"?

对此,财政部国库司有关人士回答说:"预算单位的零余额账户不意味着账户上没钱。因为每一个预算单位的零余额账户,在每一时期都按照其预算计划存有相应的额度。只要预算单位开出的支票金额不超出预算额度,支票就都是正常有效的。"

账户上的额度有多少,是根据预算单位的预算编制和用款计划确定的。目前要求预算单位按季编制分月用款计划。而过去财政拨款方式简单、粗放,只是根据年度预算,按月、季度拨放,资金余额都放在各预算单位账户上。

"但月用款计划仍显粗放。美国的用款计划是提前一个季度编制日用款计划,一天一报。"财政部人士评价说:"中国的财政国库资金用款计划应该更细,虽然不能按日编制,但也应试着按旬或按星期编制。"

从性质看,零余额账户具备一般银行账户的功能,可以转账、提现。但这一正常功能仍有可能被某些预算单位违规利用,如不规范的转账或大规模提现。

该人士承认这种不规范的行为仅靠零余额账户还不能根除。但他补充说,为此财政部还有一个"实时监控系统"。该系统与代理银行联网,只要预算单位的零余额账户发生资金变动,财政部在5分钟内就可查明资金的去向和金额。

前期的改革试点中,这种不规范的行为也确实发生过,如预算单位从零余额账户不规范转账和提现、另办存单、假发票冲账甚至违法乱纪。与以往不同的是,财政部执行机构对这些违规操作都能及时发现。据说,个别情况严重的已提交纪律监察部门处理。

四、中国最大的出纳

实行国库单一账户后,担负财政国库资金集中支付职能的是财政部的支付中心。

据介绍,支付中心是公务员制的全额事业单位。目前,财政直接支付和财政授权支付的国库资金都通过该中心进行划拨,并予以监督。按照改革方案的设计,支付中心的主要任务是配合国库单一账户体系为预算单位设立的,是各预算单位支出总账及分类账目的管理系统,受理审核预算单位支付申请,开具支付令,进行相应会计核算。事实上,它具体承担了预算执行的职能。

谈及国库司和支付中心的设立,一位财政博士介绍说,财政设立专门的国库现金管理和支付执行机构,这是国际通行的惯例。

据他介绍,实行国库单一账户制度的国家,普遍设有不同形式的专门履行财政国库现金管理和支付职能的执行机构。如美国联邦财政部,具体负责国库现金管理和支付事务的人员约有1 900人;法国由财政部任命在政府各部门负责支付的公共会计师有3 000多人;匈牙利财政部下设的国库机构职员有800多人。

中国财政部国库司目前工作人员仅有6个处38个人,支付中心约100人。"随着国库改革试点单位的增加,财政资金支付业务量也不断增加,国库司人员将会陆续充实。"有关人士说。

按照国际货币基金组织的定义,"国库"不单是指国家金库,更重要的是指财政代表政府控制预算执行,保管政府资产和负债的一系列管理职能。按照国际惯例,衡量一个国家国库管理水平的关键性指标,一是对国库现金和债务管理的效率;二是能否及时准确地提供完整的预算执行报告,为财政管理和宏观调控提供依据。

按照这一标准,中国传统的财政国库资金管理方式显然无法实现高效,更谈不上提供及时准确的预算执行信息。中国现行的财政资金缴库和拨付方式,最显著的特征是多重性和分散性,即不论是财政资金的入库还是支出,都是通过征收机关和预算单位设立多重账户分散进行。

"层层设立账户的财政管理方式,既不能保证财政资金及时入库,又造成相当规模的财政资金滞留在预算单位,不可避免地出现截留、挤占、挪用等问题,不仅降低了资金使用效率,还容易诱发腐败现象。"该人士分析说。

资料来源:搜狐网:http://business.sohu.com

案例分析:

通过构建由国库单一账户、零余额账户、预算单位零余额账户、预算外资金账户、特设账户组成的国库单一账户体系,国库资金管理制度得到不断完善,预算资金管理效率得到较大提高。

案例讨论:

谈谈你对我国国库资金管理制度的看法,有哪些方面还须完善?

思考题

1. 简述国库概念及国库管理体制类型。
2. 简述国库的职责与权限。
3. 简述我国现代国库制度需要改革完善的内容。
4. 简述财政国库集中收付制度改革的主要内容。
5. 简述国库单一账户体系开设账户程序。
6. 简述国库单一账户、预算外专户的使用和管理。
7. 简述特设专户的使用和管理。

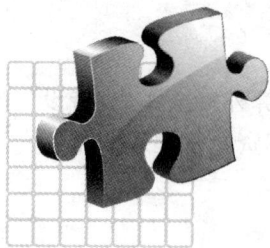

第11章
政府采购与管理

本章导读

　　本章主要介绍政府采购的基本理论、基本流程,政府采购的预算与方式等内容。通过学习本章,要求学生掌握政府采购概念、基本流程和采购预算,了解政府采购的产生与发展。

第一节　政府采购概述

一、政府采购的概念和特点

(一)政府采购的概念

　　政府采购是指各级国家机关、事业单位和团体组织,使用财政性资金采购依法制定的集中采购目录以内的或者采购限额标准以上的货物、工程和服务的行为。

　　我国政府采购主体的范围为依法进行政府采购的国家机关、事业单位、团体组织。同时也包括专职承办行政事业单位委托采购任务的企业。政府采购的资金是指使用的财政性资金,财政性资金包括财政预算资金和纳入财政管理的其他资金。采购项目范围即纳入集中采购目录以内或者限额标准以上的项目。政府采购方式为公开招标、邀请招标、竞争性谈判、单一来源采购、询价和国务院政府采购监督管理部门认定的其他采购方式。采购对象范围是指采购人用财政性资金采购纳入集中采购目录以内的或者限额标准以上的采购项目,无论采购对象是货物、工程还是服务,都要依法进行政府采购。政府采购对象范围包括货物、服务和工程。

(二)政府采购的特点

　　1.资金来源的公共性。政府采购的资金来源为财政性资金。财政性资金,包括财政预算资金和纳入财政管理的其他资金。这些资金来源于税收和政府部门及所属事业单位依法收取的费用以及履行职责获得的其他收入,资金来源具有公共性质。

　　2.采购主体的特定性。政府采购的主体,也称采购实体或采购人,为依靠国家财政资金运作的公共支出单位如国家机关、事业单位和社会团体。包括各级国家权力机关、行政机关、审判机关、检察机关、政党组织、政协组织、工青妇组织以及文化、教育、科研、医疗、卫生、体育等事业单位。

3.采购活动的经济性和非盈利性。政府采购为非商业性（非盈利性）采购，它不是以盈利为目标的，也不是为卖而买，而是通过买为政府部门公共支出提供消费品或向社会提供公共利益。由于政府采购资金来源于财政性资金，来自于纳税人，所以，要求采购人在使用这些资金时要不断提高资金使用效率。

4.采购对象的广泛性、复杂性。政府采购的采购对象是依法制定的集中采购目录以内的或者采购限额标准以上的货物、工程和服务。政府采购的对象包罗万象，既有标准产品也有非标准产品，既有有形产品也有无形产品，既有价值低的产品也有价值高的产品，既有军用产品也有民用产品。

5.采购目标的政策导向性。政府采购人在采购时必须遵循政府采购政策的要求，如最大限度地节约财政资金、优先购买本国产品、保护中小企业发展、保护环境、保护自主创新产品和节能产品等等。

6.采购流程的规范性和公开性。政府采购是按有关政府采购的法规，根据不同的采购规模、采购对象及采购时间要求等，采用不同的采购方式和采购程序，使每项采购活动都要规范运作，体现公开、竞争等原则，接受全社会的监督。

7.采购结果影响力极大。政府采购不同于个人采购、家庭采购和企业采购，它是一个国家最大的单一消费者，采购规模大，其购买力非常巨大。有关资料统计，通常一国的政府采购规模都会占到整个国家国内生产总值（GDP）的10%以上，因此，政府采购对社会的影响力很大。

8.政府采购的强制性。政府采购项目及其资金计划必须编入年度政府采购预算，并经本级财政部门和人大审核批准方可实施。未编报政府采购实施计划的临时性采购项目或追加预算的采购项目，由采购人提出申请说明，经财政部门按照职责权限批准后，才能组织实施。政府采购的强制性还体现在符合政府采购规定条件的项目必须强制纳入政府采购范围。

二、实施政府采购制度的意义

在全球经济日趋一体化的今天，在我国社会主义市场经济制度建设和公共财政框架构建日益完善的时候，我国推行并不断规范政府采购制度具有深远的政治和经济意义。

（一）有利于满足公共利益需要

公共财政是指在市场经济条件下，主要为满足社会公共需要而进行的政府收支活动模式或财政运行机制模式，是国家以社会和经济管理者的身份从市场上取得收入，并将这些收入用于政府的公共活动支出，为社会提供公共产品和公共服务，以保证国家机器正常运转，保障国家安全，维护社会秩序，促进经济社会的协调发展。

（二）有利于对政府行为规范管理，提高公共资金的使用效率

市场经济要求政府讲究公共开支的效益，衡量政府开支的"效益"指标主要是"社会净效益"，采用政府采购制度可以节约公共项目支出成本，从而增加公共项目社会净效益，提

高政府采购资金的使用效益,做到少花钱,多办事,办好事。

（三）有利于加强政府对经济的宏观调控能力

政府采购统一的管理制度有利于政府对经济的宏观调控。在经济衰退时,扩大政府采购的数量在一定程度上可以刺激经济的发展;在经济过热时,缩减政府采购的数量在一定程度上可以抑制经济过热。另外,政府可以调整采购的产品的品种结构、技术结构、地区结构等,从而改变全国、地区的产业结构。

（四）有利于保护民族产业,促进国内企业发展

政府采购通过采购本国货物、工程和服务,更好地支持国内企业的发展,维护公共利益和国家利益。政府采购是市场经济条件下支持国内产业发展的有效措施,其支持方式与计划经济条件下的做法完全不同,是给予商业机会,扶持优势企业,增强其竞争实力。

（五）有利于廉政建设

促进廉政建设,推行政府采购制度被作为从源头上预防腐败的重要措施之一。政府采购成为名副其实的"阳光下的交易",可以从根本上抑制腐败现象的发生,维护政府形象。实行政府采购制度有利于从源头上堵塞漏洞,为反腐倡廉提供了制度保障。

（六）有利于发挥政策功能

政府采购的政策取向是指政府采购应当体现或实现的政策目标。政府采购作为一种财政政策工具,是支持节能、环保和自主创新产业的有效手段。强化政府采购的政策功能作用,是建立科学政府采购制度的客观要求。

三、政府采购制度的产生与发展

政府采购制度是政府采购政策、采购实体、采购范围、管理等具体规定的总称。政府采购制度是加强财政支出管理的一项制度。

（一）政府采购制度概念

政府采购制度是指对政府采购行为进行管理的制度。政府采购制度是市场经济条件下加强财政支出管理、规范政府机构采购行为、发挥对国民经济宏观调控作用的一项制度。政府采购制度是对政府采购行为的制度化和规范化,是指国家立法机构与相关管理部门为规范政府采购行为而制定的一系列法律制度。

（二）政府采购制度的产生与发展

在我国,政府采购最早起步于 20 世纪 90 年代。1995 年财政部开始研究财政支出改革问题,主要包括部门预算、收支两条线、国库集中收付制度和政府采购制度等。其中政府采购制度改革作为一项重大课题进行研究。1996 年,在深圳和上海率先进行政府采购制度改革试点,1998 年试点范围迅速扩大。随后,政府采购的改革与制度建设在全国各地普遍展开,蓬勃发展。到 1998 年,中央和地方财政部门大多建立了专门机构,负责履行政府采购的管理职责。有些地方还建立了专门的政府集中采购机构。1999 年,财政部制定印发了《政府采购管理暂行办法》,并在全国推广实施政府采购制度。

2003 年 1 月 1 日,《政府采购法》实施,标志着我国政府采购制度改革试点结束,改革进入全面规范的发展阶段,并步入法制化建设阶段,从深度和广度上扩大政府采购实施范围。自《政府采购法》实施以来,财政部先后制定了招标投标、采购信息公告、评审专家管理、代理机构资格认定、供应商投诉等方面的 30 多个配套规章制度,基本形成了以《政府

采购法》为核心，以部门规章(特别是 4 个部长令)为依托的法律制度体系。

我国政府采购制度从 1996 年开始试点至今，走过了 10 多年的发展历程，经历了初创试点、全面推行、法制化管理三个阶段的历史性跨越，取得了显著成效。货物类采购从通用类货物向专用类货物延伸；服务类采购从专业服务快速扩展到服务外包、公共服务等新型服务领域；民生项目采购方兴未艾，亮点纷呈。全国政府采购规模由 2002 年的 1 009 亿元增加到 2011 年的 11 332 亿元，占财政支出的比重也相应由 4.6％提高到 11％，累计节约财政资金 6 600 多亿元。

但与国际上比较成熟的政府采购制度相比，还存在很大差距。政府采购无论从规模上还是行为的规范上，都尚未达到制度设计的预期目标，政府采购制度改革与发展中还存在一些不可忽视的问题，特别是一些深层次的体制机制性问题进一步凸现。主要表现在：与 GPA 参与方相比，我国政府采购呈现规模小、实施范围过窄等特点，目前主要限于货物类和少量服务类采购，不少购买性资金仍游离于政府采购监管之外，采购规模占 GDP 的比重还很低；制度建设滞后与缺失并存，许多制度不够细化，操作性不强，现行制度与 GPA 规则差异较大，政府采购的法律制度体系亟须完善；操作执行尚不规范，采购人规避政府采购的现象时有发生，采购需求管理较为薄弱，部分项目采购结果价格高、效率低等问题仍然突出；政府采购的政策功能体系还不完备，执行机制尚不健全，发挥政府宏观调控作用还有很大的提升空间；政府采购与部门预算、资产管理以及绩效评价等财政改革尚未有机融合，财政支出管理的综合效应亟待增强；政府采购从业人员的专业化程度不高，难以适应政府采购制度不断发展的需要，等等。这些问题有赖于在今后的工作中积极采取措施加以完善解决。

四、政府采购原则

我国政府采购应当遵循以下四项基本原则：

(一)公开透明原则

所谓"公开"原则是指，政府采购整个流程必须达到这样的程度，使每个采购供应商掌握的信息是一样的，并接受有关单位监督。公开透明是政府采购必须遵循的基本原则之一，因此，政府采购被誉为"阳光下的交易"。

公开透明要求做到所有与政府采购活动有关的信息和行为，都要向社会全面公开，并且要完全透明，禁止搞暗箱操作，为供应商参加政府采购提供公平竞争的环境，为公众有效监督政府采购活动创造有利的条件。

(二)公平竞争原则

所谓"公平"是指，政府采购提供的市场机会对尽可能多的供应商是平等的。公平竞争是指政府采购的竞争是有序竞争，要公平地对待每一个供应商，不能有歧视某些潜在的符合条件的供应商参与政府采购活动的现象，而且采购信息要在政府采购监督管理部门指定的媒体上披露。

公平原则是市场经济运行的重要法则，是政府采购的基本规则。公平竞争要求在竞争的前提下公平地开展政府采购活动。首先，要将竞争机制引入采购活动中，实行优胜劣汰，让采购人通过优中选优的方式，获得价廉物美的货物、工程或者服务，提高财政性资金的使用效益。其次，竞争必须公平，不能设置妨碍充分竞争的不正当条件。

（三）公正原则

所谓"公正"是指，政府采购对所有的供应商采用同一标准，所有的供应商享受同等权利，负担同样的义务。要求政府采购要依法采购，具体的采购活动要按事先约定进行，对供应商不得有歧视行为，任何单位或个人不得干预采购活动的正常开展，评标时不能存在主观倾向，要严格按照评标标准评定中标或成交供应商。

公正原则是为采购人与供应商之间在政府采购活动中处于平等地位而确立的。在政府采购活动中，采购人与供应商之间应当处于平等的地位，采购人及采购代理机构对所有的供应商都要一视同仁，不能因其身份不同而差别对待。

（四）诚实信用原则

所谓"诚实信用"是指，政府采购当事人在政府采购活动中都应该遵循真实、可靠的要求。诚实信用原则要求政府采购各方都要诚实守信，不得有欺骗背信的行为，以善意的方式行使权利，尊重他人利益和公共利益，忠实地履行约定义务。

社会主义市场经济是立足于诚信的法制经济，信用是市场经济正常运行的基础，要求采购当事人参加政府采购要依法履行各自权利和义务，讲究信誉，维护形象，不得有欺诈、隐瞒、滥用权力等违法违纪行为，增强公众对采购过程的信任。在这些原则中，公平竞争是核心，公开透明是体现，公正和诚实信用是保障。

五、政府采购管理体制

（一）政府采购管理体制概念

政府采购管理体制是规范和处理监管人、采购人、采购执行机构和供应商之间关系的一整套制度体系。科学的政府采购管理体制，就是要处理好由谁管理、由谁采购、由谁验收、由谁付款、由谁监督、由谁仲裁等一系列问题。建立一套主体明确、权责清晰、运转高效、管理科学，既符合社会公众要求，又符合政府行政原则与市场规则的良性运行的政府采购管理体制具有重要的现实意义。一方面，明确管理主体有利于增强财政预算的约束力和透明度，减少盲目采购和重复采购，提高财政资金使用效益，从而确保财政职能更好地转变和发挥；另一方面，按照职责分明、运行有序的原则，科学界定采购人、采购机构、采购监督管理部门、供应商和评审专家的权利、义务和责任，有利于实现内部协调和权力制衡，促进政府采购依法规范有序运行。

（二）我国现行的政府采购管理体制

我国现行政府采购管理体制是按政府采购法规定建立起来的，即财政部门为政府采购主管机构，设立政府集中采购机构为执行机构，实行集中采购与分散采购相结合的混合采购模式。政府采购采取集中采购与分散采购相结合的混合采购模式，其特征是：一是实行集中采购目录和采购限额标准制度。集中采购目录是指应当实行集中采购的货物、工程和服务品目类别目录；采购限额标准是指集中采购目录以外应实行政府采购的货物、工程和服务品目类别的最低金额标准。集中采购的范围由省级以上人民政府公布的集中采购目录确定。属于中央预算的政府采购项目，其集中采购目录由国务院确定并公布；属于地方预算的政府采购项目，其集中采购目录由省、自治区、直辖市人民政府或者其授权的机构确定并公布。二是集中采购机构是政府集中采购的法定机构，负责实施集中采购。其中，通用产品与服务由政府集中采购机构，集中采购的范围以省以上各级政府财政部门确定的"集中采购目录"为基准;集中采购目录以内非通用产品,实行部门集中采购;没有纳入集中采购目录的,可以分散采购或委托社会中介代理机构采购;有条件的采购人,经过政府采购监督管理部门批准,可以实行自行采购。

(三)我国政府采购组织形式

我国的政府采购组织形式是集中采购与分散采购相结合的混合采购形式。

1. 政府集中采购,是指由政府设立的集中采购机构依据政府制定的集中采购目录,受采购人的委托,按照公开、公平、公正的采购原则,以及必须采取的市场竞争机制和一系列专门操作规程进行的统一采购。集中采购是政府采购的一种主要组织实施形式,由政府将具有规模包括批量规模的采购项目,纳入集中采购目录,属于通用的政府采购项目的,采购人应当委托集中采购机构代理采购,有特殊情况报经同级财政部门批准的除外。

2. 部门集中采购,是指主管部门(采购人)统一组织实施纳入部门集中采购目录以内的货物、工程、服务的采购活动。部门集中采购也属于集中采购,其范围主要是本部门、本系统有特殊要求的采购项目。集中采购目录中涉及某些部门、系统有特殊要求的项目,集中采购目录中属于非通用的,只适合某一部门或者系统使用的项目,应当由相关部门实行集中采购,不必委托集中采购机构代理采购。

3. 单位分散采购,是指采购人自行组织实施的采购活动,其主体是采购人,即各级政府行政事业单位。分散采购是相对于集中采购而言的,也是政府采购的一种组织实施形式。分散采购的范围是指除本级政府纳入集中采购目录以外,采购限额标准以上的政府采购项目。如果纳入集中采购目录中的采购项目,属于个别单位的特殊需求,采购人按其专业要求需要特别定制,不宜实行集中采购,而且不具备批量特征,可以由该单位自行组织采购,但事前必须得到省级以上人民政府的批准。否则,视为违法行为。

由此可见,列入政府集中采购目录的采购项目实行集中采购。政府集中采购目录之外的采购项目,达到采购限额标准以上的,实行分散采购;没有达到政府采购限额标准的,采购人可以采用《政府采购法》以外的其他采购方式,不属于政府采购范畴。采购组织形式与采购项目和采购预算关系见表11-1。

表 11-1 采购组织形式与采购项目和采购预算关系表

项目范围	项目性质	项目采购预算总额	采购组织形式	是否编制预算	采购规则
集中采购目录以内	政府集中采购项目	不论采购预算金额	由集中采购机构采购	编制政府采购预算	有采购规则
	部门集中采购项目	公开招标限额标准以上(含)	原则上委托采购代理机构采购		
		公开招标限额标准以下	鼓励委托采购代理机构采购		
			按采购规则自行采购		
	目录中有标准的项目未达到标准,为零星采购项目	单项或批量采购预算标准以下	自行采购	不编政府采购预算	无采购规则

续表

项目范围	项目性质	项目采购预算总额	采购组织形式	是否编制预算	采购规则
集中采购目录以外	限额标准以上（含），为分散采购项目	公开招标限额标准以上（含）	原则上委托采购代理机构采购	编制政府采购预算	有采购规则
		公开招标限额标准以下	鼓励委托采购代理机构采购		
			按采购规则自行采购		
	限额标准以下，为零星采购项目	分散采购限额标准以下	自行采购	不编政府采购预算	无采购规则

（四）政府采购监督管理部门

政府采购监督管理部门是指负责政府采购管理和监督工作的职能机关。从国际惯例看，政府采购的主管部门主要是财政部门。根据《政府采购法》第13条的规定："各级人民政府财政部门是负责政府采购监督管理的部门，依法履行对政府采购活动的监督管理职责。各级人民政府其他有关部门依法履行与政府采购活动有关的监督管理职责。"

财政部门是具体负责政府采购监督管理的部门，内设政府采购办或采购处、科、股，具体负责本级政府采购活动的日常监督管理。各级财政部门是负责政府采购监督管理的部门，依法履行对政府采购活动的监督管理职责。政府采购办（处）是财政部门负责对政府采购监督管理的具体办事机构。

（五）政府采购采购人

采购人是指依法进行政府采购的国家机关、事业单位、团体组织。根据我国宪法规定，国家机关包括国家权力机关、国家行政机关、国家审判机关、国家检察机关、军事机关等。

政府采购人包括使用财政性资金进行采购的各类政府采购机构。只要是纳入财政预算管理的单位，采购资金来源于财政预算拨款，都可以成为政府采购人，并且除了特殊情况外，也都要受有关政府采购的法律法规的约束。

（六）政府采购代理机构

政府采购代理机构是指政府设立的集中采购机构和经认定资格的采购代理机构。认定资格的采购代理机构是指经省级以上财政部门认定资格的，从事政府采购货物、工程和服务采购代理业务的社会中介机构。取得资格认证的社会中介机构包括取得招投标代理资格的招标公司和设计、检验等社会中介机构。

政府集中采购机构是各级政府依法成立的负责本级政府机关、事业单位和社会团体纳入集中采购目录项目采购的非营利性事业单位。集中采购机构是政府采购代理机构之一。

我国政府采购代理机构分为两类：一类是由政府设立的集中采购机构，属事业法人；另一类是由财政部门认定的社会代理机构，为企业法人。

1.集中采购机构是非营利事业法人，根据采购人的委托办理采购事宜。所谓非营利事业法人，是指集中采购机构为事业单位，并且不能以营利为目的，表明集中采购机构或全额财政拨款,或财政差额补助,但无论采取什么预算体制,其收费等项收入都要上缴国库,实行"收支两条线"管理。集中采购机构的职能主要是受委托代理采购人组织采购活动,为采购代理机构。

2.政府采购社会代理机构(以下简称代理机构),是指经省级以上人民政府财政部门认定资格的,依法接受采购人委托,从事政府采购货物、工程和服务的招标、竞争性谈判、询价、单一来源等采购代理业务,以及政府采购咨询、培训等相关专业服务的社会中介机构。

代理机构在采购人委托范围内,按照国家有关法律法规以及政府采购的工作程序和规定组织实施政府采购活动,包括内部管理、业务受理、采购文件论证和制作、信息公告发布、评审专家抽取、采购活动组织、收费管理、采购文件备案、档案管理、质疑答复和协助投诉处理、信息统计、参加培训等内容。

政府采购代理机构资格认定由省、自治区、直辖市以上人民政府财政部门依据资格认定办法规定的权限和程序实施。财政部负责全国政府采购代理机构资格认定管理工作。省级以上财政部门负责本行政区域内政府采购代理机构资格认定管理工作。政府采购代理机构资格认定应当遵循公开、公平、公正原则、便民原则和效率原则。由政府依法设立的集中采购机构,不实行政府采购代理机构资格认定制度。政府采购代理机构资格认定分为确认资格和审批资格两种方式。

(七)政府采购供应商

供应商是指向采购人提供货物、工程或者服务的法人、其他组织或者自然人。也是政府采购当事人之一。我国政府采购法规定参加政府采购活动的供应商应当具备六个方面的基本条件,这也是所有政府采购活动的通用条件。采购人根据采购项目的特殊性,还可以规定特定条件。

1.具有独立承担民事责任的能力。从要求的条件看,供应商主要是指企业法人。按照现行有关规定,企业法人必须具备以下条件:一是必须依法成立;二是法人的设立程序必须合法;三是有自己的名称、组织机构和场所;四是能够独立承担民事责任。

2.具有良好的商业信誉和健全的财务会计制度。良好的商业信誉是指供应商在参加政府采购活动以前,在生产经营活动中始终能做到遵纪守法,诚实守信,有良好的履约业绩,是用户信得过的企业。健全的财务会计制度,是指供应商能够严格执行现行的财务会计管理制度,财务管理制度健全,账务清晰,能够按规定真实、全面地反映企业的生产经营活动。

3.具有履行合同所必需的设备和专业技术能力。这是保质保量完成政府采购项目必备的物资和技术基础。参加政府采购的供应商必须具备履行合同必需的设备和专业技术能力。

4.具备依法纳税和缴纳社会保障资金的良好记录。作为供应商,依法纳税和缴纳社会保障资金是应尽义务,是起码的社会道德要求。如果连这一点都做不到,说明供应商已经丧失了最基本的信誉。

5.参加政府采购活动前三年内,在经营活动中没有重大违法纪录。在经营活动中没有重大违法纪录,包括高级管理人员犯罪、走私、诈骗等记录。

6.法律、行政法规规定的其他条件。如要符合国家的产业政策,要履行节能环保义务,要保护妇女和残疾人利益等。凡是不符合国家规定和要求的供应商,一律不得参加政府采购活动。

供应商的资格审查是指由政府采购机构对潜在供应商或参加投标的卖方企业进行技术、资金、信誉、管理等多方面的评估审查。资格审查分为资格预审和资格后审。资格预审,指在投标前对潜在供应商(投标人)进行的资格审查;资格后审,指在开标后评标委员会对供应商进行的资格审查。

第二节 政府采购基本流程

政府采购基本操作流程是表现政府采购工作顺序、联系方式以及各要素之间相互关系的一种模式,它是实施政府采购的行为规范。政府采购基本操作程序分为这样几个阶段:采购预算的编报审批;采购计划的编报;确定采购组织形式;政府采购方式的选择;采购计划的实施;组织实施采购活动;采购合同的履行与验收;采购资金的支付;采购资料备案保存和绩效考评等等。

一、编报政府采购预算

政府采购预算反映各预算单位年度采购项目及资金使用计划,是部门预算的组成部分,是开展政府采购的前提。政府采购预算一般包括采购项目、采购资金来源、采购项目数量和规格、采购项目时间等内容。这一环节是确定采购需求和编制采购计划的重要依据。我国《政府采购法》规定,政府采购需要在编制部门预算的同时编制政府采购预算,政府采购必须按预算执行。

采购人应按部门预算编制要求,依据政府公布的年度采购目录,认真编制本部门本单位的政府采购预算,并严格按照批复的政府采购预算执行。通常在编制部门预算时一并编制,经立法机关批准后执行。详细内容见本章第三节"政府采购预算"。

二、政府采购计划的确定

政府采购计划是财政部门对政府采购预算执行管理的一种方式,是政府采购工作的依据。政府采购计划为政府采购提供采购单位的可能性需求,而采购单位根据采购计划填报政府采购申报表是采购单位的现实需要,是整个政府采购过程的起点,每次具体采购都要求采购单位填报采购申报表。政府采购申报表由采购单位根据批准的政府采购计划编制。它既反映采购单位实施政府采购项目的具体要求,包括性能、规格、技术参数、用途及采购时间要求和售后服务要求,也反映了采购项目的采购预算。它是采购机关组织实施集中采购,制定政府采购方案的依据。

三、确定采购组织形式

如前所述,我国政府采购组织形式采用集中采购与分散采购相结合的混合采购形式。政府采购目录和标准,是政府采购监督管理部门制定并公布的应纳入政府采购管理的工程、货物和服务项目的清单以及额度限制标准和相关说明,也是确定政府采购组织形式的重要依据。

（一）政府集中采购目录

政府集中采购目录包括政府集中采购目录和部门集中采购目录,是政府公布的在一个财政年度内强制实行的采购项目。凡是纳入政府集中采购目录的采购项目必须委托政府采购中心集中采购。政府集中采购目录的制定,既要与地方财政经济的实际相结合,又要与政府采购工作的实际相结合,要防止盲目性、随意性。在制定时,应遵循坚持逐步扩大的原则;坚持从当地财政经济实际出发的原则;坚持及时性、年度性、公开性原则等等。

政府集中采购目录的制定程序,一般采取自下而上和自上而下相结合的方式进行。具体应遵循以下程序:做好制定政府集中采购目录的准备工作;确定政府集中采购门槛价;正式制定政府集中采购目录;报批并公布政府集中采购目录。

（二）政府采购限额标准

未列入以上集中采购目录的货物、服务、工程相关设备材料项目,单项或批量采购预算金额达到规定标准以上的应实行政府采购,采购组织形式为分散采购,由采购人依法自行组织采购或委托具备相应资质的政府采购代理机构实施采购。

四、政府采购方式的选择

政府采购的主要方式有公开招标、邀请招标、竞争性谈判、询价、单一来源采购等。采购时应根据不同的情况依法选择不同的采购方式。如何正确选择采购方式,或者说在什么情况下选择这种方式而不是哪种方式的依据是什么？这需要借鉴国外做法,不断总结实践经验,并结合不同经济发展时期的实际情况而制定,但一般应考虑以下几个方面的因素:采购规模、潜在供应商数量、采购要求、采购政策和采购惯例等。

五、组织实施采购活动

即根据批准的政府采购方式组织政府采购活动。分别采用公开招标和邀请招标方式的一般程序;采用竞争性谈判方式的程序;采用询价采购方式的程序;采用单一来源采购方式的程序。

六、政府采购合同签订

采购人或采购代理机构应于中标、成交通知书发出之日起30日内,与中标或成交供应商签订书面合同,明确采购人和中标或成交供应商之间的权利和义务,并严格按照采购合同的约定履行。政府采购合同自签订之日起7个工作日内,采购人应当将合同副本报同级政府采购监督管理部门和有关部门备案。

七、采购合同履行与验收

合同履约期间,项目使用单位需组织相关人员按照采购文件所列的质量要求、技术条件、验收标准和方法等对中标供应商的履约情况进行验收,并提交验收报告书。

政府采购合同执行完毕后,采购人或受委托的采购代理机构应该按照规定和要求组织合同履行情况的验收。采购人应组织验收小组,对供应商履约情况及合同执行结果进行检验和评估,大型或者复杂的采购项目,采购人还应请专业机构参加验收。验收完成后,验收方成员应当在验收书上签字,并承担相应的法律责任。

八、政府采购货款结算

政府采购履约验收后,采购人向财政部门报送合同履行报告等资料,申请支付采购资金。财政部门负责审核和支付资金。政府采购合同价款的支付方式有国库直接支付和采购人支付。财政直接支付的,财政部门将采购合同价款直接付给供应商。详见第十章"国库制度与管理"。

九、政府采购文件的保存和政府采购绩效评价

采购人、采购代理机构应妥善保存政府采购文件,保存期限为从采购结束之日起至少15年。政府采购文件包括采购活动记录、采购预算、采购人与采购代理机构签订的委托代理协议书、招标文件及其澄清文件、投标文件、评标标准、评标报告、定标文件、合同文本、验收证明、质疑和质疑答复、投诉处理决定等。详细内容参见第九章"政府采购绩效评价"。

第三节 政府采购预算

一、政府采购预算概述

(一)政府采购预算的概念

政府采购预算是指政府在一个财政年度内为满足公共需要,为各预算单位实施采购货物、工程或服务的计划。它反映预算单位年度政府采购项目及资金计划,是财政部门预算的重要组成部分。政府采购预算反映着政府的职能。政府采购预算作为政府的重要支出计划,反映政府预算中用于货物、工程或服务采购项目的开支,规定了政府在预算年度内的活动范围、方向和重点。

按照《政府采购法》的有关规定,应坚持"应采尽采"的原则,对所有使用财政资金,采购纳入规定范围的货物、工程和服务的支出,必须逐项编制政府采购预算。

各部门单位要按照政府集中采购目录及标准有关要求,对目录中公布的由集中采购机构采购的项目,以及部门预算中部门集中采购项目,分散采购限额标准以上的货物、服务和工程,如实编报政府采购预算。严格执行有关政府采购政策功能的制度办法,对于节能环保的产品,在编制政府采购预算时要予以注明。政府采购预算要编细编实,避免执行中频繁调整预算。未在预算中按以上要求编报政府采购预算的,不得组织政府采购活动,不得支付资金,对涉及执行中申请采购进口产品和变更政府采购方式的,财政部将不予审批。

预算的编制过程即财政资源配置的过程。政府采购预算由部门单位采购预算和财政采购预算组成,主要包括经常性预算专项资金安排的货物和服务项目以及建设性预算支

出中的工程类项目。政府采购预算在年度政府预算或部门预算编制时同时编报。政府采购预算是部门预算的重要组成部分,政府采购项目应先有资金预算,再有采购预算。

（二）政府采购预算的特点

与其他预算相比,政府采购预算属于功能性预算,是政府为了加强对政府采购活动的管理与控制,实现政府采购目标而编制的预算。因此,政府采购预算实质上是一种预算政策和对预算执行情况考核的预算。它具有如下特征:

1.政府采购预算具有从属性。政府采购预算的编制不能脱离财政支出总预算这个框架,是部门预算的一个重要组成部分。政府采购预算必须根据财政预算限定的拨款数额来确定货物、工程或服务购买的数量和品质。同时还要贯彻国家的方针、政策和国民经济发展计划。

2.政府采购预算具有完整性。政府采购预算不仅包括财政支出总预算内安排的专项采购资金,而且还包括单位用预算外资金及自筹资金配套的部分,从而全面反映采购人整个采购活动。

3.政府采购预算具有公开性。由于政府采购预算细化到每个项目,作为财政预算的一个重要组成部分须经过人民代表大会审批,并向全社会公布,使采购单位的采购需求公开化,使政府采购预算置于全社会的监督之下,从而提高了政府采购预算的透明度。

4.政府采购预算具有控制性。政府采购预算体现着对政府支出的控制。从某种意义上看,政府采购预算就是政府采购行为成本的体现。

（三）政府采购预算和政府采购计划的联系

政府采购预算是部门预算的一部分,须经过人民代表大会审批。而政府采购计划是根据政府采购预算编报的反映年度需求的计划,一经政府采购监督管理部门审核批准,可以组织实施。在整个政府采购过程中,必须先编制政府采购预算,再编制政府采购计划。政府采购计划是对政府采购预算的具体细化和执行,一般按季编报。

（四）编制政府采购预算的作用及意义

1.进一步促进预算细化,健全财政职能。编制部门预算是对传统预算编制方法的重大变革,对于细化预算编制起到了巨大的作用。作为强化预算细化的措施,编制政府采购预算可以分解采购项目,进一步细化反映这些项目的具体构成及资金分配情况,使财政对支出全过程的管理成为现实,以此来增强财政职能,加强财政的宏观调控力度,在保证各预算单位正常运转的前提下,实现资源的合理配置。

2.为推行政府采购制度创造条件。编制政府采购预算使政府采购的范围和采购项目具体化,进一步提高资金使用效益,有利于有计划地扩大政府采购范围,为财政部门有的放矢地加强监督管理创造条件,同时也便于审计、监察部门有针对性地开展监督工作。

3.为提高预算编制的准确性提供参考标准。纳入政府采购预算的采购项目,原则上都要通过公开竞争方式形成采购合同。合同金额基本上可以反映市场上同类产品的平均价格。这就为有关预算定额标准的形成,以及财政部门在审核下一年度同类采购项目的预算额度时提供了参考标准,使预算数基本接近市场平均价格,从而提高预算编制的准确性,实现财政资金的优化配置。

二、政府采购预算编制

编制政府采购预算,有利于加强财政部门对采购资金的管理力度,提高资金的使用效益,健全财政职能,细化支出管理。编制政府采购预算也是整个政府采购活动最为关键的基础工作。预算编制的好坏、质量高低、准确与否,都直接影响到政府采购预算的执行及其结果。精准地编制好政府采购预算,对于政府采购制度的纵深发展及其社会影响力,都具有举足轻重的作用。不过,目前我国政府采购预算较粗放,不够精确。这也是迫切需要解决的问题。财政部财政科学研究所副所长白景明指出:"政府采购预算至少应该做到相对精确,绝对精确是一个理想状态。不过,即使是要实现相对精确,我国的政府采购预算也有太长的路要走。"因此,在编制政府采购预算时应严格遵守编制原则,正确选用科学的编制方法。

(一)政府采购预算编制原则

政府采购预算是在财政资金支付活动中,为了规范政府采购资金的支付使用而编制的预算,是财政总预算的组成部分。政府采购预算的编制在适应政府采购"公开透明、公平竞争、公正和诚实信用"原则的基础上,应该遵循以下四项原则:

1. 全局性原则。所谓政府采购预算编制的全局性原则是指在预算编制过程中,要顾及大局,考虑到政府的整体利益。政府采购预算是财政总预算的一个子预算,它不能脱离财政支出总预算。在编制采购预算时要求根据当年财力状况。要符合财政支出总预算的资金支出总体趋向和规模结构,符合《预算法》中所规定的量入为出、收支平衡的编制总原则的要求。

2. 平衡性原则。在编制政府采购预算时要顾及各个部门和单位的利益,协调好各级政府之间的关系,审查各部门和单位的采购计划时要在保障重点项目和紧急项目采购需求得以满足的同时,兼顾一般的建设项目和物品的采购需求,保证各部门和单位建设的均衡发展。

3. 效益性原则。在编制政府采购预算时要注重采购资金使用的成本效益分析,在财政部门审定批准的指标范围内,考虑各单位上报的采购计划的合理性,选择最有效的采购项目规模和结构组合,确保采购资金支付获得最大效益。

4. 明晰性原则。在编制政府采购预算时要将预算细化到每一个项目,根据每个单位的采购需求开设相关的科目,进行账目的明晰核算。

同时,在编制政府采购项目和资金预算时还应符合以下具体要求:一是凡政府采购范围内的项目都要按照政府采购预算要求及标准编报预算;二是不得将部门预算与政府采购预算割裂开来,不得在部门支出控制数之外编制政府采购预算,虚列预算项目;三是为了方便资金结算,在编制政府采购预算时,无特殊情况,一般一个项目的资金来源填列一个渠道,不要拼盘;四是因各种原因需要调整政府采购项目预算的,必须办理预算调整手续。

(二)政府采购预算项目范围

政府采购预算项目包括以下范围:一是纳入大宗货物政府采购范围的货物,包括复印纸、笔、文件夹、台式计算机、便携式计算机、空调、打印机、复印机、投影仪、扫描仪、电视机、办公桌椅、学校课桌椅、医疗设备、广播电视设备、财政投融资基建项目中的电梯(含扶梯)、中央空调、备用发电机组等;二是未纳入大宗货物政府采购范围但属政府集中采购目录以内或采购限额标准以上的政府采购项目。

凡单位支出预算中需采购以上所列项目的,均需编制政府采购预算,并细化到政府集中采购目录中货物、工程和服务类的具体品目,形成部门政府采购预算。

(三)政府采购预算编报的主要内容

政府采购预算是采购机关根据事业发展计划和行政任务编制的、并经过规定程序批准的年度政府采购计划。它是事业行政单位财务预算的一个组成部分,一般包括采购项目、采购资金来源、数量、型号、单价、采购项目截止(开工、使用)时间等。

1.预算项目名称。指该采购项目对应的部门预算项目名称。

2.采购项目名称。指采购的货物、工程或服务的具体品目。

政府采购项目按当年财政部门公布的政府采购目录进行编制。政府采购目录是政府采购中需要重点管理的货物、工程和服务的归集,是预算单位编制年度政府采购计划的依据。具体内容包括(1)货物类:一般包括计算机、复印机等办公用品,科研、教学、医疗用仪器设备,公检法等执法监督部门配备的通用设备和统一制装,办公家具,交通工具,锅炉用煤等。(2)服务类:一般包括会议、公务接待、车辆维修、加油、大宗印刷、机票订购等项目。服务类项目一般实行统一定点采购。(3)工程类:一般包括基建工程、修缮项目、财政投资工程项目中由建设单位负责采购的大宗材料(如钢材、铝材、木材、水泥等)和主要设备(如空调、电梯、消防、电控设备等)。

3.规格型号和主要技术参数。指采购项目中货物类的具体规格、型号及主要的技术参数。

4.数量、参考单价、采购预算资金合计。指各采购项目的计划采购量。

各部门编制政府采购预算应当严格执行有关办公设施设备的配置标准,不得超标准配置。采购要本着精简节约的原则,充分考虑单位实际需求,严格控制采购数量。

5.资金来源。指政府采购项目的资金来源渠道。包括财政预算内资金、预算外资金和其他资金。各部门政府采购预算的资金来源,是部门的公用经费支出和项目支出预算,不得编制无资金来源的政府采购预算。

6.需求时间。指采购项目预计的需求时间。

(四)政府采购预算的编制步骤

政府采购预算从部门预算"二上"时开始编制。政府采购预算应该与部门预算一起,同时编,同时报,同时批。各部门在编制年度部门预算"二上"时,需根据部门预算编制原则及集中采购目录与限额标准,对于本部门支出预算中所有属于政府采购的项目正式编制政府采购预算。政府采购预算的编制程序与现行财政预算管理体制相适应,一般采取自下而上的方法和"两上两下"的步骤。

第一步:"一上"——由下至上逐级填报、汇总政府采购预算草案申请。负有编制部门预算职责的部门在编制部门预算时,按照财政部门规定的部门预算表格及政府采购预算表格和要求,将本财政年度政府采购的项目及资金来源渠道预算列出汇总,报财政部门审核。

第二步:"一下"——由上至下审核、修改政府采购预算。部门预算分为收入预算、基本支出预算、专项(项目)支出预算和政府采购预算。专项支出预算是政府采购预算的主要资金来源。财政部门接到各部门报来的政府采购预算后,结合核定的各部门的支出控制数以及专项支出预算一起进行审核。审核各部门自报的项目是否符合政策规定,各部门上报的政府采购预算是否完整等。在审核的基础上重新编制各部门政府采购预算,并将重新编制的政府采购预算下达给各采购人征求意见。

第三步:"二上"——由下至上重新编制政府采购预算表。各单位根据财政部门下达的预算控制数,结合本单位预算年度收支情况,特别是财政拨款(补助)数变动情况,本着"量入为出、不留缺口"的原则,对相关收支项目进行调整,包括调整政府采购预算,编制正式部门预算。部门在调整政府采购预算时,应根据事业发展和工作计划,提出具体采购项目预算金额及实施时间。各单位要按规定时间将正式预算报送主管部门审核汇总,由主管部门报财政部门汇总报批。

第四步:"二下"——由上至下批复下达政府采购预算。财政部门将各单位包括政府采购预算在内的部门预算汇总编入本级财政预算,按法定程序批准后,随同各单位的部门预算一起逐级下达给各部门预算单位。预算下达各部门后,各部门要按照随同下达的政府采购预算编制《政府采购计划表》,并应在下达部门预算时规定的时间之内上报政府采购计划。

(五)政府采购预算编制的方法

各部门、各单位根据政府集中采购目录和部门预算编制工作要求,编制政府采购项目预算。政府采购预算编制按预算隶属关系自下而上逐级编报,从基层单位编起,逐级审核汇总上报。经汇总并按规定程序报批后,形成年度政府采购预算,由市财政局在批复部门预算时一并批复到各部门,再由各部门按部门预算批复要求批复到基层单位。

政府采购预算应与年度部门预算同时编报。政府采购预算由单位采购预算和财政采购预算组成。

1.单位政府采购预算的编制方法。由各单位按预算级次、项目和品目等内容向财政部门报送货物采购、工程采购和服务采购预算。财政部门经审核确定单位采购项目资金,编制单位汇总政府采购预算。

2.财政采购预算编制方法。财政预算的资金来源主要是财政支出总预算安排的建设性资金和专项资金,按价值管理和实物管理相结合的办法,在财政支出总预算中单独按货物采购、工程采购、服务采购三大类编制财政采购预算,并细化到每一个单位和项目,汇编成财政采购预算。这一部分预算的编制主要由有预算分配权的部门如发展改革委与财政业务部门一起编制。

财政部门根据财政采购预算和单位采购预算,将采购项目和采购资金来源分类汇总,构成本级的政府采购预算。

政府采购预算一经批复下达,一般不得随意变更。采购单位因特殊情况需要追加、调减政府采购预算的,必须严格按有关规定办理:预算内变更的送财政部门按程序报批;预算外变更的,按编制政府采购预算程序办理。

三、政府采购预算执行

政府采购预算的编制,只是政府采购工作的开始。在政府采购预算报经主管部门和财政部门审查批准后,还要通过预算的执行来完成。政府采购预算的执行属于政府预算执行范畴,处于支出使用阶段,着重解决各预算单位如何使用财政资金的问题,也就是说要解决"如何购买"和"如何付款"的问题,即如何实施政府采购预算。

（一）政府采购预算执行的意义

政府采购为什么必须严格按照批准的预算执行？主要理由有：

一是政府采购项目必须列入财政预算,并获得批准。政府采购资金主要来源于财政性资金,部门预算中包含政府采购预算内容。按照市场经济条件下公共财政管理要求,没有列入预算的项目,政府不得拨款;没有资金保证的项目不能开展采购活动,否则政府将要承担法律责任。因此,采购人拟采购的项目,首先要编入本部门的部门预算,报财政部门审核,最后报同级人大审批。只有经批准后的采购项目,才有资金保障,具有履行采购合同的支付能力。

二是政府采购项目必须按批准的预算执行。经人大批准的预算中包括政府采购项目的预算,政府采购项目必须按照批准的预算执行。纳入预算的采购项目,都明确了用途,以实现规定的目标,应当不折不扣地予以完成。

三是采购项目不得超过预算定额。批准的采购预算通常考虑到了确保该采购项目质量的各项费用,在执行中不应当突破。确需超预算采购的,采购人应当调整采购需求,或者调整本部门的支出预算,总之要自求平衡,按照采购合同履行付款义务。

（二）政府采购预算执行的任务

政府采购预算的执行,就是根据年度政府采购预算与政府采购计划,编制日常政府采购工作计划,并及时实施采购;依法进行采购资金的归集、支付等管理工作,确保合同顺利执行;及时分析政府采购预算执行情况,保证年度政府采购任务的顺利完成。具体分述如下：

各部门应根据财政部门批复的政府采购预算填报政府采购预算执行表。政府采购预算执行表按采购需求时间由基层单位分季度填报,每季度填报一次,即基层单位应于每季度第一个月15日内将本季度需进行政府采购的项目一次性填报政府采购预算执行表,经主管部门审核后报财政部门相关业务处审核批准、采购办签署采购方式后执行。

政府采购资金支付应严格按有关规定办理。凡属政府采购项目而未按规定进行政府采购的,财政一律不予支付资金,该项目预算安排的资金予以全部扣减。

政府采购预算原则上应在当年执行完毕。若因特殊情况需跨年度执行的,需经市财政部门审核批准。当年无特殊原因而未执行的部门政府采购预算,年终将取消该采购项目,预算资金按照年终结余资金管理有关规定办理。

对年初未编制采购预算,年度执行中新增的自筹采购事项,财政部门政府采购处和相关业务处要从严控制和审核。经认定确需执行中自筹采购的,要确保单位不挪用其他项目资金实施与原项目内容无关的政府采购事项,同时要确保自筹资金到位后方可审批。

四、政府采购预算调整

政府采购预算调整涉及预算项目调整的,按"先调整部门预算,后调整政府采购预算"的原则办理。

各单位应按批准后的政府采购预算组织实施,未纳入政府采购预算的项目原则上不得办理政府采购,确需进行调整的,按以下规定办理:

1.凡预算项目已安排资金,该项目中的政府采购预算项目需进行调整的,由单位上报政府采购预算执行表,经主管部门审核后报财政部门相关业务处审核批准,采购办签署采购方式后实施。

2.凡预算项目已安排资金,如该项目未相应编制政府采购预算,而执行中需从该项目经费中安排政府采购项目的,需由单位写出书面说明并加盖单位公章,经主管部门审核后再报财政部门审核,经审核同意后方可办理政府采购相关手续。

3.凡预算追加的项目,预算追加审批后批复的预算项目如需政府采购的,由单位按批复的预算项目相应报送政府采购预算执行表,经主管部门审核后报财政部门相关业务处审核批准,采购办签署采购方式后实施;预算追减则相应调减该项目原政府采购预算。

4.凡预算项目变更需政府采购的,应先按财政部门有关规定办理预算项目变更手续,经批准后按变更后的项目上报政府采购预算执行表,经主管部门审核后报财政部门相关业务处审核批准,采购办签署采购方式后实施。

五、政府采购预算执行的监督

加强政府采购预算执行的监督,是政府采购管理的重要环节。因此,在政府采购预算编制和执行期间,为保证政府采购预算的严肃性,政府采购主管部门、审计部门、监察部门及有关单位应当各负其责,履行政府采购预算的监督检查。检查采购当事人是否按集中采购目录编制政府采购预算,政府采购预算是否得到了全面实施,是否有应集中采购而自行采购的,以及是否有化集中采购为分散采购等情况发生,对有上述情况的应严格按政府采购有关规定予以查处。

主管政府采购监管部门,即财政部门依据《政府采购法》、国家和省有关政府采购的法规、政策,对政府采购预算的编制、执行和政府采购项目的实施情况进行监督、检查。对未按规定实施政府采购的单位,主管财政部门按照有关法律、法规规定进行处理。政府采购预算及执行情况接受审计、监察部门的审计和监督。

各主管部门应当加强本部门及所属单位的政府采购预算编制、执行、调整等监督管理工作,并对发现的问题及时予以纠正。

第四节 政府采购方式及其程序

一、政府采购方式概念

政府采购方式是指在政府采购活动中,政府采购人或集中采购机构为了从供应商手中获取工程、货物或服务而采用的方式。政府采购是一种政府行为,各采购人为履行政府职能而购买货物、工程和服务的活动必须规范。采购方式很多,具体采用何种方式的基本原则是依法选用采购方式,要有助于推动公开和有效竞争及物有所值目标的实现。通过采购方式的正确选择,以及政府不断从市场获取信息,改进采购方式并使其更加合理,从而维护政府采购制度的信誉,确保政府采购制度的透明度,执行政府采购的公开透明、公平竞争、物有所值和诚实信用等原则,保证政府采购目标的实现。

《政府采购法》规定,政府采购的方式主要有公开招标、邀请招标、竞争性谈判、询价、单一来源和国务院政府采购监督管理部门认定的其他方式,同时,规定了各种采购方式的适用条件和基本程序。公开招标和邀请招标方式属于政府采购招标采购方式。非招标采购方式,也指竞争性谈判、单一来源采购和询价采购方式。自2014年2月1日起,采购人、采购代理机构采用非招标采购方式采购货物、工程和服务的,应执行《政府采购非招标采购方式管理办法》。

二、公开招标采购方式

(一)公开招标的概念

公开招标是指招标采购人依法以招标公告的方式邀请不特定的供应商参加投标。由招标人在报刊、电子网络或其他媒体上刊登招标公告,吸引众多供应商参加投标竞争,招标人从中择优选择中标单位的招标方式。

公开招标是政府采购主要采购方式,与其他采购方式不是并行的关系。公开招标以外的其他采购方式均被认为是公开招标方式的补充,适用于公共政策、投标相应方不足以及技术规格过于复杂因而简单招投标无法顺利沟通等情况。

(二)公开招标的特点

公开招标采购方式通过招标公告进行竞争邀请、投标一次性、按事先规定的选择标准将合同授予最佳投标人,不准同投标人进行谈判等方式进行,与其他采购方式相比,无论是透明度上,还是程序上,都是最富有竞争力和规范的采购方式,也能最大限度地实现公开、公正、公平原则,实现高效率及其他采购目标。公开招标方式具有以下特点:一是选择范围广、竞争范围大、竞争更充分;二是公开程度高、公告时间较长、信息发布透明;三是评标办法可选择余地大;四是操作规范性和程序性。公开招标成为各国的主要采购方式。

公开招标是最广泛适用的采购方式,而其他方式则是在公开招标之外存在其他限制条件的情况下适用。但公开招标也并非是完美的,其有效适用需依赖于一定的条件,包括采购市场存在良好的竞争、招标书中技术规格或其他技术说明清楚准确、采购时间充分、合同金额达到一定数额以至于招标所耗费的金钱物有所值、价格是采购人做出决策的基础等。

(三)公开招标的适用范围

凡达到公开招标数额标准的货物和服务采购,都必须采取公开招标方式。采购人采购公开招标数额标准以下的货物、工程或服务项目的,可以采用公开招标或非公开招标方式。

政府采购法明确公开招标的适用范围,规定实行公开招标的具体数额标准,即采购人采购工程、货物或者服务应当采用公开招标方式的,其具体数额标准,属于中央预算的政府采购项目,由国务院规定;属于地方预算的政府采购项目,由省、自治区、直辖市人民政府规定。县级以上地方人民政府采购项目的公开招标具体数额标准,可以由省级人民政府授权的同级地方人民政府制定;达到数额标准的政府采购项目,因特殊情况需要采用公开招标以外的采购方式的,需要在采购活动开始前获得设区的市、自治州以上人民政府采购监督管理部门的批准。

(四)公开招标采购方式的程序(详见图 11-1)

政府采购程序是政府采购活动应当遵循的步骤和次序。政府采购程序在政府采购制度中具有十分重要的地位,是政府采购原则的表现形式和行为准则,也是监管部门实施监督管理的基础。

各种政府采购方式有不同的采购程序。当政府采购进入组织采购活动时,应按确定的采购方式的不同分别采用不同的程序。招标投标有一套科学的程序,它是由前后相继、互相衔接的若干阶段组成的。大致上可分为招标、投标、开标、评标和定标五个阶段。在这五个阶段中又包含了一些重要的环节,环环相扣,构成政府采购招标投标的完整过程。采用公开招标采购方式组织采购时,其一般程序主要包括以下步骤:

1.招标。招标采购是指采购人根据已经确定的采购需求,提出招标采购项目的条件,向潜在的供应商或承包商发出投标邀请的行为。在这一阶段,主要工作内容有:确定采购机构和采购需求,编制招标文件,确定标底,发布采购公告或发出投标邀请,进行投标资格预审,通知投标商参加投标并向其出售标书,组织召开标前会议等。这些工作主要由采购机构组织进行。招标文件公开发售时间不得少于 5 个工作日。

2.投标。投标是指投标人接到招标通知后,根据招标通知的要求编写投标文件,并将其送交采购机构的行为。在这一阶段,投标人所进行的工作主要有:申请投标资格,购买标书,考察现场,办理投标保函,编制和投送标书等。

3.开标。开标是采购机构在预先约定的时间和地点将投标人的投标文件正式启封揭晓的行为。开标由采购机构组织进行,但需邀请投标人代表参加。在这一阶段,采购机构要按照有关要求,逐一揭开每份标书的封套,开标结束后,还应由开标组织者编写一份开标会记要。

4.评标。评标是采购机构根据招标文件的要求,对所有的标书进行审查和评比的行为。评标是采购人的单独行为,由采购机构组织进行。在这一阶段,采购人要进行的工作主要有:审查标书是否符合招标文件的要求和有关规定,组织评审人员对所有的标书按照一定方法进行比较和评审,就初评阶段被选出的几份标书中存在的某种问题要求投标人加以澄清,最终评定并写出评标报告等。

5.决标(定标)。决标也即授予合同,是采购人决定中标人的行为。决标是采购机构的单独行为,但需由采购人或其他人一起进行裁决。在这一阶段,采购机构所要进行的工作有:决定中标人,通知中标人其投标已经被接受,向中标人发送授标意向书,通知所有未中标的投标,并向他们退还投标保函或投标保证金等。

6.授予合同。授予合同习惯上也称签订合同,因为实际上它是由招标人将合同授予中标人并由双方签署的行为。在这一阶段,通常双方对标书的内容进行确认,并依据标书签订正式合同。为保证合同履行,签订合同后,中标的供应商或承包商还应向采购人或业主提交一定形式的担保书或履约保证金。

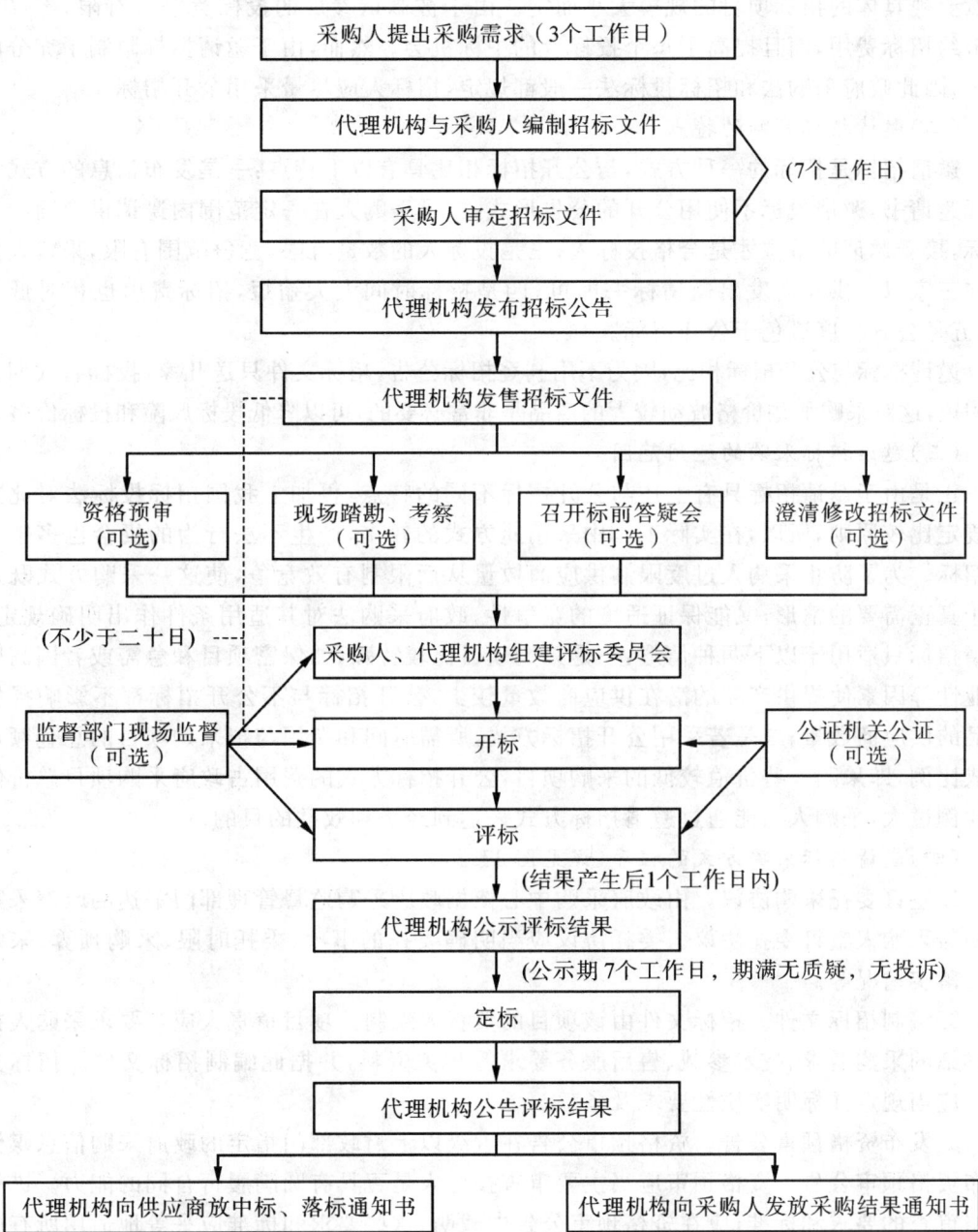

图 11-1 公开招标流程图

三、邀请招标采购方式

(一)邀请招标采购的概念

邀请招标是指招标单位依法从符合相应资格条件的供应商中随机邀请三家以上供应商,并以投标邀请书的方式,邀请其参加投标。一般都选择 3～10 家之间参加较为适宜,当然要视具体的招标项目的规模大小而定。由于被邀请参加的投标竞争者有限,不仅可以节约招标费用,而且提高了每个投标者的中标机会。然而,由于邀请招标限制了充分的竞争,因此政府采购法和招标投标法一般都规定,招标人应尽量采用公开招标。

（二）邀请招标采购的特点

邀请招标是招标的一种方式,与公开招标相比具有以下特点:一是发布信息的方式为投标邀请书,邀请投标不使用公开的公告形式;二是采购人在一定范围内邀请供应商参加投标,接受邀请的单位才是合格投标人;三是投标人的数量有限,竞争范围有限,采购人只要向三家以上供应商发出邀请标书即可;四是招标时间大大缩短,招标费用也相对低一些;五是公开程度逊色于公开招标。

邀请招标与公开招标相比,因为不用刊登招标公告,招标文件只送几家,投标有效期大大缩短,这对采购那些价格波动较大的商品是非常必要的,可以降低投标风险和投标价格。

（三）邀请招标采购的适用范围

正是由于邀请招标具有上述与公开招标不同的特点,再加上我国招标投标法对此方式规定比较原则,所以,在实际工作中采用此方式的较多,产生不法行为的机会也多于公开招标。为了防止采购人过度限制供应商数量从而限制有效竞争,使这一采购方式既适用于真正需要的情形,又能保证适度的竞争性,政府采购法对其适用条件作出明确规定。邀请招标只适用于以下两种情形:一是采购项目比较特殊,如保密项目和急需或者因高度专业性等因素使提供产品的潜在供应商数量较少,公开招标与不公开招标都不影响提供产品的供应商数量;二是若采用公开招标方式,所需时间和费用与拟采购项目的总金额构不成比例,即采购一些价值较低的采购项目,公开招标方式的费用占政府采购项目总价值的比例过大,采购人只能通过邀请招标方式来达到经济和效益的目的。

（四）邀请招标采购方式的程序（详见图11-2）

1.签订委托采购协议。由政府采购中心依据政府采购监督管理部门下达的政府采购计划与采购人签订委托协议。委托协议应当明确委托的事项、委托时限、采购预算、采购资金落实情况等。

2.编制招标文件。招标文件由该项目的负责人编制。项目负责人应当要求采购人提供详细的采购需求、技术参数、售后服务要求等相关资料,并据此编制招标文件。招标文件中应当规定并标明实质性要求及条款。

3.发布资格预审公告。资格预审公告在省级以上财政部门指定的政府采购信息媒体发布资格预审公告。资格预审应当主要审查投标人是否具有圆满履行合同的能力。进行资格审查的要求和标准,应在资格预审公告中载明,这些要求和标准应平等地适用所有的潜在投标人,不得限制或歧视拟投标人。

4.邀请合格供应商。投标供应商在资格预审公告期结束之日起3个工作日前,按公告要求提交资格证明文件。采购中心从评审合格投标人中随机邀请3家以上的投标人,并向其发出投标邀请函。采购人采购的产品属于自主创新产品、节能环保产品目录中品目的,应当优先邀请符合相应资格条件的自主创新、节能环保产品投标人参加投标。

5.发售招标文件。邀请招标的招标文件自开始发出之日起至投标人提交投标文件截止之日,不得少于20工作日。

6.编制投标文件、招标答疑及修改、投标、开标和评标、评标结果公告、签发《中标通知书》、签订合同等操作。与公开招标程序相同,详见政府公开招标采购。

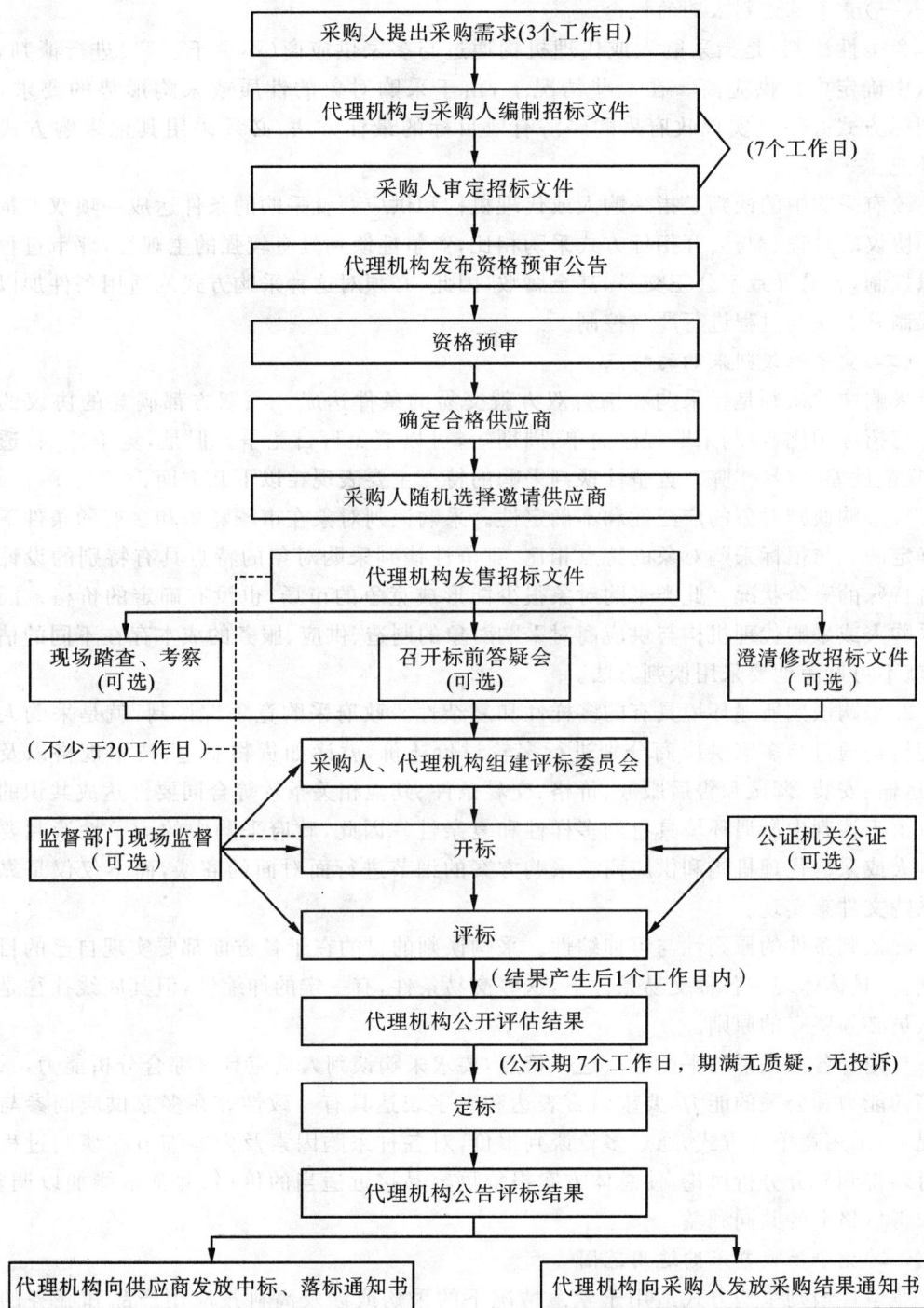

```
┌─────────────────────────────────┐
│  采购人提出采购需求(3个工作日)      │
└─────────────────────────────────┘
                 │
┌─────────────────────────────────┐
│  代理机构与采购人编制招标文件        │ ──┐
└─────────────────────────────────┘   │
                 │                      │ (7个工作日)
┌─────────────────────────────────┐   │
│     采购人审定招标文件              │ ──┘
└─────────────────────────────────┘
                 │
┌─────────────────────────────────┐
│   代理机构发布资格预审公告          │
└─────────────────────────────────┘
                 │
┌─────────────────────────────────┐
│          资格预审                  │
└─────────────────────────────────┘
                 │
┌─────────────────────────────────┐
│        确定合格供应商              │
└─────────────────────────────────┘
                 │
┌─────────────────────────────────┐
│    采购人随机选择邀请供应商         │
└─────────────────────────────────┘
                 │
┌─────────────────────────────────┐
│      代理机构发售招标文件           │
└─────────────────────────────────┘
```

现场踏查、考察(可选)　　召开标前答疑会(可选)　　澄清修改招标文件(可选)

(不少于20工作日)

采购人、代理机构组建评标委员会

监督部门现场监督(可选)　　开标　　公证机关公证(可选)

评标

(结果产生后1个工作日内)

代理机构公开评估结果

(公示期7个工作日,期满无质疑,无投诉)

定标

代理机构公告评标结果

代理机构向供应商发放中标、落标通知书　　代理机构向采购人发放采购结果通知书

图 11-2　邀请招标采购方式流程图

四、竞争性谈判采购方式

（一）竞争性谈判采购的概念

竞争性谈判，是指采购人或代理机构通过与多家供应商（不少于三家）进行谈判，最后从中确定中标供应商。在一些情况下，由于采购对象的性质或采购形势的要求，公开招标方式并不是实现政府采购经济有效目标的最佳方法，必须采用其他采购方式予以补充。

政府采购中的谈判是指采购人或代理机构和供应商就采购的条件达成一项双方都满意的协议的过程。与公开招标方式采购相比，竞争性谈判具有较强的主观性，评审过程也难以控制，容易导致不公正交易，甚至腐败，因此，必须对这种采购方式的适用条件加以严格限制并对谈判过程进行严格控制。

（二）竞争性谈判采购的特点

采购中的谈判是指采购和销售双方就交易的条件达成一项双方都满意的协议的过程。与招标相比，谈判采购程序简单，周期短，可以避免盲目竞争。但是，竞争性弱、透明性、规范性差，容易作弊。竞争性谈判采购的特点主要表现在以下几方面：

1.采购谈判对象的广泛性和不确定性。采购谈判对象在市场竞争和多变的条件下是不确定的。与招标采购对象的特点相比，竞争性谈判采购对象的特点具有特别的设计者或者特殊的竞争状况。此类采购对象很少能形成竞争的市场，也没有确定的价格。因此在采购人或采购代理机构与供应商对采购对象的制造、供应、服务的成本存在不同的估价时，就不可避免地要采用谈判方法。

2.采购谈判所遇环境具有的多样性和复杂性。政府采购竞争性谈判，就是采购人或代理机构通过与多家供应商分别进行多轮讨价还价，就诸如货物制造、技术规格以及供应、运输、安装、调试和售后服务、价格、交易条件、其他相关条款等合同要件达成共识的艺术。由于谈判中所遇环境具有的多样性和复杂性。因此，政府采购中的竞争性谈判要求采购人或采购代理机构和供应商就采购方案的细节进行面对面的商谈，而不仅仅是靠交换采购文件来实现。

3.谈判条件的原则性与可伸缩性。采购谈判的目的在于各方面都要实现自己的目标和利益，具体体现在各种交易条件下，这些交易条件，有一定的伸缩性，但其底线往往是谈判人员必须坚守的原则。

4.内外各方关系的平衡性。这一特点，要求采购谈判人员应具有综合分析能力，系统运筹的能力和公关的能力，要求语言表达和文字表达具有一致性。在多家供应商参与的情况下，采用竞争的方式，通过多轮谈判报价，对各种采购因素及内容细节在谈判过程中均可以得到充分分析讨论，使总体方案报价更容易接近适当的价格，并常常能加以调整，以取得价格上的共同利益。

（三）竞争性谈判采购适用范围

竞争性谈判采购方式适用于紧急情况下的采购或涉及高科技应用产品和服务的采购，谈判采购方式重要性可以和竞争性招标方法相比拟。如前所述，由于谈判方式存在竞争性、透明度以及评判程序主观性等方面的缺陷，它有很高的贿赂和利诱的危险，因此，

《政府采购法》也作了严格的限制,只有符合以下这几种情形之一的采购,才可以依法采用竞争性谈判方式采购。

第一种情形是指经公开招标或邀请招标后,没有供应商投标,或者有效投标供应商数量未达到法定数量,以及重新招标未能成立的。

第二种情形是指技术复杂或者性质特殊,不能确定详细规格或者具体要求的。主要是指由于采购对象的技术含量和特殊性质所决定,采购人不能确定有关货物的详细规格,或者不能确定服务的具体要求的。

第三种情形是指由于公开招标采购周期较长,当采购人出现不可预见的因素急需采购时,无法按公开招标方式规定程序得到所需货物和服务的。急需得到某种服务,采用招标程序不切合实际或者不可行,但前提条件是此种紧迫情况并非因采购者办事拖拉所致;

第四种情形主要是指采购对象独特而又复杂,以前不曾采购过且很少有成本信息资料,不能事先计算出价格总额的。所涉服务或风险的性质不允许事先做出总体定价;

第五种情形主要指由于技艺或工艺方面的原因,或由于保住专属权的原因,服务只能由特定的提供者提供;原合同的履行以需要提供某种补充服务(价值不得超过主合同的50%)为前提,这种补充服务不可能从技术上或经济上与主合同分开,也就是说,是完成主合同所绝对必需的,所以补充合同还是要给予合同所涉产品和服务的提供者。

当出现上述任何一种情形时,法律允许不再使用公开招标采购方式,可以依法采用竞争性谈判方式来采购。上述几种情况的共同点是因为客观上的不能而无法实行招标采购方式,不得已转而采用竞争性谈判采购方式。竞争性谈判是招标以外的首选采购方式。

(四)竞争性谈判采购程序(详见11-3)

1. 受理采购委托、签订委托采购协议。由政府采购代理机构依据政府采购监督管理部门下达的政府采购计划与采购人签订委托协议。委托协议应当明确委托的事项、采购预算、采购资金落实情况等。

2. 编制谈判文件。政府采购代理机构应当要求采购人提供详细的采购项目需求、技术参数、售后服务要求等相关资料,并据此编制谈判文件。编制好的谈判文件送采购人确认,采购人审核后在谈判文件上签署确认意见。

3. 发布谈判采购公告。采购代理机构应当在省级以上财政部门指定的政府采购信息发布媒体上发布竞争性谈判采购资格预审公告征集供应商,同时接受供应商报名并发售谈判文件。公告应当公布采购项目的名称、数量以及参加谈判供应商应当具备的资格条件等,公告时间不得少于3个工作日。公告期结束之日与供应商提交资格证明文件和谈判响应性文件截止时间不得少于2个工作日。

4. 制定和发售谈判文件。由政府采购代理机构向符合资格条件的供应商发售谈判文件。谈判文件应明确谈判程序、谈判内容、合同草案的条款、评定成交的标准等事项。谈判文件开始发出之日起至供应商提交投标文件截止之日止,不少于5天。谈判文件有实质性变动的,采购代理机构或采购人应当在规定的截止时间前以书面形式通知所有报名的供应商,并将截止时间相应顺延,但顺延不得超过2个工作日。

5.谈判时间变更。如需要变更谈判时间的,应当在提交投标文件截止时间2天前,将变更时间书面通知所有谈判文件的收受人。

6.接受投标文件。在竞争性谈判文件规定的时间、地点接受供应商的投标文件,政府采购代理机构应做好文件的签收、保管和投标保证金的收缴、登记工作。

7.成立谈判小组。按照随机原则抽取组建谈判小组。谈判小组由采购人代表和有关专家共3人以上单数组成,其中专家人数不得少于成员总数的2/3。专家应从财政部门设立的专家库中随机抽取。

8.组织谈判,确定成交供应商。谈判小组审核报名供应商递交的资格证明文件,符合项目资格条件的供应商均可参加谈判;如符合项目资格条件的供应商较多时,也可从中随机确定不少于3家供应商参加谈判。随机选择谈判供应商的过程必须公开,须在采购人、报名供应商代表及有关部门监督下进行。

确定的谈判供应商在谈判前向采购代理机构或采购人递交谈判响应性文件。谈判小组审查供应商谈判响应性文件的有效性、完整性,以确定是否对谈判文件的实质性要求做出响应。未对谈判文件做实质性响应的供应商,不得进入具体谈判程序。

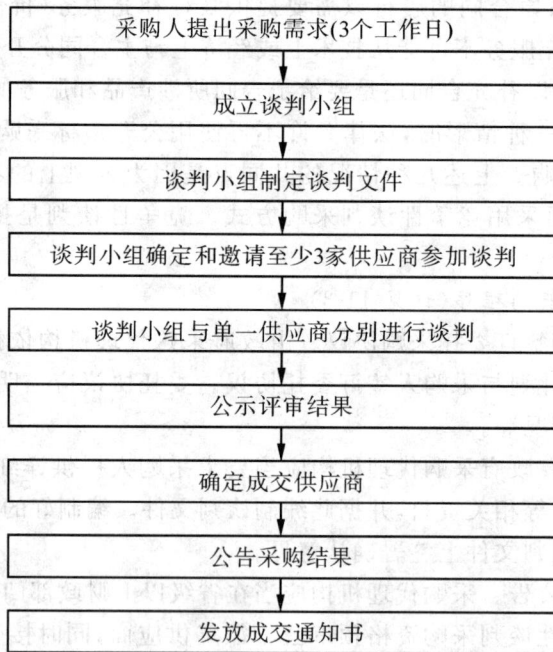

```
采购人提出采购需求(3个工作日)
          ↓
     成立谈判小组
          ↓
   谈判小组制定谈判文件
          ↓
谈判小组确定和邀请至少3家供应商参加谈判
          ↓
 谈判小组与单一供应商分别进行谈判
          ↓
      公示评审结果
          ↓
     确定成交供应商
          ↓
      公告采购结果
          ↓
     发放成交通知书
```

图 11-3 竞争性谈判采购流程图

谈判应在谈判文件规定的时间和地点进行。谈判时,全体谈判小组成员集中,逐一与供应商分别谈判;谈判的任何一方不得透露与谈判有关的其他供应商的技术资料、价格和其他信息。谈判小组应当要求所有参加谈判的供应商在规定的时间内进行最后报价及做出有关承诺,以书面形式确认,并由法定代表人或其授权人签署。投标供应商提交最终报价。

9.签发成交通知书、发布成交公告。谈判结束后,谈判小组按照谈判文件规定的评定标准,对供应商提供的最后报价及有关承诺进行评审,对供应商最后报价由低至高进行排序后向采购人推荐成交候选人。采购人按照符合采购需求、质量和服务相等且报价最低的原则确定成交供应商。

采购代理机构或采购人在确定成交供应商后1个工作日内,向成交供应商发出成交通知书,并将结果通知所有参加谈判的供应商,同时在财政部门指定媒体上公告采购成交结果。谈判工作完成3个工作日内,谈判小组要根据全体谈判成员签字的原始谈判记录和谈判结果编写包括谈判小组成员名单、资格预审公告发布情况、参加谈判供应商的确定、谈判方法和标准、谈判过程记录、成交和淘汰的供应商名单及原因、谈判结果等内容的谈判采购报告,作为档案备查。

10. 签订采购合同。与成交供应商签订采购合同。

五、询价采购方式

(一)询价采购的概念

询价采购是指对几个供货商(至少3家)的报价进行比较以确保价格具有竞争性的一种采购方式。就是通常所说的货比三家,这是一种相对简单而又快速的采购方式。询价采购与邀请招标有相似之处,是一种限制性集中议价采购方式。

(二)询价采购的特点

与其他采购方式相比,询价采购有以下明显特点:

1. 邀请特定的供应商提供报价,邀请报价的数量至少为3个。被询价的供应商不少于3家,接受询价的供应商可以是当地的,也可以是外地的。为了货比三家,应当像邀请招标一样,向3个以上特定的供应商发出询价单。

2. 不发布议价公告,只向特定的供应商发出询价单。询价采购和竞争性谈判的一个明显区别,就是询价采购一般不在政府有关部门指定媒体上发布议价公告。

3. 只允许供应商提供一个报价。与竞争性谈判采购不同,每一个供应商或承包商只许提出一个报价,而且不许改变其报价。不得同某一供应商或承包商就其报价进行谈判。报价的提交形式,可以采用电传或传真形式。询价采购是非招标采购方式,不执行招标投标的规定程序。

4. 报价的评审。在询价过程结束后,必须参照招标采购的评标标准和方法,进行评审和比较。采购合同一般授予符合采购实体需求的最低报价的供应商或承包商。询价采购程序简单、节约采购时间和费用,但竞争性、规范性弱,选择范围窄。

(三)询价采购的适用范围

询价采购适用于对合同价值较低且价格弹性不大的标准化货物或服务的采购。根据《政府采购法》的规定,如果采购项目满足且同时具备以下条件,就可依法采用询价方式采购:(1)采购对象是货物;(2)采购的货物规格、标准统一;(3)现货货源充足;(4)价格变化幅度小等必要条件。

(四)询价采购方式的程序(详见图11-4)

采购人及其采购代理机构在进行询价前应根据采购特点和需求选好符合相应资格条件的候选供应商。供应商候选名单可以由采购人直接确定,也可以采用资格审查的方式确定。资格审查的具体程序如下:在财政部门指定媒体上发布资格预审公告,公布供应商资格条件;供应商按公告要求提交资格证明文件;对供应商资格进行评审,确定合格供应商候选名单。然后,开始进入询价程序。

1.签订委托采购协议。由政府采购代理机构依据政府采购监督管理部门下达的政府采购计划与采购人签订委托协议。委托协议应当明确委托的事项、采购预算、采购资金落实情况等。

2.编制询价文件或询价通知书。采购代理机构或采购人制定询价采购文件。询价采购文件应当明确询价采购项目供应商的资格条件及确定供应商的方式、保证金交纳方式、采购项目技术规格、商务要求、数量和服务等、提交资格证明文件和询价响应性文件截止时间、合同主要条款、评定成交的标准等事项。询价文件编制完成后,送采购人确认,签署确认意见。

3.发布询价公告。采购代理机构或采购人在省级以上财政部门指定的政府采购信息发布媒体上发布询价采购资格预审公告征集供应商。公告应当公布采购项目的名称、数量以及参加询价供应商应当具备的资格条件等。公告期结束之日与供应商提交资格证明文件和询价响应性文件截止时间不得少于2个工作日。询价采购文件有实质性变动的,采购代理机构或采购人应当在规定的截止时间前以书面形式通知所有报名的供应商,并将截止时间相应顺延,但顺延不得超过2个工作日。

4.发售询价文件。接受供应商报名并发售询价采购文件,由政府采购机构向符合资质资格条件的供应商发售询价文件。询价文件开始发出之日起至供应商提交报价文件截止之日止,不少于5天。

5.成立询价小组。询价小组按照随机原则抽取组建。询价小组由采购人代表和经济、技术等方面的专家共3人以上单数组成,其中专家人数不得少于成员总数的2/3。

6.确定被询价的供应商名单。询价采购小组审核报名供应商递交的资格证明文件,符合项目资格条件的供应商均可成为被询价供应商;如符合项目资格条件的供应商较多时,也可从中随机确定不少于3家供应商作为被询价供应商。随机选择供应商的过程必须公开,须在采购人、报名供应商代表及有关部门监督下进行。

7.询价。询价小组向确定被询价的供应商发出询价文件或询价通知书,要求其报价;询价小组应给供应商合理的时间准备报价。

8.报价。供应商提交报价文件或报价书,价格一次报出,不得更改。确定的供应商在询价采购文件规定的报价截止时间前向采购代理机构或采购人递交询价响应性文件。询价采购小组审查供应商询价响应性文件的有效性、完整性,以确定是否对询价采购文件的实质性要求作出响应。被询价的供应商只能一次报出不得更改的价格,并对询价采购文件所列出的全部商务、技术要求做出承诺。

9.确定成交供应商。询价小组在公证人员的监督下拆封全部报价文件,检查各报价文件是否偏离询价要求。报价文件截止时间之后送达、不符合密封或其他规定、偏离询价要求以及报价超过采购预算的,均视为无效的报价。

有效报价的供应商不足3家的,不进行评议,待报政府采购监督管理部门后,按其批准的方式进行。报价均超过政府采购预算的,视为废标。采购人调整政府采购预算后重新组织采购;或经政府采购监督管理部门批准,采取其他采购方式。

询价采购小组按照询价采购文件规定的评定标准,对供应商报价由低至高进行排序后向采购人推荐成交候选人。采购人根据符合采购需求、质量和服务相等且报价最低的原则,确定成交供应商。

10.签发成交通知书,发布成交公告。采购代理机构或采购人在确定成交供应商后一个工作日内,向成交供应商发出成交通知书,并将结果通知所有参加询价采购的未成交供应商,同时在财政部门指定媒体上公告其采购结果。

11.签订采购合同。采购人与成交供应商应当在成交通知书发出之日起30日内,按照采购文件确定的事项签订政府采购合同。采购人可以委托采购代理机构代表其与供应商签订政府采购合同。由采购代理机构以采购人名义签订合同的,应当提交采购人的授权委托书,作为合同附件。

政府采购合同自签订之日起7个工作日内,采购人应当将合同副本及采购报告报同级政府采购监督管理部门和有关部门备案。询价采购工作完成3个工作日内,询价采购小组要根据全体成员签字的原始询价记录和询价结果编写包括询价采购小组成员名单、资格预审公告发布情况、参加询价的供应商的确定、询价记录和评定情况说明、成交和淘汰的供应商名单及原因、询价结果等内容的询价采购报告,作为档案备查。

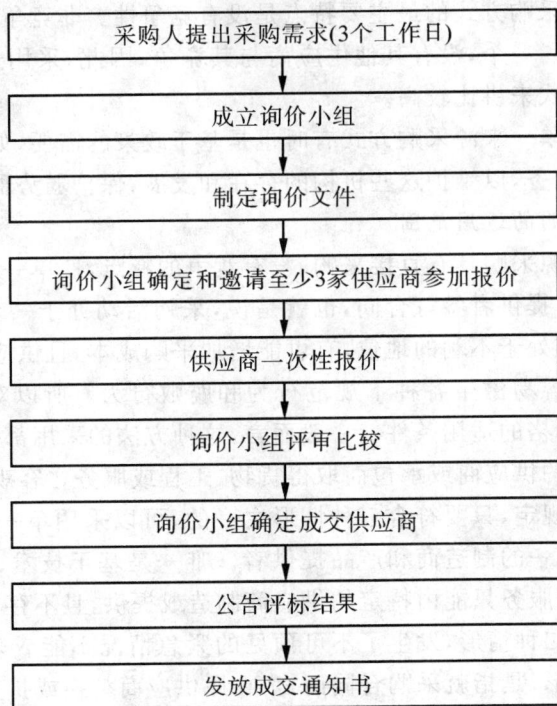

图11-4 询价采购方式流程图

六、单一来源采购方式

(一)单一来源采购的概念

单一来源采购,指采购人直接向某一家供应商采购的方式。单一来源采购是一种没有竞争的采购方式。采购标的即使达到了竞争性招标采购的金额标准,但由于来源渠道单一,或属专利、首次制造、合同追加、原有项目的后续扩充和发生了不可预见紧急情况不能从其他供应商处采购等特殊情况下,只能由一家供应商供货。从竞争态势上看,单一来源采购方式处于不利地位,所以对于这种采购方法的使用,世界组织乃至各国都规定了严格的适用条件,一般而言多为出于紧急采购的时效性或者只能从唯一的供应商或承包商取得货物、工程和服务的客观性考虑。

(二)单一来源采购的特点

与竞争性谈判采购相似,单一来源采购程序更加简单,没有竞争性。其特点有:

1. 货源单一性。采用单一来源采购方式大多是因为只有唯一的供应商能提供工程、货物和服务,如只能从特定供应商处采购,或供应商拥有专有权,且无其他合适替代标的;或者说为了保证政府采购的连续性,保证原有采购项目一致性或者服务配套的要求,需要继续从原供应商处添购。如对原采购的后续维修、零配件供应、更换或扩充等等。

2. 非竞争性。该采购方式的最主要特点是没有竞争性。非竞争性是指采用单一来源采购时供应商只有唯一一个,没有其他供应商与其竞争,因此,采用这种采购方式的采购成本相对其他采购方式来讲比较高。

3. 政策性。采用单一来源采购方式有时也是基于政策的需要,如从残疾人、慈善等机构采购工程、货物或服务,以维护这些机构的存在和发展,保护弱势群体。

(三)单一来源采购的适用范围

正是由于单一来源采购具有直接采购、没有竞争的特点,使单一来源采购只同唯一的供应商、承包商或服务提供者签订合同,也就是说,采购活动处于一对一的状态。所以就竞争态势而言,采购方处于不利的地位,有可能增加采购成本,且供应商处于主动地位,因此,在交易过程中,更容易滋生各种不规范行为和腐败行为。所以对这种采购方法的使用,"规则"都规定了严格的适用条件。一般而言,这种方法的采用都是出于紧急采购之时效性或者只能从唯一的供应商或承包商取得货物、工程或服务之客观性。

根据政府采购法规定,只要符合三种情形之一的,可以采用单一来源采购:第一种情形,采购的项目只有唯一的制造商和产品提供者。唯一是基于技术、工艺或专利权护、首次制造等原因,货物和服务只能由特定的供应商制造或提供,且不存在任何其他合理的选择或替代的情况。第二种情形,发生了不可预见的紧急情况不能或来不及从其他供应商处采购的。第三种情形,是指就采购合同而言,在原供应商替换或扩充货物或者服务的情况下,更换供应商会造成不兼容或不一致的困难,不能保证与原有采购项目一致性或者服务配套的要求,需要继续从原供应商处添购,且添购金额不超过原合同采购金额的10%。

(四)单一来源采购方式的程序(详见图11-5)

采购人与单一供应商就采购合同涉及的事项进行直接谈判,在保证采购项目性能、质量标准的前提下,合理商定合同价格及有关合同条件;在财政部门指定的媒体上公布采购

结果;签订合同。具体程序包括:

1.提出采购理由和依据。采购人或代理机构提出采取单一来源采购方式的理由和依据,书面报政府采购监督管理部门审核。政府采购监督管理部门审核通过后下达《政府采购计划下达函》。

2.受理采购委托。由采购中心依据政府采购监督管理部门下达政府采购计划与采购人签订委托协议。委托协议应当明确委托的事项、采购预算、采购资金落实情况等。

3.编制采购文件。采购小组根据采购需求,编制单一来源采购文件。采购文件中应该包括明确采购的程序、采购项目的技术和商务要求、服务、合同主要条款等。同时拟定洽谈方案,包括洽谈主要内容、价格承受上限、质量最低保证、服务要求、应变措施等。

4.采购信息公告。属于"只能从唯一供应商处采购"情形的单一来源采购项目,采购代理机构或采购人应当在采购项目实施前,在省级以上财政部门指定的政府采购信息发布媒体上发布采购公告,并将实行单一来源采购的理由公示,公告不得少于3个工作日。采购人向洽谈供应商发出洽谈邀请,提供采购文件。

5.组织谈判小组。采购小组由采购人代表及有关专家共3人以上的单数组成,其中专家人数不得少于采购小组成员总数的2/3。

6.组织采购洽谈。供应商按照采购文件要求编制响应文件后,携带相关资格证明文件,在采购文件规定的时间、地点参加洽谈。政府采购监督管理部门及有关部门可以视情况到现场监督洽谈活动。

采购小组对供应商授权代表身份进行验证。供应商授权代表身份与响应文件不符的,采购小组拒绝与之洽谈。供应商授权代表身份与响应文件相符的,采购小组按照采购文件要求和洽谈方案,遵循物有所值和价格合理的原则,与供应商洽谈。洽谈中,供应商可以对响应文件进行修改。

在供应商提供的货物(工程或服务)质量、数量和服务均能满足采购需求,最终报价不高于政府采购预算或洽谈方案拟定的价格承受上限的,采购小组确认采购成交,出具成交报告。

供应商提供的货物(工程或服务)质量、数量和服务不能满足采购要求,最终报价高于政府采购预算或洽谈方案拟定的价格承受上限,经洽谈不能达成一致,采购人需要调整政府采购项目预算额或采购项目配置标准的,报政府采购监督管理部门审批同意后采购人继续洽谈;采购人不能调整政府采购项目预算额或采购项目配置标准的,采购项目取消。洽谈过程由采购人指定专人负责记录,并存档备查。

7.签发成交通知书。采购小组与供应商达成一致意见后,采购小组确定成交供应商。采购代理机构或采购人在确定成交供应商后一个工作日内,向成交供应商发出成交通知书,并在财政部门指定的媒体上公告其采购结果。同时采购小组负责编写采购报告作为采购文件备查。采购小组出具成交报告后,采购人向供应商发出成交通知书。成交通知书发出后,采购人改变成交结果,或者成交供应商放弃成交的,应当承担相应的法律责任。

8.签订采购合同、合同验收付款和采购资料备案(与公开招标程序相同)。采购人在洽谈活动实施前,将单一来源采购文件、洽谈方案等资料报政府采购监督管理部门备案。采购人在成交报告形成后3个工作日内,将成交报告、采购小组名单等资料报政府采购监督管理部门备案。政府采购监督管理部门在备案时发现采购文件或洽谈方案中的有关内容不符合政策性、公正性、准确性等情况时,提出书面修改意见,采购人修改后再报政府采购监督管理部门备案。

政府采购监督管理部门在备案资料时发现洽谈工作规则实质性改变洽谈方案或标准,以及采购小组未按照洽谈方法或标准进行洽谈的,应当认定采购无效,责令重新开展采购活动。

此外,采购人根据政府采购法律法规和政策规定还可以采用其他特殊采购方式,如定点采购、协议供货等。

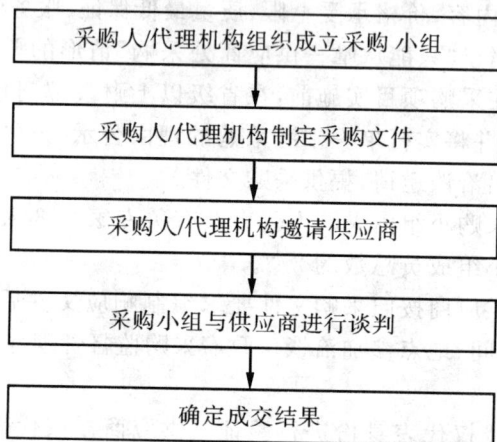

图 11-5 单一来源采购方式的程序流程图

本章小结

政府采购是指各级国家机关、事业单位和团体组织,使用财政性资金采购依法制定的集中采购目录以内的或者采购限额标准以上的货物、工程和服务的行为。我国现行政府采购管理体制是按政府采购法规定建立起来的,即财政部门为政府采购主管机构,设立政府集中采购机构为执行机构,实行集中采购与分散采购相结合的混合采购模式。

政府采购具有资金来源公共性,采购主体特定性,采购活动的经济性和非盈利性,采购对象广泛性、复杂性,采购目标的政策导向性,采购流程规范性和公开性,采购结果影响力极大,以及强制性等特点。

政府采购应当遵循以下基本原则:一是公开透明原则。所谓"公开"原则是指,政府采购整个流程必须达到这样的程度,使每个采购供应商掌握的信息是一样的,并接受有关单位监督。二是公平竞争原则。公平竞争是指政府采购的竞争是有序竞争,要公平地对待每一个供应商,不能有歧视某些潜在的符合条件的供应商参与政府采购活动的现象,而且采购信息要在政府采购监督管理部门指定的媒体上披露。三是公正原则。所谓"公正"是指,政府采购对所有的供应商采用同一标准,所有的供应商享受同等权利,负担同样义务。四是诚实信用原则。所谓"诚实信用"是指,政府采购当事人在政府采购活动中应该遵循真实、可靠的要求。

政府采购基本操作程序分为这样几个阶段：采购预算的编报审批；采购计划的编报；确定采购组织形式；政府采购方式的选择；采购计划的实施；组织实施采购活动；采购合同的履行与验收；采购资金的支付；采购资料备案保存和绩效考评等等。

政府采购预算是指政府在一个财政年度内为满足公共需要，为各预算单位实施采购货物、工程或服务的计划。它反映预算单位年度政府采购项目及资金计划，是财政部门预算的重要组成部分。政府采购预算在年度政府预算或部门预算编制时同时编报。政府采购项目应先有资金预算，再有采购预算。

政府采购方式是指在政府采购活动中，政府采购人或集中采购机构为了从供应商手中获取工程、货物或服务而采用的方式。政府采购法规定，政府采购的方式主要有公开招标、邀请招标、竞争性谈判、询价、单一来源和国务院政府采购监督管理部门认定的其他方式，同时，规定了各种采购方式的适用条件和基本程序。

案例

政府采购高于市场价的说法从何而来

近日，有关《八成政府采购商品高于市场价，社科院称多支出 2 000 万》的文章令舆论哗然，令业界震惊。

那么，事实的真相果真如此吗？如此骇人的结论又是如何得出的呢？日前，《中国政府采购报》记者在第一时间就此联系相关方进行采访了解。

文章称，"中国社科院发布的《中国法制发展报告》显示，根据中国社科院对部分地区去年 1—9 月间政府采购产品的比对发现，其中八成高于市场平均价，超过一半的商品价格高于市场平均价 1.5 倍以内。"记者随即在社会科学文献出版社网站购买了一本《中国法制发展报告》。

《报告》摘要部分介绍，调研包含两个方面：一是"对中央政府采购以及 26 个省、直辖市政府采购信息的公开情况进行了分析"，二是"根据可公开获取的协议供货成交价格、中央国家机关批量集中采购的成交价格，分析了其与市场平均价格的差异"，并指出"当前政府采购的政府信息公开情况不佳，且部分商品的采购成交价格显著高于市场价"。那么，"八成政府采购商品高于市场价"是中国社会科学院法学研究所法治国情调研组做出的结论，还是媒体自己得出的呢？

概念混淆：协议供货不能等同于政府采购

《报告》在"调研方法"部分介绍，"本报告集中于协议供货的公开程度和协议供货的价格合理性问题"，调研组"观察和分析了政府采购中中央批量集中采购和各地协议供货采购的公开情况和价格合理性"，检索了政府采购相关网站"所公开的协议供货商品目录以及协议供货的中标公告"，向部分省市"财政主管部门（厅、局）申请公开政府协议供货信息"，"获取了部分协议供货成交记录，并据此进行价格比对"。由此可见，调研组此次调研针对的仅是协议供货和中央批量集中采购。

《报告》有两部分结论性内容。一是"协议供货透明度水平不高"（《报告》第 298～300 页），二是"政府采购价格虚高"（《报告》第 300～307 页）。"政府采购价格虚高"部分实际上包含两个价格比较结果（《报告》第 303～305 页）：一是"有 15 190 件商品高于市场平均价"，"占全部商品总件数的 79.86%"，"占全部商品支出的 85.68%"。而这里所说的"全部商品"，从《报告》前后文内容可以推断指的是 19 020 件被调研组用于价格比较的协议供货商品成交记录样本。二是"中央机关批量集中采购商品的成交价格全部低于或等于市场平均价"。

莫非这就是"八成政府采购商品高于市场价"说法的由来？中央财经大学教授徐焕东表示，协议供货与政府采购的关系，就像子集里 A 包含于 B 的概念一样，目前一些省市将政府通用类采购项目中采购量较零星、采购频率较高的品目采用协议供货。以较早实行协议供货的天津市为例，该市 2012 年 IT 协议供货规模为 8 709 万元，占全市政府采购总规模的 0.38%。也就是说，以协议供货方式进行的采购只占政府采购总额中极小的份额。

国际关系学院公共市场与政府采购研究所副所长羌建新认为，从现有材料来看，"八成政府采购高于市场价"这一说法是媒体的简单化处理或者断章取义。不能仅以 19 020 件 IT 类协议供货的情况对整个政府采购制度下结论。

以偏概全：四个省不能代表全国

如果按媒体现在曝出的"八成政府采购商品高于市场价"的说法来计算，2011 年全国政府采购规模为 11 332.5 亿元，岂不有 9 066 亿元政府采购资金购买了高于市场价的商品？

事实上，按《报告》中的说法，高于市场平均价的 15 190 件商品"实际支出合计 79 348 742.2 元"。这个数字占 2011 年全国政府采购规模的 0.007%。

那么，19 020 件样本是怎么被筛选出来的呢？《报告》显示，调研组通过主动公开和依申请公开共获得"2012 年 1 月 1 日至 9 月 30 日 119 299 件协议供货商品的成交记录，其中，广东 66 128 件，黑龙江 15 239 件，江西 9 852 件，福建 28 080 件"，通过在淘宝网和京东商城进行检索，排除一些信息可能有误的样本，剩余 19 020 件商品。也就是说，假设《报告》结论经得起推敲，"八成政府采购商品高于市场价"的说法，应该是指广东、黑龙江、江西、福建等四省被抽样分析的 19 020 件协议供货商品中，有八成高于市场价。

记者联系《报告》中涉及的四个省份财政厅政府采购相关部门，对方均表示已经关注《报告》内容，正在整理分析近年来本省协议供货数据。江西省财政厅政府采购工作领导小组办公室相关负责人表示，没有收到任何机构关于协议供货信息公开的申请，目前，还不清楚《报告》中提及的数据来源，"用于对比的市场价是否靠谱？对比方法是否科学？商品是否具备可比性？这些都需要确认。"该负责人如是说。据记者了解，福建全省只有一个地市采用协议供货形式，省级实行的是网上竞价。

方法欠严谨：电商价不是市场平均价

《报告》介绍，调研组通过多重筛选以确保商品样本的可信性，除了对协议供货与外部市场价进行横向比较外，还将其与批量集中采购进行横向比较，并"以淘宝网和京东商城相关商品的价格作为市场平均价的统计来源"。为规避"水货"和"二手货"，调研组"专门选择承诺正品并开具有效发票的网店报价，并用谷歌 Chrome 浏览器的'如意淘'插件排除临时打折促销活动价格"。

拥有十多年投标经验的同方电脑总经理助理、商用系统公司总经理张伟表示,淘宝网和京东商城的价格与政府采购价格并不具备可比性,至少政府用户的服务要求和普通消费者是不一样的。供应商在报价时核心考虑的要素有具体配置、服务承诺、付款周期和方式等。此外,投标有投标保证期,在此期间报价不能更改,商家在报价时也会考虑因市场价格波动需承担的风险。

商务部中关村电子信息产品指数研究中心主任郭旭表示,市场平均价的确定需要设计科学计算模型,价格比对的关键是要坚持多市场抽样比对,要采集包括零售市场、商品集散地等市场数据,零售市场包括实体店和电商,政府采购价格比对还应该采集政府采购市场的数据,并要根据市场情况设置数据权重,不仅要注重数据的覆盖面、真实性,还要注意方法的科学性。

南开大学法学院教授何红峰认为,协议供货确实存在高于市场价格的情况,但比例不可能有八成。调研组将119 299件原始数据排除后剩下19 020件,排除量达80%多,这让样本缺乏普遍性,不能反映协议供货的真实情况,更不能反映政府采购的真实现状。

资料来源:中国政府采购网,http://www.ccgp.gov.cn/llsj/cglt/201303/t20130301_2629825.shtml

案例分析:

我国政府采购制度在实施过程中取得了不少成绩,但也还存在不少问题,有待进一步完善。

案例讨论:

你认为我国政府采购制度还须从哪些方面进一步完善?

思考题

1. 简述政府采购的概念和特点。
2. 简答政府采购制度概念。
3. 政府采购原则包括哪些?
4. 什么叫政府采购管理体制及我国现行的政府采购管理体制?
5. 简述我国政府采购的基本操作流程。
6. 什么叫政府采购预算? 政府采购预算编报的主要内容包括哪些?
7. 政府采购方式主要有哪些?

第*12*章
政府预算监督与管理

本章导读

　　政府预算监督是保证预算效率的重要环节,是政府预算管理的重要手段。本章介绍政府预算的内涵、依据,政府预算监督的内容和方法,政府预算的立法机关监督,政府预算的审计监督,政府预算的舆论监督和政府预算监督制度国际比较。通过学习本章,达到对政府预算监督系统学习的目的。

第一节　政府预算监督概述

一、政府预算监督的内涵

　　政府预算监督是指在预算的全过程中,对有关预算主体筹集和供应预算资金等业务活动依法进行的检查、督促和制约,是政府预算管理的重要组成部分。

　　预算监督有狭义和广义之分。狭义的政府预算监督是指财政机关在财政管理过程中,依照法定的权限和程序,对各级政府预算的合法性、真实性、有效性实施审查、稽核、检查活动。广义的政府预算监督是指预算监督体系中具有监督权的各主体,依照法定的权限和程序,对各级政府预算所实施的检查和监督行为。狭义和广义预算监督的区别主要在于预算监督主体范围的不同以及由此引出的监督方式和监督内容的不同。两者所指的监督对象是一致的,均为接受财政资金的相关组织,具体包括国家机关、事业单位、国有企业和其他组织。但两者的监督主体却不完全相同。狭义的预算监督主体比较集中明确,即财政机关;而广义的预算监督的主体则不仅仅限于国家机关,还包括国家权力机构、法定的有关国家监督机构、社会中介机构、社会舆论以及司法机关。在民主法治不断进步的今天,政府预算问题已越来越引起公众的关注,因此,对预算监督问题的研究具有特别重要的理论和现实意义。

二、政府预算监督的意义和作用

政府预算监督是对预算资金的筹集和供应等业务活动进行检查、督促和制约，是政府预算管理工作的重要组成部分。在公共财政框架下，政府预算监督的目的在于保证各预算单位严格履行公共受托责任，认真贯彻党和国家的路线、方针和政策，依法严格执行政府预算，提高预算资金使用效益，增收节支，保证政府预算任务的圆满完成。

（一）政府预算监督的意义

政府预算监督的意义包括：第一，是实现政府预算决策的科学化和民主化，避免和及时纠正政府预算决策的重大失误的重要保证；第二，能够及时监测和预警财政收支总量、结构和效益，为实现财政对社会宏观经济调控提供重要的决策参数；第三，能够及时反映财政预算法规、制度和政策在执行中的情况和偏差，为财政预算法规、制度和政策的制定、调整及改革提供现实基础；第四，充分维护财政预算法规、制度和政策的权威性和严肃性，保证党和国家方针政策的顺利贯彻执行；第五，能够促使政府预算管理部门及其人员提高工作水平及工作效率，保证依法行政、廉政清明；第六，能够保证政府预算收支任务的顺利完成，合理使用和节约预算资金，避免和制止浪费，达到提高预算资金使用效益的目的；第七，能够督促各部门、各单位贯彻经济核算，促进预算资金使用单位提高经济效益和社会效益。

（二）政府预算监督的作用

政府预算监督之所以受到世界各国的广泛重视，是由于预算监督本身对一国政治、经济和社会的重要影响和作用决定的。

1.政府预算监督是保障公共财政职能实现的重要手段

在市场经济条件下，财政的基本职能就是实现收入分配、资源配置、经济稳定和发展。要实现上述职能，国家必须通过制定、颁布和实施各种法规和规章制度，并通过预算安排才能得以实现。预算监督的目的旨在保证有关各方在编制、执行预算时，能够严格按照相关法规和规章制度的要求执行，以保证政府预算资金的筹集和分配。通过对政府预算的监督，能够检查各部门、各单位的收入来源及其变化状况，资金流向流量是否合理，使用效果如何，并及时发现、总结、解决所出现的问题，使有限的预算资金能够发挥最大的效益。

2.政府预算监督是确保政府进行科学决策的重要前提

政府预算反映着一定时期内政府活动的范围，所涉及的预算关系很广，所得到的信息反馈量也很大。在大量的信息中，如何保证所获信息的真实性和有效性，是政府进行科学决策所要解决的一个重大问题。而预算监督是一种对预算全过程的监督，它可以采取多形式、多渠道、多环节的监督，通过调查、质询、情况反馈、财务报表等形式对预算收支的监督，把国民经济和社会发展过程中存在的问题反映出来，把广大公众和基层单位的意见、建议和要求集中起来，使决策部门通过详细的审议、审慎的推敲，发现和剔除预算编制和执行中存在的不合法和不合理因素，并不断吸取教训，总结经验，从而保证对一定时期内的国家经济和社会发展的趋势做出科学的预测，并在此基础上进行决策，制定出各项符合经济发展规律和现实需要的方针、政策和措施。

3.政府预算监督是维护预算的法律效力及权威性的重要工具

　　政府预算一经人大审议通过，即成为具有法律效力的文件，任何人、任何单位和部门都无权擅自更改，这已在我国《预算法》中明确规定。《预算法》第 9 条规定："经本级人民代表大会批准的预算，非经法定程序，不得改变。"但在实际工作中，往往有一些部门或单位出于本部门本单位的私利，在预算执行过程中擅自变更预算，严重影响了预算法的权威性和严肃性。为了切实保证预算的法律性和维护预算法制的权威性，必须加强对政府预算的监督工作。一旦发现预算执行单位不经法定程序就擅自变更或随意突破预算的，必须及时加以纠正并追究其法律责任。

　　4. 政府预算监督是严肃财经纪律，防范和遏制腐败的重要保证

　　财政具有政治性，财权总是和政治权利交织在一起，这就为腐败的产生创造了天然的土壤。对于腐败行为，除了依靠党纪和行政监督机制发挥作用外，还要接受更加广泛的、外部的、全社会的监督。而政府预算监督正是一种既有政府部门内部监督，又有权力部门、社会中介机构和社会公众监督的有效监督体系。这个有效的政府预算监督体系的建立，对防范和遏制腐败提供了重要保障。同时，通过政府预算监督可以获得财政立法的实践来源，即在预算监督的过程中，可以发现各种政策法规的不足之处，为进一步完善财政法规和加强财政立法工作奠定一定的现实基础，这对于严肃我国的财经纪律和加强财政法治建设具有积极的作用。

三、政府预算监督的特点

　　对政府预算的监督，不仅在政府部门内部有一整套内部监督制度，在政府部门之外还存在着较全面的外部监督体系，因此对政府预算进行的监督与其他行政监督相比，具有其自身的特点。

　　(一)预算监督过程的全面性

　　政府预算活动是一项大的系统工程。它既涉及预算政策的制定，也涉及预算的编制与执行、预算调整与决算。这中间的每一个环节都关系到社会经济生活的正常运行，都需要对其进行有效的监督，以免出现不应有的失误。而政府预算监督是对预算主体的预算活动全过程监督。这种监督活动是通过预算业务活动而实现的，这中间既包括对预算主体的决策行为——预算编制环节的监督，也包括对预算执行、预算调整、决算、预算备案等各个环节的监督，这种监督贯穿于整个预算活动的始终，因而是一种全过程、全方位、多环节的监督。

　　(二)预算监督对象的广泛性

　　我国的政府预算由中央预算和地方总预算组成，地方总预算由省以下各级预算汇总而成，各级政府本级预算又包含着本级政府预算、主管部门汇总的行政事业单位预算、国有企业财务预算、基本建设财务预算等，而目前政府预算资金又分为预算内资金和预算外资金。可以看出，政府预算活动纷繁复杂，波及面广，涉及社会生活的方方面面，对国家和地区的政治、经济和社会生活具有重大的影响力。为保证政府预算的合理、合法和高效，必须对其活动内容进行全面、系统、细化的监督，使政府的预算活动真正置于公众的有效监督之下，从而体现出公共财政体系下的政府预算的公共性。正因为如此，我们说政府预算监督的对象具有广泛性。

（三）预算监督体系的层次性

政府预算监督是多层次的监督。由于政府预算活动的主体是政府机关及预算部门和单位，如果仅依靠政府机构自身对预算活动进行内部监督，而缺乏有效的外部监督机制，是难以保证对政府预算监督的客观公正性的。因此，除政府机构层面的监督外，还必须有来自立法机关、社会中介机构和社会舆论以及司法监督等层面的外部监督。这些监督是有层次性的，是由立法层面、政府层面、社会层面和司法层面共同组成的一个立体的政府预算监督网络。通过这种多层次的立体的预算监督，可以构成有效的政府预算监督体系，能够切实保证预算监督的客观公正。

（四）预算监督依据的法律性

政府预算监督是依法进行的监督。政府预算反映了政府活动的范围和方向，体现着很强的政策性，政府预算监督必须以国家的财经法律、法规为依据，依法监督。离开了国家的财经法律法规，对政府预算的监督也就失去了依据和标准，预算监督也就会失去其应有的效力。因此，实事求是，依法监督，是政府预算监督必须坚持的基本点，只有做到依法监督，才能不断提高政府预算监督的客观性、公正性和有效性。

（五）预算监督主体的多元性

由于政府预算监督体系是由多个层次组成的，因而也就形成了对政府预算进行监督的多个监督主体，即各级人民代表大会及其常务委员会、各级政府财政部门、审计部门、社会中介机构、社会舆论和司法机构。这些不同的预算监督主体从各自的职责、任务出发，从不同的角度依法对政府预算进行监督。这就要求既要根据各预算监督主体不同的工作特点实施各种专业化的监督，又要使预算监督不同主体之间相互协调配合。只有这样，才能不断强化预算监督，提高预算监督的效果，促进预算监督工作的纵深开展。

（六）预算监督形式的多样性

政府预算政策性强，牵涉到不同的利益和分配格局，对预算进行监督，只靠单一的形式是无法满足监督需要和保证监督效果的，因此，必须采取多种监督形式、多渠道进行监督。各个监督主体可以根据各自的工作性质和工作特点，采取不同的形式进行预算监督。如权力机关的监督可以采取的监督形式有：审查和批准政府预算、预算调整及决算，并做出决议；对重大事项或特定问题组织调查；对政府预算提出询问或质疑；听取预算执行情况的报告等。政府对预算监督的形式也是多种多样的：进行各种检查；进行专题调查；听取汇报；听取情况反映；建立备案制度；政府的审计机关还要对政府预算进行定期或重点审计等。

四、政府预算监督的分类

（一）按照政府预算监督的时间顺序来划分，政府预算监督可以分为事前监督、事中监督和事后监督

1. 事前监督

事前监督是指预算监督主体对监督客体将要安排的经济和社会发展事项，包括正在酝酿之中的和准备付诸实施的事项，及其相关行为的合法性、合规性、合理性依法进行审核，进而保障国家经济和社会发展事项步入预定轨道的一种预算监督管理活动。事前监

督是全部预算监督工作的基础环节,对规范政府预算管理具有重要作用。其好处在于可以预先防范监督客体安排并进行不符合国家法律、行政法规、规章制度等的事项的开展,能够较好地起到预防和降低财政风险的作用。同时事前监督也能够起到一定的完善规章制度以及纠正一般管理工作行为规范中存在缺陷的作用,及时提出予以改进的合理化建议、措施和方法,进而促进预算管理工作的科学化、民主化和高效率。

2.事中监督

事中监督也被称为日常监督。这是指通过对预算监督客体中已经发生但尚未完结的经济和社会发展事项及其运行过程,以及其中发生的各类行为的合法性、合规性依法进行审查,进而保证各类事项在预定的轨道中正常运行的预算监督管理活动。简言之,事中监督是对正在运行中的预算活动进行的监督检查,是政府预算监督的重点环节,对强化预算监督具有重要的作用。政府预算活动的实践证明,在实际工作中,大量的问题往往产生于预算活动的运行过程中,因此需要预算监督主体投入大量的精力来对预算活动的过程加以控制。

3.事后监督

事后监督是指对预算监督客体中已经完结的经济和社会发展事项及其运行结果,以及与结果相关的各类行为的合法性、合规性依法进行审查,进而保障各类事项不脱离既定运行轨道的一种预算监督管理活动。它是整个政府预算监督过程中的重要补充环节,对于完善预算监督管理具有重要作用。事后监督是以查明监督客体的预算管理状况,并且针对其中存在的问题,提出对提高预算管理工作质量有促进作用的完善性措施。

上述按不同监督主体分类的政府预算监督的层次体系及按时间顺序的政府预算监督流程控制,与政府预算管理的预算准备、预算编制、预算执行、预算评价各环节的关系,请参照图 12-1。

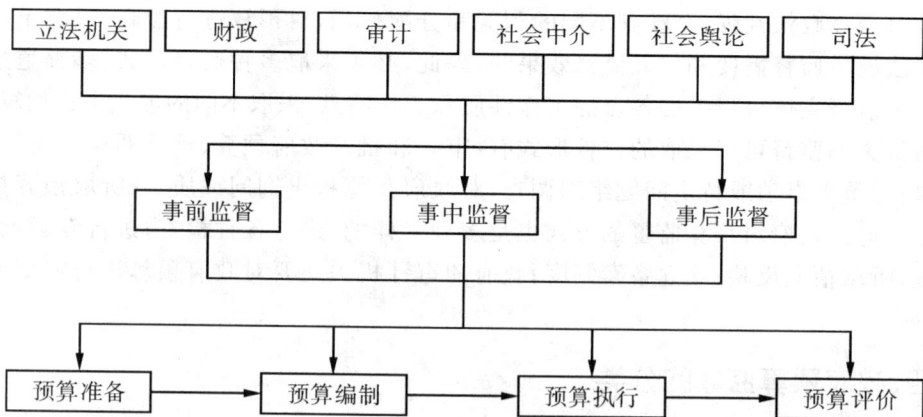

图 12-1 政府预算监督层次体系与流程环节控制

(二)按照政府预算监督体系的构成来划分,政府预算监督可以划分为立法机关监督、财政部门监督、审计部门监督、社会中介机构监督、社会舆论监督和司法监督

1.立法机关监督

立法机关即全国人民代表大会及其常设机构。立法机关对政府预算的监督主要是通

过两种方式进行：一是通过立法实施监督。立法监督实际上渗透于整个政府预算监督之中。它分为两个层次，即宪法层次的监督和一般法层次的监督。对于权力机关而言，宪法层次的监督是其特有的并且是根本性的，因为宪法规定直接决定着监督机构的地位和权限；二是通过审查、批准政府预算以及对政府预算执行进行监督从而对政府预算施加影响。

2.财政部门监督

财政部门的预算监督实际上是一种行政监督方式。财政部门对政府预算的监督在政府预算编制和执行过程中起决定性作用，是整个政府预算监督体系的中坚力量。国家财政机关在进行财政管理活动中，依照法律赋予的权限和程序，有权对各级政府预算的合法性、真实性、有效性实施审查、稽核和检查。

3.审计部门监督

审计部门对政府预算的监督实际上也属于行政监督的范畴，审计监督在政府预算监督中发挥着关键的作用。审计部门通过审查和评价政府预算的活动，来确定政府预算是否准确记录，是否进行了充分的内部控制，是否满足法律要求，最终达到维护国家财政经济秩序、促进廉政建设、保障国民经济健康发展的目的。

4.社会中介机构监督

社会中介机构（如会计师事务所、审计师事务所等）的监督对象主要是预算单位，其对预算单位的监督实际上是来源于前面三者预算监督职能的部分让渡以及预算单位内部监督社会化的要求。社会中介机构是我国经济监督工作中的一支重要力量，其开展的社会监督工作对维护市场经济秩序和促进政府职能转变具有重要作用。社会中介机构对预算单位的监督是对财政部门监督和审计部门监督的有益补充。它在促进预算单位完善内部控制和提高管理水平等方面发挥了积极的作用，是一种符合市场经济运行规律必不可少的经济监督形式。

5.社会舆论监督

社会舆论监督贯穿于预算监督的各个环节。这是一种十分广泛的社会监督，是人民群众通过发表自己的意愿和看法，对国家各方面工作以及社会法律生活进行监督。特别是广播、电视、报刊、网络等媒体的监督，对政府预算的实施具有十分重要的监督作用。在政府预算方面，舆论监督主要是监督各级国家机关及其公职人员是否严格遵纪守法。由于舆论监督的影响最广，实效最快，因而，其在政府预算监督体系中越来越占有十分特殊的地位，能够发挥不可替代的重要作用。

6.司法监督

司法机关主要是指我国的各级检察机关和各级人民法院。司法机关对政府预算的监督只是整个司法监督的一部分内容，任何组织、单位和个人都必须接受国家司法机关的监督。检察机关行使政府预算监督的权利集中体现在：依法对国家机关工作人员和全体公民是否遵守国家财经法律、法规实行监督；对严重违反财经纪律的犯罪行为提起公诉；对其他预算监督机关的执法行为是否合法进行监督。人民法院的预算监督主要是通过人民法院行使审判权和审批监督程序来实现的。与其他监督不同的是，司法监督完全属于事后监督，即一旦预算主体在预算活动中发生了违法行为，则追究其法律责任。

五、政府预算监督的法律依据

政府预算监督的法律依据,是指在政府预算监督检查工作中用于调整经济关系、进行宏观控制、维护经济秩序、完善管理机制的法律规范,也是各预算监督主体履行工作职责,开展监督检查的法律保障。虽然我国目前为止尚没有一部全面、系统的财政预算监督法,但我国有关预算监督的法律条文并不少,它们存在于不同的法律、法规和规范性文件之中,其各自的法律地位和法律效力也不相同。按照我国政府预算监督的法律制定机关的不同和所产生法律效力的不同,可分为以下几个层次:

(一)《中华人民共和国宪法》(下称《宪法》)

《宪法》是国家的根本大法,是立国之本。《宪法》是由我国的最高权力机关——全国人民代表大会制定并通过的。我国《宪法》规定了国家的根本制度和根本任务,代表全国人民的根本利益,具有最高的法律效力。因此,《宪法》中的各项规定是形成政府预算监督其他各类法律依据的原则,对政府预算监督的其他法律依据具有约束力。我国《宪法》中对政府预算管理作出了原则性规定。如《宪法》第 62 条第 10 款规定:全国人民代表大会具有"审查和批准国家的预算和预算执行情况报告"的职权;第 67 条第 5 款规定:全国人民代表大会常务委员会具有审查和批准"国家预算在执行过程中所必须作的部分调整方案"的职权。

(二)财经法律

财经法律是指由全国人民代表大会及其常务委员会制定的法律及其相关的决议或决定,其法律地位仅次于《宪法》,是政府预算监督法律依据的重要组成部分,对政府预算监督工作的规范化具有强制力。随着我国社会主义市场经济体制的建立与逐步完善,法制建设得到不断的加强,关于政府预算监督的法律依据越来越充分。《预算法》、《会计法》、《税收征收管理法》、《审计法》、《政府采购法》、《注册会计师法》、《全国人大常委会关于加强经济工作监督的决定》等一批重要的财经法律的制定与施行,为各政府预算监督主体充分履行监督职责,提供了重要的法律保障。

1.《中华人民共和国预算法》(下称《预算法》)

《预算法》在预算监督中的地位和效力仅次于《宪法》,是由全国人大制定的法律。现行《预算法》是 1994 年 3 月 22 日第八届全国人民代表大会第二次会议通过,并于 1995 年 1 月 1 日起正式实施的。《预算法》明确了政府预算的级次、组成和总原则;明确了各级人大、人大常委会的预算管理职权,明确了各级政府的预算管理职权,明确了各级财政部门的主要职责;规定了预算编制、执行和预算程序;明确了预算监督与法律责任。

《预算法》就预算监督工作的问题做出了相应的规定。如《预算法》第 66 条中规定:"全国人民代表大会及其常务委员会对中央和地方预算、决算进行监督。县级以上地方各级人民代表大会及其常务委员会对本级和下一级政府预算、决算进行监督。"《预算法》要求各级政府加强对下一级政府预算执行情况的监督,并在第 71 条中明确规定:"各级政府的财政部门负责监督检查本级各部门及其所属各单位预算的执行。"

根据《预算法》的授权,各级政府的财政部门对本级预算的执行情况要履行好财政监督的职责。财政部门对预算执行情况的监督工作,主要是对预算从编制、执行、调整和最后形成决算等活动内容以及发生的与这些方面相关行为的合法性和有效性进行的全过程监督。对预算执行情况的监督是财政监督的一个重要组成部分,是加强预算管理工作的重要组成部分。根据《预算法》中的有关规定,各个部门、各个单位都应当自觉地接受本级政府的财政部门对有关预算情况实施的监督检查,并且要按照本级财政部门的监督检查工作要求,如实提供有关预算情况的资料,执行本级财政部门提出的检查意见。同时,《预算法》中还规定了各种违反法律行为应当承担的法律责任,赋予了财政部门行使行政处罚权的相应权利。

关于审计部门的监督要求,《预算法》规定:"各级政府审计部门对本级各部门、各单位和下级政府的预算执行、决算实行审计监督。"各级审计机关应严格按照国家有关法律、法规和人代会批准的预算,对本级各部门、各单位和下级政府的预算执行、决算实行审计监督,发现问题,依法处理,并将审计结论和处理决定报告其上级主管部门和统计、财政部门。被审计单位和下级政府应当如实反映情况,准确提供资料,不得拖延隐瞒,更不能弄虚作假,虚报情况。

2.《中华人民共和国会计法》(下称《会计法》)

会计工作是经济管理工作的重要环节之一,就整个社会而言,通过会计工作形成的会计资料是一种重要的社会经济资源,是国家制定宏观经济调控政策的重要依据。《会计法》正是国家基于规范会计行为,保障会计资料的真实性和完整性,加强会计工作经济秩序的目的而制定和颁布的。

《会计法》规定,会计监督工作包括内部监督和外部监督。内部监督是指各个经济部门、各单位根据管理的需要,为了保障资金、资产安全和完整,使经济活动符合国家的法律规定而从内部提供的一种保障措施。外部监督是政府有关职能部门以及以会计师事务所为主的社会中介机构,根据法律授权并按照工作职责和权限的划分,对有关各部门、各单位的会计行为、会计资料进行检查。在《会计法》中规定了财政部门是会计工作的管理部门,因此财政部门对会计工作实施的监督在会计外部监督的过程中居于主导地位。

《会计法》规定了财政部门实施会计监督的内容,主要包括四个方面:一是监督各单位是否依法设置会计账簿;二是监督各单位会计凭证、会计账簿、财务会计报告和其他会计资料是否真实、完整;三是监督各单位的会计核算是否符合《会计法》和国家统一的会计制度的规定;四是监督各单位从事会计工作的人员是否具有从业资格。《会计法》在授权财政部门履行会计监督职责的同时,又赋予了财政部门对违反会计行为的行政处罚权和建议处罚权,对构成犯罪的移交司法机关追究刑事责任。这就从法律上为财政监督工作的有效开展提供了保障。

3.《中华人民共和国税收征收管理法》(下称《税收征收管理法》)

税收是我国政府预算收入的最主要来源,也是国家实施宏观经济调控的重要手段之一。如果税收的管理失控,必然会对整个预算管理工作乃至整个社会经济的发展产生不良的影响。因此,必须加强对税收征收环节的监控工作,要坚持做到依法治税。而《税收征收管理法》正是国家为了加强税收的征收管理工作,规范税收的征收及缴纳行为,保障国家税收收入的完整,保护纳税人的合法权益,进而促进经济和社会事业的发展而制定和颁布的。

在《税收征收管理法》中明确规定了税务机关具有对纳税义务人、扣缴义务人进行税务检查的权利,同时规定税务机关在依法进行税务检查时,有权检查纳税义务人、扣缴义务人的会计账簿、会计凭证、会计报表等资料,有权向有关单位和个人调查纳税义务人、扣缴义务人和其他当事人纳税或者代扣代缴、代收代缴税款有关的情况,有关单位和个人有义务向税务机关如实提供有关的资料及证明材料。另外,在《税收征收管理法》中对违反税法的涉税行为要承担的法律责任也做出了相应的规定。

4.《中华人民共和国审计法》(下称《审计法》)

现代社会,无论其社会政治制度与国家体制如何,对政府预算的审计监督在整个国民经济中都占有极其重要的地位。对政府预算监督的目的在于要确保预算收支和公共资金的安全与完整,提高财政资金的使用效益。在社会主义市场经济和公共财政框架体系下,政府预算关系涉及中央政府与地方政府、国家与企业、国家与个人等之间的利益分配,在预算收支上,一方面随着社会经济的发展不断提高,但另一方面国家的预算资金又是有限的。要协调好这两方面的矛盾,就要求中央和地方各级政府及财政部门要管好用好预算资金,建立合理的政府预算管理和运行机制,用较少的财力和物力,办好更多的公共事业。这种客观的生产发展、供求需要和利益分配等诸多方面所反映出的综合经济矛盾,便要求强化财政经济的监督制度,特别是对政府预算的审计监督,而且使它的地位和作用越来越重要。审计机关是财政经济综合监督部门,它是由专职机构,就法定对象的财政经济和财务活动及其效益,独立地依法进行审查、评价,以促进国民经济的发展。

为了加强国家的审计监督,维护国家财政经济秩序,促进廉政建设,保障国民经济健康发展,根据宪法,我国制定了《审计法》。根据《审计法》的规定,国务院各部门和地方各级人民政府及其各部门的财政收支都要依法接受审计部门的审计监督。审计机关要对财政收支的真实性、合法性和效益,依法进行审计监督。国务院和县级以上地方人民政府应当每年向本级人民代表大会常务委员会提出审计机关对政府预算执行和其他财政收支的审计工作报告。审计机关按照法律规定独立行使审计监督权,不受其他行政机关、社会团体和个人的干涉。任何组织和个人不得拒绝、阻碍审计人员依法执行职务,不得打击报复审计人员。

《审计法》规定的审计机关进行政府预算审计的主要内容包括:一是对本级各部门(含直属单位)和下级政府预算的执行情况和决算,以及预算外资金的管理和使用情况进行审计监督;二是对各预算单位的财务收支进行审计监督;三是对国家建设项目预算的执行情况和决算进行审计监督。四是对政府部门管理的社会团体受政府委托管理的社会保障基金、社会捐赠资金以及其他有关基金、资金的财务收支进行审计监督;五是对于政府预算收支有关的特定事项,向有关地方、部门、单位进行专项审计调查。

5.《中华人民共和国政府采购法》(下称《政府采购法》)

为了进一步加强财政公共支出管理,不断提高公共资金的使用效益,节约预算资金,我国对国家机关、事业单位和团体组织,使用财政性资金进行的采购实行政府采购制度。为规范政府采购行为,提高政府采购资金的使用效益,维护国家利益和社会公共利益,保护政府采购当事人的合法权利,促进廉政建设,国家制定了《政府采购法》。《政府采购法》规定各级人民政府财政部门是负责政府采购监督管理的部门,依法履行对政府采购活动的监督管理职责。对政府采购活动进行监督管理的主要内容包括：一是监督检查政府采购活动及采购机构对政府采购的法律、行政法规和规章制度的执行情况；二是监督检查政府采购活动及采购机构的采购范围、采购方式和采购程序的执行情况；三是监督检查政府采购人员的业务素质和专业技能；四是对集中采购机构的采购价格、节约资金效果、服务质量、信誉状况、有无违法行为等事项进行考核，并定期如实公布考核结果；五是政府采购监督管理部门、政府采购各当事人有关政府采购活动，应当接受审计机关的监督；六是监察机关应当加强对参与政府采购活动的国家机关、国家公务员和国家行政机关任命的其他人员的监督；七是任何单位和个人对政府采购活动中的违法行为，有权控告和检举，有关部门、机关应当依照各自职责及时处理。

（三）有关行政法规

国务院以及地方权力机关每年都要制定和发布一些指导全国或本地区预算监督工作的有关行政性法规。在制定和发布施行的行政新法规中，对预算监督工作具有指导作用的当数国务院制定的有关行政法规。如国务院制定的《中华人民共和国预算法实施条例》、《中华人民共和国国家金库条例》、《关于加强预算外资金管理的决定》、《违反财政法规处罚规定》、《违反行政事业性收费和罚没收入收支两条线管理规定》、《关于清理检查"小金库"意见的通知》、《关于治理乱收费的规定》、《关于整顿会计工作秩序进一步提高会计工作质量的通知》、《罚款决定与罚款收缴分离实施办法》、《财政违法行为处罚处分条例》、《财政部关于贯彻实施〈财政违法行为处罚处分条例〉的意见》、《财政检查工作办法》、《财政部行政许可监督检查办法》等等。这些行政法规的制定和颁布实施，对当前的预算监督工作行为具有直接的规范作用。

（四）有关规章制度

对政府预算的监督作为一种行政监督、经济监督和法律监督的综合体，内在于预算活动之中。而对其具体的预算活动进行监督，除了以法律为依据外，还必须以预算规章制度作为监督的具体依据。目前，我国已建立起一套比较完整的预算制度。这些预算制度包括：政府预算管理体制、政府预算和决算制度、国家金库制度、各种税收制度、政府采购制度、部门预算制度、国库集中收付制度、非税收入管理制度、企业财务通则、企业会计准则、行政事业单位国有资产管理暂行办法、行政事业单位定员定额管理办法、财政检查工作办法、财政机关行政处罚听证实施办法等等。这些规章制度的建立和不断完善，对于保证我国政府预算任务的圆满完成起到了重大的作用，同时也为加强政府预算监督提供了重要的制度依据。

第二节　政府预算监督的内容和方法

一、政府预算监督的内容

（一）政府预算监督的内容

政府预算监督的内容随预算监督的对象不同而有所不同。预算监督的对象涉及面很广,包括了社会生活中的各行各业、各部门、各机关、各企事业单位等等。而对于收入机关和企事业单位、对于预算单位和基本建设单位等的监督内容又是有所区别和各有侧重的。因此,概括地讲,政府预算监督的内容主要包括以下几个大的方面:

(1)监督政府预算的编制和执行是否符合国家的方针、政策,其中对预算编制监督的关键是考察预算编制的科学性、合理性和能否取得良好的效益。

(2)监督和检查财政部门和各预算单位执行各项经济事业计划和预算收支任务的完成情况,检查其进度和效果,以保证国家在各个时期的财政经济任务以及方针、政策、计划和制度的贯彻执行。

(3)监督预算收入是否及时、足额地上缴,帮助收入机关在组织收入的过程中,促进企业加强经济核算,发掘内部潜力,提高经济效益,从而不断增加财政积累,保证预算收入的顺利实现。

(4)通过预算支出计划的编报、拨款和报账等工作,监督各预算资金使用单位在预算资金的使用上是否本着厉行节约的原则,合理使用预算资金,并使预算资金发挥最大的效益,有无浪费资金的现象。

(5)监督和查处违反财经法纪和财政制度的行为,以确保财政预算政策的贯彻执行和预算资金的安全。

(6)通过对预算的监督和检查,做好财政预算信息反馈工作,深入实际了解情况,及时总结经验,不断改进工作,提高预算管理水平。

由于我国目前的政府预算监督体系中尚以国家监督为主,即以权力机关和政府的财政、审计监督为主,因此,我们将重点介绍立法机关监督、财政部门监督以及审计部门监督的主要内容。

(二)各监督主体的具体监督内容

1.立法机关预算监督的主要内容

我国宪法确立了国家权力机关即各级人民代表大会及其常务委员会行使国家立法权、审批和监督政府预算的制度,因此,对政府预算的编制和执行情况的监督就成为人大对政府行为的一项最重要的监督。其监督的主要内容是:

(1)对政府顶算编制的监督。对政府预算编制进行监督应当本着真实性合法性、效益性和预测性的原则进行。长期以来,由于我国政府预算编制时间很短,内容粗,各级人大对预算编制很难提前介入进行监督,只能粗略地审查财政收支大账或若干大项,对那些需要详细了解掌握的细目和大项的具体收支内容却无法把握,致使人大的监督流于形式,仅仅限于对预算的批准程序,而无法对政府预算的实质性内容进行有效的监督。随着社会主义市场经济体制的建立和发展以及财政改革的不断深化,特别是中国民主法治化进程的向前推进,人大对政府预算编制的监督越来越重视时效,并且将预算编制监督的重点放在了预算编制的合理性、科学性和有效性上。在这个前提下,要求政府预算要细化,要编制部门预算并报送人大审查,将预算编制时间提前,以便于人大提前介入进行预算的详细审查。

(2)对预算调整和变更的监督。根据我国预算编制的制度,政府预算是在预算年度初制定的。但在一个预算年度的执行过程中,经常会出现一些特殊情况或突发事件需要临时调整和变更预算。根据我国《预算法》,进行预算调整,必须经本级人民代表大会常务委员会批准。但是在实践中,即使没有突发事件,也经常存在着对预算进行调整和变更的情况。人大对预算调整和变更的监督,主要是对一般可变性因素进行严格的控制,对政府提出的预算调整和变更要求进行认真审查,制止政府预算变更中存在的随意性,确保通过监督,督促规范政府事权和政府行为。

(3)对政府决算的监督。对决算的监督是对预算监督的继续,预算监督的一切情况都将在决算中反映出来。对决算的监督主要是检查经人大批准的决议是否都已执行,财政部门是否按人大批准的预算给部门和单位及时拨付资金,资金的投向、结构是否合理,使用中是否存在截留、转移、挪用、浪费资金等问题。另外,人大对决算的监督还包括:预算收支执行是否坚持了预算原则,决算结果与预算是否相符,决算数额是否真实、准确,有无重报、漏报和虚报等情况。其监督的重点是收入、支出和平衡三方面。对决算收入的监督主要应考察预算收入级次划分是否正确、真实、合规;根据分税制财政体制的规定,各项决算收入级次划分是否正确、真实、合法;各项收入的征收、入库是否真实、合法。

对决算支出的监督主要应考察支出是否按预算执行,是否符合国家的政策、法规和制度,有无扩大范围、超预算、超财力支出;主要支出列报决算的依据是否充分、可靠、有效,与预算安排是否相符;列报决算的基础是否真实、合法、合规;各项支出是否取得了预期的经济效果和社会效益。支出决算是否超预算,超预算的原因何在;预算所确定的项目是否真正做到了专款专用。各项支出调整追加的指标是否合理、合规;有无虚列或扩大支出或隐瞒开支等。其中,各项支出是否取得了预期的经济效果和社会效益应为监督的重中之重。

我国现行的《预算法》把坚持收支平衡作为预算编制和预算执行的一项基本原则。对平衡的监督应通过审查总决算表来审查财政收支决算是否符合国家的统一规定。特别要从审查"当年预算数"、"调整预算数"、"调整后预算数"的来源是否有根据,调整手续是否符合程序,手续是否完备等方面给予重视,以期从根本上提高人大及其常委会对政府预算监督的质量。

2.财政部门预算监督的内容

政府财政部门对预算实施监督的权力,来源于代表国家意志的宪法与法律规定,即人民代表大会及其常委会的法律授权,以及代表国家行政权的本级人民政府的行政授权。就这一预算监督的组织实体而言,它在国家政权体系中隶属于政府序列,具有明显的行政性质。其预算监督的主要内容是:

(1)对预算编制的监督。财政部门对预算编制监督的重点是:①检查部门预算编制机构在编制部门预算过程中是否坚持了实事求是、严格审核、综合平衡、保证重点的原则,编制工作行为是否规范,编制工作程序是否严格等;②检查部门预算编制机构是否合理并符合国家的有关规定,在编制的收入预算中有无隐瞒、少列等问题,在编制的支出预算中有无违法违规的内容等;③检查综合预算编制机构在编制综合财政收支预算过程中是否坚持了综合平衡、不列赤字、留有余地的原则,编制工作行为是否规范,编制工作程序是否严格,与部门收支预算的口径是否一致等。

(2)对预算收支执行的监督。对预算收支执行监督的重点是:①监督、检查各单位预算收入解缴、征收情况,有无截留、挪用、转移、坐支等违反财经纪律的问题;②检查国库是否按照分税制财政体制的要求,将已入库的财政收入及时、准确地进行划分和报解,有无混库现象发生;③检查预算资金的分配、使用情况,以及本级国库预算支出的拨付情况;④检查部门预算执行机构是否按照支出预算的计划额度、规定的用途办理拨款,有无超额度、跨用途的拨款行为;⑤检查部门预算执行机构拨款的进度是否合理,与资金使用单位的资金需求计划以及有关实际工作的要求是否相符合,资金的调度是否规范,有无滥用职权等问题。

(3)对政府采购进行监督。根据我国《政府采购法》规定,财政部门负责政府采购的组织工作,因此对政府采购的监督必须纳入财政部门的预算监督范围之内。对政府采购行为实施监督检查的重点是:①检查政府采购管理机构及其实体所编制的政府采购计划是否科学、合理,是否与政府采购的预算指标相吻合,有无重复或是多头设置采购项目等问题;②检查政府采购管理机构及其实体在实施政府采购过程中采用的标准、方式、程序是否合法、合规,在签订采购合同、验收采购商品、办理资金结算等项工作中有无违法违规的行为等;③检查政府采购管理机构及其实体执行政府采购计划的情况,计划执行的结果是否合理,采购资金的总体安排是否科学、是否符合效益的原则,在政府采购中是否存在着风险等。

(4)对内部财务收支的监督。对内部财务收支行为实施监督检查的工作重点包括:①检查内设的财会机构或履行财会工作职责的机构以及下属业务单位的资金来源、运用、结存是否正常;②检查内设的财会机构、履行财会工作职责的机构以及下属业务单位建立健全和执行内部控制制度的情况,财务收支、会计核算是否符合国家的有关财经法律、法规、规章和财务及会计制度的规定等;③检查内设的财会机构或履行财会工作职责的机构以及下属业务单位财产物资管理制度是否完善,账实之间是否相符等;④检查内设的财会机构或履行财会工作职责的机构以及下属业务单位的专项资金的使用及结存情况,是否做到了专款专用,是否存在着浪费资金、挪作他用等问题。

(5)对预算外资金的监督。对预算外资金进行监督检查的工作重点是:①监督检查预算外资金的取得是否严格按照国家法律、法规和规章所规定的范围和标准,各部门、各单位有无违反有关规定擅自设立收费项目,随意调整收费范围和收费标准;②监督检查部门和单位的预算外资金收入是否由本部门、本单位财务部门集中管理,并按规定向财政部门或上级主管部门缴付,有无坐支,有无私设"小金库";③监督检查预算外资金是否进行了财政专户存储,实行收支两条线管理;④监督检查各部门、各单位在收取行政事业性收费时,是否严格按照财政部有关行政事业性收费票据的规定执行等。

3.审计部门预算监督的内容

(1)对预算编制的审计。审计部门对政府预算编制的监督重点是:①监督政府预算收支是否贯彻了党和国家的各项方针、政策以及国务院、财政部关于编制预算草案的指示精神;②监督政府预算收支安排是否符合国民经济和社会发展规划目标以及政府预算指标的要求;③监督政府预算收支安排是否符合分税制预算管理体制的各项规定和具体要求;④监督政府预算编制的内容是否符合要求,表格资料是否完整,预算说明是否齐全,有无技术上和数字上的错误等。

（2）对预算执行的审计。审计部门对政府预算执行的监督重点是：①审计预算收入、预算支出、预算拨款等原始凭证以及金库报表，检查预算收入的来源和规模，预算支出的方向和用途，分析各种比例关系，监督政府预算收支的真实性；②通过将预算收支完成数与年度预算数和上年同期完成数等进行对比、分析，来审计政府预算收支的完成情况；③审计地方政府和财税部门有无越权违规进行税收减免；④审计中央和地方各级政府及财政部门拨付的各项亏损补贴资金落实到位情况，有无应拨未拨等问题；⑤审计预算执行中的调整是否符合规定，包括进行预算调整的程序、资金来源是否符合规定等。

（3）对决算的审计。审计部门对政府决算监督的重点是：①审计政府决算的完整性、准确性；②审计政府决算收支平衡的真实性；③审计预算内外资金的界限是否划分清楚；④审计上、下级财政结算资金是否符合规定，计算是否准确；⑤审计有关政府决算报表及总决算说明书等。

（4）对预算外资金的审计。审计部门对预算外资金监督的重点是：①计预算外收入的取得是否符合有关规定，有无乱收费现象；②审计预算外资金是否进行了财政专项存储，实行专款专用；③审计预算外资金结余的真实性，看预算外资金结余是否合理地调入预算内平衡决算，各项专款结余是否按规定结转下年继续使用等。

（5）对政府性基金的审计。审计部门对政府性基金监督的重点是：①审计政府性基金的种类是否在国家已批准成立的范围之内；②审计政府性基金的征收规模、使用规模以及各种比例关系；③审计政府性基金的来源和征收标准及征收范围，有无挤占一般预算收入；④审计政府性基金的使用是否做到了专款专用，有无转移、挪用和损失浪费的现象；⑤审计政府性基金的管理情况，看是否存在管理松弛，制度混了，预算内外混淆等问题。

二、政府预算监督的方法

预算监督贯穿于政府预算管理的全过程。从预算监督管理活动实际出发，按照政府预算编制、执行及反映预算执行的顺序来讲，预算监督的方法一般有事前监督、日常监督和事后监督。但在预算监督实践中，还存在专项监督检查和个案检查等监督方法。

（一）事前监督

事前监督表现为国家权力机关和其他部门对预算法规、预算政策、预算制度制度过程所进行的监督。具体体现为：在年度财政总预算、部门预算、国有企业财务收支计划、基本建设财务收支计划编制之前，对这些计划的编制、审核、批准过程进行的监督。在这个阶段中，监督工作主要从审查财务计划和部门单位预算及财政总预算入手，监督各部门、各单位、各级财政根据国家规定的任务以及有关方针、政策和制度，正确地编制预算，以便将财政预算拨款及其他资金的浪费和不合理使用等现象消灭在萌芽状态，从而保证国家的政策和预算制度的正确贯彻执行。因此，事前监督是预算监督的基础环节。

（二）日常监督

日常或事中监督表现为在财政总预算、部门单位预算以及各项财务收支计划执行过程中的监督。通过日常监督，督促一切缴款单位在完成生产任务和降低成本指标，完成商品流转计划和流转费用节约指标等的基础上，努力增加并及时上缴各项预算收入，防止挪用、欠缴和少缴财政款项的现象发生；督促各支出部门和单位严格按照计划和预算使用资金,并做到用较少的钱办较多的事,以节约公共资金。

(三)事后监督

事后监督表现为在预算、财务收支等事项发生之后,通过定期对执行情况的检查而进行的监督。在事后监督中,要着重分析研究企业和其他缴款单位完成上缴任务的情况和原因,找出进一步改进工作的途径;对支出单位,要审查其资金使用情况是否达到预期的效果,财务手续是否齐全,会计统计资料的编报是否齐全和真实可靠。在事后监督中,还要在研究预算计划执行结果的基础上,指出预算执行中存在的问题,以便进一步改进预算管理工作,提高预算管理的水平。

(四)专项监督检查

专项监督检查指对于预算管理中出现的难度、热点和重大问题,有针对性地开展专项监督检查。专项监督检查时深化管理,制定政策、加强法制建设的重要手段,是日常监督的有益和必要补充。从现实情况看,经济转轨时期,各种经济关系和经济利益在重新调整、组合、变化,相应的法规制度和约束机制还没有及时建立或尚不尽完善,经济领域包括政府预算领域的某些层面还存在监督的"断面"和"真空"。对于政府预算管理中所存在的难点问题,热点问题和重大问题,必须进行专门的监督检查,以总结经验,从中汲取教训,不断完善政府预算管理法规和制度,从而提高政府预算监督检查的综合效益。

(五)个案调查

个案调查是指根据上级批示的群众举报案件,以及日常监督检查和专项检查中发现的线索,组织力量进行检查核证。个案检查结束后,要向上级和主管部门报告查处情况,并对查出的违法违纪问题进行严肃处理。

第三节　政府预算的立法机关监督

中国宪法确立了国家权力机关即各级人民代表大会及其常务委员会行使国家立法权、审批和监督预算的制度,因此,对政府预算和预算执行情况的监督便成为人大对政府行为的一项最重要的监督。

一、监督环节和内容

(一)对政府预算编制的监督

要使预算编制做到合理、科学,就必须加强对预算编制的监督,但是在中央和地方事权划分不清的情况下,各级政府财政支出范围不同,财政支出随意追加追减,造成地方财政的公共保障能力薄弱。在计划经济条件下,由于政府预算编制的仓促和粗糙,各级人大对预算编制很难提前介入监督,只能粗略地审查收支大账或大项,对一些需要仔细了解掌握的细目和大项的具体收支内容无法把握,致使人大的监督大多限于预算批准程序和流于形式,而无法对预算的实质内容进行有效监督。随着经济体制的改革和财政改革的深化,要求人大对预算的监督更多地注重实效,将预算编制监督的重点放在预算编制的合理性、科学性上。预算编制的科学性、合理性和效益是预算编制监督的关键。

（二）对政府预算调整和变更的监督

根据中国预算编制的惯例，预算是在财政年度初制定的，对于全年中难以预计的突发事件的资金需要量，多是一并打入预算。尽管如此，在预算执行中的调整或变更也是不可避免的。我国《预算法》明确规定了允许进行调整和变更的预算内容。但在预算执行中，随意调整和变更预算内容时有发生。尤其是在一些地方，不经法定程序批准，就随意进行预算调整，财政部门追加的许多支出只有政府领导的书面或口头指示，人大常委会根本不知道。特别是一些财力困难的地方，尽管财政入不敷出，但由于政府的"政绩考虑"不顾客观条件，不问效益，大兴土木，盲目上马，造成财力、物力的极大浪费。因这些支出不能在预算中反映，所以直接在预算执行中做文章——变更或调整预算。此外，还存在三种常见的引起预算变更和调整的因素：一是一些领导因对本地经济运行情况了解不够，对收入支出没有估计足，致使在预算执行中引起调整或变更。二是一些地方政府领导为了出"政绩"，在年初编制预算时故意压低收入指标，年终决算时因施加收入突破了预算，成为政府或政府领导的政绩，这就在预算运行中引起预算的调整或变更。三是年初编制支出预算时对有些项目有意留有缺口。由于目前对预算的审查采取粗放式的"一揽子通过"，只审大项，不审细目；加之既无完备的详细资料，又无具体核算，对实际缺口详细的了解，在具体执行中只能采取变更预算的方法来解决。人大常委会对预算监督的目的不仅是要使政府忠实地执行预算，还要督促政府积极有效地组织生产，发展经济。其中主要是对一些可变性因素进行严格控制，对政府提出的预算调整和变更要求应认真审查，不能政府一提人大就调整，政府一报人大就变更。否则，人大也就失去了通过监督预算督促政府行为和规范政府事权的意义。

（三）对政府决算的监督

年度预算是年度决算监督的根据，决算监督是预算监督的继续，预算监督的一切情况都将在决算中反映出来。对决算的监督应主要看人大批准通过的决议执行了没有，财政部门是否按人大批准的预算给部门和单位及时拨付资金，资金的投向、结构是否合理，使用中有无截留、转移、挪用和损失浪费等问题。另外，《预算法》规定"中央预算不列赤字"，"地方各级预算按照量入为出、收支平衡的原则编制，不列赤字"，各级政府，各部门，各单位必须按照预算执行。对决算监督还要看是否坚持了预算原则，决算结果是否与预算相符，决算数额计算是否真实准确，有无重报、漏报和虚报等情况。其重点应是收入、支出、平衡三个方面。

1.对收入预算的监督。对收入预算的监督应主要看预算收入是否真实、收入来源是否合法合规。

2.对支出预算的监督。对支出预算的监督应主要看：支出是否按预算执行，是否符合国家的法律、法规、政策和制度，有无扩大范围、超预算和超财力支出；主要支出列报决算的依据是否充分、可靠、有效，与预算安排是否相符。

3.对预算平衡的监督。中国现行的预算法把坚持财政收支平衡作为预算和预算执行的一项基本原则。对平衡的监督应通过审查总决算表，审查财政收支决算是否符合国家的统一规定。特别要从监督"当年预算数"、"调整预算数"、"调整后预算数"的来源是否有根有据，调整手续是否符合程序，手续是否完备等方面给予重视，从根本上提高人大及其常委会对政府预算监督的质量。

二、加强和改进人大对政府预算监督的措施

针对中央预算监督中存在的问题,为履行宪法赋予全国人民代表大会及其常务委员会的职责,贯彻依法治国的方略,规范预算行为,厉行节约,更好地发挥中央预算在发展国民经济、促进社会进步、改善人民生活和深化改革、扩大开放中的作用,必须加强中央预算的监督和审查。第九届全国人民代表大会常务委员会 1999 年 12 月 25 日通过了《关于加强中央预算审查监督的决定》。综合看来,为了加强和改进各级人大对政府预算监督,今后要抓好以下工作:

(一)加强预算法制建设,实现预算监督由程序到实质的转变

人大的地位是法律赋予的,要行使其监督权还需要法律的支持和保障,完善的法律体系是保证人大预算监督效能充分发挥的法律基础。根据监督立法的现状,完善预算监督法律需强调以下几点:一要以宪法为依据,不能违反宪法精神及具体规定,以强化监督为立法宗旨,将宪法的原则精神加以细化,加强国家权力机关的预算监督职能和最高权力地位。二是要对预算监督主体、监督客体、监督对象、监督方式、监督程序、监督结果、监督效力、责任追究等作出详尽的规定,使之具有可操作性。三是尽快修订《预算法》,清理和完善与《预算法》相关的法律法规的规定,并加快制订计划法和投资法、审计监督条例等配套法律法规。四是人大的监督工作也需要法律来规范,尤其要完善全国人大常委会议事规则等程序性规定,使人大预算监督规范化、制度化、常规化,以提高预算监督的实效。

(二)规范政府预算管理,为预算监督奠定基础

人大对预算的监督能力不仅取决于自身,还有赖于政府预算的管理水平,如果政府预算水平较高,为人大提供的预算比较全面、真实、详细、透明,那么相应的人大监督也就细致和全面,预算监督的能力就会提高。否则,即使是人大代表和常委会组成人员水平再高,监督能力再强,面对随意估算、透明度不高和"内行人说不清、外行人看不懂"的预算文件也会无从入手。目前,我国政府预算管理各环节,从预算编制、审批、执行到决算都处于较低的水平,这也直接导致人大预算的监督处于较低水平。虽然 1999 年以来,我国进行了包括部门预算、国库集中收付、政府采购等一系列预算改革,但这些改革大多数是技术性取向,并非监督和控制取向。因此,未来可以考虑按照预算完整性、透明性、具体性、绩效性等监督和控制取向的思路来设计预算改革,为人大监督奠定良好的基础。

预算完整性体现为所有预算收入支出都要包含在预算文件中,并在同一时间递交人大审查和批准,地方人大应该要求和支持地方政府坚定不移地推行复式预算和部门预算,为实现全面预算打下基础。全面预算是实现良好人大预算监督的基础;否则,人大只能行使部分预算监督权。

预算透明性是现代公共预算的基本要求,其意义在于保障公民的知情权、为预算监督提供前提条件和督促政府更好履行受托责任等三方面。尽管我国的公共预算正在变得越来越透明,但仍有进一步提高的空间。一方面,人大应积极督促和支持政府进一步提高预算的透明度,从过去那种"给什么看什么"转变为主动要求政府向人大和社会提供财政信息。另一方面,人大也可以对社会开放自身的预算监督过程,吸纳公民参与,倾听人民的需要和对政府预算的意见。提高预算透明度有助于政府依法理财,有利于进一步加强人

大的预算监督能力。

预算具体化或者说预算细化是人大预算监督的前提,过去"看不懂"的主要原因就是预算过粗,全年预算收支仅列出 20 多个"类级"科目,300 多个"款"级、500 多个"项"级科目则无法体现,完全由政府主导分配,人大代表根本无法充分知情,甚至不知道哪个部门用多少钱,用来做什么,何谈监督。那么,预算应该具体到什么程序呢? 从理论上讲,政府作为纳税人的代理人,有必要将每一笔预算收入和支出的依据及其来源去向和效果通过预算反映出来,鉴于目前的预算管理能力所限,现实中不容易做到这一点,但起码应做到:按预算收支科目细化到"项"级,逐步取消有关部门的预算资金的二次分配权,最终实现财政内外部资金统一,以利于人大代表及预算工作机构能够对预算进行实质性的审查。

绩效预算就是把增加资源分配与提高绩效紧密结合的预算管理制度,绩效预算是公共财政题中应有之义,它强调政府对全体纳税人的责任。预算支出的各项资金,经过预算执行单位的使用,应为公务提供有效的公共产品和公共服务,而且要力求高效。支出绩效不高是我国预算长期存在的一大问题。目前,中央已开始实行支出绩效考评,越来越多的地方政府也开始进行这方面的试点。这一方面为进一步加强人大预算监督创造了条件,使得人大在审查政府预算时可以将绩效审查纳入人大预算审查的范围,对支出进行追踪问效。另一方面也对人大预算审查监督提出了新任务,人大既要督促和支持本级政府的支出绩效评价,又要在支出预算的审查过程中,逐步将支出安排与绩效联系起来。

(三)提升人大代表监督水平,充分发挥人大代表的作用

近些年来,随着我国人大代表素质的不断提高,尤其是知识结构的不断优化,人大代表在预算审查监督过程中的作用越来越明显。因此,提高代表的监督水平是地方各级人大充分发挥地方国家权力机关作用的基本条件。第一,从源头上讲,提升人大代表水平需要把好代表"入口"关。如何选拔出符合条件的人大代表并让他们积极、有效地发挥作用直接关系着人大的监督能力。"其所要求的法律、经济乃至其他方面的知识都应当达到专业方面的水平,否则你就看不出问题,做不出判断,提不出意见,监督就难以到位。"[①]第二,加强代表的责任感和使命感。人大代表代表人民的利益和意志参与行使国家权力,包括对政府预算的监督,人大代表要意识到自己的责任与使命,不断加强对政府"钱袋子"的监督意识,要以对人民高度负责的精神,认真、深入地审查预算,积极发表意见,行使好代表的神圣权利。第三,逐步实现各级人大常委会的专职化。宪法和人大组织法规定,各级人大常委会组成人员不得担任国家行政机关、审判机关的职务。至于其他职业,法律没作限制。从实际情况看,地方人大常委会委员大多数是兼职委员。对他们来说,工作才是"主业",而委员是"副业"。实现人大常委会委员的专职化,可以使委员们抛开其他事务,全身心地投入参政和监督工作中来,可以更充分地接受和处理人民群众的意见和建议。建立地方人大常委会成员"专职化制度",逐步实现委员专职化,既是国内多数专家学者的共识,也符合国际代议民主制的一般原则,更是完善人民代表大会制度、推进社会主义民主政治的需要。第四,提升代表的预算监督能力,还必须加强对代表的培训,特别是加强关于人大制度与代表职责的培训,加强代表关于人大预算审查监督知识的培训,给代表们提供较多的参与财政预算方面调研检查的机会。要通过培训,提高代表的预算监督能力。

（四）改进监督方法和监督手段，增强预算监督实效

监督方法和监督手段对于人大的监督能力非常重要，它已成为国际上衡量一国立法机关预算监督能力的重要标准。可以说，只有采取适当有效的监督方法和监督手段，人大才能充分行使其监督预算的职权。因此，加强人大的预算监督能力，必须考虑监督方法和监督手段的选择。在深化行政管理体制改革，加快社会主义法制建设的大背景下，改进人大预算监督方法和手段可从四个方面入手：

一是注重调查研究，坚持实事求是。对预算的监督，是法制性、政策性、技术性很强的工作，是直接服务于人民代表大会、人大常委会和本地区经济社会发展的，因此要解决好依法监督，就要按照人大赋予预算工作机构的职能职责，加强调查研究，围绕经济建设、社会发展、人民生活等了解资金供需情况，针对人大及其常委会通过的决议，了解预算执行情况，针对调查中发展的问题进行科学分析，实事求是地归纳总结，客观地作出评价，如实地反映，促进财政改革，促进依法理财，维护法律尊严，维护预算的权威。

二是充分发挥审计作用，强化审计监督。回顾我国财政收支审计工作的发展道路，主要经历了从试点到全面铺开，由浅入深，从"上审下"到"同级审"与"上审下"并举的发展过程。在1986年以前，审计覆盖面在10%左右，财政审计处于打基础阶段。1987年到1994年财政审计重点是"上审下"，审计覆盖面在30%左右。1995年《审计法》颁布实施，改变了以往单一的"上审下"制度，财政收支审计开始实行"同级审"和"上审下"相结合的审计监督制度，审计覆盖面基本达到100%，增强了财政收支审计力度，使我国财政收支审计工作由此进入一个新的历史发展时期，预算执行审计成了人大监督政府预算的必要方式和有力手段，向人大提交的审计工作报告成了人大评价政府预算执行工作的一个重要依据，人大可以通过审计工作更好地行使对政府预算的监督职权。各级人大要特别注意监督和推动审计机关提高审计监督的独立性，推动审计机关加强对财政公共资金、政府投资项目、国有资产运营等的审计监督，强化对领导干部的经济责任审计，积极推行对政府部门和重点项目的绩效审计，推进部门审计报告审签、审计结果公告等制度的落实，加大审计监督力度。在实际工作中，人大应进一步加大对审计机关的支持力度，为他们开展工作创造良好的环境，同时也要依法做好对审计工作的监督，推动审计机关不断规范审计行为，提高审计质量，为人大预算监督服务。

三是引导并发挥社会监督作用。社会监督是不可忽视的预算监督力量，是人大预算监督的重要补充。社会监督是促进预算领域廉政建设和政府自我监督的必要形式，特别是广播、电视、报刊、网络等新闻媒体的监督，其影响之广、时效之快在预算监督中占有十分特殊的地位，能够发挥不可替代的重要作用。现阶段，我国政府预算缺乏透明度前提下，发挥社会监督作用是十分必要的，也是人大发扬社会主义民主的重要途径。

四是注重硬性监督手段的使用。根据《预算法》、《监督法》、《代表法》等相关法律，人大拥有的硬性监督手段有询问、质询、特定问题调查、撤销不适当的决定命令决议、撤职、罢免等。有媒体称地方人大监督存在"软骨病"，就是指人大很少使用或根本不启用硬性监督手段。在当前人大预算监督力度较差的情况下，有必要在适用情况下启用约束性强的硬性手段，这样才能够建立并提升人大监督的权威性。

五、加强队伍建设和基础建设，全面提高预算监督能力

监督预算，是一项专业性很强的工作，要求做具体工作的人员必须懂财政，具有经济法律法规的理论和专业知识，有较高的思想素质和专业基础。目前，县（市）这一级人大常委会不同程度地存在着机构不健全、工作人员少、办公条件差、信息资料缺乏、基础建设薄弱等问题。在人大设立预算工作机构，充实力量，专门负责预算监督工作，是加强预算监督工作的重要途径。同时人大预算监督的同志，要更加努力学习，增长才干，提高素质。只有学好预算知识，熟悉法律法规，练好内功，才能做到对预算的实质性监督。此外，支持和保证人大预算监督工作的有效进行，人大常委会有必要吸收一些精通财政、审计、财务的专业人士，建立预算监督的专家咨询机构，辅助人大监督预算，提高人大预算工作机构专业审查监督的能力，提高人大预算监督的民主性和科学性，这也是加强人大预算监督能力的一个重要方法。

第四节　政府预算的审计监督

一、政府预算的审计监督的含义与审计监督体系

（一）审计及审计监督

审计是指国家审计机构和审计人员，依法对被审计单位的财政、财务收支以及经济活动，进行审查、分析和评价，并将审计结果向国家的有关机关报告的一系列活动的总称。审计具有多种职能，包括经济监督职能、经济公开职能和经济执法职能等。其中，监督职能是审计的基本职能。审计监督就是审计机关开展的经济监督活动。

一般认为，政府预算的审计监督主要是对预算执行的审计监督，包括对总预算执行情况和单位预算执行情况的审计，是一种独立检查会计账目的经济监督活动，目的在于监督被审计单位预算执行的真实性、合法性和效益性。我国《预算法》第72条规定："各级政府审计部门对本级各部门、各单位和下级政府的预算执行、决算实行审计监督。"《审计法》增加了对同级预算执行情况进行审计监督的规定。

目前，审计监督已成为世界各国开展经济监督的重要工具。新中国成立以来。在较长一段时间内，由于实行计划经济体制，决策权高于集中，调控和监督权主要靠行政手段，审计监督没有得到应有的重视。

（二）中国的审计组织体系

我国的审计组织体系包括国家审计、社会审计和内部审计。国家审计是指国家审计机关代表国家进行的审计。社会审计是指经政府有关部门批准注册的社会审计组织，接受委托开展的审计查证和咨询服务业务。在我国审计体系中，国家审计居于主体地位。内部审计是指国家的金融机构、国有大中型企业、大型基建项目的建设单位和财务收支数额较大的国有事业单位，以及审计机关未设立派出机构的政府部门等，根据需要设立内部审计机构和审计人员，对本单位及其下属单位的财务收支及效益进行的内部审计监督。

（三）政府预算执行审计监督

在《中华人民共和国审计法》颁布实施以前，我国审计机关财政审计业务部门一般只是对政府决算进行审计监督，而未对预算执行情况进行审计。中国《预算法》规定：各级政府审计部门对本级各部门、各单位和下级政府的预算执行、决算实行审计监督。《审计法》增加了对同级预算执行情况进行审计监督的规定，也就是我们通常所说的"同级审"，即本级政府预算执行审定。

预算执行审计的主体：预算执行审计的主体，只能是国家审计机关，而不能由社会审计组织或内部审计机构等独立承担，同时，也不能授权进行审计。这一主体与传统财政审计相比较，不仅包括原有的审计机构内部财政审计职能机构，还增加了相关的专业审计职能机构。

预算执行的客体：预算执行审计的对象是各级政府、财税部门和其他与财政支出有联系预算单位（行政、事业和企业单位）。监督的主要内容，不仅包括财政预算内外收支，还包括与财政收支相关联的各预算单位财务收支以及财政、税务和财务管理活动等。

预算执行的依据：各级立法机构颁布的有关法律，各级主管部门依据国家规定出台的规章制度等，都是预算执行审计的依据。预算执行审计的方式："上审下"和"同级审"相结合的方式。

二、国家审计机关的设置、职责和权限

（一）国家审计机关的设置

国家审计，是指依法设置的国家各级审计机关进行的各项审计工作。中国的审计机关，是按照各级人民政府相应地设置的。在中央、国务院设立审计署，审计署是国家最高的审计机关，受国务院总理的领导，统管全国审计工作。在地方，县级以上地方各级人民政府设立审计机关。随着经济发展，目前不少地区在乡、镇也相继成立了审计机关。审计机关实行双重领导制，对本级人民政府和上一级审计机关负责并报告工作，审计业务以上级审计机关领导为主。

各级审计机关根据国家财政体制，按被审计单位的财政、财务隶属关系，确定审计范围。上级审计机关可授权下级审计机关审计，对下级审计机关范围内的重大审计事项可以提审，也可以会同下级审计机关进行联合审计，或者由下级审计机关单独审计后，向本级人民政府和上级审计机关报告审计结果。各级审计机关可以在重点地区、部门设立派出机构，进行审计监督，还可以将其审计范围内的事项，委托内部审计机构、社会审计组织进行审计。

（二）国家审计机关的职责

国家审计机关的职责在《中华人民共和国宪法》中作了原则性的规定。《宪法》第91条规定：审计机关"对国务院各部门和地方各级政府的财政收支，对国家的财政金融机构和企业事业组织的财务收支，进行审计监督。"根据宪法制定的《中华人民共和国审计法》规定了审计机关的职责。

进行审计监督的部门、单位和机构包括：本级人民政府各部门和下级人民政府，国家金融机构，国家的事业单位和建设项目以及国家法律、法规规定应当进行审计监督的其他单位。

按照《审计法》规定,审计机关的主要职责包括:(1)对本级各部门(含直属单位)和下级政府预算的执行情况和预算,以及预算外资金的管理使用情况,进行审计监督。其中,审计署对中央预算执行情况进行审计监督,各级地方审计机关对本级预算执行情况进行审计监督。(2)对中央银行的财务收支和国有金融机构的资产、负债、损益,进行审计监督。(3)对国家的事业单位财务收支和国有企业的资产、负债、损益,进行审计监督。(4)对与国计民生有重大关系的国有企业、接受财政补贴比较多或亏损数额较大的国有企业,有计划地定期进行审计。(5)对国有资产占控股或主导地位的企业的审计监督,依照国务院规定执行。(6)对国家建设项目的预算执行情况和决算,进行审计监督。(7)对政府部门管理和社会团体受政府委托管理的社会保障基金、社会捐赠资金以及其他有关基金、资金的财务收支,进行审计监督。(8)对国际组织和外国政府援助、贷款项目的财务收支,进行审计监督。(9)对其他法律法规规定的,应当由审计机关审计的事项,依法进行审计监督。

(三)国家审计机关的权限

审计机关的权限是通过法律法规加以确定的。这些权限,对于审计机关完成宪法赋予的审计监督任务是十分必要的,也是审计机关实现依法审计原则的有力保障。审计机关的权限可分为监督检查权、处理建议权、通报公布权三个方面。

1.监督检查权。监督检查权是指审计机关在审计过程中掌握的监督检查权,其权力有:(1)要求被审计单位报送预算或财务收支计划、预算执行情况、决算、财务报告,社会民间审计组织出具的审计报告以及财政、财务收支的资料。(2)有权检查被审计单位的会计资料以及与财政、财务收支有关的资料和资产。(3)对审计中的有关事项,向有关单位进行调查,上述单位和人员应当如实反映,提供有关资料及证明资料。(4)有权要求被审计单位不得转移、隐匿、篡改、毁弃与审计有关的资料,不得转移、隐匿所持有的由违反国家规定所取得的资产。(5)对被审计单位,正在进行的严重损害国家利益、违反财经法规的行为,有权予以制止。

2.处理建议权。其中包括:(1)审计机关对被审计单位正在违反国家有关财政、财务收支的行为制止无效时,经县以上审计机关负责人批准,通知财政部门和有关主管部门暂停拨付与违反国家规定的财政、财务收支行为直接有关的款项,已经拨付的,暂停使用,但采取本项措施时不得影响其合法的生产经营活动。(2)审计机关认为被审计单位所执行的上级主管部门的有关财政、财务收支的规定与国家的法律、法规相抵触的,应当建议有关主管部门纠正,有关主管部门不予纠正的,应当报请有权处理的机关依法处理。

3.通报公布权。审计机关可以向政府或者向社会公布审计结果,以发挥舆论监督的作用。但在向社会公布的同时应注意保守国家机密和商业机密。同时,为了保证审计依法行使监督检查和审计机关及其工作人员正确履行职责,审计法明确规定,对违法的单位和个人,包括违法的审计人员在内,要依法追究责任,并授权审计机关作出处理。

三、政府预算审计监督的范围和对象

从预算管理的组成来看,我国财政预算管理是由预算的编制、预算执行和决算的编制三个环节组成的。国家审计机关对各级政府的财政收支活动进行审计监督,相应地也应从这三个环节进行审计,即对预算、预算执行和决算进行审计监督。预算执行审计就是对政府各个部门、各级预算执行人大批准的政府年度预算情况的真实性、合法性和有效性进行的审计。

从《审计法》赋予审计机关职责来看,没有强调审计机关对财政预算的监督。也就是说,审计机关不强调对预算本身进行审计。《审计法》第16条规定:"审计机关对本级各部门(含直属单位)和下级政府预算的执行情况和决算,以及预算外资金的管理和使用情况,进行审计监督。"《审计法》规定:"国务院与县级以上地方人民政府应当,每年向本级人民代表大会常务委员会提出审计机关对预算执行和其他财政收支的审计工作报告。"

但从长远发展来看,各级审计机关应从财政预算进行审计监督。也就是说,要从本级预算进行审计。这可以从两个方面来理解:一方面,财政预算是整个预算管理的起点和依据,它反映整个国家的政策,规定财政资金活动的范围和方向;财政预算的编制可靠与否,对于预算能否顺利执行,意义十分重大。另一方面,财政预算对审计机关进行预算执行和决算审计作用的发挥有着重要的作用。各级审计机关,如果只对预算执行及其结果进行审计,而不进行预算审计,那对各级财政收支活动的审计监督是不全面、不完整的。此外,目前预算编制问题,在预算管理中也比较突出,甚至弱化了预算管理。为了改变这种状况,也需要加强对预算监督。

当然,如果认为本级预算执行审计的对象就是监督同级政府也是欠妥当的。这可以从以下几个方面来分析:其一,从审计理论上讲,审计对象时指审计客体为了承担和履行经济责任,所发生事前、事后经济活动的真实性、合法性和效益性。其二,从审计体制来看,本级预算执行审计是根据《审计法》的要求,在政府的领导下进行。其三,政府预算是充分体现政府意志并经人大批准的年度收支计划,本级预算执行的目的在于保证政府意志的实现。

由此分析,预算执行审计监督的对象既不是预算,也不是决算。它监督财政各部门、各级预算执行人大批准的政府财政预算的情况是否真实、合法、有效。

四、政府预算审计监督现存的问题

审计难,处理难,上级审计机关更难,一直是困扰审计人员的突出问题,而这在政府预算执行审计中仍然存在。其主要原因是,目前法规还不健全,审计处理手段弱化,另外还有地方保护主义的影响。具体来说主要有以下几个方面:

(一)法规本身的原因

《审计法》和有关法规规定了审计机关在同级审计中的权限,对下级政府和本级各部门违反预算的行为可直接作出处理,但不给予处罚,或提请本级政府及有关主管部门依法处理。对本级政府的违规行为,只在审计结果报告中提出,不作直接处理。这就限定了审计机关的权限,弱化了审计中的执法力度。解决这个问题,要从我国审计体制方面考虑,完善《审计法》和有关法规,使我国的同级审计也具有一定的审计处理手段。如通过向人大报告,由人大责成有关部门纠正、处理;向社会公布审计结果;实行赔偿或停止财政拨款;追究责任人员的行政的责任乃至刑事责任等。

（二）地方保护主义的影响

实施财税改革之后，中央与地方"分灶吃饭"。出于对地方利益的保护，地方审计机关对地方税务部门违反规定，截留上级财政收入等问题进行处理时，地方政府往往要进行协调，弱化了审计监督的职能。主要原因在于，有些地方政府不愿意将财政部门违反《预算法》的行为公开或提供给人大常委会，在一定程度上对这类违纪问题起到了保护伞的作用。这就使政府有关部门的违法违纪问题逃避了审计监督。

（三）双重领导体制的影响

现行审计体制是双重领导体制，审计机关是政府的一个职能部门。《审计法》规定，"同级审"必须在本级政府和上一级审计机关的领导下进行，还要体现对政府负责和人大负责的一致性。作为本级政府的一个职能部门，审计机关的人事权、财权主要在本级政府，因此它不能不倾听、尊重本级政府的意见。在涉及中央与地方、全局与局部经济利益以及本级政府自身问题时，也不能不受本级政府强力的影响。再者，审计机关作为本级政府的一个职能部门，也很难超脱于政府之外，站在国家的角度去处理问题。

另外，预算执行审计与其他专业审计的配合不够，存在重复监督的问题，需要相互协调和密切结合。预算执行审计是一项涉及面广、综合性强的工作，需要其他专业审计的配合，而财政审计和其他专业审计在计划安排上衔接不够，导致审计选题和审计方案缺乏预见性，未能紧紧围绕审计工作报告做文章。实际工作中，组织协调不够，操作不规范，未能充分调动各方面的积极性，存在重复监督的问题。重复监督表现在预算执行审计与其他专业审计内容上的重复、上级审计机关与下级审计部门在预算执行审计与决算审计上内容的重复等。这些都需要加强各方面的配合与协作。

第五节 政府预算的舆论监督

一、政府预算舆论监督的含义与原则

舆论监督是社会主义民主的重要组成部分，它通过新闻舆论工具，反映社会全体成员参政议政的愿望和行为，反映社会的不断自我完善和不断进步。舆论监督是社会对政府预算进行监督的主要方式，对于依法治国而言，具有重要意义。在社会主义市场经济国家，一切权利属于人民，人民群众享有充分的民主权利，包括进行舆论监督的新闻民主权利，人民群众也是纳税人，也应享有对来源于人民的国家财政收入的活动进行监督的新闻民主权利。

（一）舆论监督的原则

舆论监督与自主性的社会舆论不同，具有显著的原则性。社会主义舆论监督有四项基本原则。

其一，人民利益原则。社会主义舆论监督实质上是人民的监督，维护人民群众的根本利益是舆论监督的出发点与归宿。

其二，平等原则。它是防范滥用舆论监督权的重要社会依据，更是健康地实施舆论监督的社会政治条件。

其三,真实性原则。实施舆论监督的新闻报道必须具备事实真实和本质真实,这是舆论监督得到社会认可与发挥社会效能的基本条件。

其四,法律原则。实施舆论监督必须在宪法和法律法规允许的范围内进行,同时舆论监督也受到法律的保护。

(二)舆论监督是法治国家的重要标志

舆论监督何以成为法治国家的标志?这首先得从舆论监督的本质谈起。舆论监督的实质是公民是否有权利充分地反映自己的意见,是否有权利充分的表达自己的不同看法。进而言之,也就是表明公民是否有充分的享有言论自由的权利。而这正是法治国家要追求的目标,也是法治国家的重要标志。早在 17 世纪中叶,英国著名思想家弥尔顿就说过:"让我有自由来认识、抒发己见,并根据良心作自由的讨论,这才是一切自由中最重要的自由。"马克思也说过:"人权的一部分是政治权利……这些权利属于政治自由的范畴。"正因为如此,现代民主国家无不把保障公民的言论自由当作一项根本的任务,并庄严的写进国家宪法。新中国成立后中国颁布的第一部宪法(1954)明确规定,我国公民享有言论自由的权利。现行宪法第 35 条也明确规定:"公民享有言论、出版的自由。"正是从这种意义上,我们才说舆论监督成为法治社会的重要标志,舆论监督的消亡,也就意味着公民言论自由权利的终止,这是同法治国家背道而驰的。

二、如何充分发挥政府预算舆论监督的重要作用

舆论监督是法治国家的重要标志,建设法治国家、实现预算的法治化也需要舆论的监督。但目前舆论监督在我国法治建设的实践中并没有充分发挥其作用,尽管较之以前已有了很大的进步。其中主要有以下一些原因:

首先,我们对新闻媒体性质的认识尚存在偏差。受传统新闻理论的影响,长期以来,我们一直将媒介片面地理解为党和政府的喉舌,是宣传党和政府方针、政策的工具,于是媒介的主要功能也只能是政治性。这是目前导致我国舆论监督不能充分发挥作用的一个重要原因。

其次,新闻媒介当然要坚持党性原则,但不少人在理解这一原则时却出现了错误的认识。实事求是是党的基本工作作风,因此新闻媒介坚持党性原则同尊重客观事实从根本上来讲其实是一致的。但是目前却有不少新闻工作者在工作实践中把某些领导人的个别讲话或某个决定片面地等同于党性原则,甚至为了宣传其中的某些观点而不惜将其凌驾于事实之上,从而走入了只唯上、不唯实的误区。

再次,目前中国新闻媒介的组织体制尚存在一些问题。这种问题主要表现为新闻媒介在组织机构、人事管理、财经经费上尚要依赖于政府。这有其不好的地方,不仅会增加国家的财政负担,而且更重要的是它不利于监督工作的开展。这是目前导致我国舆论监督没能充分发挥作用的另一个重要原因。

要改变这种状况,我们必须解放思想,要全面准确地认识新闻媒介的性质和舆论监督的作用;要尽快进行新闻立法,确立新闻媒介独立的法律地位,使之能在国家法律规定的范围内自主地运作,较少受到各方面的干扰。同时,也应该逐步改善党和政府对新闻工作

的领导方式。建议考虑,除党和国家机关直接办的有关媒介由党和国家机关直接管理外,其他如一些社会组织、行业团体所办的媒介则可由他们根据国家的法律法规自主管理。党和政府只通过发布一些大政方针,对其进行宏观的指导,而不再进行具体的管理。比如说,具体布置到什么时间见报,发几条消息乃至版面设置、标题大小等。

我们在看到舆论监督对建设法治国家、实现预算法治化有巨大作用的同时,也应清楚地认识到舆论监督的局限性。人们常说舆论监督是一把"双刃剑",运用得好会给社会带来益处,运用得不好会给社会带来祸患。应该讲这种负面影响在我国已有了体现,比如,有一些人打着开展舆论监督的招牌,不进行充分的调查,不是以事实为依据,而只是根据一鳞半爪的材料,结合自己感情上的好恶,为了追求某种轰动效应,甚至为了追求自己的某种私利,作不负责任、虚假的报道,造成不良的社会影响。舆论监督主要是以道德为评判标准,而法治则是以法律为评判标准。一般而言,舆论监督大都带有强烈的感情色彩,而法治则推崇法律至上,它只注重事实和依据。道德上的评判不可以代替法律上的评判,舆论监督也不可以代替法律的监督。所以,法治要欢迎舆论监督,但却不能受制于舆论监督,否则会走入舆论定案的误区。

第六节　政府预算监督制度国际比较

分析比较某些国家的预算监督体制,对于我国建立有效的预算监督体系十分有益。法国经济学家阿利克斯按照监督机关的性质及隶属关系,将预算监督制度分为三种类型:一是立法监督类型。其职权在于制定财政会计法规,批准国家总预决算。审计为国会负责,此种审计机构便是具有立法性质的监督机构。二是司法监督类型。其职权范围在于按照现行法规及预算,审核国家财政收支的实际情况及执行结果。其权力由审计机关掌握,独立于财务行政之外,是具有司法性质的审计机关。三是行政监督类型。其职权在于整理财务行政和核实财政收支,防止违法乱纪现象,由财政部门掌管,如审计机关隶属于财政部,则为具有行政监督性质的审计机关。

英国是财政立法监督制度的代表,主要特征是由议会、财政部、国家审计署共同进行对国家财政的监督,议会中的公共资金委员会和决算委员会根据国家审计署提供的各种报告和资料来进行审核,财政部内设有专门机构负责预算监督,主要通过对政府各部门预算的核定及收支的控制达到监督的目的;国家审计署是执行预算监督的专门机构,隶属于议会,向议会负责。法国是财政司法监督制度的代表,具体有议会的监督、审计法院的监督和财政总监察司的监督。宪法赋予审计法院的职责是协助议会和政府监督财政法的执行,财政总监察司是执行预算监督的专门机构。前苏联和瑞典是财政行政监督制度的代表,此外,还有以会计检察院为特征的日本财政监察制度。从世界各国的预算监督制度类型来看,预算监督体系的发展带有综合性的走势。下面我们重点介绍各种类型的预算监督制度代表国家的情况。

一、英国财政立法监督制度

英国对国家预算的监督,由议会、财政部和审计署担任,这是立法监督制度的主要特点。英国采用君主立宪的政治体制,议会分为上议院(参议院)和下议院(众议院),议会掌握着国家财政预算控制监督权。国家预算只有经过下议院讨论,多数议员投票后才能成立。对预算执行情况和决算的监督审核,由议会中的公共资金委员会和决算委员会,根据国家审计署提供的报告的资料来进行审核。

财政部也负有预算监督的责任,但是部内没有设专门机构来负责此事。财政部主要通过对政府各部门预算的核定及收支的控制来达到监督的目的,政府各部门的年度概算必须经财政部核准和内阁讨论方可提交议会批准。议会通过后,每笔具体支出由政府控制,但支出要经过财政部审核才能拨付。财政部负责此项工作的是政府事务司,他们的一项重要工作就是和预算单位一起,不断分析检查支出的每个具体方面。中央对地方财政的监督控制,主要通过每年对各地的预算支出核定限额,规定要在限额内开支来达到监督的目的。地方财政部门一般都设有内部审计处,对预算单位进行经常性审计和重点审计,审计内容主要是财政管理机制是否健全、资金使用是否有效,对检查审计中发现的问题,在听取被检查单位负责人的解释,作出结论后上报财政局局长。

国家审计署是执行预算监督的专门机构,它隶属于议会,向议会负责。其负责人即主计审计长由国家任命,只有经过首相和议会两院的一致同意后才能将其辞退。国家审计署共有人员 800 多名,其中 2/3 在伦敦总部办公,其余 1/3 常驻各地的被审计单位。常驻的时间最多五年,一般三年一调换,以避免与被审计单位关系搞得太熟而影响审计效果。国家审计署主要执行财政审计,其职责体现在对主计审计长的职责规定上。根据规定,主计审计长要检查政府各部取得的财政拨款是否超过预算,对政府各部门的经费开支进行审查。其权限包括:

1.主计审计长可以检查任何部门、机构或其他团体在履行职能的过程中使用资源的经济性、效率性和效果性。

2.如果主计审计长有充分的理由认为适合本条款的机关和团体不论在哪一个财政年度从公共资金那里接受了收入的绝大部分,那么就可以对该机关或团体在会计年度内使用资源的经济性、效率性和效果性进行检查。

3.主计审计长在合理的时间内,有权取得进行检查所必需的所有文件,有权要求负责文件的任何人或保存文件的任何人提供文件、资料和有关解释。

美国和加拿大也属于财政立法监督类型国家。财政立法监督类型的国家,不仅法律法规比较健全和完善,在实践中也很注重按法律法规办事,把严格执法和立法放在了同等重要的地位,对执法人员的检查监督和违法处罚非常严厉,因而十分有效。他们在每项工作中都很注意责任到人,出了问题防止推诿扯皮。分清责任的一般做法是把预算使用的决策者和执行者区分开来,哪个环节出了问题就由该环节的人负责。

二、法国财政司法监督制度

法国的预算监督体系主要由议会、财政部门和审计法院组成。宪法赋予审计的职责是协助议会和政府监督财政法的执行。审计法院既独立于议会又独立于政府,属于司法范畴,所以审计法院和地方审计法院的工作十分独立,议会和政府都不能干预。审计法院是国家最高的经济监督机关。

法国议会把审议、批准和监督财政预算当作监督政府行政权力的重要手段。法国每年4月开始编制下一年度的预算,8月份提交议会,10月份议会审议通过。议会对预算的审查非常严格和细致,直接审查到部门、单位,对政府的每一项财政政策都要进行激烈辩论,提出质疑,由财政部门作出解释。议会除靠自己的专门委员会审查外,还委托审计法院对预算执行,特别是对政府部门和事业单位的经费开支进行审计监督。

法国财政部门在财政收支管理过程中担负着重要的职责,并通过财政监察专员、公共会计、财政总监和税务稽查等体系付诸实施,贯穿于预算收支的全过程,具有监督层次多样、监督管理同步和监督执法严格等诸多特征。

财政监察专员负责对部门和大区的预算监督。预算监察专员由预算司负责管理,派驻中央各部,每部1人,其主要任务是代表财政部就地监督各部部长使用由财政拨付该部的人员工资和机构运行经费情况,各项支出经财政监察专员签字同意后公共会计人员才能予以受理。财政部一般在年初核定各部的总拨款,各部必须制定分预算,并与监察专员共同讨论,还要按月向专员报告执行情况。各部部长对每一笔开支的决策,财政监察专员都有权进行监督检查,如果发现有问题,不仅可以拒绝签字,同时还有权视情况冻结预算。1970年以后,由于中央财政支出越来越多地向地方转移,为加强支出监督,法国将财政监察员制度推广到地方,预算司向22个大区各派1名财政监察专员,监察管理中央在地方的公共支出,其职责与派驻各部的财政监察专员职责基本一致。

公共会计是所有管理国家财政公共支出拨款的会计,都是国家公务员。按照支出决策人与支出执行人相分离原则,无论公共会计为哪个部门、单位或地区服务,都由财政部公共会计司垂直管理,目的是保证公告会计的独立性。公共会计的一个重要职责是具体负责公共支出的支付工作,在为用款单位提供服务的同时承担拨款前的财政审查职责。对公共会计工作的监督由审计法院承担,公共会计机构每年要向审计法院投送公共收支决算账目,接受审计监督。

预算监督总署负责专项监督检查。财政监察总署是财政经济部门内的一个专门监督机构,共80人,直属财政部长,其主要任务是随时根据部长指示对涉及国家财政收支的活动及其他有关事项进行专项监督检查。其工作职责分为对内检查和对外检查两部分:对内,主要检查财政部长领导下的税务总局、海关总署及国库司、预算司等各业务司,不仅检查这些单位的有关账目,还要检查这些单位的执法质量和工作效率以及工作人员是否廉洁行政、有无贪污腐败现象;对外,根据财政部长的决定,除检查各部门财政收支外,还要对有可能对财政产生影响的有关经济活动进行调查研究。近年来,财政监察总署的业务已超出本国财政范围,延伸到国外。

国家监察署直接对财政部长负责,对国有企业进行监督管理,共有50多名国家监察员。他们被派驻国家控股50%以上的国有企业,有些监察员要同时负责几个企业。其主要任务是从财政角度对企业的决策活动进行日常监控,虽然他们无权采取措施阻止企业领导人的决定,但可以从中发现问题,向企业主管部门提出建议,并写出报告,直接或通过部长办公室、国库司向财政部长报告。

法国的审计法院按业务分为 7 个法庭,全国设 24 个地方法庭和 1 个海外法庭。审计法院的基本任务是审计检查国家机关、国家公共机构和国有企业的账目和管理。地方政府、地方公共机构的账目和管理由地方审计法庭负责审计。审计法院的主要工作有:

1. 审查国家决算。每年,财政部长都要将国家预算执行结果的总账目提交给审计法庭,经审计法院审核后,发表账目核准通告,该通告连同对预算年度执行结果的评价和对预算执行管理的意见一起送交议会。

2. 对公共会计进行法律监督。公共会计是国家机关和国家公共机构财务活动的执行者,法律已赋予他们相应的权利履行职责,他们应对自己的工作负有责任。公共会计每年都要把账目送交地方审计法庭或审计法院,后者的一项重要工作就是通过对账目、单据的详细审计,确定公共会计是否应负法律责任。

3. 监督公共开支决策人。如果发现决策人有违反财政法规的行为或其他问题,审计法院通过检查长向财政预算纪律法院提起诉讼,财政预算纪律法院根据情节作出处理。

4. 监督国有企业遵守有关财政法规。

审计法院和地方审计法庭的审计检查都是在事后进行,一般向前追溯 4~5 年。其年度审计计划抄送财政部,财政监察总署通过的案子,审计法院一般不再审计。

西班牙和德国也属财政司法监督国家。

三、瑞典财政行政监督制度

瑞典的预算监督体系由向政府内阁负责的国家审计办公室、向议会负责的议会审计办公室及财税稽查监督机构共同组成,他们认为最有效的监督手段是政府公务公开透明。

(一)政府部门对财政资金的监督

由《宪法》授权,瑞典政府设置了相对独立的国家审计办公室,有公务员 300 人,下设年度审计司和效益审计司,分别负责审计政府机构、公共部门及中央对地方的补贴性转移支付,国有企业或国家参股企业的年度财务报告以及财政资金的运营效果,审计对象、审计地点、审计范围可由该办公室自行确定。瑞典目前无专门的审计法规,只有一个政府条例规定其审计职责、工作范围,并禁止审计人员购买被审计单位股票,也不得兼任被审计单位的任何职务。

国家审计办公室年度审计司共有 130 人,负责对所有政府机构及公共部门(包括国有企业)年底报告的公正性、真实性进行审计。一般是由政府机构及公共部门向审计司提供上年年度报告,包括相关的财务数据、资产负债表、现金流量表等相关材料,年度审计司在每年 4 月 1 日前完成对年度报告的审计工作。效益审计司共有 80 名审计人员,主要负责对财政资金的运营效果进行审计,一般是采取抽审的方式。每项审计结束后,均要出具审计报告,每年该司约出具 30~40 个审计报告。国家审计办公室非常重视审计报告的质量,以对国有企业审计为例,审计报告中对国有企业所有权变化情况、企业经营状况、企业纳税情况、企业管理方式、企业对主要经济目标的实现程度、国家宏观经济政策对企业的调控作用及各行业部门对企业发挥作用的情况等都要详细反映。审计报告还要对被审计单位提出改进管理的意见和建议。

（二）议会审计部门的监督

瑞典议会按《宪法》规定参与监督，设立议会审计办公室，共有30人，以《议会审计令》为其法律依据，主要负责监督政府内阁和各政府机构对财政资金和国有资产的有效使用与资源分配的合理性及效果。其审计监督范围非常广泛，还包括对国有企业、行政执法和司法机构、国际开发项目等的审计，审计人员由议会选出的12个审计官及12名助手组成。审计内容包括两个方面：一是资金的审计，通常是对单位财务报告、报表以及内部财务收支进行审计；二是效益审计，这是重点，主要审计企业的生产效率和运营效果及各部门预算资金的使用有效性。议会审计办公室每年大约出具20个效益审计报告，7个财务资金方面的审计报告。这些审计报告都在新闻媒体、互联网上公开发布，征求各方面意见后提交议会的有关常委会，常委会讨论并听取一些议员的意见后，得出审计结论，提交议会大会表决通过，然后通知政府部门。各部门接到议会通知后，必须根据报告的意见进行整改，否则会对部门领导采取撤职等处罚措施。议会委员会还要对每年各部门的整改情况进行监督，同时接受公民舆论的监督。

（三）税务稽查部门的监督

瑞典政府单独设置了相对独立的国家税务总局，隶属财政部，是全国税收征管的最高管理机构。税务总局内设有税收征管司和稽查司。税收征管司主要负责税款征收。1998年瑞典出台新税法，将所有税种纳入同一账户管理，每个公司和纳税法人都有一个唯一的税收账户。为纳税人提供了方便，提高了税收征管效率。各地区税务局具体负责征税、纳税评估、检查、人口登记等工作。在税收征管中如发现现行法规制度存在问题，各税务分局要及时向国家税务总局和财政部反映。瑞典税务机关不仅重视税收监管和税负公平，同时也很重视税收服务工作。他们一方面帮助纳税人正确填写收入申报，计算应纳税额，保证纳税合法合理，让纳税人感到税负公平；另一方面尽量减少工作失误，提高工作质量，从各方面保护纳税人依法纳税的积极性。

稽查司负责对纳税人履行纳税义务的情况进行监督检查。税收检查的目标是"用适当的方法收适当的税"，并不是尽可能为国家多征税，而主要是保证税负公平。稽查司对纳税人的监管贯穿于纳税登记和企业经营全过程。同时对企业的年度报告进行重点抽查。对大公司一般每5年进行一次历时较长的全面财务状况检查。对一般中小企业纳税人，抽查对象的选择是由计算机系统随时提供有疑问的纳税人，主要抽查增值税、所得税的收缴情况。通过抽查要达到两个目的：一是核查纳税人是否按计划缴税；二是使纳税人进一步了解征税体制和税收监督机制，从而使部分纳税人放弃投机心理，做到诚实纳税，防患于未然。

瑞典设置了专门的审计机构负责国家审计监督业务，虽处在行政体系中却是相对独立的，其审计监督工作为议会服务，向议会报告，在一定程度上成为议会执行检查的附属机构。

四、日本预算监督制度

（一）日本预算监督制度的内容

日本的预算监督制度由三个层次构成：一是国会的监督，国会通过对国家预决算的审核起到宏观监督作用；二是财政部门的监督，日本财政由大藏省负责，在大藏省内没有设立专门的预算监督机构，但这并不意味着大藏省不注重预算监督，他们将预算监督的任务交由省内各主管部门结合具体业务进行管理和监督,如会计局负责预算执行的监督,主税局负责对国家税收的监督等;三是会计检察院的审计监督,这是日本执行预算监督的专门机构,是其预算监督制度的主要方面。

（二）日本的会计检查院

会计检察院由三名检查官组成的检察官会议与事务总局组成。检察官会议是决策机构,决定重大事项,如制定或修改会计检察院的规章,编写宪法要求的检察报告等。事务总局在检察官会议的指挥、监督下,掌管总务、检察及审查事务。

会计检察院拥有的权限包括:(1)人事自主权,会计检察院除检察官之外的官员的任用可以自主决定;(2)在财政上享有与国会、最高法院同样的预算自主权;(3)可以自行制定检察准则;(4)院长可直接出席国会会议,并有权直接同国会接触;(5)有权要求被检察单位提供材料和各种补充资料;(6)有权就某些问题向有关负责人质问;(7)有权随时派人进行现场检查;(8)有权公开发表检查结果。这些权限可以保证会计检察院不受外来的各种干扰,独立地行使预算监督权。

会计检察院预算监督的对象是国家决算及中央各省及所属的企事业单位,对私营企业、事业单位和地方财政不负监督之责,由各部门的监察机构和内部审计机构负责。会计检察院的主要任务是:(1)检察有无违反预算的情况,收支是否合理、合法;(2)各种会计处理是否合乎法律规定和会计原则;(3)从事的事业和项目能否达到预期目标,是否符合经济和效率原则。

对决算的审核按下列程序进行:首先,国家决算经过内阁会计审查通过后,于11月30日以前同各省厅的决算报告书一并送交会计检察院,会计检察院进行检察后,于12月末以前再附上检察报告书送回内阁,然后,内阁将决算书和检察报告一起提交国会审议。对其他审计监督对象,则依据不同特点采取不同方式。如对于享受政府补贴、贷款一类的单位,检查其资金是否按预定目标投入,投入后效果如何;对于用财政资金所进行的基本建设项目,重点检察这些项目的计划是否可行,已开工的工程是否按计划施工,工程所需要的物品等是否按计划购入和使用等。

五、各种预算监督制度类型的比较

世界各国预算监督制度模式不同,立法监督型的国家,预算监督权主要掌握在国会手中,这有利于增强预算监督的法律性、权威性。独立于财政系统之外的预算监督,可以尽量抑制来自于财政系统内部的干扰,加强其公正性;其不足之处在于监督力量很有限,财政审计与监督机构在执行中容易受到外界的干扰。司法监督型的国家,预算监督权控制在司法系统手中,这有利于增强预算监督的独立性和权威性,把预算监督纳入司法系统更能够抵御财政系统、上层组织所施加的干扰,增强对违法案件处理的时效性;其不足之处在于立法机构的影响力削弱,也不可能事无巨细地都通过审计法院审判。行政监督性国家,预算监督权主要控制在政府行政机关系统内,政府可以随时掌握预算监督的进展;其不足之处在于预算监督制度的立法机构和司法机构有一定的距离,从而影响预算监督的效率。显而易见,立法模式和司法模式较之行政模式,具有更多的优势。以上各种预算监督制度各自有其优点,同时不可避免地有其自身的缺陷。

本章小结

政府预算监督是指在预算的全过程中,对有关预算主体筹集和供应预算资金等业务活动依法进行的检查、督促和制约,是政府预算管理的重要组成部分。

政府预算监督是保障公共财政职能实现的重要手段,是确保政府进行科学决策的重要前提,是维护预算的法律效力及权威性的重要工具,是严肃财经纪律、防范和遏制腐败的重要保证。

按照政府预算监督的时间顺序来划分,政府预算监督可以分为事前监督、事中监督和事后监督。按照政府预算监督体系的构成来划分,政府预算监督可以划分为立法机关监督、财政部门监督、审计部门监督、社会中介机构监督、社会舆论监督和司法监督。

政府预算监督的法律依据,是指在政府预算监督检查工作中用于调整经济关系、进行宏观控制、维护经济秩序、完善管理机制的法律规范,也是各预算监督主体履行工作职责,开展监督检查的法律保障。包括《宪法》、《预算法》、《会计法》、《税收征收管理法》、《审计法》、《政府采购法》等财经法律、有关行政法规和有关规章制度。

政府预算监督的内容概括地讲,主要包括以下六个方面:(1)监督政府预算的编制和执行是否符合国家的方针、政策。(2)监督和检查财政部门和各预算单位执行各项经济事业计划和预算收支任务的完成情况。(3)监督预算收入是否及时、足额地上缴。(4)监督各预算资金使用单位在预算资金的使用上是否本着厉行节约的原则。(5)监督和查处违反财经法纪和财政制度的行为。(6)通过对预算的监督和检查,做好财政预算信息反馈工作。

政府预算监督的方法一般有事前监督、日常监督和事后监督、专项监督检查、个案调查。

立法监督是国家权力机关即各级人民代表大会及其常务委员会行使国家立法权、审批和监督预算的监督方式。

审计监督主要是对预算执行的审计监督,包括对总预算执行情况和单位预算执行情况的审计,是一种独立检查会计账目的经济监督活动,目的在于监督被审计单位预算执行的真实性、合法性和效益性。

舆论监督是社会对政府预算进行监督的主要方式,对于依法治国而言,具有重要意义。

世界各国预算监督制度模式不同,主要包括立法监督型、司法监督型、行政监督性三种模式。

案例

加强人大预算监督的对策与思考

人民代表大会及其常委会受人民委托,依法审查批准本级人民政府预算、监督预算执行和审查批准决算,是宪法和法律赋予的一项重要职权,是人民行使管理国家事务权力的具体表现。行使好这一职权既是履行法律责任,也是为了对人民负责。但是,从我县、我市乃至全省、全国的情况看,人大在预算审查监督工作中还存在不少问题,如预算监督程序性工作多,实质性审查监督少,基本上流于形式;预算执行不够严肃,预算约束力比较弱;缺乏必要的监督力量,等等。笔者认为,进一步加强人大预算审查监督,应采取以下对策:

在预算监督理念上,突出"变"字。一方面,从理念上改变传统的偏重财政收支监督的思想,把监督目光聚集到政府提供公共产品或公共服务的结果和成效上来,以财政资金流向为主线,以财政资金运行的效益、效率、效果、及财政政策制定的科学性、合理性和执行效果为重点,围绕经济建设中心任务和依法治国的方略开展预算审查监督;另一方面,改变就事论事的思维模式,增强宏观意识、全局意识,从大处着眼,努力从体制、机制、制度层面发现问题、提出建议,发挥预算审查监督在经济社会运行中服务功能,促进公共服务均等化目标的实现,体现人民的意志。

在预算监督指导思想上,突出"法"字。依法办事是我们人大工作的最大特点,也是我们的工作优势所在,人大监督的权威主要来自于事事、处处、时时都坚持依法办事。《宪法》、《组织法》、《监督法》、《人代会议事规则》、《预算法》、《河南省预算监督条例》等法律、法规都明确规定了人代会、常委会、预算工作机构审查监督财政预算方面应有的职能。这些规定,条理清晰,重点分明,操作具体。我们要认真履行宪法、法律法规赋予我们的职责,监督要到位,要严格依法办事,行使监督的具体工作。既要从程序上宏观把握好预算的审查监督工作,又要从实质上监督预算的执行工作,进而实现依法理财、科学理财、民主理财,提高财政资金使用效益。

在预算监督方式方法上,突出"活"字。灵活应用监督形式、方法,可以起到事半功倍的效果。首先要发挥好人大预算审查监督机构的职能作用和人大常委会对预算审查、审议的职能作用。要积极探索各种符合预算法和监督法等法律、法规的基本精神,去创造不同的监督形式。要在贯彻民主集中制和集体行权原则的基础上,敢于监督、善于监督,将工作监督与法律监督相结合、专项监督与综合监督相结合、初次监督与跟踪监督相结合、听取专项工作报告与执法检查相结合、推动自行整改与依法纠正相结合,不断增强监督实效。同时,积极对监督法规定的质询、特定问题调查、撤职案的审议和决定等监督方式进行探索和研究。值得思考的是,在当前人大预算监督力度不强的情况下,有必要在适用情况下启用约束性强的硬性手段,这样才能够建立并提升人大预算监督的权威性。

在预算监督具体工作上,突出"实"字。我们党一贯强调一切从实际出发,实事求是,这也是我们做好一切工作所必须遵循的一条基本原则。对预算的审查监督,是法制性、政策性、技术性很强的工作,是直接服务于本区域经济社会发展的。因此,各级人大都要加强调查研究,坚持实事求是,围绕经济建设、社会发展、人民生活等了解财政资金供需情况;针对人大及其常委会通过的决定、决议,了解预算执行情况;针对调查中发展的问题进行科学分析,实事求是地归纳总结,如实的反映,客观地做出评价,促进财政改革,依法理财。

在预算监督的内容上,突出"重"字。预算监督要坚持围绕重点、主攻难点、关注热点的原则,找准切入点和着力点,使人大监督之力用在刀刃上。财政预算的编制与执行是个过程,其主体是各级政府财政部门及相关部门的理财、用财活动,这个过程的监督重点应把握三个方面:一是法规性审查。各级政府预算的编制和执行,首先要遵循财经法规的要求,要具有合法性,这是预算执行的前提。各级政府预算的编制要遵循《预算法》、《河南省预算监督条例》的要求,预算编制的形式、编制的内容、编制的程序及编制报送的时间等,都要依法进行。尤其是各级政府的预算必须经过本级人代会审查和批准后,才具有法律效力。预算的调整报经本级人大常委会审查批准,才能合法化。各级政府预算编制的内容、收支项目的分类、收支项目的统一性等,要遵循财政部的具体规定,不能随意增加或减少,这些都是合法性审查的要点。二是政策性审查。党和国家的方针政策是每个时期国情民意的体现,是引导社会经济发展的方向和目标。财政预算编制,执行的政策性监督是多方面、多角度的,既有各级政府和财政公务人员在管理财政活动中贯彻把握党和国家的政策水平和素质情况,也有预算按法定程序接受各级人民代表大会审查和批准的过程,这个过程也是党和国家方针政策影响行政决策的过程,例如国家对"三农"投入、科学技术投入、教育事业投入、政法投入等,都要有财力的保障,要求财政预算要真正体现每个时期党和国家的各项方针政策。三是科学性审查。对预算收入、支出指标测定的技术性,进行审查和评价;要对预算指标测定的基础变量、数据、输入变量的科学依据,进行科学性评价;对预算总体数字,指标的科学逻辑性进行审查等。

在预算监督审议意见落实上,突出"快"字。审议意见(或决定、决议)不能"一审了之",它体现人大代表或人大常委会组成人员的意志,是监督工作的载体和具体成果,它所具有的法律地位是明确的、不可动摇的。有关预算决议、决定、意见和建议的落实是预算监督中不可或缺的重要环节,人大及其常委会一旦做出,政府必须不折不扣予以执行。一是交办要"快"。要及时交办,交办中要明确办理的时间,明确承办单位,明确责任追究等。二是政府财政有关部门落实审议意见要"快"。要针对审议意见的内容,及时采用有效措施,全面予以落实。三是跟踪督查要"快"。人大常委会工作机构要主动抓好督办,要及时跟踪检查直至整改落实到位。

在预算监督队伍建设上,突出"全"字。就个体执法人员而言,能否依法监督无非取决于两个方面:一是本身所具有的法律知识水平;二是能否树立客观公正的执法意识。因此,必须重视预算监督队伍的建设。一方面,作为人大干部,尤其是从事预算监督的同志,要不断学习财政知识,熟悉财政、税务、预算、审计等基础业务知识及有关财政预算方面的政策、法律、法规等,特别是要认真学习《预算法》、《监督法》以及税法、审计法等有关预算监督方面的法律、法规。同时还要注意观察经济发展趋势,随时了解有关的财政经济政策。只有学好财政知识,熟悉法律,练好内功,不断提高自身素质和业务技能,才能不折不扣地履行监督预算的职责。另一方面,要引智借力,可以吸纳公民参与,可以外聘专家人员参与,从而充分利用外部力量,形成"兵团"作战的综合能力。

资料来源:裴志江.加强人大预算监督的对策与思考.人民网,http://theory.people.com.cn/GB/40537/15213298.html

案例分析:

人民代表大会及其常委会对政府预算的监督是最重要的监督方式。但目前我国人大在预算监督工作中还存在不少问题,如预算监督程序性工作多,实质性审查监督少,基本上流于形式;缺乏必要的监督力量等。需要进一步加强人大预算监督。

案例讨论:

谈谈你对进一步加强我国人大预算监督的建议。

思考题

1.简述政府预算监督的意义。
2.简述政府预算监督的作用。
3.简述政府预算监督的分类。
4.简述政府预算监督的依据。
5.简述政府预算监督的内容。
6.简述立法机关预算监督的主要内容。
7.简述财政部门预算监督的内容。
8.简述审计部门预算监督的内容。
9.简述政府预算监督的方法。

第 *13* 章 政府预算管理信息系统

第一节　我国政府财政信息系统建设概述

　　政府财政管理信息系统(即"政府财政管理信息系统",Government Finance Management Information System,简称 GFMIS,即"金财工程")利用先进的信息技术,以覆盖各级政府财政管理部门和财政资金使用部门的大型信息网络为支撑,以细化的部门预算为基础,以所有财政收支全部进入国库单一账户为基本模式,以预算指标、用款计划、采购订单以及财政政策实施效果评价和宏观经济运行态势跟踪分析为预算执行主要控制机制,以出纳环节高度集中并实现国库现金有效调度为特征,体现了公共财政改革的要求。它涵盖预算编制审核系统、国库集中收付系统、工资统一发放系统、政府采购管理系统、基本建设项目管理系统等方面。它是在总结我国财政信息化工作实践,借鉴其他国家财政信息化管理先进理念和成功经验的基础上,提出的与我国建立公共财政体制框架目标相适应的一套先进信息管理系统,是我国正在实施的电子政务战略工程建设的重要组成部分。

　　政府财政管理信息系统不仅是公共财政改革的基础,而且本身还是公共财政改革的重要内容。"金财工程"的实施,从根本上改变了财政系统多年来"粗放"的管理模式,促进财政分配行为的科学化和规范化,提高了财政工作效率和财政资金的使用效益,对于加快建立社会主义市场经济体制,促进国民经济管理现代化,促进财政的改革与发展,具有十分重要的意义。

一、我国政府财政管理信息系统建设的背景

为适应信息全球化迅猛发展的趋势和我国政府管理现代化、信息化发展的要求，财政部按照党中央、国务院的指示，从1999年下半年开始规划建立"政府财政管理信息系统"。2002年年初，国务院正式命名财政部政府财政管理信息系统为"金财工程"。"金财工程"建设实施采取的是统一领导、统一规划、统一技术标准、统一系统平台和统一组织实施即"五统一"原则，全国的实施规划是：2000年完成政府财政管理信息系统初步框架设计；2001年完成小范围政府财政管理信息系统试点；2002年扩大试点，完成政府财政管理信息系统详细设计；2003—2005年完成中央本级政府财政管理信息系统建设，完成省级政府财政管理信息系统建设，完成大部分市（地）级政府财政管理信息系统建设；2008年完成全国各级政府财政管理信息系统建设。财政部争取在"十五"期间，建成包括宏观经济预测与分析、预算编制和预算执行等有关业务在内的、达到国际先进水准的政府财政管理信息系统。"十二五"规划中提出进一步加强应用系统尤其是大型应用系统的总体设计。

二、建立政府财政管理信息系统的意义

"金财工程"是财政工作信息化和财政管理现代化的必然要求。它的建立与实施对于加快市场经济体制的建立与完善，促进国民经济管理的现代化，规范财政预算管理，提高国库资金使用效率，增强财政决策的科学性和财政工作的透明度，加强廉政建设，实现依法理财等，都具有十分重要的意义。

1. 是适应政府管理信息化的要求。建立起中央财政与各地方、各部门之间的电子信息化的联系，实现电子信息的传输和所有信息的共享，可以提高政府工作效率和工作透明度。信息化是现代化社会发展的重要特征与必然要求。政府财政管理信息系统是目前世界上主要市场经济国家政府信息管理系统的核心之一。美国财政部的联邦政府国库支付系统2000年度除国防支出外，包括社会保障基金和退税在内的全部9亿笔政府开支，总值为1.2万亿美元的财政资金都是由管理信息系统通过单一账户支付（其中70%是以电子支付方式）实现的。因此，建立与实施政府财政管理信息系统，符合我国按市场经济发展和加入世界贸易组织的要求，在财政管理方式方法上有利于尽快与国际接轨。"金财工程"的建立与实施适应了这一发展趋势，在全国范围内建立起各地方、各部门之间的电子信息化系统，实现电子信息的传输和所有信息的共享，从而大大提高了整个财政工作的效率。

2. 是规范财政收支管理与增强执行透明度的需要

预算作为政府的财政收支计划，是政府筹集和使用集中性财政资金的重要分配杠杆，体现政府集中性的财政分配关系，是政府实现其职能的重要工具。按照市场经济体制的规律和建立公共财政体系的要求，预算编制与执行必须真实、统一与公开。建立与实施"金财工程"，将详细记录每个用款单位每一笔财政资金收支的运行状态，既对财政部内部管理工作进行规范，又能对支出部门预算执行行为进行监督。因此，它不是传统意义上只能做"事后"记账处理的一般财务系统，而是带有"事前"控制机制的政府财政"资源型"管理系统，是自动化程度较高、依法理财的系统。它的建立与实施可以从根本上防止财政资金的体外运行和沉淀，既能对财政部门的管理工作进行规范，又能对支出部门的预算执行

行为进行有效监督,从源头上预防腐败现象的发生。

3.是提高财政管理决策水平的需要

宏观经济分析与决策是对国民经济整体运行状况所进行的分析和相应采取的财政、货币政策,是整个宏观经济政策制定的基础,也是进行宏观经济管理的前提。财政是国家职能的重要组成部分,财政政策是国家宏观调控的一个重要工具。"金财工程"的建立与实施可以完整地保存宏观经济分析和预算执行各方面的数据,为整个财政管理工作提供准确、适时的财务信息,从而促进宏观经济预警模型、收支测算模型、现金预测模型分析等模型的建立,既为决策的科学化提供数据保障,又为各种财政管理工作提供科学的分析依据。

三、我国政府财政管理信息系统的构成与功能

政府财政管理信息系统的建设目标由两大部分构成:一是包括预算管理、国库集中收付、国债管理等核心财政业务的管理系统和宏观经济预测系统,即财政业务应用系统;二是覆盖全国各级财政管理部门和财政资金使用部门的信息网络系统。

(一)政府财政管理信息系统的构成

1.预算编制审核系统。包括预算编审系统、预算单位基础数据库及预算定额管理系统、项目申报和项目库管理系统、财政收入测算系统、地方预算管理和汇总系统与预算日记账管理系统。

2.国库支付管理系统。包括资金计划审核控制系统(国外称预算授权管理系统)、支付管理系统与总分类账和预算执行报告分析系统。

3.现金管理系统。

4.工资发放系统。

5.国债管理系统。包括国债发行计划系统、国债发行及清偿管理、国债风险评估。

6.政府采购管理系统。包括采购项目管理、政府采购信息发布系统、政府采购订单管理系统、政府采购审计监督系统。

7.固定资产管理系统。

8.收入管理系统。

9.宏观经济预测系统。

10.与其他部门连接的接口系统。

11.标准代码库系统。

12.办公自动化系统。

通过以上12个子系统的应用,政府财政管理信息系统将覆盖各级政府财政管理部门和财政资金使用部门,全面支撑部门预算管理、国库单一账户集中收付、政府采购、宏观经济预测和办公自动化等方面的应用需求。

(二)我国政府财政管理信息系统的功能

政府财政管理信息系统功能主要是规范业务流程。从整个财政管理业务来讲,系统的建设必须明确宏观经济预测与分析、预算编制与预算执行等业务之间的衔接。同时,系统也对各部分内部管理业务的工作与信息流程作了规定,如预算编制、预算调整、预算授权、支付流程的规范化等。特别是预算编制,从一定意义上讲,程序的合理性就保证了预

算本身的合理性。建立后，其国库管理系统有两个很重要的功能：一是预算审核，二是用款计划控制。国库在集中支付过程中，必须进行预算审核，以规范部门支出行为。预算审核落实到经济分类的类、款、项级科目，就体现了财政不同的控制功能。用款计划则体现财政对预算项目实施与国库现金余额平衡的控制，有利于国库资本运作与短期国债发债时机的选择，整体提高财政资金的使用效率，全面、及时地反映预算编制和预算执行过程。预算审核、预算编制、预算调整、用款计划的审核及调整过程都记录在系统中，可以大大减少管理的随意性。同时，通过预算执行情况的全面、及时反映，可以看到各级财政支出当天一共拨出多少钱，当天拨出的钱分布在哪些部门、多少项目、什么用途。这有利于监督政府部门的支出行为。

第二节　我国政府财政管理信息系统的框架

政府财政管理信息系统框架的决定因素是不断丰富和发展变化的财政管理业务。要适应财政改革与发展的要求，借鉴国际经验，建立具有超前性、系统全面、程序严格，能够控制和提供全面的信息服务的财政管理框架体系。

一、政府财政管理信息系统框架的构成

虽然各国由于财政管理体制不同，其管理环节的职能与内容有较大差别，但从一般意义上讲，各国政府财政管理大多分为四个循环，各国框架大多也是建立在这样的财政管理循环分析基础之上。我国的政府财政管理信息系统也是如此。

1. 财政管理总循环，即"预算编制—预算执行—项目评估及执行报告—审计"。这一循环从总体上描述了预算项目从预算编制到执行的全过程及其各个环节的关系。

2. 预算执行管理循环，即"预算授权—支付管理—执行报告管理与审计"。这一循环阐明了预算执行管理的内容及各管理环节的关系。

3. 支付过程管理循环，即"承诺管理—支付管理—现金管理"。这一循环反映了国库支付管理的内容及与现金管理的互动关系。

4. 债务与现金管理循环，即"现金管理与债务发行的互动关系"。

二、我国政府财政管理信息系统框架

政府财政管理信息系统是利用先进的信息网络技术，支撑预算管理、国库集中收付和财政经济景气预测等核心业务的政府财政综合管理信息系统。政府财政管理信息系统以财政系统纵横向三级网络为支撑，以细化的部门预算为基础，以所有财政收支全部进入国库单一账户为基本模式，以预算指标、用款计划和采购订单为预算执行的主要控制机制，以出纳环节高度集中并实现国库资金的有效调度为特征，以实现财政收支全过程监管、提高财政资金使用效益为目标。

按照系统工程规划设计，政府财政管理信息系统即"金财工程"建设共分为业务应用系统、信息网络系统和安全保障体系三个方面，即以应用为中心，以网络为支撑，以安全为

保障。一是建立财政业务应用系统,包括预算管理系统、国库集中支付管理系统、总账管理系统等12个业务应用系统;二是建立纵横向三级网络系统,包括本级局域网,纵向连接各级财政部门的广域网,横向连接同级各预算单位、国库、银行、税收等相关职能部门的城域网;三是建立安全保障体系,即建立以认证中心、数据加密为核心的统一安全的保障体系,确保"金财工程"应用系统高效、稳定运行。

(一)财政业务应用系统

财政业务应用系统主要指预算管理系统、国库支付管理系统、总账管理系统、现金管理系统、工资统一发放管理系统、国债管理系统、政府采购管理系统、固定资产管理系统、收入管理系统、财政经济景气分析系统、标准代码系统、外部接口系统及总账管理系统共12个业务管理系统。如图13-1所示。

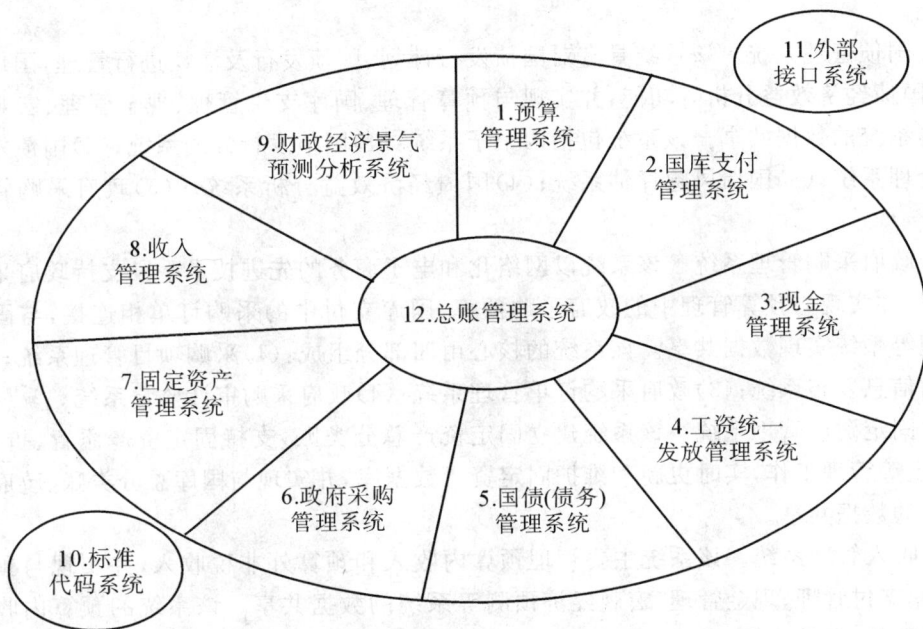

图13-1　财政业务应用系统

1.预算管理系统。该系统实现各级财政资金使用部门和各级财政管理部门的预算编制、预算审核、预算调整的规范化和科学化的管理,支持基本预算支出和项目预算支出的部门预算编制,能完成预算控制数编制及预算批复,支持预算科目新体系,系统通过数据库实现与国库支付管理、现金管理、收入管理、政府采购、宏观经济预测等系统的数据共享。其子系统有:(1)部门预算管理系统;(2)预算指标管理系统;(3)定员定额管理系统;(4)中央对地方专项拨款管理系统;(5)地方预算汇总管理系统;(6)转移支付测算管理系统;(7)全国预算汇总管理系统;(8)非贸易非经营性外汇管理系统。

2.国库支付管理系统。该系统主要按照财政国库集中收付管理制度改革的要求,完成财政资金使用过程中的分月用款计划管理、支付管理、采购订单管理、账务管理和预算执行分析管理等,并实现与现金管理、预算管理、收入管理、国债管理、政府采购、宏观经济预测等系统的数据共享。其子系统有:(1)国库集中支付管理系统;总账管理系统;(2)总账管理系统;(3)分月用款计划管理系统;(4)预算单位财政资金支付管理系统。

3.现金管理系统。该系统对国库现金账进行实时管理,并实现与国库支付管理、收入管理、国债管理、政府采购等系统的数据共享。主要功能模块包括与人民银行国库局和与商业银行连接的支付对账系统、现金流预测系统,可实现在现金流总体控制条件下的支付授权。

4.工资统一发放管理系统。该系统存储财政供养人员的基本信息、工资结构,并通过国库单一账户来管理和发放每个人的工资。通过系统的内部控制机制和财政、人事部门、编制机构的三方核对,能有效防止个人工资虚增冒领的现象。具备工资调整测算功能,具有与银行的接口,能够通过代理银行直接将工资发放到个人账户。该系统还将拓展用于住房补贴、住房公积金、个人医疗费的直接支付,并提供对外个人工资信息的网上授权查询功能。

5.国债管理系统。该系统具有对国债发行计划、国债发行及清偿进行管理,国债风险评估,国债经济效益分析等功能,并实现与预算管理、国库支付管理、现金管理、宏观经济预测等系统的数据共享。该系统包括四个子系统:(1)国债发行计划系统;(2)国债发行及清偿管理系统;(3)国债风险评估系统;(4)国债经济效益分析系统。(5)政府采购管理系统。

6.政府采购管理系统。该系统以网络化和电子商务的先进技术手段支持政府采购业务流程,并实现与预算管理中的政府采购预算、国库支付中的采购订单相连接,与固定资产管理等系统实现数据共享。该系统的核心由四部分组成:(1)采购项目管理系统;(2)政府采购信息发布系统;(3)政府采购订单管理系统;(4)政府采购审计监督系统。

7.固定资产管理系统。该系统建立固定资产总分类账,支持固定资产添置、折旧、重估、报废等管理工作,实时更新和维护固定资产数据库,并实现与国库总分类账、政府采购等系统的数据共享。

8.收入管理系统。该系统主要管理预算内收入和预算外非税收入,并实现与预算编制、国库支付管理、现金管理、宏观经济预测等系统的数据共享。该系统的预算内收入系统将与税务、海关连接,具有退税管理功能。预算外非税收入系统是执行"收支两条线",实现综合预算的关键,也是收入管理系统的主体部分。

9.财政经济景气分析系统。该系统以财政数据库的数据为基础,综合国内外宏观经济数据,建立财政收支分析预测模型、财政监测预警模型、政策分析模型、宏观经济预测模型、宏观经济景气与监测模型,科学、全面地掌握宏观经济和财政收支增减因素,合理控制债务规模,为政府财政预算编制、财政支出管理、财政政策调整提供辅助决策依据。

10.标准代码系统。为实现"金财工程"各系统间的信息共享,必须首先建立规范、统一的数据标准。进一步扩充完善《财政信息分类与代码》,统一规范基础数据指标体系,建立财政业务各环节的主题数据表,对财政应用基础数据按主题进行科学定义和分解(元数据化),在此基础上建立"金财工程"核心数据模型。

11.外部接口系统。"金财工程"需要与税务、海关、人民银行国库、代理商业银行进行信息交换和业务连接,需要与发改委、卫生、民政、统计等综合经济部门和管理部门相连接,通过对外接口向国务院、人大财经委、各综合经济管理部门提供相关信息。

12.总账管理系统。总账管理系统是"金财工程"数据存储及管理的核心,既管理收入账,又管理支出账。利用该系统,可分解出每个部门、每个预算单位的明细账目。总分类账系统将完整记录国库单一账户收入、支付的每一笔资金的详细信息,真正实现一级财政一本账管理。

(二)网络系统

1.政府财政管理信息系统(GFMIS)的网络通信平台(GFMISNet)

政府财政管理信息系统(GFMIS)的网络通信平台(GFMISNet)是连接全国各级财政部门、预算单位、国库支付分支机构、人民银行各级国库、支付代理和非税收入代理商业银行和分支机构以及各相关职能部门的大型网络系统,是政府财政管理信息系统的运行基础,支撑着各级财政部门以部门预算编制和国库集中收付为核心的主体财政业务应用,是覆盖全国的国库集中收付的通信和支付网络,同时也为各级财政部门的内部管理和办公自动化服务。GFMISNet采用三级纵横网络结构、TCP/IP网络协议体系结构、Intranet运行模式。纵向三级结构是:财政部网络中心到各省、自治区、直辖市、计划单列市财政厅(局)网络中心的一级纵向骨干网;省级财政网络中心到各市(地)级财政局网络中心的二级纵向骨干网;市(地)级财政网络中心到县级的三级纵向骨干网。横向三级结构是:一级骨干网横向连接中央各部门的财务司和部门所属的主要预算单位、具有国家财政收入职能的部门、人民银行国库局和承担支付代理和非税收入代理的商业银行;二级骨干网横向连接省级财政相应管理层次的部门、收入职能部门、人民银行国库省级分库和承担支付代理和非税收入代理的商业银行分行;三级骨干网横向连接市(地)本级预算单位、收入职能部门、人民银行市(地)级国库分库、承担支付代理和非税收入代理的商业银行分支机构。按照财政业务管理流向的特点,并考虑与现行行政管理体制相适应并有利于网络建设和管理的需要,GPNISNet采用层次式的树状网络拓扑结构:纵向主要由各级财政部门按垂直的上下级模式连接成为广域骨干网;横向以各级财政部门为中心向同级的各预算单位、国库、银行、税收等相关职能部门辐射联接,建成该级次的城域接入网。网络建设将立足国内现有的电信和广电的线路资源,不建专线。

2.建立计算机系统硬件和操作系统软件平台

GFMIS计算机系统的配置原则是:对以部门预算编制和国库集中收付为核心的财政主体业务系统,采用集中化的数据处理中心运行模式,即在各省财政厅(局)和有条件的骨干城市设立相对集中的数据处理中心,其周边市(地)的数据处理服务器以托管方式相对集中运行管理,周边市(地)通过GFMISNet使用托管在数据处理中心的服务器和资源。这一模式既有利于核心业务系统的统一建设,又有利于系统的集中维护和节省投资。按照GFMIS系统安全可靠性的要求和国库集中收付业务工作不能间断的需求,各省市要按照集中化的原则建立数据备份中心和灾难恢复系统。集中化数据处理中心的计算机硬件和操作系统必须按统一技术标准配置。

为保证财政核心业务应用系统的统一,各级GFMIS系统采用统一的数据库平台。财政核心业务应用系统采用财政部制定的统一编码体系,应用软件开发采用统一数据字典。GFMIS系统核心应用的建设方向是采用严格的三层体系结构,即数据库服务器、应用服务器(含业务中间件)、客户机(浏览器)。GFMIS系统的核心软件部分,全国统一开发、统一配置。

应用网络通信平台的建设目标是:理顺业务关系,形成以预算编制为源头,以收支管理为主线、以预算及执行分析为回路接点的,流程通畅、操作规范的信息化处理闭环,通过一个大系统实现全面的预算及收支管理;建立元数据管理平台,统一数据库,统一编码体系,统一维护基础信息,实现信息的全面共享;统一对外信息交换平台,统一报表工具平台,统一安全管理机制;提高财政管理效率,提高系统支撑能力,提高自动化处理水平。

应用支撑平台不是传统意义上的特定业务管理系统,是财政信息化一体化建设的基础,是标准的载体、整合的工具、统一的途径。平台由数据字典组件、总账及控制表组件、交易令组件、报表组件、规则组件、交易凭证组件、权限管理组件、工作流组件、安全组件、数据交换组件等组成,主要特点是技术标准统一,即字典统一、数据共享、流程通畅、衔接便利、统一交换,形如一个多样性的、规范插头的多功能插座。平台建设将建立财政业务系统整合与统一以及信息交换和共享的平台和机制,为财政信息系统一体化建设、实现财政业务"三个贯通"(即本级财政内部业务贯通、上下级财政之间业务贯通以及财政和预算单位之间业务贯通)奠定基础。

(三)安全保障体系

由于政府财政管理信息系统涉及政府各部门的重要财务数据,对国家经济的运转影响重大,该系统应具有高度的保密性、完整性、可用性、可控性和不可否认性。因此,政府财政管理信息系统、应用四个层次,保护、检测、响应、恢复四个方面,通过技术保障和规章制度建立可靠有效的安全体系。

1.建立用户认证和管理系统

建立国家安全主管部门要求的财政管理信息系统用户身份认证体系和密码体系。对最终用户的识别除采用密码和网络识别外,还可采用指纹识别技术,防止非授权用户进入。

2.安全检测和防病毒系统

建立统一的符合国家规定的安全检测机制,实现对网络系统进行自动的安全漏洞检测和分析,以提高系统的整体安全性。全网建立高强度的网络防病毒体系,实时监控病毒。

3.物理隔离和隔离区

政府财政管理信息系统是财政管理的内部网,从网络中心到全部最终用户,网络的各个层次与外网物理隔离。与银行国库、代理银行、预算部门等外部系统的连接,采用隔离区方案并加设防火墙。为减少全国范围网络系统安全管理的风险,一、二、三级骨干网也采用隔离区方案并加设防火墙。

4.信息备份和恢复系统

政府财政管理信息系统需要高可靠性和高标准的故障恢复能力,因此要建立完善的备份系统。在系统建设第一阶段先建立备份中心,实现网络控制、关键应用系统和数据的备份功能,在第二阶段建立备份系统,除备份中心功能外,实现信息传输的备份。出现一般性的故障要求在15分钟内恢复,出现重大故障,要求在4小时内恢复。

5.安全管理机制。

管理是网络安全中十分重要的内容,政府财政管理信息系统涉及全国各地上千个财政管理部门和上万个使用单位及代理机构,必须采取严格的安全管理。应制定一整套安全管理制度,包括用户授权管理、机房安全管理、设备安全管理、信息安全管理等。同时要对所有用户的终端设备进行严格的配置管理。

建立统一的安全体系是 GFMIS 建设的一个重要方面,要实现全系统的应用安全、系统安全、网络安全和物理安全的统一管理,重点建设以认证中心、数据加密为核心的应用安全平台,制定相应的安全管理制度,为"金财工程"提供有效的安全保障。

第三节　政府预算编制的信息管理系统

政府预算编制的信息管理系统是财政管理信息系统框架的核心环节。建立起科学、规范、高效的预算编制管理系统,不仅需要重新理清整个财政预算管理的思路,有利于推动我国预算编制改革的深入进行,也有利于对预算编制过程实行全过程的监控,提高财政资金的配置效率。

一、我国政府预算编制信息管理系统建立的必要性

长期以来,财政预算管理一直沿用计划经济体制下形成的办法,其弊端日渐显现:预算编制时间短,编制粗糙,编制方法不科学;部门间财力分配不均衡;政府预算内容不完整,预算内外割裂;资金分配交叉分散,难以实施整体控制与监督;预算编制透明度不高等。这些都是促进政府预算编制的信息系统建立的因素。

1.是提高预算编制科学性的需要

预算编制内容细化是预算信息管理的基础。然而,一方面,我国的预算收支科目的设计不合理,预算收支科目十分粗糙。目前,我国的预算收支表中,类级科目只有 100 多条,而且是在单式预算的基础上演化而来的,其科目不能适应复式预算的编制需要;另一方面,收支科目的粗糙,造成我国财政部门编制的预算草案太粗略,项目不细,预算报表所列科目组次太少,所列内容太粗,透明度太低。而且,大多数地方财政部门预算草案科目只列到"类"一级,还有很多地区编制的预算连"类"级也列不全,只列 20 来个大类,更没有"款"、"项"、"目"的具体内容;有的地方财政部门编制的预算内容虽稍细一些,但也只到"款"级科目,没有具体的"项"和"目",甚至许多资金不作预算,随用随批,"暗箱操作",起不到预算的作用。由于预算编制得过于简单、笼统、透明度低,其内容是否科学、合理难以审查监督,审计也没有依据,造成人大代表审议时对预算内容了解模糊,看不明白,也就无法提出切实可行的修改建议;这种粗糙的预算到了执行环节,也无法严格执行,预算资金可以在各个细目之间随意流用,预算执行的弹性大,无法追究责任,因而也就谈不上缺乏约束力。编制方面的粗糙,是造成我国预算对支出控制力弱化的重要根源。政府预算编制的信息系统的建立,可以将相关编制信息充分化、细化,共享数据,进一步提高预算编制的科学性。

2.是提高预算编制水平的技术手段支持的需要

实行预算管理改革,就是要以建立预算管理信息系统为支持条件并做好有关基础性工作。首先,要收集有关预算编制、管理的基础数据,如宏观经济预测数据、涉及预算收入

的部门数据、涉及预算支出的部门数据、政府财政收支政策数据等。其次,要规范预算业务流程,保证信息流畅。在系统的设计过程中,要对预算管理的业务规程进行改革,这是技术革命推动预算改革的例子。最后,要建立预算管理模型,如收入测算模型、支出测算模型、预算要素分析模型等。

二、政府预算编制信息管理系统的构成与功能

预算编制与管理信息系统包括若干骨干系统,在这些骨干系统下,根据规范业务的需要再建立若干相关子系统,以利于完整地反映管理预算资金的信息。预算编制与管理系统的设计目标是:建立起基本完备的、结构清晰的政府财政资源数据库,将政府预算内、预算外、各类基金、政府经济资源、各预算部门的财产与人力资源等全部纳入数据库;根据政府的发展规划,运用科学的手段提高预算编制的科学性、准确性与工作效率;建立科学的预算收支测算模型以及规范的预算编制程序,强化预算收支的信息管理;建立先进的预算管理信息采集、分类及输出方法,为政府财政决策提供准确的依据;提供灵活的预算信息查询工具,并以科学合理的方式发布预算信息,提高预算的透明度;实现各级政府的财政资源共享。预算编制与管理系统主要包括中央本级预算收入系统、中央本级预算支出系统、地方预算收支管理系统、预算体制管理系统、预算编制审核系统及其他预算管理系统。

(一)中央本级预算收入信息系统

中央本级预算收入信息的功能是,利用宏观经济预测的结果,结合相关部门的年度计划,以及以前年度中央预算收入执行情况,通过建立收入测算模型,对预算年度的财政收入进行预测。依据预测数据编制年度中央收入预算,使收入预算的编制更加科学、更加准确,为保障政府履行基本职能和财政决策提供依据。它包括两个子系统:

1. 收入测算子系统。通过建立收入测算模型,广泛利用相关数据,定期进行测算,输出分科目、分经济类型、分部门的收入测算结果,使收入预算的编制准确、科学、规范。

2. 收入预算编制子系统。依据收入测算的结果,科学、准确地编制年度收入预算,全面反映政府收入资源。按财政部颁发的政府预算收入科目分类编制预算,经全国人民代表大会通过后,将预算按征收、管理部门拆分并下达到相关部门。预算外收入预算的编制则根据历史经验和国家相关收费政策进行编制,与有关部门协商后,由预算司下达到相关部门。

(二)中央本级预算支出信息系统

中央本级预算支出系统的功能是,依据统一合理的定员定额、支出标准,以"零基预算"方法编制按部门分人员经费、公用经费、项目经费的预算,形成包括预算内外资金的综合预算。设计这一系统,可以实行网络传输预算调整信息并对账,减轻工作人员的劳动强度;加强预算后管理,初步建立绩效预算框架及绩效评估指标体系;满足国库集中支付制度的需要,提高预算资金使用效率;进行网络预算查询,提高预算编制与预算执行的透明度。它包括四个子系统:

1. 支出测算子系统。支出测算子系统主要是反映部门预算的形成背景,体现对宏观政策的贯彻与执行、对宏观经济数据的预计与运用。通过政策的执行与数据的运用,表达预算资源的实际状况,并科学、合理地提出预算支出的范围、重点,为预算编制的开展做好

前期准备工作。其基本功能是建立支出测算模型(测算模型主要取决于标准、定额的完善与实施);依据模型,利用数据库的数据定期进行测算;输出分科目、分经济类型、分部门的支出测算结果。

2.支出预算编制子系统。包括各预算部门使用的部门预算系统和财政部内部的部门预算系统。

预算部门及下属预算单位的部门预算系统功能是:建立和维护基础资料库,包括人员结构和办公用房、机动车辆、办公设备等资产情况;建立部门项目库,包括项目概要、可行性报告、投资构成、资金来源、实施方案等,并且根据项目的轻重缓急进入财政部项目数据库排序;建立预算编制数据库,包括基本支出预算和项目支出预算,并实现通过网络传送基础资料、项目库和部门预算编制以及在网络环境下交互式编制与查询。财政部内部的部门预算管理系统功能是:建立和维护财政部的预算单位的基础资料库、项目库、预算编制数据库。通过预算网络,利用基础资料库和相关数据,分类型、分档次测算预算单位定额标准,建立和维护定额标准库和其他构成预算标准的基础性资料数据库以及相应的数据链管理系统,实现基本支出预算审核有理有据,公平合理。查询和分析预算单位申报的项目,对项目库的项目分析研究,动态管理审批过程。对各部门申报的项目进行滚动排序管理,为部门预算编制和审核提供充分的资料。依据统计分析数据建立的定员定额标准库和预算单位的支出结构,审核单位的基本支出预算;依据所掌握的备选项目库和滚动项目历年支出情况,审核单位的项目支出预算,使预算的编制审核过程更加科学、合理。网上审核的实现,将增加预算的透明度,防止多头申请,重复预算。按分管部门、分管业务授权审批,也保证了数据的一致性。

3.支出预算调整子系统。该子系统主要反映一些不可预见的、临时性的、预算没有包括或预算超支的项目。要求在批复部门预算的基础上,动态地反映每项预算调整的结果,并作为预算执行的依据。因此,设计的主要内容是:规范预算调整的基本程序,依法调整预算,消除预算调整的随意性;建立预算调整数据库,为绩效预算提供依据;实现网络预算调整,建立预算调整查询系统,方便查询;建设预算网络调整账务处理,减少日常预算调整工作量,提高效率。

4.地方专项拨款子系统。地方专项拨款是区别于一般转移性支出、由中央财政专项补助地方财政、具有专门用途的款项。系统设计的目标和要求是:建立地方专款指标数据库,满足预算编制需要;规范地方专项拨款程序;与部门预算统一并满足国库集中支付的要求;引导地方投资并加强管理。这一系统还包括地方专款编制及地方专款账务系统。

(三)地方预算收支管理系统

由于现在实行分级管理的财政管理体制,地方预算管理系统主要汇总反映地方财政的基本状况。目前,中央对于地方财政管理的主要任务是汇总代编地方预算,监督地方预算执行情况,汇总批复地方决算,指导地方财政管理,通过拨付地方专款和转贷国债引导地方投资等。系统的任务是通过建立地方财政数据库,对地方预算及其变动、地方预算执行、地方财政决算等进行指导、监督;建立地方财政预警系统,防范地方财政风险;通过中央财政拨款、资金调度,保证地方预算的执行。它包括三个子系统:

1.地方预算子系统:全面管理全国各地方、各年度预算及其变动基本数据,并根据要求产生相应分解或汇总报表。

2.地方预算执行子系统:分句报和月报两种,其基本数据、汇总方式及格式与中央预算执行系统基本相同。

3.地方决算汇总子系统:全面管理、反映全国各地方、各年度预算执行结果基本数据,并根据要求产生相应的分解或汇总报表。

（四）预算体制管理系统

预算体制管理系统是包括一般转移支付子系统和专项转移支付子系统的管理系统。它根据中央财政与地方财政之间的预算管理关系,通过建立完备的数据库,依据国家的财政政策,提出体制调整方案,为决策者提供参考。系统数据包括全国各省区的基本概况（包括人口、面积、交通等）、经济发展状况（如 GDP、工农业增加值、经济结构等）、财政统计（财政收支、收支结构、人均收支等）,以及其他收集整理的相关专门数据。

（五）预算编制审核系统

预算编制审核系统主要目标是在编制预算时审核预算单位定员定额标准确立的准确程度、预算项目及其行使的职能与国家有关政策的相关程度、投资项目的轻重缓急顺序等。预算编制审核系统主要应与人员信息系统、定额信息系统、国家政策法规库、项目库的项目排序等相连接,并建立相应的审核关系。

除以上主要项目外,还有预算编制指南、部门预算说明等其他系统。

第四节　政府预算执行的信息管理系统

政府预算执行信息是宏观经济管理的重要参考对象,没有准确、及时、全面的预算执行信息,就不可能正确把握财政运行的基本情况。预算执行信息管理系统是财政管理信息系统的重要环节,是利用现代信息技术手段,实行数据的实时、全面传送和共享,建立公共财政框架下的预算执行管理新模式,有利于增强财政管理的透明度和规范性,提高财政资金的使用效益。

目前我国的政府预算执行中,一方面,由于数据信息来源渠道比较单一,无法通过多渠道获取数据并相互印证,所以容易造成数据的片面和失真。比如收入数据主要来源于人民银行国库,收入数据很少反映国税、地税部门收入的组织情况,而且不包括海关组织的收入。预算执行中大多存在虚收、虚支现象,因此大部分支出数据并未完全真实地反映实际支出的情况。另一方面,由于实践中税务部门与财政财政部门信息数据使用的不同期,产生信息对预算执行反映不及时,滞后性较明显。比如对税务部门的有关数据无法及时掌握。税务部门每个月都会向财政部门提供收入完成情况的通报材料,但材料往往在财政部门写完分析材料后才寄到,因此写分析时只能参考上月的通报材料。然而,影响收入变动的因素是经常变化的,在对收入变动进行原因分析时,如果以上月的影响因素来解释本月的变动,往往并不准确。目前,财政和国税、地税、海关等部门的信息系统尚未联网,财政部门在分析收入组织情况时,无法实时了解这些部门的收入组织情况,这对提高分析质量极为不利。同时财政部门自行开发设计的数据汇总系统不够完善,也反映出信息比较粗糙,有限。管理信息的纷繁复杂,数据口径差异,反馈迟缓且不全面。各执行主体大多是按管理习惯从自身的业务角度来搜集相关信息,而这些信息难免片面或不确切,一些密切相关的经济因素往往被忽视或被错误理解,各渠道搜集、整理的执行情况并不一致,甚至相互抵触,汇总起来很难作出一个全面、真实、准确的判断,也就不能为改进预算编制和执行以及加强宏观经济调控提供可靠的依据。

一、建立政府预算执行信息系统的必要性

改革开放以来,我国对财政管理体制进行的多次改革,重点都在于调整国家与企业、中央与地方等的收入分配关系,而预算执行基本还是沿用计划体制下的传统管理方式,预算管理职能主要体现在收入征缴、支付审核、会计核算和执行报告等基本层面,国有资产、现金、成本、绩效等的管理一直比较薄弱,并且管理主体多元化,且与预算编制和预算分配主体重叠,各主体间职责关系含混不清,操作规程无序,不能形成有效的预算执行制约机制。在信息社会中,各行各业对信息的要求越来越高,需求量也越来越大。预算执行信息从某种角度讲是经济运行的"晴雨表",作为一种重要的经济信息,是政府决策的重要参考依据。因此,随着经济发展对信息要求的提高,必然要求预算执行信息管理系统化。

(一)政府预算执行信息系统是提高政府宏观调控水平的需要

建立预算执行信息系统,可以使预算执行分析深入、准确,能提出有针对性的意见或建议,使决策部门能够准确及时了解财政运行情况,对宏观经济运行有一个准确的判断,进而针对宏观经济运行情况制定出正确的经济政策。

(二)政府预算执行信息系统是配合进一步财政改革的需要

部门预算和财政国库改革是当前财政部门推行的两项重要改革,这两项改革都与预算执行信息密切相关,都要求对预算编制和实际执行的差异及其原因进行准确的、及时的反馈和反映,而预算执行信息系统的建立无疑会提高这方面的效能。同时,随着财政国库管理制度改革的推进,财政性资金逐步集中在国库,库款规模将明显增大,国库现金管理显得日益重要。做好这项工作不仅要确定库款余额的合理规模,还要做到库款的保值增值,而这些都建立在对预算执行信息准确把握这一基础上。

(三)政府预算执行信息系统是提高预算执行分析水平的需要

预算执行信息完整、及时与否直接影响预算执行分析的质量。建立预算执行信息系统便于数据的选取、汇总和分析,使有关指标更直接,意义更明确,减少预算执行分析工作的盲目性。同时预算执行信息系统化有利于发现预算执行存在的问题,及时研究并提出解决办法,也有利于跟踪观测问题的解决情况。

二、政府预算执行信息系统的构成与功能

预算执行信息系统应在遵循全面、准确、便捷原则的前提下,将包括预算内外资金、基金等所有财政性资金的收支情况,以及总会计中的总账、分类账的所有信息最真实地反映预算执行的情况;同时信息在系统内部不同部门之间可以方便地查询、传递,以保证执行信息的时效性。

（一）政府预算执行的信息数据系统

预算执行管理系统分为"总分类账"、"承诺管理"、"支付管理"、"现金和债务管理"、"收入管理"、"资产管理"、"工资和养老金管理"等，各系统以"总分类账"为核心，所有数据都实时传送"总分类账"数据库，集中处理。

1. 总分类账子系统

总分类账子系统由财政部门国库管理机构操作，主要功能是维护总分类账账目及会计科目，维护预算指标、国库支付授权、处理总账账务等。包括根据预算收支分类（功能分类、经济分类）和国库收支账务核算的要求，建立总分类账账目体系和与功能分类、经济分类直接对应的科目结构体系；实时记录预算编制子系统发布的预算指标或调整预算指标，并按总分类账管理要求自动分解、转换为满足预算执行管理需要的指标体系；将预算单位的用款计划根据资金性质和轻重缓急，按设定的条件分别转入相应支付基金中的待授权计划；动态收集并记录库存现金余额及预计数额；根据预算指标和已授权、已承诺、已付款信息，按事先确定的优先次序自动核批（必要时由人工干预）预算单位的用款计划（处理国库支付授权），作为预算单位当月最高支出限额；生成国库支付授权信息；根据预算调整情况及预算单位报送的调整分月用款计划，发布追加授权或收回授权；根据人民银行国库提交的收入表单信息，自动登记收入账或往来账等相关账目；根据人民银行国库的付款、清算信息，自动登记一般支出或暂付款、预付款、收入（退库）或其他账目；根据现金收支会计信息，自动转换成现金账或暂存款账或往来账等。

2. 承诺与支付管理子系统

承诺系统主要由财政部门集中支付机构运作，其基本功能是记录部门对下属单位的支付授权，对用款单位的申请作支付承诺等。包括记录各预算单位将国库支付授权按隶属关系或预算级次分解的子授权；集中支付机构根据国库管理部门的支付授权进行的审核确认；记录用款单位根据经确认的子授权和实际需求，与供应商签订的供货合同；根据已确认的子授权、已付款信息、政府采购管理信息及已承诺情况等审核供货合同并作支付承诺；填制"资金支付承诺书"或直接在合同上进行承诺后，登记支付承诺等。

支付管理子系统的主要功能是处理各项具体支付和退库业务、发票和支付文件的管理、支票管理、零星支出核销等。包括收录并复核"承诺管理子系统"的应付款信息、"收入管理子系统"应退库信息；向代理银行发出付款指令（详列资金科目、用款单位、收款人、收款人开户行等）或签发国库支票；收录人民银行国库和代理银行的清算付款报告，根据原始支付文件作会计处理，并以已付款信息更新"总分类账子系统"、"承诺管理子系统"的相关记录；处理转移性支出付款、工资和养老金的集中支付、零星支出报账事务，以及国库支票入库、签发、销号管理等业务。

3. 收入、现金与债务管理子系统

收入系统的基本功能是记录基金属性（基金分类）；对收入征解、划分、报解进行交叉稽核并审理退库事项等。包括实时记录所有的政府收入资源缴库信息，并按收入性质和支出分配的要求，将各项收入分别转入经常性预算基金、资本性预算基金、债务预算基金、社会保障基金、政府特别基金和补助下级支出预算基金等。

现金系统的主要功能是进行现金预测、国库资金资本运作管理、债务发行和清偿管理等。包括收集预算指标数据及当年和历史收入预算执行数据等;记录人行国库的现金余额数据;参考其他影响现金收入的因素,测算出各项基金的现金流入量;收集当年支出预算指标,用款单位分月用款计划,已授权、已承诺、已付款情况,并以当年和历史支出预算执行数据作为参考,测算各期现金流出量;测算现金余额(实际余额＋收入预计－支出预计调整项),并向"总分类账子系统"及时提供测算数据以控制支付授权、提出资本运作计划或债务发行需求计划;收集并分析国际、国内资本市场等方面的信息,具体办理国库资本运作(包括定期存款、国债回购、外汇调期、外币期权等)。

4.资产管理子系统

资产管理子系统主要是对政府机构名册、政府采购预算指标、政府采购目录、商品(工程)或劳务名目和分类编码、商品、劳务价目以及供货商名册等的维护。并依据批复的部门预算,按品目或项目汇总编制年度政府采购计划,批复各预算单位;审核用款单位采购清单,组织在线招标、评标、审查、验收政府采购合同,将采购合同验收信息转"承诺管理子系统";对政府资产进行注册登记或变更登记;核销报废、毁损的政府资产等。其基本功能就是组织和管理支付采购活动、注册登记和核销政府资产等。

5.工资和养老金管理子系统

其主要功能是维护机构目录、机构职数、支出定额和职员名册;审核各支出单位的工资和养老金支出预案,编制正式工资和养老金支出计划等。包括按部门预算要求的统一部门编码,按机构性质记录每一机构及其下属单位名目,并根据机构调整(撤销、合并、分立、新设)情况更新机构目录;记录机构编制部门和人事管理部门核批的机构人员职数(包括离退职人员),并根据编制调整情况及人员职数变化情况更新记录;记录财政部门确定的工资和养老金支出定额,并按定额调整情况更新记录;记录和据实更新各预算单位汇总报送的工资和养老金人员清单、工资和养老金领用人地址及开户行、账号等,年度中如有增(减)编、调职、调资等因素,则及时据实提交调整计划和新的支付清单。

(二)政府预算执行的信息分析系统

从原始数据库获取的数据往往较为简单,对这些数据进行加工整理有助于提高预算分析的准确性。近几年财政体制变动较大,收支口径经常发生变化,为了使数据具有可比性,需要按照一定的原则对数据进行同口径调整。按照功能或经济性质对收支项目进行归并,按行业、经济性质等,对主要的收支项目指标细化,掌握收支变动的主要原因,以便分析财政总收支变动的主要影响因素。

1.政府预算执行的信息分析子系统

这些子系统应具有专题统计分析功能并具有可扩充性。主要有:(1)收入分析子系统,主要用于收入完成情况及变动原因的分析,并对其发展趋势进行预测;(2)支出分析子系统,重点分析农业、教育、科学等法定支出以及社会保障支出等重点支出的完成情况及变动原因,并对支出变动进行预测;(3)财政赤字分析子系统,专门用于分析赤字规模及其形成原因等;(4)债务分析子系统,分析债务来源和构成,计算债务风险指标并分析债务风险;(5)成本—效益分析子系统。利用成本—效益分析方法对政府主要投资项目进行评价;(6)其他财政专题统计分析子系统。这些子系统应具备时间序列分析和单项指标定量分析的功能。

2. 政府预算执行的信息报告系统

该系统主要功能是预算执行报表编制和分析及综合性、专项性预算执行情况的报告。包括收集、整理历史年度的预算收支执行情况的数据,形成各年度核算口径统一、易于比较、规范的财政预算执行数据库;在此基础上,可进一步分析国民经济的主要发展指标如国内生产总值、工业总产值、进出口总额、固定资产投资额、居民消费价格指数等与政府财政预算收支指标之间的相关性,以及国民经济的主要发展指标变动对政府预算收支的影响,这有利于决策部门依据系统提供的信息,根据经济运行情况、财政收支进度完成情况、收支平衡情况等,对财政运行状况有更好地判断,以及对于财政运行存在的问题,制定相应的对策。

本章小结

政府财政管理信息系统是利用先进的信息技术,支持以预算编制、国库集中收付和宏观经济预测为核心应用的政府财政管理综合信息系统。包括政府财政信息系统的建设框架和功能、政府预算编制的信息管理系统、预算执行的信息管理系统几部分内容。

政府财政管理信息系统框架由财政管理总循环、预算执行管理循环、支付过程管理循环、债务与现金管理循环构成。

政府预算编制的信息管理系统是财政管理信息系统框架的核心环节。建立起科学、规范、高效的政府预算编制管理信息系统,有利于推动我国预算编制改革的深入进行,也有利于对预算编制过程实行全过程的监控,提高财政资金的配置效率。

政府预算执行信息是宏观经济管理的重要参考对象,没有准确、及时、全面的预算执行信息就不可能正确把握财政运行的基本情况。预算执行管理信息系统是财政管理信息系统的重要环节,是利用现代信息技术手段,实行数据的实时、全面传送和共享,建立公共财政框架下的预算执行管理新模式,有利于增强财政管理的透明度和规范性,提高财政资金的使用效益。

案例

大连财政信息系统的建设

1. 项目建设背景

加强财政信息系统的建设、促进财政管理科学化,是建立规范有序公共财政运行机制的客观要求,是经济时代财政工作的必然选择。"金财工程"建设启动以来,大连市财政局按照财政部的部署和"金财工程"建设"五个统一"的建设原则和要求,大力推进"金财工程"的建设。随着财政改革和管理的深化,财政业务信息化的覆盖面越来越大,原有的网络覆盖已经不能满足新业务系统不断上线,同时多达 10 个业务系统之间的分散处理、存储和备份也使得大连财政在扩展性、安全性和管理等等众多方面都存在着很多的问题,大大制约了财政业务的处理和财政改革的发展。本着为财政系统和其他系统及兄弟单位提供良好业务服务的原则,大连市财政局对全市财政系统信息化进行了认真分析和论证,对业务系统及数据存储和备份方面进行了合理的设计、规划,提出了对现有业务系统数据存储进行整合,以实现财政数据和信息集中备份的方案。

2.网络改造和建设方案

大连市财政局下辖 13 个区县财政局,在网络的结构部署方面,按照"金财工程"的财政部门三纵三横网络体系结构的原则,采用星形网络拓扑结构进行构建,从性能容量、经济以及扩展性等几方面综合考虑,在广域网的核心方面提出了以下几点要求:冗余的主控交换引擎;提供具有分布式处理能力、可扩展、模块化的同时可热插拔的体系结构;多冗余电源供电;最终选用了华为 3Com 的骨干路由器 Quidway NetEngine08E,广域网的线路上则采用 SDH 专线与各个各区县局相连,在线路的带宽和模块的配置方面则充分考虑了将来网络带宽升级扩展的需求;为了简化网络结构同时充分利用核心设备,Quidway NetEngine08E 还用作与横向的银行、同城预算单位的互联;各区县局的方案部署则相对较为简单,每个区县局的接入路由器部署一台 Quidway AR4640 路由器,作为智能路由器,该设备提供高达 350KPPS 的报文转发能力;全面集成了 CA、包过滤防火墙、动态防火墙、NAT 安全日志等安全特性和功能,同时作为一台中端路由器,它能够提供接口板、电源、风扇等关键模块的热插拔功能,这在业界的中端路由器上是不多见的,充分满足网络运行后网络维护、升级、优化的需求;而在管理维护方面,Quidway AR4640 路由器充分考虑了 DFT(design for testability),可测性设计,并且在此基础上,提供了独特的自动故障定位分析工具,通过运行在 PC 机上的故障诊断软件,能够以清晰的思路帮助网络工程师快速准确定位系统故障;并提供系统状态和告警信息查询,以及丰富的诊断测试手段,这些都大大丰富和方便了日常运行中大连财政局信息中心对网络的管理。在区县的局域网则配置一台 Quidway S3552 三层路由器交换机作为区县局的局域网的核心,同时也作为接入设备,提供区县局用户的接入,这种组网方式一方面充分利用了设备的端口密度和处理能力,同时将开网络升级时,可将该设备下移作为接入设备使用即可,在局域网的安全性方面,则通过 VLAN 的划分将不同部门进行划分和隔离,同时通过 S3552 提供的 ACL 有效的控制和保障区县用户对网络和服务器的访问,保障网络中的安全性,广域网的冗余备份方面则通过 ADSL 线路作为备份线路来提高网络的可靠性和冗余性。

作为全市的中心,大连市财政局在业务数据中心采用了万兆多业务核心交换机 Quidway S8512,它采用了功能强大的 ASIC 芯片进行业务处理,并通过 Crossbar 交换网完成报文交换功能,交换容量高达 720G,能够充分满足数据的集中处理、交换、转发;同时 S8512 采用了最长匹配、逐包转发的方式,革命性地解决了传统交换机流 Cache 精确匹配转发方式的致命缺陷,可以有效地抗击网络"红色代码"、"冲击波"等病毒的攻击,大大提高了作为数据中心交换机的可用性。对于数据中心的核心交换机,流量监管、粒度精细化分配对于业务数据的管理、质量保障都有着非常好的作用,除此之外 S8512 还提供报文重定向功能,可根据业务数据的流量状况灵活配置报文的转发路径,对数据中心的业务应用都能有很好的支撑和保障。

大连市财政网络的升级改造,最终的目的是为业务系统和数据整合、存储和备份服务的,以实现财政数据及信息资源的整合、共享和优化配置,同时对财政数据和信息实行集中备份,以确保系统出现故障、发生自然灾害等不可预知的情况时能够及时对数据进行完整性恢复。市财政局根据实际的情况将数据中心的构建分解为了构建 SAN 网络阶段、数据迁移阶段、备份实施阶段。对每个阶段的方案设计和实施都进行了细致的规划,最终保障了业务数据的顺利迁移、备份。

3.实施效果

大连市财政局"金财工程"网络平台目前已成功应用了国库集中支付、部门预算、工资统发、财政供养人员、基建资金等 10 多个业务管理及应用系统,目前系统运行良好,取得了较好的应用效果,不但大大提高了的工作效率,同时也强化了预算的约束、规范了财政的管理,为大连的经济发展和推动以及"金财工程"奠定了坚实的基础。

案例分析:

上述资料显示,大连财政信息系统的建设已取得了较好的实施效果,在国库集中支付、部门预算、工资统发、财政供养人员、基建资金等方面运行良好,对提高预算资金的效率发挥了较好的作用。

案例讨论:

依据上述案例资料,结合全国财政信息系统的建设情况,谈谈你对我国政府预算管理信息化的看法。

思考题

1.什么是政府财政管理信息系统?
2.简述建立政府财政管理信息系统的意义。
3.简述政府财政管理信息系统框架的构成。

参考文献

1.麦履康,黄抱卿.中国政府预算[M].北京:中国财政经济出版社,1999.

2.马国贤.中国公共支出与预算政策[M].上海:上海财经大学出版社,2001.

3.蔡立辉.政府绩效评估:理论、方法与应用[M].北京:中国文化教育出版社,2006.

4.郭济主编.绩效政府:理论与实践创新[M].北京:清华大学出版社,2005.

5.彭健.政府预算理论演进与制度创新[M].北京:中国财政经济出版社,2006:52—61.

6.王雍君.公共预算管理[M].北京:经济科学出版社,2010.

7.彭国甫等.地方政府绩效评估研究[M].长沙:湖南人民出版社,2005.

8.张馨.公共财政论纲[M].北京:经济科学出版社,1999.

9.财政部财政科学研究所《绩效预算》课题组.美国政府绩效评价体系[M].北京:经济管理出版社,2004.

10.[美]阿里·哈拉契米主编,张梦中等译.政府业绩与质量测评——问题与经验[M].广州:中山大学出版社,2003.

11.卓越.公共部门绩效管理[M].北京:中国人民大学出版社,2004.

12.刘旭涛.政府绩效管理:制度、战略与方法[M].北京:机械工业出版社,2005.

13.王金秀,陈志勇.国家预算管理[M].北京:中国人民大学出版社,2007.

14.[美]A.普雷姆詹德.《预算经济学》.北京:中国财政经济出版社,1989.

15.[美]杰克·瑞宾,托马斯·D.林奇.国家预算与财政管理[M].北京:中国财政经济出版社,1990.

16.陈工.政府预算与管理[M].北京:清华大学出版社,2004.

17.许安拓译.公共支出管理:案例与比较[M].北京:中国市场出版社,2007.

18.世界经济合作与发展组织.中国公共支出面临的挑战:通往更有效和公平之路[M].北京:清华大学出版社,2006.

19.丛树海.中国预算体制重构:理论分析与制度设计[M].上海:上海财经大学出版社,2000.

20.麦履康,黄抱卿.中国政府预算若干问题研究[M].北京:中国金融出版社,1998.

21.张馨,袁星,侯王玮.部门预算改革研究——中国政府预算制度改革剖析[M].北京:经济科学出版社,2001.

22.范柏乃.政府绩效评估:理论与实务[M].北京:人民出版社,2005.

23.白宇飞.我国政府非税收入研究[M].北京:经济科学出版社,2008.

24. 郑建新.中国政府预算制度改革研究[M].北京:中国财政经济出版社,2003.

25. 刘笑霞.我国政府绩效评价理论框架之构建:基于公共受托责任理论的分析[M].厦门:厦门大学出版社,2011.

26. 马国贤.中国公共支出与预算政策[M].上海:上海财经大学出版社,2001.

27. 刘寒波.政府预算经济学[M].长沙:中南工业大学出版社,2000.

28. 李燕.政府预算理论与实务[M].北京:中国财政经济出版社,2010.

29. 袁星侯.中西政府预算比较研究[D].厦门:厦门大学博士学位论文,2002.

30. 张馨.比较财政学教程[M].北京:中国人民大学出版社,1997.

31. 全国人大常委会预算工作委员会办公室.预算审查监督[R].北京:中国民主法制出版社,2000.

32. 王金秀,陈志勇.国家预算管理[M].北京:中国人民大学出版社,2001.

33. 齐守印,王朝才.非税收入规范化管理研究[M].北京:经济科学出版社,2009.

34. 叶振鹏,张馨.公共财政论[M].北京:经济科学出版社,1999.

35. 赵早早,牛美丽.渐进预算理论[M].重庆:重庆大学出版社,2011.

36. 马海涛.政府预算管理学[M].上海:复旦大学出版社,2003.

37. 苟燕楠.绩效预算:模式与路径[M].北京:中国财政经济出版社,2011.

38. 包丽萍等.政府预算[M].大连:东北财经大学出版社,2004.6.

39. 马国贤.政府绩效管理[M].上海:复旦大学出版社,2005.

40. 杨玉霞.中国政府预算改革及其绩效评价[M].北京:北京师范大学出版社,2011.

41. 胡税根.公共部门绩效管理——迎接效能革命的挑战[M].杭州:浙江大学出版社,2005.

42. 陈工.政府预算与管理[M].北京:清华大学出版社,2004.

43. 谢秋朝,侯菁菁.公共财政学[M].北京:中国国际广播出版社,2002.

44. [美]托马斯·D.林奇.美国公共预算[M].北京:中国财政经济出版社,2002.

45. [美]爱伦·鲁宾.公共预算中的政治:收入与支出,借贷与平衡[M].北京:中国人民大学出版社,2001.

46. [英]C.布朗,P.杰克逊.公共部门经济学[M].北京:中国人民大学出版社,2000.

47. [美]艾伦·希克.当代公共支出管理方法[M].北京:经济管理出版社,2000.

48. 高培勇.实行全口径预算管理[M].北京:中国财政经济出版社,2009.

49. 高培勇.中国财税体制改革 30 年研究[M].北京:经济管理出版社,2008.

50. 陈东琪,宋立等.新一轮财政税收体制改革思路[M].北京:经济科学出版社,2009.

51. 贾康,赵全厚.中国经济改革 30 年:财政税收卷(1978—2008)[M].重庆:重庆大学出版社,2008.

52. 张馨.构建公共财政框架问题研究[M].北京:经济科学出版社,2004.

53. 项怀诚,楼继伟.中国政府预算改革五年(1998—2003)[M].北京:中国财政经济出版社,2003.

54. 马蔡深.政府预算[M].大连:东北财经大学出版社,2007.

55. 中国发展研究基金会. 公共预算读本[M]. 北京：中国发展出版社，2008.

56. 彭成洪. 政府预算[M]. 北京：经济科学出版社，2010.

57. 施锦明. 政府采购[M]. 北京：经济科学出版社，2010.

58. 扈纪华等. 〈中华人民共和国政府采购法〉释义[M]. 北京：中国法制出版社，2002.

59. 文炳勋. 新中国成立以来财政预算体制的历史演进[J]. 中共党史研究，2009(8).

60. 施锦明. 试论政府收支分类改革[J]. 集美大学学报，2002(1).

61. 王保安. 大力推进国库集中支付制度改革[J]. 中国财政，2012(11).

62. 李炳鉴，王元强. 政府预算概论[M]. 天津：南开大学出版社，2006.

63. 卢洪友主编. 政府预算学[M]. 武汉：武汉大学出版社，2006.

64. 黄耀军. 地方财政预算执行信息系统研究[J]. 财政研究，2004(3).

65. Government Performance and Results Act of 1993.

图书在版编目(CIP)数据

政府预算与管理/陈庆海主编.—厦门:厦门大学出版社,2014.4
21世纪高等院校特色财经专业规划教材
ISBN 978-7-5615-5025-0

Ⅰ.①政…　Ⅱ.①陈…　Ⅲ.①国家预算-财政管理-中国-高等学校-教材　Ⅳ.①F812.3

中国版本图书馆 CIP 数据核字(2014)第 061364 号

厦门大学出版社出版发行

(地址:厦门市软件园二期望海路 39 号　邮编:361008)

http://www.xmupress.com

xmup @ xmupress.com

厦门市明亮彩印有限公司印刷

2014 年 4 月第 1 版　2014 年 4 月第 1 次印刷

开本:787×1092　1/16　印张:24.75

字数:610 千字　印数:1~3 000 册

定价:42.00 元

本书如有印装质量问题请直接寄承印厂调换